# 帛書老子校注析

任繼愈署簽

黃釗著

臺灣學生書局印行

老　聃

# 序

我詳讀與略讀過的《老子》注釋本，約有二百餘種之多，但因注者所崇尚古代注家不同，經文多異。甚至章節不同，文句錯簡。孰是孰非，難以定論。自 1973 年長沙馬王堆第三號漢墓出土甲乙本帛書以後，我們始能見到秦末漢初的古抄本。這兩種本子，雖在地下歷時二千餘年，破損太多，但其殘餘部分，還是給了我們以很大的幫助，解決了很多疑難問題。吉光片羽，彌足珍貴。

我們幸運地生於現代，得見到前人未見的佚經。《老子》想爾注於清末出現於敦煌，今帛書又出土於長沙漢墓，吾輩研《老》，幸莫大焉！

《老子》書，古稱《五千言》。但詳校各本字數，各不相同。河上公本，爲 5555 字；王弼本爲 5683 字；想爾注爲求便於教徒誦習，壓縮衍語及清除虛詞，簡成爲 5000 字（三十幅共一轂之"卅"，實爲兩字）；帛書乙本 5467 字。就結構而言，帛書則道經在後，德經在前；想爾注則只存道經，結尾一行曰"老子道經上"，下橫書小字"想爾"。按：西漢高祖建國爲紀元前 206 年，至東漢獻帝末爲紀元 220 年，共約 426 年。由漢初帛書《老子》至漢末《想爾注》（姑暫定爲張魯著），中間已歷遭世變，幾經篡改，造成經文參差。後世流傳轉抄中又多有訛誤。由此而引起歷代學者爲之考證。爭議不休，由來已久。帛書之出土，爲研究提供了寶貴資料，但研究者對此兩抄本又持異議，褒貶不一。應如何作出客觀結論，尚有待於廣大研究者沉潛各家，詳校諸注，冥心探討，深入剖析。真理愈辯愈明，只要認真探索，終可以去僞存真。雖此工作艱鉅，但昭示來者，啓發後人，意義尤深。

湘潭大學黃釗先生，身居湖湘，對於《老子》一書，研究有素，近年更對帛書《老子》深入鑽研，分別辨正，比較各家同異，去取嚴謹；分析古今注釋，態度冷靜公允。我讀到原稿，受益良多。書內列校注一欄，指出古今各家注者見解同異的原因，又闢簡析一欄，寫出作者自己的體會；而校注之後，附譯原文，更便於初學者理解。這是作者對帛書研究的一大貢獻，必將有助於把“老學”研究向前推進一步。

“老學”從來存在一系列爭議不休的老問題，近來帛書出土，又給研究者提出了新課題。而作者芟刈草萊，獨闢蹊徑，廣獵博採，繼往開來，在研究的苗圃中，辛勤澆灌。今天我們高興地看到，“老學”這塊園地，開放出新花，收穫了碩果。所以本書的出版，實能掃除陳言，放一異彩。我於興奮之餘，聊貢數言，是爲《序》。

王　　沐

一九八六年十月一日

於北京白雲觀道教研究室

# 爲黄釗先生《帛書老子校注析》

# 題　辭

　　七十年代以來，中國的田野考古工作取得了舉世矚目的輝煌成就。單就出土的竹簡帛書而言，數量之多，種類之繁，學術價值之高，可說是空前盛事。歷史上著名的漢初孔壁出書，西晉汲塚出書，以及晚清發現的西北流沙墜簡等，均難以望其項背。繼一九七二年山東臨沂銀雀山漢墓大批竹簡兵書等出土之後，一九七三年冬湖南長沙馬王堆漢墓又出土了大批帛書，其中除《經法》、《十六經》、《五行篇》、《戰國縱橫家書》、《五星占》等古佚書之外，別有漢初及更早的《老子》抄本二種，尤爲值得珍視。

　　《老子》一書是我國古代哲學智慧的主要活水源頭之一。戰國諸子，每多稱引。到漢代，鄰氏、傅氏等諸家經說不傳，而其書被河上公改編爲章句，又被張陵等神化爲道教經典，從此流傳益廣，傳本滋多，而各家詮釋歧解之繁，文字異同出入之衆，在我國古籍中可稱首屈一指。唐初傅奕校定古本，曾參考北齊武平年間彭城人開項羽妾塚所得古抄本，惜此古抄本早亡佚，僅在傅奕校定的"古本"中保存了部分異文，因而傅校"古本"遂爲歷代校釋《老子》者所特別重視。現在長沙漢墓出土的帛書《老子》

甲乙兩本，與傅奕校所據的彭城項羽妾塚本時間相去不遠，正可以用來比勘傅奕校定本及其他諸本，以求得盡可能接近古本的原貌。當然，這並非易事。

帛書《老子》甲、乙本釋文一九七四年刊布，同年，文獻出版社又精印出版了原件(收入線裝兩卷本《馬王堆漢墓帛書》中)，引起海內外學者極大的研究興趣，陸續出現一批初步研究成果，或從諱例、書寫的字體及虛字的用法等，考訂了帛書抄寫的時代和流行的地區；或從不同層面充分肯定了帛書《老子》甲、乙本可以訂正今本的章次段落錯亂及文字衍奪訛倒等　，闡明其對於《老子》一書的復原、暢讀和確解，都具有極爲重要的意義。試舉數例：

㈠《老子》書中究竟有沒有"無不爲"的思想，論者多以今本三十七章"道常無爲而無不爲"及三十八章"上德無爲而無不爲"爲據，論斷"無爲而無不爲"乃老子帝王權謀思想的一個中心。今校以帛書，甲、乙兩本均無"道常無爲而無不爲"這一句，而同作"道恒無名"；又三十八章兩本均作"上德無爲而無以爲"，而均無"下德爲之而無以爲"一句。上德一句中的"無以爲"三字，俞樾曾據韓非《解老》所引，校改爲"無不爲"，諸家從之，朱謙之則據各碑本改爲應作"無以爲"，如據帛書，則朱說是，俞說非。此兩處"無不爲"，今於帛書甲乙本均無此語，似爲後人增改。或以爲足以說明《老子》並無"無不爲"的權謀法術思想；韓非《解老》，乃韓非對老學之一種詮釋耳。此雖尚可爭論，但已表明帛書《老子》對老子思想的總體把握也會產生特定的影響。

㈡《老子》組織論方面的一個重要命題："滌除玄覽"（第
十章，通行諸本皆如此），在帛書甲乙本中均作 "修除玄監"
（甲本"監"誤寫作"鹽"），按"監"即古"鑑"字，證以《淮
南子·修務訓》："執玄鑑於心，照物明白"。《太玄·童》：
"修其玄鑑"。今本"玄覽"顯然應據帛書校正。以"玄鑑"喻
心之深邃明澈，乃道家通說，或皆源于《老子》此語。

㈢今本第二章集中表達了《老子》的辯證矛盾觀，暢論：
"故有無相生，難易相成，長短相形，高下相傾，音聲相和，前後
相隨……"，但語意未盡。今於帛書，除每句中均多一"之"字，
前五句末均多一"也"字外，末句"前"（帛書作"先"）後之
相隨（帛書寫作"隋"）"之後，還有"恒也"二字作結，表明矛
盾着的對立面互相依存轉化乃是永恒的規律，依帛書校補的"恒
也"二字，乃哲學概括的重要結論，實不可奪。

㈣至于今本因分章而造成的段落錯簡，如今本四十章與四十
二章之間攙入了四十一章，今本二十四章後移在二十二章之前，
依帛書訂正調整之後，交叉自暢。今本文字因傳寫而出現的衍業
訛倒等，不少處可以依據帛書加以校正；而歷代校勘、注釋中異
說紛紜，有些爭論也可以因帛書出土而判明是非，得出定論。

故帛書《老子》在考訂文獻、深研老學方面，實有非常可貴
的價值；但也應看到，帛書《老子》作爲陪葬物，抄寫者文化學
術水平不高，書寫中有不少錯奪字，而甲、乙兩本也互有出入，
且墓藏兩千多年，多處破損漫漶（甲本尤甚）。因而，帛書《老
子》也只能視爲古抄本之一，本身還有待校訂正，只有通過認眞
校理，使之成爲校讀《老子》一書的可靠津梁，才能充分發揮其

在文獻學、史源學上的重要作用。

　　黃釗先生研究道家思想有年，尤醉心於老學，執教湘潭，神遊柱下，近幾年以深研帛書《老子》爲中心，綜綴諸家傳本，較論異同得失，揚搉古今，愼重裁斷；爲便初學，校注之後，復加評析、今譯，終於著成《帛書老子校注析》一書，計卅餘萬言。這是繼嚴靈峯、張松如、許抗生、陳鼓應諸先生論著之後對帛書《老子》系統校釋方面又一新的成果，對推進老學研究的深化作出了一定的貢獻。

　　黃釗先生此書從文獻的史源考訂入手，以研治老學及傳統思想，不作浮游、架空之虛談，善體《老子》"處其實不居其華"之旨，注意發揚科學學風。我讀其書，深慕其找到了在學術上"大巧如拙"、"大器晚成"的可貴起點，故樂於爲之題辭，並願與之共勉。


# 蕭萐父

一九八九年七月題於東湖荒齋

# 論帛書《老子》的資料價值

# 代　序

　　一九七三年長沙馬王堆第三號漢墓出土的帛書《老子》兩種寫本，一本用篆書書寫，被稱之爲甲本。一本用隸書書寫，被稱之爲乙本。甲本不避劉邦之諱，其抄寫年代當在劉邦稱帝之前；乙本避劉邦之諱，而不避劉盈和劉恒的諱，其抄寫年代當在劉邦稱帝之後、劉盈和劉恒登極之前。帛書甲、乙兩種本子，是我們今天所能見到的最古的《老子》抄本，他同傳世的河上公本、王弼本、傅奕本、範應元本以及清末在敦煌石室發現的唐人寫本（殘卷）等流行較廣的《老子》本比起來，有着自己的特有風格，是我們研究《老子》書及其思想極爲珍貴的古文獻，值得特別重視。

　　帛書《老子》出土後，引起了學術界的廣泛注意。但是，在評價中，人們的看法很不一致，有的偏於褒，有的偏於貶。因此，應當如何評價帛書《老子》，仍是當前《老》學研究中一個值得探討的問題。筆者認爲，對帛書《老子》應當從兩方面分析評價，一方面充分肯定它的資料價值，另一方面也要指出它的不足之處，以便科學地利用這一歷史文獻。

概括說來，帛書《老子》的珍貴之處有下述三個方面。

## (一) 帛書《老子》有助於恢復原本《老子》的完整體系

今本《老子》一般分爲八十一章，上篇三十七章，下篇四十四章，歷史上還有分五十五章、六十四章、六十八章、七十二章諸種本子。司馬遷《史記·老子韓非列傳》曰：" 老子乃著書上下篇，言道德之意五千餘言而去，莫知其所終。" 由此可知，太史公所見的《老子》本分爲上下篇，未言分章之事。《老子》分章，當是後人所爲。今帛書《老子》甲、乙本均未分章，再一次證實了原本不分章的情況。

從原本不分章到以後分章，這是《老子》書在流傳過程中發展的必然趨向。《老子》書流傳開來後，社會上解老、注老逐漸蔚然成風。注家爲了注解的方便，就不可避免地要把原書分爲許多章節，以便逐章地訓釋、解析，爲從整體上進行歸納、綜合創造條件。顯然，這種從微觀到宏觀、從部分到整體的分析研究，是《老》學研究走向深入的表現。

但是，分章也相應地帶來一些弊端，最明顯的弊端是割裂了體系上的完整性，切斷了思想上的連貫性。今帛書《老子》不分章，保存了原本的風貌，這對於消除諸今本由於分章而帶來的上述弊端很有參考價值。

第一，有了帛書《老子》，可以糾正今本由於分章而造成的字句分割。

以流行分章本十九章爲例，該章說：

" 絕聖棄智，民利百倍；絕仁棄義，民復孝慈；絕巧棄利，

盜賊無有。此三言也，以爲文未足，故令有所屬：見素抱樸，
少私寡欲，〔絕學無憂〕。"

從文意上看，最後一句"絕學無憂"應與"少私寡欲"相連
續。但今王弼本此句却爲二十章之首句。對此，注家早有所疑。
蔣錫昌曰："此句自文誼求之，應屬上章（指十九章——引者注），
乃'絕聖棄智、絕仁棄義、絕巧棄利'一段文字之總結也。晁公
武《郡齋讀書誌》謂唐張君相《老子注》以'絕學無憂'一句附
'絕聖棄智'章末，以'唯之與阿'句別爲一章，與諸本不同，
當從之。後歸有光、姚鼐亦以此句爲上章，是也。"（《老子校
詁》）李大防亦曰："'絕學無憂'句斷不能割歸下章。蓋'見
素抱樸，少私寡欲，絕學無憂'三句，是承上句'此三者以爲文
不足，故令有所屬'。'見素抱樸'，承'絕仁'二句；'少私
寡欲'承'絕巧'二句；'絕學無憂'承'絕聖'二句。'此三
者以爲文不足'句，是統括上文，'故令有所屬'句是啓下文，
脉絡分明，毫無疑義。"（轉引自朱謙之《老子校釋》）以上分
析，都頗有說服力。十分明顯，"絕學無憂"句應屬十九章，今
本排入二十章，是不當的。今帛書甲乙本不分章，"絕學無憂"
句與"見素抱樸，少私寡欲"緊相連接，直讀下去，文通理順。
當據帛書恢復本來面目。

以上是一句話由於分章而由上文誤入下文的情形。不僅如此，
在流行分章本中，還存在一個字由上文誤入下文的情形。第九章
末句應爲"天之道也哉"，但檢諸今本却作"天之道"或"天之
道也"，其"哉"字變爲"載"字誤入下章，把原文"營魄抱一"，

變成"載營魄抱一",使文意晦澀難解。這種情況,也早爲注家所知。褚白秀注第十章曰:"首'載'字諸解難通,蓋以前三字爲句,'抱一'屬下文,與後語不類,所以費辭牽合。嘗深考其義,得之郭忠恕《佩觿集》引〈開元詔語〉云:'朕欽承聖訓,覃思玄宗,頃改正《道德經》十章載字爲哉,仍屬上句。及乎議定,衆以爲然,遂錯綜眞詮,因成注解'。此說明當可去千載之惑。蓋古本不分章,後人誤以失之。'道也哉'句末字加次章之首,傳錄又訛爲'載'耳。五十三章末'非道也哉'句法可證。"(劉惟永《道德眞經集義》)馬敍倫亦曰:"'載'、'哉'古通,不煩改字。然以'載'字屬上句讀是也。……此章'營魄抱一,專氣致柔,滌除玄覽,愛民治國,天門開闔,明白四達,皆以四字爲句,不得獨此加一'載'字,《老子》他章亦無以'載'字起辭者,而五十三章'非道也哉'與此辭例正同,故可證'哉'字當屬上讀。"(《老子校詁》)以上分析均言之成理,"載"字屬上讀是也。今帛書不分章,甲本此句脫損,乙本"天之道也"正與"載營魄"緊相連接,當順文讀作"天之道也載(哉)。營魄抱一……"從而揭開了千古疑案。

第二,有了帛書《老子》,可以糾正今本由於分章而造成的段落錯亂。

分章不僅造成字句的分割,也帶來了章節的錯亂,應參閱帛書予以糾正。

第四十章曰:"反也者道之動也,弱也者道之用也。天下之物生於有,有生於無。"

第四十二章曰:"道生一,一生二,二生三,三生萬物。萬物負陰而抱陽，冲氣以爲和。……"

從文章脈絡來看，這兩章聯讀，文字緊湊。上文說"天下之物生於有，有生於無。"下文接上"道生一，一生二，二生三，三生萬物。……"上下貫通，形成密不可分的整體。可是，諸今本這兩章之間却插入了第四十一章，使本來完整而嚴密的文字遭到切割。這種情況，當是分章之後錯簡所致。今帛書甲乙本"有生於無"句下緊接的恰好是"道生一，一生二……"重現了本來面目，當據以糾正。

第二十四章：

"……自是者不彰，自見者不明，自伐者無功，自矜者不長。"

第二十二章：

"不自是故彰，不自見故明，不自伐故有功，不自矜故長。……"

不難看出，這兩段文字亦是互相貫通、連成一體的。前者說明驕矜的壞處，後者說明謙虛的好處，一反一正，互相襯托，把要謙虛而不要驕傲的思想講得十分透徹。毫無疑義，這兩段文字應連起來讀。可是，今本這兩章之間却插入了第二十三章，且二十四章與二十二章的位置顛倒。這種情況，也當是分章後錯簡所致。今讀帛書，以上兩段文字連成一體，上下緊扣，天衣無縫。當據以糾正今本章節的錯亂。

　　以上說明，有了帛書《老子》，既有助於糾正由於分章而造成的字句分割，也有助於糾正由於分章而帶來的段落錯亂。從而爲恢復《老子》原本的完整體系提供了依據。

　　㈢帛書《老子》有助於訂正今本《老子》字句的訛誤。

　　帛書《老子》的字句同今本相比，有不少相殊的地方，較明顯的有兩個方面：(1)帛書《老子》有的字句，今本或許沒有；(2)今本有的字句，帛書或許沒有。這有助於我們將兩方面加以比較，從而校正今本的錯誤。

　　第一，帛書有的字句如果今本沒有，經過分析，有些可以作爲訂正今本的依據。

　　例如，第八章寫水的特徵，借水喻道，今本有“予善仁”句。帛書甲本此句掩，乙本作“予善天”。比較兩者，似以帛書爲優。因爲今本“予善仁”，同《老子》的基本思想相悖。《老子》反對施仁恩，第五章說：“天地不仁，以萬物爲芻狗；聖人不仁，以百姓爲芻狗。”第十九章說：“絕仁棄義，民復孝慈。”第三十八章說：“失道而後德，失德而後仁，失仁而後義，失義而後禮……”可見，老子對“仁”持否定態度，認爲它是失道、失德後的產物，故聖人不用也，主張絕而棄之。可見“予善仁”不合老旨。相反，“予善天”則同《老子》的思想一致。“予善天”，意爲給予善於仿效天道。在《老子》看來，天之道是“善予”的。第七十六章說：“天之道，其猶張弓也，高者抑之，下者舉之，有餘者損之，不足者補之，天之道損有餘而補不足。”這裏所謂“損有餘而補不足”，正是天之“善予”的表現。水也與此相類似，它總是從高處流向低處，平準高下，澤潤四方，“損有餘而補不足”，這同“天之道”是近似的，故曰：“予善天”，由此可知，“予善天”較“予善仁”貼切，當據以糾正今本之誤。

又如，今本第二十七章“善結者無繩約而不可解”，句中“繩約”二字，帛書甲本脫損“繩”字，乙本作“纆約”。《說文》：“纆，索也，從系，黑聲。”段注“所謂黑索拘攣罪人也”則“纆”乃是捆綁罪人的繩索。正因爲“纆”用於捆綁人，所以才有“不可解”的說法。“善結者無纆約而不可解也”意爲善於捆綁的人，不用捆人的繩索，却使人難以鬆解。從文意看，“纆”較“繩“字義勝，“纆”，專指捆人的繩索，“繩”，則爲一般的繩索。當從帛書。

第二，今本有的字句帛書如果沒有，經過分析，有些可以作爲刪去今本某些字句的依據。

第二十三章今本概有“信不足，焉有不信”句。此二句過去注家曾懷疑爲衍文，馬敍倫曰：“此二句疑……十七章錯簡在此，校者不敢刪，因復記之，遂成今文矣。觀十七章弼注張之象本與大典所引互相錯誤，而此弼注曰：‘忠信不足於下，焉有不信也……’‘於下’二字與十七章注‘大人在上’正相對，可證。石田羊一郎謂此二句衍。”（《老子校詁》）朱謙之亦曰：“此二句見第十七章，疑爲錯簡重出。”（《老子校釋》）以上分析都說明此二句實爲衍文，但過去無確證，不敢刪，今閱帛書，恰好無此二句。得此證據，便可刪去“信不足”二句。

第三十八章“上德無爲而無不爲”（“不爲”一本作“以爲”）句下，今本均比帛書多一“下德”句，這句各本用字殊異，或作“下德無爲而有以爲”，或作“下德爲之而有以爲”，或作“下德爲之而無以爲”，互相牴牾，難執一是。從表面看，“上德”
句後增“下德”句，似乎很對稱，但聯繫下文，却純屬畫蛇添足。
因爲下文云：“上仁爲之而無以爲也；上義爲之而有以爲也，上
禮爲之而莫之應也，則攘臂而扔之。”此處“上仁”、“上義”、
“上禮”都屬“下德”範疇，它們各有特殊性，非“下德”句所
能概括。實際情形是：上述“下德無爲而有以爲”、“下德爲之
而有以爲”、“下德爲之而無以爲”等三種句式，無論取哪一句，
都與下文相悖。如果作“下德無爲而有以爲”，則其“無爲”與
“上仁爲之”、“上義爲之”、“上禮爲之”均相悖；如果作
“下德爲之而有以爲”，則與“上義”句意重複而又與“上仁”句
相悖；如果作“下德爲之而無以爲”，則同“上仁”句意重複，
而又與“上義”句相悖。可見，上述三種“下德”句無論取哪一
句，在本文中都是贅瘤，於義難通。今帛書甲乙本並無此句，則上
述互相牴牾的情形不復存在，似以帛書無“下德”句爲優，當從之。

　　此外，帛書《老子》慣用“也”、“與”之類的語尾虛詞，
這對於校正今本的句讀，也很有參考價值。

　　第一章“常（或作“恒”，下同。）無欲以觀其妙，常有欲
以觀其徼”兩句，歷來在句讀上人們存在分歧，或讀作“常無，
欲以觀其妙；常有，欲以觀其徼”；或讀作“常無欲，以觀其妙；
常有欲，以觀其徼。”見仁見智，各執一端。究竟應怎麼讀？今
帛書甲、乙本在兩“欲”字下並有虛詞“也”字，當讀作“恒無
欲也，以觀其妙；恒有欲也以觀其所徼。”過去爭論不休的問題
似可終結。

　　第六十八章末句今本多作“是謂配天古之極”，很不好理解。

華鍾彥說：＂傅奕本＇極＇下有＇也＇字，稍給讀者以啓示。今觀甲、乙本都有＇也＇字，得此有力的證據，便可重新定爲＇是謂配天，古之極也。＇成爲二句，詞意盡通。＂（《評有關帛書〈老子〉的論述》，載《河南師大學報》一九八〇年第一期）可見，帛書語尾虛詞自有其獨到之處。

㊂**帛書《老子》有助於全面評價《老子》的思想。**

帛書《老子》同今本《老子》相比，其基本思想是一致的。但是在某些問題上，也稍有差異。認眞研究這些殊意之處，有助於我們全面把握《老子》的思想。

第二章

＂天下皆知美之爲美，斯惡已；皆知善之爲善，斯不善已。有無之相生也，難易之相成也，長短之相形也，高下之相盈也，音聲之相和也，先後之相隨——恆也。是以聖人居無爲之事，行不言之敎。……＂

把這段文字同傳世的諸今本相比較，可以看到一個突出的不同之點，這就是帛書在＂先後相隨＂句後多出＂恒也＂二字。老子用＂恒也＂一語意在對上文進行概括總結，說明有無相生、難易相成、長短相形、高下相盈、音聲相和、前後相隨等，都是恒久存在的客觀法則。不難看出，有＂恒也＂二字和沒有＂恒也＂二字，其思想的深刻性大不一樣。帛書《老子》保存了這＂恒也＂二字，說明《老子》的作者不僅猜測到了相反相成的辯證法則，而且還說明他意識到這一法則經得起時間考驗，恒久適用。因此，我們必須以此爲據，相應提高《老子》辯證法的歷史地位。

第三十一章有這樣一段話：

> "兵者，不祥之器也，不得已而用之，銛襲爲上，勿美也。
> 若美之是樂殺人也。夫樂殺人，不可以得志於天下矣。"

上文中"銛襲爲上"，取自帛書甲本，乙本作"銛憺爲上"，今本多作"恬淡爲上"（其"恬淡"有作"恬憺"者，有作"恬澹"者，有作"恬惔"者）。用兵講"恬淡"，實在令人不可捉摸，注家對此早有所疑。勞健《古本考》曰："用兵而言恬淡，雖強爲之詞，終不成理，所謂甚難而實非也。""循其音義，皆不可通。今考二字乃'銛銳'之訛，謂用兵但取銛銳，無用華飾也。"勞氏所言有理，可惜"銛銳"二字沒有確據。今帛書甲本作"銛襲"，正同勞氏"銛銳"之說相近。"銛"，利也；"襲"入也，"銛襲"意爲鋒利而能攻入。張舜微說："銛，銳利也；襲，攻敵也。"（《老子疏證》，載《周秦道論發微》一書）亦通。從今本"恬淡爲上"到帛書"銛襲爲上"，雖然只是兩字之差，但却涉及《老子》的戰爭觀。《老子》認爲，用兵是不得已的事，在不得已而用兵時，還是要注重武器的實用，要以銳利而能殺敵爲標準，用不着在表面上裝飾。顯然，這是符合《老子》的基本思想的。今本作"恬淡爲上"，那就必然歪曲老子的原意，以致認爲老子在不得已而用兵時，還主張"恬淡爲上"，實行安靜無爲，這就把老子看作只是退讓，沒有進取的怯弱無能之輩，顯然是不對的。當據帛書作"銛襲爲上"，以便全面評價《老子》的戰爭觀。

第五十七章"民多智慧，邪事（一本作'奇物'）滋起"，句下，今王弼本等有"法令滋彰，盜賊多有"句。這一句河上公本作"法物滋彰，盜賊多有。"這兩種句子，歷代注家有贊成前者，有贊成後者。究竟應作"法令滋彰"，還是應作"法物滋彰"呢？今查帛書，甲本此句脫損，乙本作"□物茲章"對照今本，"物"前脫字當爲"法"字無疑。因此，帛書作"法物滋彰"。河上公本此句與帛書同，當是古本如此。"法物滋彰，盜賊多有"，河上公注曰："法物，好物也。珍好之物滋生彰著，則農事廢，饑寒並至，故盜賊多有也。"這個解說雖亦言之成理，然此"法物"似應解作"寫有法律條文的物件"爲宜。春秋末年，新興地主階級提倡"明法審令"，主張以法治來平治天下，常把法律條文寫在物品上，以曉喻百姓，約束下民。如：《左傳》所記鄭人"鑄刑器"，晉人"鑄刑鼎"以及鄧析制"竹刑"，都是將法律條文寫在實物上的作法。這些實物可稱之爲"法物"。當時叔向針對子產在鄭國鑄刑書這件事批評說："夏有亂政，而作禹刑；商有亂政，而作湯刑；周有亂政，而作九刑。三辟之興，皆叔世也。今吾子相鄭國，作封洫，立謗政，製參辟，鑄刑書，錐刀之末，將盡爭之。亂獄滋豐，賄賂並行，終子之世，鄭其敗乎！"認爲鄭國鑄刑書，將導致"亂獄滋豐，賄賂並行"，乃至使鄭國敗亡。無獨有偶，孔子針對晉國鑄刑鼎這件事也批評說："晉其亡乎，失其度矣。夫晉國將守唐叔之所受法度，以經緯其民，卿大夫以序守之。……今棄是度也，而爲刑鼎。民在鼎矣，何以尊貴？貴何業之守？貴賤無序，何以爲國？"亦認爲"刑鼎"將導致晉國滅亡。叔向和孔子的批評，同《老子》所說的"法物滋彰，盜賊多有"，正可以相互發明。由此可見，《老子》所講的"法物"，當是"刑器"、"刑鼎"之類的寫有法律條文的物品無疑。"法物"一語，打上了春秋戰國時期的時代特色，由此我們可以進一步闚見《老子》思想形成的社會歷史條件。

綜上所述，帛書《老子》既有助於我們恢復《老子》原本體系上的完整性，也有助於我們糾正今本某些字句的訛誤，爲我們正確把握《老子》的思想，提供了重要的新資料，確實值得百倍珍惜。

但是，帛書《老子》也有其不足之處。對此，我們不應忽視。如果我們只看到帛書《老子》珍貴的一面，看不到它的不足之處，以爲它什麼都好，難免犯片面性的錯誤。帛書出土後，有人撰文主張"用帛書本校勘今本，判別今本的正與誤；用帛書本研讀今本，審定舊注的是與非。"這實際上是要以帛書本之是爲是，以帛書本之非爲非，一切以帛書爲依據，顯然是不對的。因爲帛書本也並非《老子》原本，它也只是一種手抄本。由於以下幾種原因，我們需要參閱今本對之加以校勘。

一是脫爛之處需要校補。帛書《老子》在地下埋藏了兩千多年，兩種本子均有脫壞。甲本存放在一塊竹木條上，保存不善，脫爛尤爲嚴重。全書計 5447 字（包括脫損之字），實際脫損1304字，約占全書的百分之二十三強；乙本存放在一只漆盒內，保存較好，但亦有脫損。全書 5467 字（包括脫損之字），實際脫損649字，約占全書的百分之十一強。這些脫損之字，如不參閱今本加以校補，是無法閱讀的。

　　二是同音假借字需要訓釋。帛書兩種本子，都抄寫於秦漢之際。彼時正是漢字急劇演變的歷史時期。戰國時代，諸侯割據，各諸侯國從政治思想到文化生活都存在差異。秦統一六國後，實行了“書同文”的文字統一工作。這實際上是漢字的一次巨大變革。在這個變革中，人們使用“通假”字顯得更加頻繁。因此秦漢時人抄書多用同音通假字。翻開帛書《老子》，同音通假字滿目皆是。如：將“謂”寫作“胃”，“鑑”寫作“監”，“爪”寫作“蚤”，“谷”寫作“浴”，如此等等，都爲同音通假。這種情況，雖然在當時是合理的，但到了今天，就不應該繼續下去了。因此，應當參閱今本，加以訓釋，並用通行字取代之。

　　三是衍字漏字需要删、增。帛書甲、乙本在抄寫中都存在衍字或漏字的情況。如第三章，帛書乙本“使夫知不敢”一句，今本多作“使夫知者不敢爲”，兩相對照，似以今本爲優。帛書少“知”下一“者”字，“敢”下一“爲”字，語意難通。顯然此“者”、“爲”二字爲漏字，當據今本補正。又如第七章，“後其身而身先，外其身而身存”，帛書乙本寫作“退其身而身先，外其身而身先，外其身而身存”，毋庸置疑，這裏第二句爲衍文，當據甲本和今本删去。

　　四是錯別字需要糾正。帛書甲、乙本錯別字亦爲數不少。其錯別字的出現，有種種原因，有的因字形相近而誤，如將“察察”誤作“蔡蔡”，“田獵”誤作“田臘”，“寵辱”誤作“龍辱”；有的因字音相近而誤，如把“聖人”誤作“聲人”，“大患”誤作“大梡”，“孝慈”誤作“畜茲”等等。有的因涉上、下文而誤。如第三十八章“上仁爲之而無以爲也”一語後當爲“上義爲之而無以爲也”，但帛書乙本却把“上義”誤作“上德”。此“上德”一詞，當是涉及上文“上德無爲而無（以）［不］爲”一句而誤。有的則純屬抄者妄改。第八章“上善若水，水善利萬物而不爭”，今本概如此。但帛書乙本却把“不爭”寫作“有爭”（甲本作“有靜”），純屬謬誤。

以上種種，說明帛書並非什麼都好，它確實也有自己的不足，必須參閱今本，對之加以科學的整理，以便更好地發揮它的資料價值。遺憾的是，我們有的論者對帛書的不足之處認識不夠，他們把帛書當作金科玉律，甚至把其中錯誤的東西也當作正確的東西大加贊揚，這是極不愼重的。

以上述第八章爲例，有的論者却鼓吹帛書的“有爭”爲“正確”。認爲這表現了《老子》“柔而有爭”的思想。初看起來似乎有理，但聯繫《老子》的全文來看，就不正確了。

不錯，《老子》的哲學是“柔而有爭”的，但是，“有爭”是以“不爭”爲前提的，“有爭”寓於“不爭”之中，“不爭”是條件，“有爭”是歸宿。這種思考問題的邏輯，在《老子》書中隨處可見。第七十八章“天下莫柔弱於水，而攻堅強者莫之能勝。”首句“天下莫柔弱於水”，寫的是“不爭”；後句“而攻堅強者莫之能勝”，寫的是“有爭”，正是從“不爭”中求“有爭”的。第八十一章說：“天之道利而不害，聖人之道爲而不爭”雖然“不爭”却是“有爭”的，故《老子》又說：“聖人無積，旣以爲人己愈有，旣以與人己愈多。”此處的“爲人”變成了“己愈有”，“與人”變成了“己愈多”，正是“不爭”中包含着“有爭”。第七十三章說：“天之道不爭而善勝，不言而善應，不招而自來，繟然而善謀，天網恢恢，疏而不失。”你看，天之道雖然“不爭”“不言”，却能“善勝”、“善應”，再一次說明了“不爭”中包含“有爭”。可見，從“不爭”中求“有爭”，是《老子》一貫的思想。所以，《老子》反覆強調：“夫惟不爭，故莫能與之爭”（二十二章）；“以其無爭與，故天下莫能與爭”（六十六章）；“夫惟不爭，故無尤”（第八章）。無容置疑，“不爭”是《老子》無爲之道的重要內容，作“水善利萬物而不爭”，才合《老子》本意。作“水善利萬物而有爭”，則恰恰背離了《老子》的思想。從本章的上下文來看，問題也十分清楚，前言“水善利萬物而不爭”，後言“夫惟不爭，故無尤。”前文爲後文埋下伏筆，前呼後應，文通理順。如作“水善利萬物而有爭”，則後文“夫惟不爭”就是無的放矢了。由此可見，帛書本作“有爭”是錯的，當據今本改正。

又如第十四章末句今本多作“執古之道，以御今之有，能知古始，是謂道紀。”帛書甲乙本此段中“執古之道”並作“執今之道”，應當說這也屬訛誤。但是，有人也大加贊揚，說這“執今之道”表現老子“講道論德的立足點正在今而不在古。”有的論者甚至借“執今之道”一語，大發議論，說這表現了《老子》堅持“治國不一道，便國不法古”的“法家路線”。眞是滑天下之大稽。

《老子》眞的提倡“執今之道”嗎？否！細讀《老子》書，我們不難發現，《老子》強調的是“古道”而非“今道”。書中多次贊揚“古之善爲道者”，多次引證古聖人的格言，就是例證。第三十八章說：“失道而後德，失德而後仁，失仁而後義，失義而後禮。夫禮者，忠信之薄而亂之首也。"在老子看來，古道到了後來已經退化了，代之的是"仁"、"義"、"禮"這一套虛假的東西。因此，只有恢復"古之道"，才能治理今日的天下國家。可見，《老子》要執的是"古道"，而並非今道。孔子評價老子說："述而不作，信而好古"，也從側面證明老子要執的是"古道"。所以帛書甲、乙本作"執今之道"是不對的，當據今本改正。

總之，帛書《老子》有其所長，也有其所短，我們應當本着實事求是的態度，揚其所長，避其所短，讓帛書《老子》在老學研究中，發揮應有的作用。正是在這一思想指導下，筆者不自量力，寫成拙著《帛書＜老子＞校注析》，意在把自己近年來研讀帛書《老子》的心得清理一下，拋磚引玉，求教於海內之通家達人。

作者 黃 釗

一九八五年七月寫於湘潭大學，
一九八九年六月修改於武漢大學

# 說　明

　　近年來由於教學的需要，我有機會研讀帛書《老子》及其他有關《老子》讀本，受益匪淺。乘全國《老子》學術討論會在湘召開的前夕，我匆忙把自己的學習心得清理了一下，整理成這部《帛書＜老子＞校注析》。現將有關問題說明如下：

　　㈠　本書校正文以帛書《老子》甲、乙本爲底本（據《馬王堆漢墓帛書＜老子＞》，文物出版社 1976 年版），主要參閱河上公注《老子道德經》(即《老子河上公章句》，簡稱河本)、王弼《老子＜道德經＞注》（簡稱王本）、傅奕《道德經古本篇》(簡稱傅本)等流行較廣的諸今本，也適當參閱其它有關《老子》本，校文在力求保存帛書風格的前提下，擇善而從。

　　㈡　本書《校注》採用分段的方法，一般是先校後注或校中夾注。校與注以及《簡析》均吸收了古今注家的研究成果，重點參閱了馬叙倫《老子校詁》、蔣錫昌《老子校詁》、高亨《老子正詁》、朱謙之《老子校釋》、張松如《老子校讀》、許抗生《帛書＜老子＞注釋與研究》、陳鼓應《老子注譯及評介》，以及其它古今注家的著作。所引之文，一般交待了原作者，以示不敢掠人之美。

　　㈢　帛書《老子》甲乙本均不分章。爲校、注、析以及研究的方便，本書乃按今王本八十一章之次序，分章進行校注和簡析。

　　㈣　帛書《老子》甲乙本上篇爲《德經》，下篇爲《道經》。但流傳今本上篇概爲《道經》，下篇概爲《德經》。《老子》原本究竟是《道經》在前還是《德經》在前？學術界見仁見智，衆說紛紜。筆者以爲，《道經》在前，《德經》在後，符合《老子》"道生德"的思想，也符合古往今來人們稱老子學派爲"道德家"的歷史傳統，不應該輕易改移。因此，本書仍按流傳今本分篇之慣例，將《道經》列爲上篇，《德經》列爲下篇。

　　㈤　以往的注《老》之書，一般是選擇一種定本作爲底本，按章次順序分別排列在各章校注文字之前。本書所選的底本爲《老子》甲、乙兩種本子，其經文均有脫損，不便列在各章校注文字之前，只好附錄於書後。而分別於各章校注文字之前的經文，則爲筆者校正文。

　　㈥　本書《簡析》部分，着重剖析《老子》的哲學思想。《老子》哲學博大精深，所涉及範疇亦無比豐富。分章簡析，意在從微觀上揭示其思想內容，爲從宏觀上把握其基本精神奠定基礎。析文僅是個人的體會，至於研幾入微、剖玄析奧，筆者不敢自命。

　　㈦　本書《老子》各章意譯，在《校注》中只分段寫出，爲讀者閱讀的方便，書末附有帛書《老子》校正文與意譯文對照。

　　㈧　本書引用與參閱書目，亦附之書後。

作者 **黃　釗**

1985年7月2日

# 帛書老子校注析

# 目　　錄

老　聃（圖版）

序 ······························王　沐········ I

爲黃釗先生《帛書老子校注析》題辭····蕭萐父····· III

論帛書《老子》的資料價值（代序）······黃　釗········ VII

説　明····························黃　釗······ XXIII

## 道經篇 ························································ 1

第一章················ 3　　第九章················ 42

第二章················ 11　　第十章················ 46

第三章················ 17　　第十一章·············· 54

第四章················ 21　　第十二章·············· 58

第五章················ 26　　第十三章·············· 61

第六章················ 31　　第十四章·············· 66

第七章················ 35　　第十五章·············· 73

第八章················ 38　　第十六章·············· 80

第十七章…………… 86　　第二十八章…………… 143

第十八章…………… 89　　第二十九章…………… 149

第十九章…………… 92　　第三十章……………… 154

第二十章…………… 95　　第三十一章…………… 160

第二十一章………… 105　　第三十二章…………… 166

第二十二章………… 113　　第三十三章…………… 172

第二十三章………… 118　　第三十四章…………… 176

第二十四章………… 123　　第三十五章…………… 180

第二十五章………… 126　　第三十六章…………… 183

第二十六章………… 133　　第三十七章…………… 188

第二十七章………… 137

**德經篇**……………………………………………… 195

第三十八章………… 197　　第四十九章…………… 261

第三十九章………… 206　　第五十章……………… 267

第四十章…………… 215　　第五十一章…………… 272

第四十一章………… 221　　第五十二章…………… 277

第四十二章………… 229　　第五十三章…………… 283

第四十三章………… 236　　第五十四章…………… 288

第四十四章………… 240　　第五十五章…………… 293

第四十五章………… 243　　第五十六章…………… 300

第四十六章………… 249　　第五十七章…………… 306

第四十七章………… 253　　第五十八章…………… 314

第四十八章………… 258　　第五十九章…………… 321

第六十章…………………… 326　　第七十一章………………… 383

第六十一章………………… 330　　第七十二章………………… 387

第六十二章………………… 336　　第七十三章………………… 391

第六十三章………………… 342　　第七十四章………………… 395

第六十四章………………… 347　　第七十五章………………… 400

第六十五章………………… 355　　第七十六章………………… 404

第六十六章………………… 359　　第七十七章………………… 409

第六十七章………………… 363　　第七十八章………………… 414

第六十八章………………… 370　　第七十九章………………… 419

第六十九章………………… 374　　第八十章…………………… 424

第七十章…………………… 379　　第八十一章………………… 431

## 附錄一

帛書《老子》甲本、乙本文字對照………………………………… 437

## 附錄二

帛書《老子》校正文與意譯文對照……………………………… 465

引用與參閱書目 …………………………………………………… 521

後記………………………………………………………………… 529

# 道經篇

# 第 一 章

道，可道也，非恒道也；名，可名也，非恒名也㈠。無
名，萬物之始也；有名，萬物之母也㈡。故恒無欲也，
以觀其妙；恒有欲也，以觀其所徼㈢。此兩者，同出而
異名，同謂之玄，玄之又玄，衆妙之門㈣。

## 校　　注

㈠　　"道，可道也，非恒道也；名，可名也，非恒名也。"

　　帛書甲本如此，乙本脫損嚴重，僅存前四字後三字。通行的
河本、王本、傅本均無四"也"字，二"恒"字併作"常"字。
　　"道，可道也，非恒道也"全句共有三個"道"字爲人們習
稱之"道"，含有"道理"、"道術"之義，河上公注曰："謂經術
政教之道也"。次"道"字作動詞用，猶"言說"也。末"道"
字與"恒"字結合爲"恒道"，這便是老子所要闡明的"道"。
　　"名，可名也，非恒名也。"全句共有三個"名"字，首
"名"字爲一般事物之"名"也；次"名"字作動詞用，猶"命"
也；末"名"字與"恒"字結合爲"恒名"，這便是老子所要
闡明的"名"。
　　"恒道"、"恒名"通行的王本、河本、傅本等均作"常道"、
"常名"，"恒"、"常"互通，"久"也。古本當爲"恒"，

作"常"乃後人爲避漢孝文帝劉恒諱而改。

全段意爲：一般的"道"，是可以用言語表達的，但它不是"恒道"；一般事物的"名"是可稱呼的，但它不是"恒名"。

㈡ "無名，萬物之始也；有名，萬物之母也。"

帛書甲、乙本均如此，通行的河、王、傅本"萬物之始"皆作"天地之始"，且無二"也"字，今依帛書。馬敍倫曰："《史記·日者傳》引作'無名者，萬物之始也'王弼注曰：'凡有皆始於無，故未形無名之時，則爲萬物之始，……'是王本兩句皆作'萬物'，與《史記》所引合，當是古本如此。"今帛書恰爲"萬物之始"，足證馬氏所言是也。

"無名"、"有名"皆爲"道"之別名，奚侗曰："無名有名皆謂道。"不過二者又稍有區別："無名"指"道"處於剖判未分之時；"有名"指"道"已化生爲具體有名之物。故"有名"由"無名"演化而來。易佩坤曰："無名生有名也"。

"始"，始祖的意思。

"母"，母本的意思。

全句意爲：無名，是萬物的始祖；有名，是萬物的母親。

㈢ "故恒無欲也，以觀其妙；恒有欲也，以觀其所徼。"

帛書甲本如此，但"妙"原作"眇"，"徼"原作"曒"，今據通行本改。乙本脫"以觀其妙"四字，"有"作"又"，餘

皆同甲本。通行的河本、王本、傅本、均無二"也"字，亦無
"所"字，"恒"併作"常"，今依帛書。

　　"妙"與"徼"爲互相對待之詞，曹聚仁曰："妙是微，徼
是顯"，按："徼"，讀爲"皦"，《說文》："皦，玉石之白
也。"引伸爲顯明義。

　　兩"其"字，前者指"無名"，後者指"有名"。

　　"以"，猶"可"也。《古書虛字集釋》云："'以'訓
'可'，猶'能'訓'可'也。"

　　全段意爲：經常保持無欲的精神狀態，就可以靜觀無名之
"道"的微妙；經常爲欲念所糾纏，則只能粗察有名之物的顯露
之處。


　　㈣　"此兩者，同出而異名。同謂之玄，玄之又玄，衆
　　妙之門。"


　　通行的河本、王本、傅本一律如此。帛書甲乙本前句併作
"兩者同出，異名同謂。"兩相比較，通行本義長。因爲第一，
"異名同謂"一語不通。古有"異名同實"之說，未有"異名同
謂"之言。"名"、"謂"義近，既"異名"，怎麼又能"同謂"
呢？第二，通行本有"同謂之玄"一句，它回答了"此兩者"其
實質是什麼的問題，較帛書爲優，今從通行本。

　　"此兩者"，指"無名"與"有名"。

　　"同出"謂同自道出。

　　"玄"，歷來注家衆說紛紜，王弼注曰："玄，冥也，默然

無有也。"爲其萬有生於虛無的玄學本體論製造依據，顯然不合老旨。河上公注曰："玄，天也。"似亦於義未安。今人多訓"玄"爲"深遠"、"玄妙"，恐亦非是。按："玄"通"元"，《說文》："元，始也。"段注："見《爾雅釋詁》，九家易曰：'元者，氣之始也'"。可見，"玄"指的是"氣之始"，即原始之氣。楊柳橋云："就原始物質的渾淪之象而言則謂之玄。"似亦把"玄"看作原始之氣。據此，"同謂之玄"意爲同稱爲原始之氣；"玄之又玄"，猶言原始而又原始之氣，即指最原始的氣。

"衆妙之門"即指一切變化之總門（依任繼愈說）。

全段意爲："無名"和"有名"同自"道"出，但名稱各異。它們同屬於原始之氣。那原始而又原始之氣（即"道"），才是產生一切變化的總門。

# 簡　析

本章爲通行本《老子》之首章，亦爲帛書《老子》甲乙本《道篇》之開端，維繫着全書之宗旨，有開宗明義之意。全章思想核心在於闡明一個"道"字，故河上公將本章稱作"體道"章，是頗有見地的。"道"，原指道路，後又演化爲"道術"、"道理"、"方法"、"原則"等概念，把"道"作爲生化天地萬物的本體，自老子始。這是老子的一大貢獻。

本章，首先老子把自己的"道"同人們習稱之"道"區別開來。他說："道，可道也，非恒道也。"認爲人們習稱之"道"是"可道"的，但那"可道"之"道"並非"恒道"。老子所謂

"可道"之"道"，大概指的是當時儒墨兩家所奉行的"道"。《老子》成書於戰國初期，當時儒墨兩家皆爲顯學，在學術上有廣泛的影響。儒家以"仁"、"義"、"禮"、"樂"、"忠"、"信"爲"道"；墨家以"兼愛"、"尚賢"、"尚同"、"尚力"、"非命"、"薄葬"爲"道"，它們雙方展開激烈的論辯，用自己的"道"去排斥對方的"道"，乃至"是其所非而非其所是"。所以它們的"道"，都是可以用言語表達的，是關於道理、道術即"經術政教之道也"。而老子的"道"，與儒墨所奉行的"道"有本質的不同，他所謂的"道"，一是作爲產生世界萬物的本體，二是作爲物質世界運動變化的規律。他所謂的本體，乃是一種"視之不見，聽之不聞，搏之不得"、"不可致詰"、"繩繩不可名"、"惚兮恍兮"的東西，故"不可道也"；他所謂的物質世界運動的規律，具有"獨立而不改，周行而不殆"的特性，故亦不可道也。這樣，老子就從"可道"與"不可道"的意義上把人們習稱之"道"同自己的"道"區別開來了。

　其次，老子把自己所說的"名"同一般具體事物之名也區別開來了。他說："名，可名也，非恒名也。"認爲一般人所謂具體事物之名是可命的，而他關於"道"之"名"，則是不可命的。這大概也含有批判儒墨的意義。當時儒墨兩家顯學曾就名實關係問題展開過辯論，儒家提倡"以名證實"，墨家提倡"取實予名"，他們所謂的"名"，都是具體事物的名稱、符號，因此都是可名的。而老子却不同，他的"名"是要用來說明"道"的，由於"道"不可道，故亦不可名也。老子曾把"可以爲天地母"的東西"字之曰道"、"強爲之名曰大"，認爲這個名字非常勉強，正是"不可名"的表現。所以老子所謂的"恒名",實質即是恒道之名。這就從"可名"與"不可名"的意義上把人們習稱之"名"同自己所謂的"名"區分開來了。

老子既把自己的"道"同人們習稱之"道"區別開來,又把自己的"名"同人們習稱之"名"區別開來,這就使自己在與儒墨諸家爭鳴中獨樹一幟,使人們耳目爲之一新。

本章,老子所着力闡明的"道",包含有如下兩個方面的含義:

### ⑴ 把"道"看作產生宇宙萬物的本體。

"無名,萬物之始也;有名,萬物之母也。"這裡"無名"和"有名"都是"道"的代名詞,它們分別爲"萬物之始"和"萬物之母",可見,"道"是產生宇宙萬物的"始祖"與"母本"。這"始"與"母"究竟是甚麼東西呢?後文說:"同謂之玄",即同稱爲原始之氣。這就一語道破老子所講的生育萬物的本體即"道",乃是一種原始之氣(後人稱爲元氣)。以原始之氣作爲宇宙萬物的本體,這正是老子哲學作爲樸素唯物主義的"基本內核"。以此爲嚮導,我們就能走出老子哲學的迷宮,往後我們將在有關章節進一步揭示這一點。

### ⑵ 點明了"道"變化不息的特性。

在本章中,老子把自己的"道"稱爲"常道"(即"恒道"),

寓意尤深。關於"常道"，歷來的研究者有種種解釋，有的釋爲
"眞常不易之道"，有的釋爲"自然長生之道"，有的釋爲"永
恒的道"、"正常的道"，等等，似都於義未安。程頤在《周易
程氏傳》中釋《易》之＜恒卦＞時指出："天下之理未有不動而
能恒者也，動則終而復始，所以恒而不窮，凡天地所生之物，雖
山嶽之堅厚，未有能不變者也。故'恒'非'一定'之謂也，
'一定'則不能恒矣。惟隨時變易，乃常道也。"（着重點爲引
者所加）程氏在這裡把"隨時變易"看作"常道"，是深得《易》
理的。《老子》之"道"同《易》有着血緣聯繫，疑本章的"常
道"亦含有隨時變易之義。細審文意，全章緊緊扣住了一個"變"
字。"無名萬物之始，有名萬物之母"，蘊含着宇宙在發展變化
之義，它從"無名"化生出"有名"，又從"有名"，化生出萬
物。後又說："玄之又玄，衆妙之門"，認爲原始而又原始的氣
（即"道"）乃是一切變化的總門，點明了道生生不息之特性。

　　此外，本章還涉及到認識論的問題，"恒無欲也,以觀其妙；
恒有欲也，以觀其徼。"當是講的兩種不同的觀察方法，一爲
"無欲之觀"，一爲"有欲之觀"。"無欲之觀"，即老子所謂
靜觀玄鑑的觀察方法，依靠這種方法，"不出戶"却能"知天下"；
"不窺牖"，却能"見天道"，所以說："恒無欲也,以觀其妙。"
"有欲之觀"，指的是一般人的觀察，一般人爲欲念所支配，不
可能通過靜觀玄鑑去認識"道"，只能粗淺地認識有名之物的顯
露之處。所以說，"恒有欲也，以觀其所徼。"

　　"無欲之觀"與"有欲之觀"的區分，說明老子在一定程度
上看到了人的精神狀態在認識過程中的作用，但是，它誇大了這

一作用，認爲只要"恒無欲"，就能"以觀其妙"，否認了感性
認識和實踐在認識中的決定作用，在這一點上，陷入了唯心主義。

# 第　二　章

天下皆知美之爲美，斯惡已；皆知善之爲善，斯不善已
㈠。有無之相生也，難易之相成也，長短之相刑也，高
下之相盈也，音聲之相和也，先後之相隨，恒也㈡。是
以聖人居無爲之事，行不言之敎㈢。萬物作而弗始也，
生而弗有也，爲而弗侍也，成功而弗居也。夫唯弗居，
是以弗去㈣。

## 校　　注

㈠　“天下皆知美之爲美，斯惡已；皆知善之爲善，斯
不善已。”

　　河本、王本、傅本均如此，帛書甲本前句無“之”、“斯”
二字；後句爲“皆知善貲不善矣”。乙本前句無“斯”字，“惡”
省作“亞”；後句爲“皆知善斯不善矣”，今一律按通行本補正。
又據朱謙之考證，本節後句開端《淮南·道應訓》引文有“天下”
二字，達眞、清源、範應元本上亦有“天下”二字。但帛書及今
通行的河本、王本、傅本，此句均無“天下”二字，當是承上句
而省，從行文來看，省爲優，今從帛書。
　　“天下”，指天下人。

"惡"爲"美"的對立面，"丑"也。

"不善"即"善"的對立面，"惡"也。

"斯"，《說文》："斯，析也"。《辭海》："析，分開，離散"，引伸爲"分別"。

"已"，通"矣"。

全段意爲：天下人都懂得甚麼叫做"美"，便分別出"醜"來了；天下人都懂得甚麼叫做"善"，便分別出"惡"來了。

(二) "有無之相生也，難易之相成也，長短之相刑也，高下之相盈也，音聲之相和也，先後之相隨，恒也。"

帛書甲本如此，但"音"錯爲"意"，"隨"寫爲"隋"。乙本脫"有無之相"四字，"隨"亦寫爲"隋"，餘皆同校文。河、王、傅諸本，開端均有"故"字，末尾均無"恒也"二字，各句語尾併無"也"字，且"相盈"俱作"相傾"。河本、王本句中併無"之"字，河本、傅本"刑"作"形"；王本"刑"作"較"。"先後"，河本、王本、傅本均爲"前後"，但考敦煌本、遂州碑本、顧歡本、嚴君平本等皆作"先後"，今帛書如此，足證敦煌等本是。"故"，考敦煌本，遂州碑本，顧歡本均無，正與帛書相合，當是古本如此，今從帛書。

"有無之相生也"，意爲"有"與"無"互相生成，老子所謂"有之以爲利，無之以爲用"即同此意。按：有人用"天下萬物生於有，有生於無"來釋"有無相生"，恐非。"有無相生"，講的是發展觀問題；"天下萬物生於有，有生於無"，則講的是本體論的問題，二者不能混爲一談。如謂"有無相生"與"天下萬物生於有，有生於無"等同，那麼，從本體論的意義上來說，究竟是"無"生"有"還是"有"生"無"就分不清了。

"難易之相成也"，意爲"難"與"易"互相成就，即："難"因"易"而顯其"難"，"易"因"難"而顯其"易"，"難"與"易"相輔相成。

"長短之相刑也"，"刑"通"形"，"長短相形"，猶言長與短相互比較各自顯其長短之形。朱謙之曰："寸以尺短，尺以寸長，無長則無以明短，無短則無以見長，此長短之相形也。"

"高下之相盈也。""相盈"惟帛書如此，他本均作"相傾"。《玉篇》："盈，滿也。""高下相盈"言"高"與"下"相接而自滿足，即"高"因有"下"而"高"自滿足也，"下"因有"高"而"下"自滿足也。此從帛書作"相盈"。

"音聲之相和也。"按：古人"音"與"聲"有所區別，《說文》："聲生於心，有節于外謂之音。宮商角徵羽，聲也；系竹金石匏土草木，音也"。段玉裁引《樂記》曰："聲成文謂之音""音聲相和"言"音"與"聲"相互協調而顯得和諧。春秋末年晏嬰云："若琴瑟之專壹，誰能聽之？"認爲只有不同的聲音協調起來才能奏出美妙的音樂。

"先後之相隨"，言"先"與"後"不可分離，"先"因"後"顯，"後"因"先"明，"先"與"後"相互比較而顯其自身的特徵。

"恒也"，通行本均無，爲帛書所特有。意爲：永恒不變的法則。是對以上規律認識的概括和總結。

全段意爲：“有”與“無”相互生成，“難”與“易”相互成就，“長”與“短”相互襯托，“高”與“下”相互滿盈，“音”與“聲”相互調和，“先”與“後”相互跟隨，這是永恒不變的自然法則。

㈢　“是以聖人居無爲之事，行不言之敎”。

帛書乙本如此，但“聖”省爲“耶”；甲本後句脫末尾四字。“聖”錯爲“聲”。“居”，河、王、傅本均作“處”，“居”、“處”義通，今依帛書。

全句意爲：聖人按“無爲”的指導思想辦事，實行不言而因任自然的教育方法。

㈣　“萬物作而弗始也，生而弗有也，爲而弗侍也，成功而弗居也。夫惟弗居，是以弗去。”

“萬物作而弗始也”，帛書乙本無“也”字，“作”誤爲“昔”。甲本此句僅殘存一“也”字。考乙本後二句均有“也”字，此句亦應有“也”字，今據甲本補。傅本此句作“萬物作而不爲始”，河上本、王本均作“萬物作焉而不辭”，今依帛書。

“作”，興作也，有活動、運動之意。

“始”讀爲“治”《爾雅義疏》：“始與治通”。“治”，管理的意思。

“萬物作而弗始也”，猶言萬物興作而不管理它們。

　　“生而弗有也”一語，帛書甲乙本均無，據考，敦煌本、遂
州碑本亦無此語，但河、王、傅諸家均有此句，有此句義優，今
據補。併依前後文的句式，加補一“也”字。

　　“生而弗有也”，意爲生出萬物而不佔爲己有。

　　“爲而弗侍也”，乙本如此，甲本“侍”作“志”，音近而
誤。通行本均作“爲而弗恃”，今依帛書乙本。

　　“爲”，施也。河上公曰：“施爲而不恃望其報。”從之。

　　“成功而弗居也”帛書甲、乙本皆如此，河、王、傅諸家本
“成功”均爲“功成”，但敦煌本作“成功”。“弗居”，傅本
作“不處”。今一律按帛書。

　　“弗居”，謂不居功自傲。

　　“夫唯弗居，是以弗去”。乙本如此，河本、王本後一“弗”
字作“不”字，傅本作“夫唯不處，是以不去。”惟帛書甲本作
“夫唯居，是以弗去”，掩前一“弗”字，今依乙本。

　　“弗去”意爲永存不朽。

　　全段意爲：萬物興作而不管理它們，對萬物有所施爲而不侍
望其報，取得成功而不居功自傲。正因爲不居功自傲，所以天道
永存不朽。


# 簡　　析


　　本章分前後兩部份：前部份（到“先後相隨”止）重點闡述
矛盾雙方相反相成的辯證關係，是老子樸素辯證法的集中體現。
後部份講無爲之道。

　　前部份共揭示了八對矛盾，即善惡、美醜、有無、難易、長短、高下、音聲、先後等。據有人統計，《老子》書提出了相互對立的範疇達七、八十對之多，這說明它在一定程度上意識到了矛盾的客觀性，是符合辯證法的。

　　老子不僅看到了矛盾，而且揭示了矛盾雙方的相互關係。他說：“天下皆知美之爲美，斯惡已；皆知善之爲善，斯不善已”。認爲當人們懂得了什麼叫做“美”，便分別出“醜”來了；當人們懂得了甚麼叫做“善”，便分別出“惡”來了。這就告訴我們，“美”與“醜”、“善”與“惡”是相比較而存在的。沒有“美”，“醜”就不彰；沒有“善”，“惡”就不著。由此出發，老子又進一步闡明了另外六對矛盾的關係：“有無之相生也，難易之相成也，長短之相刑也，高下之相盈也，音聲之相和也，先後之相隨，恒也。”這裡說的“有”與“無”、“難”與“易”、“長”與“短”、“高”與“下”、“音”與“聲”、“先”與“後”等，用四個字來概括，叫做“相互對立”；“相生”、“相成”、“相形”、“相盈”、“相和”、“相隨”等，亦可用四個字來概括，叫做“相互統一”。因此，這裡揭示的就是矛盾雙方既對立又統一的關係，用古人的話說，叫做“相反相成”。

　　老子關於相反相成的思想，不是從天上掉下來的，是對前人和同時代人的思想的繼承和發展。春秋末年晏嬰就提出過“可否相濟”的思想，他說：“君所謂可，而有否焉；臣獻其否，以成其可。君所謂否，而有可焉；臣獻其可，以去其否。”這裡就包含着“可”與“否”相反相成的道理。

# 第 三 章

不上賢，使民不爭；不貴難得之貨，使民不爲盜；不見
可欲，使民心不亂㈠。是以聖人之治也，虛其心，實其
腹，弱其志，强其骨，恒使民無知無欲也㈡。使夫知者
不敢爲也。爲無爲，則無不治矣㈢。

## 校　　注

㈠　"不上賢，使民不爭；不貴難得之貨，使民不為盜；
　　不見可欲，使民心不亂。"

　　"不上賢，使民不爭。"帛書乙本如此，甲本僅存"不上賢"
三字。通行的河、王、傅諸本，"上"均作"尚"。據考，景龍
碑本、龍興碑本、敦煌本及《淮南·齊俗訓》引文亦作"上"，
當是古本如此，今依帛書。"上"通"尚"，崇尚、尊重之意。
"賢"，猶能也。"不尚賢"，即不崇尚賢才。

　　"不貴難得之貨，使民不爲盜"帛書甲本脫損嚴重，乙本及
河、王、傅本槪同校文。"民"，龍興碑本作"人"。"使民不
爲盜"《北堂書鈔》引此句無"爲"字，今從帛書。

　　"不見可欲，使民心不亂。"王本、傅本同此，甲本有脫損，
乙本無"心"字，恐掩。河本作"使心不亂"，亦有"心"字。

有"心"字優,今據衆本補。

"不見",猶"不現"。

"可欲",蔣錫昌釋爲"所欲",張松如據之釋爲"所貪圖的事物。"恐非是。按:"可欲","可"猶"足"也。《左傳》昭四年:"恃險與馬,不可以爲固也,自古以然"《新序·善謀》篇"可"作"足"。是"可""足"互通。"足",充實,足夠,滿足也。故"可欲"猶"足欲",引伸爲"多欲"。"不見可欲",即不表現出多欲。在老子看來,在上的統治者不表現多欲,民心就不會被擾亂,這同五十七章所說的"我無欲,而民自樸"旨意一致。故此"可欲",不宜釋爲"所欲"。

本段意爲,不崇尚賢才,使老百姓不競爭;不看重難得的財貨,使老百姓不流爲盜賊;不表現出多欲,使老百姓的思想不被擾亂。

(二) "是以聖人之治也,虛其心,實其腹,弱其志,強其骨,恒使民無知無欲也。"

本段帛書乙本如此,甲本脫損嚴重,其僅存的末尾十一字與乙本同。河、王本無二"也"字,"恒"作"常",傅本有前一"也"字,餘同河、王本。

四"其"字,均指代"民"。

本段意爲:所以聖人治理百姓,注意消除他們的欲念,填飽他們飢餓的肚皮,削弱他們的志氣,增強他們勞動的筋骨,讓老百姓經常保持無知無欲的狀態。

㈢　"使夫知者不敢為也，為無為，則無不治矣。"

　　本段依河上公本，唯語尾據帛書乙本增一"矣"字。帛書甲本脫損嚴重，僅存句首一"使"字。乙本作："使夫知不敢，弗為而已，則無不治矣。"按："弗為而已"河本、王本、傅本概作"為無為"，當從之。"不敢為"，河、王、傅本概同，乙本作"不敢"，疑誤。"不敢為"，是老子的一個常用語，六十四章"能輔萬物之自然而不敢為。"亦有"不敢為"一語。"敢"，借為"譀"，此"譀"當訓為"妄"。《說文》："譀，俗誢，從忘。""忘"，古又通作"妄"，《釋文》："忘，本又作妄"，是"譀"有"妄"義。又《說文》："譀，誕也。"《辭海》（新版）："誕，虛妄"。是"譀"有"妄"義。"不敢為"，即不妄為也。"知"，通"智"，巧詐也。

　　本段意為：使那些行巧智的人，也不去妄為。堅持"無為"的原則，就甚麼都可以治理好。

# 簡　　析

　　本章着重闡明無為而治的具體措施。文意緊承上章，上章講"聖人處無為之事"，本章則講聖人怎樣處無為之事。

　　首先，老子提出了"三不主義"。即"不尚賢"、"不貴難得之貨"、"不見可欲"。在老子看來，"尚賢"就會導致"民爭"；"不尚賢"，則可以"使民不爭"。"貴貨"就會導致"民為盜"；"不貴貨"，則可以"使民不盜"。"見可欲"，就會導致"民心亂"；"不見可欲"，則可以"使民心不亂。"然而，這只能是老子的主觀設想，在現實中是行不通的。老子不懂得，當時民之"爭"、"盜"、"亂"，都有其深刻的社會根源。春秋戰國之際，新的封建制正在興起，沒落的奴隸制正在崩潰，階級鬥爭十分尖銳，被壓迫的勞動者經受着極大的苦難，乃致"飢而不得食，寒而不得衣，勞而不得息。"(《墨子・尚賢中》)，掙扎在死亡線上。因此，"民爭"、"民盜"、"民亂"就不可避免了。可見，把民之"爭"、"盜"、"亂"歸結為"尚賢"、"貴貨"、"見可欲"，是不符合實際的。這一點，明清之際的王夫之也看到了，他批評說："'爭'，未必起於賢，'盜'，未必因於'難得之貨'，'心'，未必亂於'見可欲'。"既然如此，則老子提出的"三不主義"，就不可能解決"民爭"、"民盜"、"民亂"的社會問題。

其次，老子提出了"虛其心，實其腹，弱其志，強其骨。恒使民無知無欲"的主張。這裡"恒使民無知無欲"包含有"愚民"的性質。"愚民"是一切專制階級對付廣大群眾的共同手段，其主要在於消磨和腐蝕被壓迫人民覺醒了的反抗意識，以便使他們安分守己，服從統治。不過，老子的"愚民"同儒、法諸家有所區別，其所謂"愚"，有"愚樸"之意，其中包含着對誠實不欺的美德的嚮往。

# 第　四　章

道冲，而用之有弗盈也㊀，淵呵，似萬物之宗㊁。（挫
其銳，解其紛，和其光，同其塵㊂）湛呵似或存㊃，吾不
知其誰之子也，象帝之先㊄。

## 校　　注

㊀　“道冲，而用之有弗盈也。”

　　帛書乙本如此，甲本僅殘存“盈也”二字。河本、王本無
“也”字，“有”均作“或”；傅本“有弗盈”作“又不滿”；
景龍碑本作“久不盈”。易順鼎曰：“古‘或’字通作‘有’，
‘有’字通作‘又’，三字之義相同。此文作‘或’作‘有’作
‘又’皆通，而斷無作‘久’之理，‘久’爲‘又’之誤。”
《太平御覽》三百二十二引墨子曰：“善持勝者，以強爲弱，故
老子曰：‘道冲而用之有弗盈也’”恰與帛書甲乙本相合，今依
帛書。
　　“冲”傅本作“盅”，朱謙之按：“‘盅’即‘冲’之古文，
《說文》皿部：‘盅’器虛也’。老子曰：‘道盅而用之’”俞
樾曰：“‘道盅而用之’‘盅’訓‘虛’，與‘盈’正相對，作
‘冲’者假字也。”第四十五章‘大盈若冲’，‘冲’亦當作

‘ 盅 ’ 。 ”

　　 “ 盈 ” ，滿也， “ 不盈 ” ，意爲不會盈滿，引伸爲不可窮盡。

　　全句意爲：道虛而無形，其作用不可窮盡。

　　㈡　 “ 淵呵，似萬物之宗。 ”

　　帛書甲乙本 “ 似 ” 分別作 “ 始 ” 、 “ 佁 ” ，但通行的各種版本均作 “ 似 ” ，作 “ 似 ” 是，作 “ 始 ” 、 “ 佁 ” 乃音近而誤。 “ 呵 ” ，甲乙本同，王本、傅本作 “ 兮 ” ，河本作 “ 乎 ” ，張松如曰： “ ‘ 兮 ’ 張口作ㄎ聲，正是古呵字。 ” 今依帛書。

　　 “ 淵 ” ，景龍碑作 “ 深 ” ，勞健曰： “ 景龍作 ‘ 深乎萬物宗 ’ ，當是唐人避諱改 ‘ 淵 ’ 作 ‘ 深 ’ 。 ” 《小爾雅 。 廣詁》： “ 淵，深也。 ”

　　全句意爲：深呵，好似萬物的宗祖。

　　㈢　 “ 挫其銳，解其紛，和其光，同其塵。 ”

　　通行的河、王、傅諸本均如此，帛書乙本 “ 挫 ” 作 “ 銼 ” ， “ 紛 ” 作 “ 芬 ” ， “ 塵 ” 作 “ 曡 ” 。甲本無 “ 銳 ” 字，且脫末尾二字。今從河、王諸本。

　　高亨曰： “ 此四句重見五十六章，譚獻、馬敍倫併謂此處衍文。 ” 此言有理。本章意在闡明本體論意義上的 “ 道 ” 。作者先言 “ 道 ” 好似萬物的宗祖，繼言 “ 道 ” 存在於天帝之前，其 “ 道 ” 都指的是化生萬物的本體。而 “ 挫銳 ” 、 “ 解紛 ” 、 “ 和光 ” 、

“同塵”都屬於人生哲學意義上的“道”的內容，兩者不應相同。劉師培在“湛兮似或存”下注曰：“此句宜當在‘淵兮’句之下，抄寫致誤。”從行文來看，講了“淵兮似萬物之宗”後，緊接上“湛兮似或存”，文字緊湊，意義連貫，摻入“挫銳”等四句，反顯累贅。亦從側面證明該四句爲衍文。據此，該四句留待五十六章注解。

㈣　“湛呵，似或存。”

帛書乙本如此，但“似”作“佁”；甲本僅殘留“或存”兩字。王本、傅本、河本“呵”均作“兮”，河本“或”作“若”馬絞倫曰：“義疏又引河上注曰：‘或，常也。’則河上亦作‘或’矣。”“或”、“若”古通，《古書虛字集釋》：“‘或’，猶‘若’也”。今依帛書作“或”。

“湛”，《說文》：“沒也”，《小爾雅·廣詁》：“沒，無也。”本文中之“湛”引伸爲“無形”。“或”通“又”。

全句意爲：它無形呵，又好似存在着。

㈤　“吾不知其誰之子也，象帝之先。”

帛書乙本如此，甲本“不知其誰之子”作“不知□子”，脫損一字。河本、王本、傅本均無“其”、“也”兩字，據朱謙之考：“室町本‘誰’上有‘其’字。”今依帛書。

“其”，指“道”；“帝”，王弼注：“天帝也。”“先”，通"前"。按：郭沫若、許抗生等把"先"釋爲"祖先"，恐誤。從老子書來看，除第四章外，"先"字還有六見，即第七章"聖人後其身而身先"；第二十五章"有物混成，先天地生"；第六十六章"欲先民，必以身後之"；六十七章"一曰慈，二曰儉，三曰不敢爲天下先"、"不敢爲天下先，故能成器長"、"捨後且先"。不難看出，這些"先"都是"後"的反義詞，作"前"解。以老解老，"象帝之先"的"先"似應解作"前"才合老旨，而不宜釋作"祖先"。河上公注"象帝之先"曰："道在天帝之前，此言道乃先天地生也。"亦將"先"解作"前"。

全句意爲：我不知"道"是誰的兒子，好像它存在於天帝之前。

## 簡　析

本章是老子無神論思想的集中體現。

在本章裡，老子明確認爲，道是萬物的宗祖，它存在於天帝之前。這個結論在兩千多年前的古代，是很了不起的。它給了當時流行的天帝創世說的有神論一個有力的打擊。

在老子的時代，從殷周流傳下來的天帝創世說仍占統治地位，當時，儒家信奉"天命論"，宣揚所謂"死生有命，富貴在天"的說教，認爲"天命"可"畏"（《論語》）；墨家提出"天志"說，認爲"天"有意志，能行賞罰，說："天之意不可不順也"（《天志·中》）"順天意而得賞，反天意而得罰。"（《天志·上》）他們都把"天"尊奉爲最高人格神，認爲世間的一切都是由

至高無上的" 天 "安排的。面對這種天神崇拜，老子獨樹一幟地
提出了自己的見解，認爲" 天帝 "不是至高無上的，在" 天帝 "
之前還有一個" 道 "；世間的一切也不是由" 天帝安排的，而是
由" 道 "派生出來的，" 道 "是生育萬物的宗祖。這就從根本上
否定了"天"之最高人格神的地位，在無神論史上留下了光輝的一頁。
郭沫若說 ：" 老子的最大發明便是取消了殷周以來人格神的天
之至上權威"（《郭沫若全集。歷史篇》第一卷第 351 頁）；
張岱年說："老子推倒了關於主宰之天的信仰"（《中國哲學發微》
山西人民出版社 1981 年版第 343 頁 ）；任繼愈說：老子" 反對
上帝創造世界……是無神論的戰士"（《老子討論集》中華書局，
1959 年版第 35 頁）；張松如說：" 老子是中國古代第一個以理
論形式來宣傳無神論的思想家。他提出了" 道 "至高無上的宇宙
本體，批判了殷周以來' 帝 '、' 天 '、' 鬼神 '觀念爲基礎的
宗教神學宇宙觀。他的' 道 '理論的出現，標誌着春秋以來在某
些人那裡已經形成的無神論思想，發展到了一個理論的階段。"
這些評價對於老子來說，都是當之無愧的。

# 第 五 章

天地不仁，以萬物爲芻狗；聖人不仁，以百姓爲芻狗㈠。
天地之間其猶橐籥與㈡——虛而不淈，動而愈出㈢。多
聞數窮，不若守於中㈣。

## 校 注

㈠ "天地不仁，以萬物為芻狗；聖人不仁，以百姓為
芻狗。"

通行的河、王、傅諸家本均如此。帛書乙本脫損後一"以"
字，"聖"簡作"耵"，甲本"聖"誤爲"聲"，"姓"誤作
"省"，末句"狗"字之前脫損二字。今依通行本。
　"不仁"，即不施仁恩，含有無爲而任自然之義。河上公注
"天地不仁"曰："天施地化，不以仁恩，任自然也。"王弼曰：
"天地任自然，無爲無造，萬物自相治理，故不仁也。"
　"芻狗"，《釋文》、《群書治要》及遂州本作"蒭狗"。
　"芻"、"蒭"互通，"蒭"乃芻之俗字。朱謙之引李之仲
《字鑑》曰："'芻'《說文》：刈草也，象包束草之形，從二
'屮'，即'草'字也。""芻狗"，即用草紮成的"狗"，古
人作爲祭祀用。劉師培曰："芻狗者，古代祭祀所用之物也。"

吳澄曰：“芻狗，縛草爲狗之形，禱雨所用也。旣禱則棄之，無復有顧惜之意。天地無心於萬物，而任其自生自成；聖人無心於愛民，而任其自作自息，故以芻狗爲喩。”

兩句意爲：天地不施仁恩，把萬物看作祭神用過的草狗；聖人不施仁恩，把百姓看作祭神用過的草狗。

(二)　“天地之間其猶橐籥與。”

帛書乙本如此，但“猶”寫作“猷”、“與”作“輿”。甲本脫“之”、“其”二字，“與”亦爲“輿”，餘同校正文。河本、王本、傅本“與”作“乎”。按：“猶”、“猷”古通，今依帛書甲本和通行本作“猶”。“輿”通“與”，《釋文》：“輿，本作與”。古人用作語尾虛詞一般寫作“與”或“歟”，今據改。

“橐籥”：今稱鼓風箱。吳澄曰：“橐籥，冶鑄所以吹風熾火之器也。爲函以周罩於外者，橐也；爲轄以鼓扇於內者，籥也。”

全句意爲：天地之間好似一個鼓風箱。

(三)　“虛而不淈，動而愈出。”

帛書乙本如此，唯“動”寫作“勭”。按：“勭”乃“動”之異體字。《集韻》：“動，或作勭。”今依通行本作“動”。帛書甲本也如此，唯“動”誤作“歱”。“淈”，河本、王本作“屈”，傅本作“泏”。按：“淈”，“泏”皆通“屈”。《廣雅釋詁》：“泏，屈也。”《荀子·宥坐》：“其洸洸乎，不淈

似道。”注：“淈，讀爲屈。”今依帛書作“淈”。河上公注
“虛而不屈”句曰：“言空虛無有屈竭時”，王弼注曰：“故虛而
不得窮屈”是“屈”含有窮竭之意。

　　“兪”，河本、王本併作“愈”，但傅本、景龍碑本作“兪”，
與帛書相合。朱謙之引畢沅曰：“‘兪’，諸本併作‘兪’，案
古無‘愈’字，蓋即用‘兪’也，諸本並非。”從之。

　　釗按：“動而兪出”說明老子的“虛”不是“虛無”，若爲
“虛無”，其“兪出”就不可理解的了。

　　本段意爲：空虛而不可窮盡，運動就越出越多。


　　(四)　“多聞數窮，不若守於中。”


　　帛書甲、乙本均如此。通行的河、王、傅諸家本均無“於”
字，“若”　作“如”，“聞”併作“言”。考遂州碑本和《文
子·原道篇》引文亦作“聞”，與帛書相合，當是古本如此，從
之。按：老子提倡“無爲”，既反對“多言”，亦反對“多聞”。
因爲“多聞則多智，多智則多害”，故老子曰：“以智治國國之
賊也。”

　　“中”，注家訓釋多有分歧，張松如曰：“‘中’者，中正
之道，此‘中’乃老子自謂其中正之道也。”恐欠妥。按：“中
正”有不偏不倚之意，但老子的思想是有所“偏”，亦有所“倚”
的。如：在“盈”與“虛”、“強”與“弱”、“剛”與“柔”
等矛盾對立中，老子是偏向於“虛”、“弱”、“柔”的；並非
不偏不倚的中正之道。愚意認爲，“中”當是“盅”或“冲”之

借字，第四十二章"冲氣以爲和"之"冲氣"甲本正寫作"中气"，是其證也。"冲"即"盅"。《說文》皿部："盅，器虛也"。"守於中"，即"守於虛"之意。吳澄曰："'中'，謂橐之內，'籥'所湊之處也。"似亦以"中"爲"虛空"之義。"守虛"即守住虛靜之道，第十五章"保此道者不欲盈"正合此義。彼章之所"保"，正是此章之所"守"，彼章"不欲盈"之道，正是此章所指的虛靜之道。"守虛"是上章"道冲而用之有弗盈也"之義的進一步延伸，正因爲虛靜之道作用不可窮盡，所以應當守之勿失。

"數"，屢也。

全句意爲：聞見太多就會屢遭困窮，不如守住虛靜之道。

## 簡　　析

本章着重講虛靜無爲之道，全章分上下兩部份，上部份着重講天道無爲的具體表現，"天地不仁，以萬物爲芻狗"，認爲天地不施仁恩於萬物，它把萬物看作祭神用過的草狗，任其自生自滅，毫無顧惜之意。這是天道無爲的具體表現。"聖人不仁以百姓爲芻狗"，聖人也不施仁恩於百姓，他們把百姓看作祭神用過的草狗，任其自作自息，毫不干預。這是人道無爲的具體表現。老子崇尙人道法天道，其"聖人不仁"正是仿效"天地不仁"而來的，句中反覆強調"不仁"，意在說明無爲而任自然。在老子看來，宇宙間的一切，都"莫之爵而恒自然"，不用作爲就能自成自化，故莊子曰："天無爲以之清，地無爲以之寧，故兩無爲相合，萬物皆化生。」「萬物熾熾，皆從無爲殖。故曰：天地無爲也而無不爲。」同理，聖人無爲也可以無不爲，第五十七章說：「我無爲而民自化，我好靜而民自正，我無事而民自富，我無欲而民自樸。」此處的民之「自化」、「自正」、「自富」、「自樸」皆出於「無爲」，再一次說明無爲而無不爲。

# 第 六 章

谷神不死，是謂玄牝㈠。玄牝之門，是謂天地之根㈡。
緜緜呵其若存，用之不勤㈢。

## 校　　注

㈠　"谷神不死，是謂玄牝。"

今河本、王本、傅本及《列子·天瑞》引黃帝書均如此。帛
書甲、乙本"谷神"並作"浴神"，陸德明所見河上本亦爲"浴
神"。陸氏曰："'谷'，河上本作'浴'，云：'浴'養也。"
俞樾曰："'浴'字實無養義，河上本作'浴'字當讀爲穀。"
徐鼒曰："據河上注訓'谷'爲'養'，則當讀爲穀。《詩》毛
傳鄭箋、《廣雅·釋詁》俱云：'穀'，養也，蓋'穀'與'谷'
通'，音同之假借也。"《詩·正義》引孫炎曰："谷之言穀，
穀生也。王弼所據本作'谷'者，穀之假字；河上本作'浴'者，
谷之異文。"從之。

"谷神"：生養之神，實即"道"也。按：蔣錫昌把"神"
釋爲"元神或元氣"，可見"道"乃是一種化生萬物的原始之氣。

釗按："神"，古有"氣"義。馮友蘭先生《先秦道家哲學
主要名詞通釋》云："《內業》等篇中，精也稱爲神。《心術上》

說：'虛其欲，神將入舍。掃除不潔，神乃留處。人皆欲智，而莫索其所以智。'……《心術上》又說：'潔汝宮，開（依下文當作闢）其門，去私無言，神明若存。''神者至貴也，故館不辟除，則貴人不舍焉，故曰不潔，則神不處' ……這裏所說的'神'，顯然都是精氣。"可見，蔣氏把"神"釋爲"元神"或"元氣"，是深得老旨的。

"玄牝"："玄"，通"元"，《說文》"元，始也"。按：我們在第一章據《爾雅・釋詁》："元者氣之始也"之意，把"玄"作名詞用 ；本章之"玄"則作形容詞用，屬定語，當訓爲"原始"。"牝"，張松如按："《說文》釋牝爲畜母。郭沫若《甲骨文字研究》以'且'、'匕'爲'牡'，'牝'的初字。這是說，'牝'或'匕'，即女陰之象形字。"可見，"牝"，即女性生殖器，"玄牝"，即原始的女性生殖器，引伸爲原始的母本，亦即"道"也。

全句意爲：生養之神（即"道"）永存，可稱它爲原始的母本。

㈡ "玄牝之門，是謂天地之根。"

帛書乙本如此，唯"謂"借爲"胃"。甲本脫一"天"字，餘皆同乙本。河本、王本均無下"之"字，馬叙倫曰："譣弼注曰：'本其所由與極同體，故謂之天地之根'，則王本有'之'字。"傅本亦有"之"字，有"之"字是，從之。

"門"，吳澄注："門，謂所由以出"，即指天地萬物所由出之通道，首章所謂“衆妙之門”的“門”亦同此義。

全句意爲：原始的母本之門，就是產生天地萬物的本根。

㈢　“綿綿呵其若存，用之不勤。”

帛書乙本如此，惟“勤”寫爲“菫”，“菫”、“勤”古通，于思泊《新證》：“金文‘勤’、‘觀’並作菫。”甲本句中無“其”字，餘皆同乙本。河本、王本、傅本無“呵”、“其”二字，“呵”，景福本作“兮”，室町本作“乎”，均爲語氣詞，今依帛書。“用之不勤”，諸本均如此，但馬叙倫考王本“用之不勤”當作“用而不勤”。此從帛書作“用之不勤”。

“綿綿”高亨按：“‘綿’，疑借爲‘昏’古讀若民，與‘綿’音相近。昏昏猶冥冥也，不可見之義也，《說文》：‘昏，日冥也。’是‘昏’、‘冥’同義。《莊子・在宥篇》：‘至道之極，昏昏默然’。老子之‘綿綿’，卽莊子之‘昏昏’也。”雖亦有理，然此“綿綿”，似當訓爲“不絕貌”。《詩・綿》：“綿綿瓜瓞”，舊注：“綿綿，不絕貌。”“若”，通“或”，“或”，“有”也。“綿綿若存”，卽連綿不絕，確有其存。故下文說“用之不勤”也。“勤”，盡也。這說明“谷神”乃是用之不盡的元氣。

蔣錫昌釋“綿綿若存”曰：“莊子所謂其息深深”、“吐故納新”卽老子“綿綿若存”，皆古代修道者導引養生之術也。史公謂老子修道而養壽，其要訣蓋於此章揭出。似亦把“綿綿若存”視作“氣”之運動狀貌。

全句意爲：連綿不絕啊，它確有存，用之不可窮盡。

# 簡　析

本章着重闡明本體論意義上的"道"。

老子在本章把"道"稱作"谷神"，卽生養萬物之元氣，認爲它就是化生宇宙的原始母體，是萬物之所以出的門戶，亦卽天地萬物的本根。"道"有着"緜緜呵其若存，用之不勤"卽連綿不絕，確有所存，用之永遠不會窮盡的特性。這就進一步給本體論意義上的"道"作了界說："道"，乃是連綿不絕，確有其存的元氣。

# 第 七 章

天長地久，天地之所以能長且久者，以其不自生也，故
能長生㈠。是以聖人後其身而身先，外其身而身存㈡。
不以其無私與？故能成其私㈢。

## 校 注

㈠ "天長地久，天地之所以能長且久者，以其不自生
也，故能長生。"

帛書乙本如此，甲本"且"字前脫一"長"字，餘皆同乙本。
河本、王本、傅本"所"字前無"之"字，"自生"後無"也"
字。"天長地久"龍興碑本、元李道純本、明危大有本併作"天
地長久"。"長生"敦煌本作"長久"。今一律按帛書。
"自生"自我貪生。
全句意爲：天地長生久壽。天地之所以能夠長生久壽，是因
爲它不自我貪生，所以能長生久壽。

㈡ "是以聖人後其身而身先，外其身而身存"。

帛書乙本多"外其身而身先"一句，甲本及諸通行本均無此

句，當爲誤抄，今據刪。" 後其身 " 乙本作 " 退其身 " 甲本作 " 芮其身 "。河本、王本、傅本併作 " 後其身 "，作 " 後其身 " 優。第六十六章 " 欲先民也必以其身後之 "，正是 " 先 " 與 " 後 " 對。

全句意爲：所以聖人退自身於後，自身反能佔先；置自身於外，自身反能保存。

㈢ " 不以其無私與？故能成其私。"

帛書乙本如此，但 " 與 " 寫作 " 興 "，二字古通（見第五章注）。甲本脫損前後兩個 " 私 " 字，餘皆同乙本。 河本 、 王本 " 與 " 作 " 邪 "， " 不 " 作 " 非 "。傅本 " 與 " 亦作 " 邪 "，但 " 不 " 同帛書。" 私 "，涿州碑本作 " 尸 "，朱謙之按：" 此爲神仙家言，竄入本文 "，釗按：張道陵《老子想爾注》正作 " 尸 "。景龍碑本 " 不以其無私與 " 一句前無 " 不 " 字，後無語氣詞 " 與 "或 " 邪 "。今依帛書。

本句意爲：不正是因爲他沒有私嗎？所以能成全他的私利。

# 簡　析

本章着重闡明老子以屈求伸的人生哲學。

老子的哲學始終維繫着以退爲進，以柔克剛、以弱勝強的基本精神，本章就是這一宗旨的具體表述。

綜觀《老子》全書，到處散佈着從 " 退 " 中求 " 進 "，從 " 外 "中求 " 存 "，從 " 賤 " 中求 " 貴 "，從 " 下 " 中求 " 高 "，從 " 不爭”中求“爭”，從“無爲”中求“無不爲”的思想。第二十二章：“夫唯不爭，故莫能與之爭。”此是從“不爭”中求“爭”；第三十四章說：“以其不爲大也，故能成其大。”此是從“不大”中求“大”；第三十九章說：“貴以賤爲本，高以下爲基”。此是強調從“賤”中求“貴”，從“下”中求“高”；第六十六章說：“欲上民，以言下之；欲先民，必以身後之。”此亦強調從“下”中求“上”，從“後”中求“先”。本章強調“後其身而身先，外其身而身存”與上述思想一脉相通，都曲折地表現了老子的柔弱之道。這一點王夫之也看到了，他說：“不炫小利，而大利歸之；不亟爭名，而名不能舍也。斯道也，用兵者以爲製人之機，欲富者以爲巧取之術，養生者以爲緣督之經。”可見，老子的“道”是以退爲進的。

# 第 八 章

上善如水，水善利萬物而不爭㈠。居眾人之所惡，故幾
於道矣㈡。居善地，心善淵，予善天，言善信，正善治，
事善能，動善時㈢。夫惟不爭，故無尤㈣。

## 校　　注

㈠　“上善如水，水善利萬物而不爭。”

　　此句“如水”，帛書乙本如此，甲本作“治水”，張松如曰：
“‘治’，當是‘似’的音假。”言之有理。通行本均作“若水”，
“若”、“如”、“似”三字互通，今依帛書乙本。“不爭”，
帛書乙本作“有爭”，甲本作“有靜”，“靜”當爲“爭”之聲
假。然通行的各種版本俱作“不爭”，當從通行本。本章，先言
“水善利萬物而不爭”，繼言“夫唯不爭，故無尤”，前呼後應，
邏輯謹嚴，且與老子一貫思想相合。二十二章“夫唯不爭，故莫
能與之爭。”六十六章“以其無爭與，故天下莫能與之爭”併同
此意。因此，帛書把“無爭”寫作“有爭”實屬誤抄，應當據通
行本改正。
　　“上善”：蔣錫昌注：“‘上善’，謂上善之人，即聖人
也。”

全句意為：上善之人好比水一樣，水的德性善於利澤萬物而不爭高。

（二） "居眾人之所惡，故幾於道矣。"

帛書甲、乙本均如此，但乙本"惡"簡作"亞"。傅本與帛書同。河本、王本"居"作"處"，末尾無"矣"字。考武內義雄藏室町時代抄本及傅本、林希逸本等多種版本並有"矣"字，當是古本如此，今依帛書。

"幾"，大田晴軒注："'几'，平聲，近也。"

全句意為：它居於眾人厭惡的卑下之處，所以接近於道。

（三） "居善地，心善淵，予善天，言善信，正善治，事善能，動善時。"

帛書乙本如此，甲本無"言善信"一句，其"予善天"作"予善信"，當是抄寫致誤。"淵"，甲本錯為"瀟"，形近而誤。通行的河本、王本"予善天"作"與善仁"，傅本、景龍碑本作"與善人"，"予"通"與"；"人"通"仁"，嚴可均曰："'善人'各本作'善仁'，古字通。"今依帛書乙本作"予善天"。淵、天、信韻；治、能、時韻。

按：許抗生曰："'予善天'，'予善信'，其義不通。"恐非。"予善天"，意為施與善於仿效天道，一視同仁，平均對待。在老子看來，"天"是善於給予的，第七十六章所謂"天之道，其猶張弓也，高者抑之，下者舉之，有餘者損之，不足者補之，天之道損有餘而補不足。"這正是天之"善予"的表現。水亦如此，它總是從高處流向低處，"損有餘而補不足"，從而保持一定的水平面。可見"予善天"正合老旨，如作"予善仁"，則同老子思想不合，老子第五章分明講"天地不仁"、"聖人不仁"，此章如作"予善仁"，則顯然前後矛盾。

"地"，指卑下之處，《荀子·儒效》篇："至下謂之地"，又《禮論》篇："地者，下之極也。"

"淵"，《廣雅·釋詁》："淵，深也"；《爾雅·釋天》："淵，藏也。"是"淵"有深藏之意。

"正"通"政"，指爲政。

"能"，《集韻》："忍也，通作耐。"是"能"有忍耐義。忍耐正是水的韌性的表現，水滴石穿，就是憑著一股韌勁。

全段意爲，居處善於安居低位，用心善於深藏若淵，給予善於仿效天道，說話善於寡言有信，爲政善於無爲而治，作事善於以韌取勝，行動善於順應時令。

　　㈣　"夫惟不爭，故無尤。"

帛書乙本如此，甲本"爭"作"靜"。道行的河本、王本併同帛書乙本，惟傅本末尾有一"矣"字，今依帛書。

"尤"吳澄曰："'尤'，爲怨咎。"

全句意爲：正因爲水不爭上，所以它沒有怨咎。

# 簡　析

本章以水爲喩，通過讚揚水的美德，闡明無爲而無不爲的道理。

老子之所以以“水”爲喩，是因爲在他看來，“水”的美德接近於“道”。這個“道”是人生哲學意義上的“道”，實即柔弱勝剛強的原則。全章從“上善如水，水善利萬物而不爭”到“夫惟不爭，故無尤”，始終體現了這一原則。文中的“居善地，心善淵，予善天，言善信，正善治，事善能，動善時”等語，是水的美德的寫照，亦是老子“無爲之道”的體現。

“居善地”，這表現了老子甘居下位，知榮守辱；“心善淵”，表明了“良買深藏若虛”之意；“予善天”，體現了“天道無親”的思想；“言善信”，說明老子重信德。水雖不言，却很守信用，它“圄必旋，方必折，塞必止，決必流”，這種品德確能使“信者信之，不信者亦信之”；“政善治”，體現了老子的政治願望。怎樣才算“善治”？老子說：“爲無爲，則無不治”；“事善能”，體現了堅韌不拔，持之以恒的思想。水滴石穿，水能磨鐵消銅都是以韌取勝；“動善時”，就是教導人們順時而動。司馬談曰：“聖人不朽（巧），時變是守”顏師古注曰：“無機巧之心，但順時也。”凡此種種，都體現了老子的基本思想。

# 第 九 章

植而盈之，不若其已㈠；揣而銳之，不可長葆也㈡；金
玉盈室，莫之能守也㈢；貴富而驕，自遺咎也㈣；功遂
身退，天之道也哉㈤。

## 校　　注

㈠　植而盈之，不若其已”。

帛書乙本如此，甲本前句同，後句脫“若其已”三字。通行
的河本、王本、傅本“植”均爲“持”，“若”作“如”，張松
如按“‘植’乃‘殖’字的異體，謂貨殖也”。不知據何說，恐
誤。《集韻》：“植，持也”是“植”、“持”古通。今依帛書。
全句意爲：將盈滿之物緊緊地把持着，不如將它放下。

㈡　“揣而銳之，不可長葆也。”

帛書乙本“揣”字作“掜”，“銳”字作“允”，餘同校文。
甲本此句脫損嚴重，前句僅存兩個“之”字，後句脫一“不”字，
末尾“也”作“之”。按：“揣”，通行的河本、王本，均如此，
傅本作“敪”，“敪”與“揣”古通，此從河、王諸本作“揣”。

《集韻》：" 揣，治擊也。"《玉篇》：" 擊，打也" 是 " 揣"
有捶打之義。

　　" 銳" 河本、景龍碑本、開元《御注道德經》本均如此，王
本、傅本作 " 梲"，帛書乙本作 " 允"，甲本脫損。易順鼎曰：
" ' 梲'字當同河上本作' 銳'。" 王弼注：" 既揣之令尖，又
銳之令利。" 是王本亦當爲 " 銳"，作 " 銳" 是。帛書 " 允" 亦
爲 " 兌" 字之誤。

　　" 葆"，帛書甲乙本均如此，河、王、傅諸本俱作 " 保"，
" 保"、" 葆" 古通，龍興碑本作 " 寶"，乃假字。" 也" 字諸
本無，今依帛書。

　　全句意爲：捶打得很尖銳，不可長久地保存。


　　㈢　" 金玉盈室，莫之能守也。"


　　帛書乙本 " 金玉" 後脫損一字，今據甲本補一 " 盈" 字，餘
皆同上。甲本 " 莫之" 後缺一 " 能" 字，其餘同校文。通行的河
本 " 盈室" 作 " 滿堂"，語尾無 " 也" 字。張之象所錄王本作
" 滿堂"，但陳碧虛曰：" ' 室'字，嚴遵、楊孚，王弼同古本。"
可見陳、範所見王本作 " 滿室"，今依帛書甲本作 " 盈室"。

　　全句意爲：金玉財寶堆滿庫室，不能保守住。


　　㈣　" 貴富而驕，自遺咎也。"


　　帛書乙本如此，甲本 " 驕" 作 " 騂"，餘同乙本。開元《御

注道德經幢 》，古觀樓《道德經碑 》、宋陳景元本並作“憍”。
按：“驕”、“驍”、“憍”三字古通。《釋文》：“‘憍’本
又作‘驕’。”《字彙》：“驕，居喬切，音交，馬高六尺”又
《說文》：“馬高六尺爲‘驕’。”則“驕”、“驍”俱有馬高
六尺之義，二字古通。今依帛書乙本作“驕”。“貴富”，流行
的各本均作“富貴”，今依帛書。“自遺咎也”，河本、王本、
傅本及其它多種版本作“自遺其咎”，《群書治要》作“還自遺
咎”，今依帛書。

　　“咎”，《說文》：“災也”。

　　全句意爲：富貴而又驕傲，必然給自己留下災禍。


　　㈤　“功遂身退，天之道也［哉］。”


　　帛書乙本如此，甲本語尾脫損三字，僅存“功述身芮，天”
五字。“功遂身退“王弼本同，河上本及其它多種版本作“功成
名遂身退”，傅本作“成名功遂身退”，今依帛書乙本。按：甲
本“功述身芮”實卽乙本“功遂身退”。“述”與“遂”古通。
廖海廷《新解老》云：“‘述’卽‘遂’。‘述’、‘術’同音，
《禮學記》：‘術有序’注：‘術’，當爲遂，《月令》：‘審
端徑術’注：‘《周禮》作遂’，《左氏》文十一年經：‘秦伯
使術來聘’《公羊》作‘遂’”。又“芮”與“退”音近而誤。

　　“天之道也哉”，各本均無“也”字，有“也”字符合帛書
的特徵。後“哉”字，乃第十章“載營魄抱一”句“載”字，據
唐玄宗說：“載”當爲“哉”，屬上章語尾，今據改。詳見十一

章校注。

全句意爲：功業就邃，卽隱身告退，符合天的法則。

# 簡　析

本章貫穿着反對"持盈"，主張"守虛"的思想。

在老子看來，"盈"是不好的，所以他說"揰而盈之，不若其已"（其中包含着"盈則虧"的道理）；"揣而銳之，不可長葆"（其中包含着"銳則折"的道理）；"金玉盈室，莫之能守"（其中包含着"滿則損"的道理）；"貴富而驕，自遺咎也"（其中包含着"驕則敗"的道現）。凡此種種，意在反對"持盈"，提倡"守虛"。正如吳澄所指出的："此章謂道不欲盈，而又以銳爲比，言槃水者不可以盈，盈之則易至於溢，不如已之而不使盈也。遂言捶錐者不可銳，銳之則易至於挫，而不可長葆其銳矣。盈之則不長葆其盈亦猶是也。"老子之所以反覆申述"不欲盈"這一道理，目的是在於給他所設計的做人的原則提供一個理論依據。旣然盈必虧，銳必折，滿必損，驕必敗，那麼人們在競爭的道路上，就應適可而止，功業邃就，應當隱身告退。這個結論，誠然有保守的假象，但如運用恰當，也不無可取之處。

# 第 十 章

營魄抱一，能毋離乎㈠？摶氣至柔，能如嬰兒乎㈡？滌
除玄鑑，能毋有疵乎㈢？愛民治國，能毋以知乎㈣？天
門啓闔，能爲雌乎㈤？明白四達，能毋以爲乎㈥？生之
畜之，生而弗有，爲而弗恃，長而弗宰也，是謂玄德㈦。

## 校　　注

㈠　"營魄抱一，能毋離乎？"

　　帛書甲本此句脫損，乙本及諸通行本"營"前均有"載"
（乙本作"戴"，《集韻》："'戴'或作'載'"），據唐玄
宗說："載"當屬上句語尾，讀作"哉"。按：褚伯秀曰："首
'載'字諸解難通……嘗深攷其義，得之郭忠恕《佩觽集》引開
元詔語云，'朕欽承聖訓，覃思玄宗，頃改正《道德經》十章
'載'字爲'哉'，仍屬上句。及乎議定，衆以爲然，遂錯綜眞
詮，因成句解。'此說明當可去千載之惑。蓋古本不分章，傳錄
又訛爲'載'耳，五十三章末'非道也哉'句法可證。"此說極
當。"載"、"哉"古字通。《爾聽義疏》："哉，又通作載。
《詩》'陳錫哉周'，左氏宣十五年作'陳錫載周'。"本章
"載"字，實即上章語尾之"哉"字。今查帛書原本，"戴"字

與前句"也"字緊緊相連，當讀爲"天之道也哉"。這種句式《老子》中時有所見，如蔣錫昌所舉："二十章'我愚人之心也哉'；五十三章'非道也哉'，皆與此辭例同。"故當改"載"爲"哉"，屬上讀。

"魄"，乙本誤作"袙"，"毋"，乙本如此，河本、王本、傅本作"無"（以下幾句亦如此）。"毋"、"無"古通，《玉篇》："毋，武俱切，莫也，今作無。"此從帛書作"毋"。河上本句尾無"乎"字（以下各句亦如此）。

"營魄"，劉師培訓"靈魂"，朱謙之按："以靈魂訓營魄，似有未至。魄，形體也，與魂不同，故《禮運》有'體魄'，《郊特性》有'形魄'。又魂爲陽之氣，魄爲陰之形。高誘注《淮南·說山訓》曰：'魄，人陰神也；魂，人陽神也。'王逸注《楚辭·大招》曰：'魂者，陽之精也；魄者，陰之形也。'此云'營魄'卽'陰魄'。《素問·調精論》：'取血於營'注：'營主血，陰氣也'又《淮南·精神訓》：'燭營指天'。知營者，陰也，營訓爲陰，不訓爲靈。'載營魄抱一'，是以陰魄守陽魂也。抱如鷄抱卵，一者，氣也，魂也，抱一則以血肉之軀守氣而不使散洩，如是則形與靈合，魄與魂合，抱神以靜，故曰'能無離'？"朱氏以"血肉之軀"訓"營魄"，以"氣"訓"一"，其說精闢，從之。

全句意焉：保藏精氣於形體，能做到不散失嗎？

㈡　"精氣致柔，能如嬰兒乎？"

　　帛書甲本前四字脫損，後半句無" 如"字。乙本及河本、王
本亦無" 如"字，但傅本，室町本及景龍碑本、唐玄宗御注本等
幾十種本子有" 如"字，河上注曰：" 能如嬰兒內無思慮……"
則河本應有" 如"字；王注曰：" 能若嬰兒之無所欲乎？"當是
以" 若"解" 如"。蔣錫昌按：" 劉惟永《道德眞經集義》引王
本經文云：'專氣致柔，能如嬰兒乎？'是王本有如字"。"顧
本成疏：'故如嬰兒之無欲也。'是成亦有如字。"俞樾曰：
"河上公及王弼本無'如'字，於文義未足，惟傅奕有'如'字，
與古本合。"劉師培曰：" 能下當有'如'字，是也。"從之。

　　"摶"，乙本作" 槫"，通行諸本作" 專"。《管子‧內業》：
" 摶氣如神，萬物備存。"尹注：" 摶，謂結聚也。"朱謙之云：
"老子之'專氣'即《管子‧內業》之'摶氣'。"據此，帛書
之" 槫"當作" 摶"，通行本" 專"字當爲" 摶"之借字。

　　"柔"，指骨弱筋柔。在老子看來，嬰兒精氣極尤滿，五十
五章曰：" 含德之厚，比於赤子，……骨弱筋柔而握固，未知牝
牡之合而朘作，精之至也。"

　　本句意爲：結聚精氣，使骨弱筋柔，能像嬰兒那樣嗎？


　　㈢" 滌除玄鑑，能毋有疵乎？"


　　帛書甲乙本" 滌除"並作" 脩除"，" 玄鑑"甲本作"玄藍"，
乙本作" 玄監"。" 能毋有疵乎"乙本同，甲本無" 有"字。

　　按：" 滌除"通行諸本俱同，帛書作" 脩除"，" 滌"、
" 脩"古通。廖海廷曰：" '滌'，從" 條"聲，'條'，'脩'

同從‘攸’聲。《周禮·司尊彝》注：‘脩，讀爲滌濯之滌。’”此從衆本作“滌除”。

　　“鑑”（或寫作“鑒”），通行諸本作“覽”，高亨說：“‘覽’讀爲‘鑒’，‘覽’、‘鑒’古通用。《楚辭·離騷》：‘皇覽揆餘初度兮’《考異》：‘覽一作鑒。’《文選·西征賦》李《注》引‘覽’作‘鑒’。《九章·抽思》：‘覽余以其脩姱’《考異》‘覽一作鑒’並其證。”疑帛書甲本之“藍”爲“覽”之誤（音近而誤），乙本“監”爲“鑑”之通假字。《韻會》“‘監’，通作‘鑑’、‘鑒’。”此從高氏之說作“玄鑑”即玄妙的鏡子，指心。在老子看來，人們之“心”能照知萬物，它似鏡子，這種鏡子藏在人們心中，故曰“玄鑑”。燕國材曰：“玄覽就是深觀遠照以探求整個自然自何而有，由何而成。”可見，“玄鑑”俱有理性直觀的功能。

　　全句意爲：洗刷心鏡，能不留一點斑疵嗎？

　　㈣　“愛民治國，能無以知乎？”

　　此句甲本脫損嚴重，僅存開端一“愛”字；乙本除“治”字誤作“枱”字外，餘皆同此。傅本同此句，河本、王本“無”字下無“以”字。景龍碑本“愛民”作“愛人”，能“無以智乎”作“能無爲”。

　　按：“民”作“人”，當是後人避唐帝李世民諱而改，今依帛書及通行本作“愛民”。後句“能無以知”或作“能無爲”並通。“愛民治國能無爲乎”，取“爲無爲，則無不治矣”之意；

“愛民治國，能無以知乎”，取“不以智治國，國之福”之義。
今依帛書乙本作“能無以知乎。”且“無”字後有“以”字爲優。
易順鼎曰：“‘憂民治國能無知’當作‘能無以知’……王注云：
‘治國無以智’猶棄智也，能無以智乎，則民不辟而國治之也。’
是王本正作‘能無以智’‘以’，用也，無用智，故曰：‘猶棄
智’，六十五章‘故以智治國國之賊，不以智治國國之福’正與
此文互相證明。”今帛書乙本正作“無以知”，足證易說是。

“知”，讀作“智”。

全句意爲：愛護人民，治理國家，能做到不用巧智嗎？

　　㈤　“天門啓闔，能爲雌乎？”

此句帛書甲本全脫，乙本如此。“啓闔”，通行諸本均作
“開闔”。按：“啓”、“開”互通，今依帛書作“啓”。

“爲雌”，傅本同，但河本、王本並作“無雌”，俞樾曰：
“‘天門開闔能無雌’，義不可通，蓋因涉上下文諸句而誤。王
弼注云：‘言天門開闔，能爲雌乎？則物自賓而處自安矣。’是
王弼本正作‘能爲雌’也。河上公注云：‘治身當知雌牝，安靜
柔弱’，是亦不作‘無雌’，故知‘無’字乃傳寫之誤。當據景
龍本訂正。”今帛書作“爲雌”，可知俞說確當。

“天門”，指鼻、口等穴竅。河上公曰：“天門謂鼻孔”；
吳澄曰：“天門開闔，謂鼻息呼吸，有出有入……”亦以鼻孔訓
天門。高亨曰：“耳爲聲之門，目爲色之門，口爲飲食言語之門，
鼻爲臭之門，而皆天所賦予，故謂之天門也。”此以耳、目、口、

鼻等感官為天門。概而言之，"天門"即鼻口等感官是也。

"啓闔"，即開闔，指鼻口等感官之開與合。開為動，合為靜，故"開闔"亦可釋為動靜。蔣錫昌曰："《易·繫辭上》：'其靜也翕，其動也闢'。'開闔'即《易》所謂'翕'，'闢'，指動靜而言。""動"與"靜"比起來，動為陽，為剛，為雄，靜為陰，為柔，為雌，下文"為雌"含有守靜之意。這裏似涉及氣功學上的原理："能為雌"，意在說明運氣時要保持靜的精神狀態。

全句意為：口鼻呼吸、開合，能做到為雌守靜嗎？


(六)　"明白四達，能無以為乎？"


傅本如此，帛書甲本脫損，乙本"無以為"作"無以知"，王本"無以為"作"無為"，無"以"字；河本"無以為"作"無知"，亦無"以"字。

按：乙本"無以知"與上文重複，恐誤，今據傅本改作"無以為"。蔣錫昌在評述王本此句中的"無為"一語云："'無為'，當從傅本作'無以為'，王注作'無以為'可證。"又曰："此'為'與上'知'義近，方巧詐之未形於動作曰'知'，待巧詐之已形於動作曰'為'，其別不過此耳。'明白四達，能無以為乎？'謂聖人知道真確，則決不致於用其巧詐有所作為也。"其說是，此處所謂"明白四達"，指對事物透徹的認識。

全句意為：明白大道，通達情理，能做到不行巧偽嗎？

㈦ “生之畜之，生而弗有，為而弗恃，長而弗宰也，
是謂玄德。”

此段甲本脫損，乙本無“爲而弗恃”一句。查河本、王本、
傅本及其它諸本，均有此句，今據補，“也”字它本無，今依帛
書。

句中“生而弗有”，“爲而弗恃”。與第二章文同。

“玄德”，“玄”，通“元”，《易·乾文言》：“元者，
善之長也。”“善之長”，猶言“上善”是也。則“玄德”卽“
上善之德”也。

全段意爲：道生萬物，德養萬物，但生之而不佔有，施爲而
不恃望其報，助長而不去宰割。這就是上善之德。

# 簡　　析

本章重點講養身之道。

一是主張養氣。“營魄抱一，能無離乎？”意在強調守氣而
不離散。”摶氣致柔，能如嬰兒乎？”要求人們集結精氣，使骨
弱筋柔，做到如同嬰兒那樣充滿精氣。後文說“天門啓闔，能爲
雌乎？”意在說明呼吸精氣要保持安靜的精神狀態。這些都與養
氣有關。爲什麼老子強調抱一守氣呢？這同道家貴生的思想密切
相關。要貴生，就必須養生。五十九章：“長生久視之道”。五
十四章：“修之於身，其德乃眞。”要修身，就必須養氣。故
《莊子·庚桑楚》把抱一守氣看作“衞生之經”。韓非《解老》說：

" 身以積精爲德 " 。又說：" 德者，得身也。" 認爲積累精氣能
夠 " 得身 " 。《 楚辭 • 遠游篇 》說：" 餐六氣而飲沆瀣兮，漱正
陽而含朝霞；保神明之清澂兮， 精氣入而粗穢除。" 這裏所謂
" 精氣入而粗穢除 " ，說明精氣有利於養身。《 呂氏春秋 • 先己篇 》
說：" 精氣日新，邪氣盡去，及其天年，比之謂眞人。" 也強調
了精氣對於養生的重大作用。《 內經 • 上古天眞論 》：" 呼吸精
氣，獨立守神，肌肉若一，故能壽蔽天地，無有終時。" 更把呼
吸精氣看作長生不老之術。因此，養氣是修身的關鍵所在，故老
子不厭其煩地強調這一點。

　　二是主張保持無思無慮的精神狀態。"愛民治國，能無以知乎?"
" 明白四達能無以爲乎？" 這裏的 " 無以知 " 、" 無以爲 " ，就
是教人們少用心智，保持無思無慮的精神狀態。" 滌除玄鑑能無
有疵乎？" 則是提倡清除雜念。在道家看來，思慮會耗費精神，
於養身無益，故河上公注曰：" 能如嬰兒內無思慮，外無政事，
則精神不去也。" 老子反對用心智而重攝生的思想，後來爲莊子
所發展。《 莊子 • 天地篇 》："吾聞之吾師，有機械者必有機事，
有機事者必有機心。機心存於胸中則純白不備。純白不備則神生
不定，神生不定者，道之所不載也。"《 莊子 • 在宥篇 》更明確
寫道：" 至道之精，窈窈冥冥；至道之極，昏昏默默。無視無聽，
抱神以靜，形將自正。必靜必清，無勞女形，無搖女精，乃可以
長生。目無所見，耳無所聞，心無所知，女神將守形，形乃長生。"

# 第十一章

卅輻同一轂，當其無，有車之用也㈠；撚埴以爲器，當
其無，有器之用也㈡；鑿戶牖以爲室，當其無，有室之
用也㈢。故有之以爲利，無之以爲用㈣。

## 校　　注

㈠　"卅輻同一轂，當其無，有車之用也。"

帛書乙本如此，帷"輻"寫作"楅"；甲本斷續殘存五字，
餘皆脫損。"卅"，河、王、傅本倂作"三十"，但敦煌本、廣
明本作"卅"，當是古本如此，今依帛書。"同"，通行諸本均
作"共"，"共"、"同"義通，今依帛書。"輻"，朱謙之按：
"'輻'字疑本或作'輹'，"。《說文》："輹，車軸縛也，從
車，復聲。"陳和祥曰："'輻'，車輪中直木，內輳於轂，外
入於牙者；'轂'車輪中心圓木；'無'，空虛也。"
　　全句意爲；三十根條輻，同在一個車轂上，當它留有空虛之
處，才有車的作用。

㈡"撚埴以爲器，當其無，有器之用也。"

帛書甲本此句僅存 " 然埴爲器當其無有埴器 " 十字，餘脫。乙本 " 撚 " 作 " 㙔 " ， " 以 " 作 " 而 " ， " 有 " 字下有一 " 埴 " 字，疑衍。

按： " 撚 " ，河本、王本、傅本均作 " 埏 " ，但御本、範本以及陸氏《釋文》作 " 挻 " 。馬叙倫曰： " 《說文》無 ' 埏 '字，當依王本作 ' 挻 ' （ 剑按：馬氏謂王本作 ' 挻 ' 乃據畢源說，今《百子全書》所載王本仍作 ' 埏 ' 。 ）而借爲 ' 摶 '……《說文》曰： ' 摶 ' 以手圜之也。 " 馬氏所言誠然有理，然考帛書，甲本作 " 然 " ，乙本作 " 㙔 " ，疑 " 㙔 " 、 " 然 " 均爲 " 撚 " 之借字，作 " 撚 " 有理。《說文》： " 撚，執也（ 段注：執者，捕罪人也，引伸爲凡持取之解，《廣韻》曰： ' 撚者以手撚物也 ' 。）從手，然聲，一曰迚（ 蹨 ）也 " 又： " 蹨，從足，柔聲，獸足蹨地也。 " 大概古人以獸足蹨蹨黏土以作製陶之用，今雲南等地仍行用牛蹨蹨泥土以供製陶之用的生產方法。則 " 撚埴 " 即揉和黏土是也。

" 而 " 字，各本均作 " 以 " ，且後句有 " 以爲利 " 、 " 以爲用 " 之語，作 " 以 " 優，今據通行本改。

全句意爲：揉和黏土以作器皿，當它留有空虛之處，才有器皿的作用。

㈢ " 鑿戶牖以為室，當其無，有室之用也。 "

此句帛書甲本脫損嚴重，乙本前半句無 " 以爲室 " 三字，考河本、王本、傅本及其他諸本，均有 " 以爲室 " 三字。按：有此三字，正與上句 " 以爲器 " 三字相映稱，今據補。

"戶牖"，指門窗，吳澄曰："東戶西牖，戶以出入，牖以通明。"

全句意爲：開鑿門窗以作房屋，當它留有空虛之處，才有房屋的作用。

㈣ "**故有之以爲利，無之以爲用。**"

此句帛書甲、乙本及通行諸本均如此。

全句意爲：所以，一物的實有部份，對人有利；一物的空虛部份，也對人有用。

# 簡　析

此章深刻地闡明了"有"與"無"相反相成的辯證關係。

在老子看來，"有"、"無"相輔爲用。"有"既離不開"無"，"無"亦離不開"有"。"卅輻共一轂"之"轂"是"有"，這個"有"只有"當其無"才能"有車之用"；"撚埴以爲器"之"器"是"有"，這個"有"只有"當其無"，才能"有器之用"；"鑿戶牖以爲室"之"室"是"有"，這個"有"只有"當其無"，才能"有室之用"。這裏把第二章"有無相生"的命題講得多麼透徹。

對於老子在本章所講的"有"與"無"的關係，過去一些人常作了唯心主義的歪曲，例如王弼曾這樣解釋："木、埴、壁所以成三者，而皆以無爲用也。""有之所以爲利，皆損無以爲用也。”誇大了“無”的作用，把“無”看作是比“有”更根本的因素，顯然是不對的。道理很簡單，“無之以爲用”，是以“有之以爲利”爲前提的，正是因爲有“車”、“器”、“室”等有形物的存在，才提出了“無之以爲用”的問題。沒有這些“有”、“無”又怎麼能發揮其作用呢？關於這一點，宋代王安石早就注意到了。他說：“故‘無’之所以爲（《集義》‘爲’字下有‘車’字，……）用者，以有轂輻也。……如其廢轂輻於車，……而坐求其‘無’之爲用也，則亦（《集義》無‘亦’字）近於愚矣。”這個論述是很對的。“有”與“無”相輔爲用，而關鍵在於“有”。老子先說“有之以爲利”，再說“無之以爲用”，其邏輯次序是很耐人深思的。我們不應片面誇大“無”的作用。“有”和“無”互相依賴，相輔相成，缺一不可。只看到“有”的作用，或只看到“無”的作用，都是不合辯證法的。

# 第十二章

五色使人目盲，五音使人耳聾，五味使人口爽㈠，馳騁
田獵使人之心發狂，難得之貨使人之行妨㈡。是以聖人
之治也，爲腹而不爲目，故去彼而取此㈢。

## 校　　注

㈠　"五色使人目盲，五音使人耳聾，五味使人口爽。"

通行諸本語次如此。帛書甲、乙本語次不同於此。本段後二
句帛書甲、乙本排在"難得之貨"句後，且"五味"句排在"五
音"句之前，恐誤。通行各本"五色"、"五音"、"五味"三
句併排都講的是感官與被感知的事物的關係，連在一起文意較優
，今據改。"使"，通行本作"令"，"令"、"使"義通，今
依帛書（以下各句亦如此）。帛書甲、乙本後二句"人"下併有
"之"字，但通行的河、王、傅諸本均無"之"字，且帛書首句
亦無"之"字。爲使文字相稱，此從衆本，刪去"之"字。"目
盲"，乙本及通行各本概同，惟甲本作"目明"，恐誤，此依乙
本。"聾"，乙本脫損，此據甲本及通行本補。"口爽"，乙本
同，甲本寫作"口哅"。

"五色"，即赤、黃、青、黑、白五種顏色，本章泛指多種

美色。

“五音”，卽指宮、商、角、徵、羽，本章泛指多種悅耳之音。

“五味”卽辣、酸、苦、鹹、甘五種味道，本章泛指多種美味。

“爽”蔣錫昌按：“古人以爽爲口病，蓋猶今人所謂味覺差失也。”

本段意爲：多種色彩使人眼花撩亂，多種音樂使人耳朵發麻，多種美味使人味口敗壞。

（二）　“馳騁田獵使人之心發狂，難得之貨使人之行妨。”

此二句帛書甲、乙本排在“五色”句後及“五味”、“五音”句前，疑誤，今據通行諸本移至“五味”句後。

帛書乙本“獵”訛爲“臘”，“妨”寫作“仿”，餘同校文。甲本前句脫“心發狂”三字，“獵”亦訛爲“臘”；後句“貨”寫作“價”，“妨”省爲“方”，餘同校文。河、王、傅諸家本使作“令”，且後句“行妨”前無“之”字，此依帛書。“田”，王本作“畋”，蔣錫昌按：“《說文》段注：‘田卽畋字’。”“發”字各本併同，但高亨疑衍，曰：“心狂二字，其意已足，增一‘發’字，則反贅矣。此文‘令人目盲，令人耳聾，令人口爽，令人心狂，令人行妨’，句法一律，增一‘發’字，則失其句矣。”此說似有理，然至今未見此種本子，今錄之以待未來考古之新發現。

兩句意爲：騎馬打獵，使人之心過度放蕩；難得的財貨使人行路不便。

㈢ "是以聖人之治也，爲腹而不爲目，故去彼而取此。"

帛書乙本如此，甲本"聖"誤作"聲"，"彼"錯爲"罷"，"取"訛爲"耳"，"爲目"二字脫損，且無二"而"字。河本、王本、傅本及其他諸本，"聖人"下均無"之治也"三字，亦無二"而"字。今從帛書乙本。

全段意爲：所以聖人養治身體，只求飽肚皮，不求飽眼福。因此，要去掉後者，採取前者。

## 簡　　析

本章亦是講養身之道。

爲了養身，老子大力提倡寡情少欲。"五色使人之目盲"，講的是"色欲"的壞處；"五音使人耳聾"，講的是"聽欲"的壞處；"五味使人口爽"，講的是"味欲"的壞處；"馳騁田獵使人之心發狂"，講的是"情欲"的壞處；"難得之貨使人之行妨"，講的是"物欲"的壞處。因此，色欲、聽欲、味欲、情欲、物欲都於養身無益，惟其如此，老子才提出"爲腹不爲目"的主張。"爲腹"即塡飽肚皮。在老子看來，肚子有益於強筋健骨。"不爲目"，即不追求色欲，以免耗費精神。故王弼曰："爲腹者，以物養己；爲目者，以物役己，故聖人不爲也。"因此，"爲腹不爲目"講的是養身之道。

# 第十三章

寵辱若驚，貴大患若身㈠。何謂寵辱若驚？寵爲上，辱爲下，得之若驚，失之若驚，是謂寵辱若驚㈡。何謂貴大患若身？吾所以有大患者爲吾有身也，及吾無身，有何患㈢？故貴以身爲天下者，若可以寄天下矣；愛以身爲天下者，若可以托天下矣。

## 校　　注

㈠　"寵辱若驚，貴大患若身。"

河本、王本、傅本及其他各本均如此，帛書甲乙本亦如此，惟"寵"甲本寫作"龍"，乙本誤作"弄"；"患"甲本訛爲"梡"。

"寵辱"：吳澄曰："寵，猶愛也，名位之尊，人以爲榮，反觀之則辱也。"

"若"，作副詞，"乃"也（《詞詮》）。又"乃"猶"則"（《廣釋詞》）按：本章共有九個"若"字，除兩處"若身"之"若"外，其餘均可訓"乃"或"則"。

"貴大患若身"高亨曰："此句義不可通。疑原作‘大患有身’，‘貴’字涉下文而衍。王弼注：‘故曰大患若身也。’是王本原無‘貴’字。今王本亦有‘貴’字者，後人依河上本增之耳。‘有’、‘若’篆形相近，且涉上句而誤，下文云：‘吾所以有大患者，爲吾有身，及吾無身，吾有何患。’正申明此意。且‘有身’二字，前後正相應。七章曰：‘聖人後其身而身先，外其身而身存。’後其身、外其身即不‘有身’也。《史記・孔子世家》載老子告孔子之言曰：‘爲人子者毋以有己，爲人臣者毋以有己’，‘有己‘即有身也。有身則自私，自私之極，則殺身覆宗亡國，故曰‘大患有身’。下文‘何謂貴大患若身’誤與此同。”此說似有理，然“若”改“有”無本可據。愚意以爲此“若”當訓“或”《古書虛字集釋》：“‘若’，猶‘或’也。”“或”、“有”古通，是“若身”，猶“有身”也，此與高說“有身”正合。下文“何謂貴大患若身”之“若身”，與此同例。

“貴”，重視。

兩句意爲：“寵”與“辱”都能令人驚恐。重視禍患在於有身。


㈡ 何謂寵辱若驚，寵爲上，辱爲下，得之若驚，失之若驚，是謂寵辱若驚。”


“何謂寵辱若驚？”王本、傅本同此，帛書甲、乙本大致如此，惟“何”甲本作“苛”；“寵”，甲本作“龍”，乙本錯爲“弄”；“謂”兩本並作“胃”，今據王、傅本正之。河本無“若驚”二字。

“寵爲上，辱爲下”，景福本、張嗣成本、陳景元本、李道純本、寇才質本、潘靜觀本以及皇甫謐本概如此。陳碧虛曰："河上公本作寵爲上，辱爲下。"則陳見河本亦同此，然今存河本無"寵爲上"一語。王本、傅本作"寵爲下"帛書與王、傅本近同，作"龍（寵）之爲下"（甲本）和弄（寵）之爲下也"（乙本）。按：疑河、王、傅本及帛書均有奪誤。此文前句謂"何謂寵辱若驚？"則下文當從"寵"與"辱"兩方面予以對之，但王、傅及帛書本只涉及"辱"的一面，而未涉及"寵"的一面，似乎是只執一端。俞樾曰："河上公本作'何謂寵辱？辱爲下'，注曰：'辱爲下賤'疑兩本均有奪誤，當云：'何謂寵辱若驚？寵爲上，辱爲下'。河上公作注時，上句未奪，亦必有注，當與"'辱爲下賤'對文成義，傳寫者失上句，遂並注失之。陳景元、李道純本，均作'何謂寵辱若驚？寵爲上，辱爲下'，可據以訂諸本之誤。"此說有理，從之。

　　"得之若驚，失之若驚，是謂寵辱若驚。"河、王、傅本及其他多種本子概與此同，帛書甲乙本亦與此近同，惟"寵"甲本作"龍"，乙本作"弄"；"謂"兩本並作"胃"。甲本脫第二"之"字。"是謂寵辱若驚"句，吳澄本無，此從帛書。

　　本段意爲：爲何說"寵"與"辱"都會使人驚恐？寵爲上貴，辱爲下賤。得到"辱"會驚恐，失去"寵"亦會驚恐。因此，"寵"與"辱"都會使人驚恐。

　　㈢　"何謂貴大患若身？吾所以有大患者爲吾有身也，
　　　　及吾無身，有何患？"

帛書甲乙本均如此，但"謂"兩本均寫爲"胃"，"患"甲本誤作"梡"。河本、王本大致同上，惟第三句尾無"也"字，後句"有"前有一"吾"字，傅本"及"作"苟"。

全段意爲：爲何說重視禍患在於有身？我之所以有大患，是因爲我有身；如我無身，那還有什麼禍患呢？

（四）　"故貴以身爲天下者，若可寄天下矣；愛以身爲天下者，若可託天下矣。"

王本基本如此，惟首句與第三句末據河本各增一"者"字，二句和尾句據帛書各增一"矣"字。帛書乙本此句爲"故貴以身於爲天下，若可以櫜天下（矣）；愛以身爲天下，女可以寄天下矣。"句中"託"，誤作"櫜"，後句"若"作"女"（"女"爲"汝"之借字，"汝"、"若"古可通假）；第二句尾"矣"字脫損，據甲本補。甲本與乙本大致相同，惟"託"誤作"逅"，後"若"字亦寫作"女"，末句尾無"矣"字。河本此兩句爲："故貴以身爲天下者則可寄於天下，愛以身爲天下者乃可以託於天下。"

全段意爲：重視以身服務於天下的人，則可以把天下託付於他。愛好以身服務於天下的人，則可以把天下託付於他。

# 簡　析

本章從批判"寵辱若驚"的庸人思想入乎，突出"以身爲天下"的獻身精神。

　　老子提倡知榮守辱，知白守黑，因此，"寵"與"辱"在老子看來都不必驚恐。但世人却不然，他們把"寵"看爲上貴，把"辱"視作下賤，所以失去"寵"他們會惶恐不安，受到"辱"他們也會惶恐不安。這是因爲他們把自身看得太重了。假如他們把自身置之度外，就不會惶恐不安了。人們之重視禍患，根本的原因在於爲自身計。"若吾無身，吾有何患？"其道理講得十分透闢。老子思想的眞諦，是要求君主發揚獻身精神，不要沉溺於個人的得失、利害、榮辱之中。在老子看來，君主只有"後其身"，才能"身先"；只有"外其身"，才能"身存"。正是從這一思想出發，老子強調，"愛以身爲天下"，"貴以身爲天下"。所謂"以身爲天下"，就是要求君主把自身奉獻給天下。認爲君主具備了這種獻身精神，人們才可以把天下寄托於他。這在一定程度上，反映了人們對君主的良好願望。在古代，人們常把賢明的君主描寫成甘願爲人民吃大苦耐大勞的英雄。《韓非·五蠹篇》："堯之王天下也，茅茨不翦，採椽不斲；糲粢之食，藜藿之羹；多日麑裘，夏日葛衣；雖監門之服養，不虧於此矣。禹之王天下也。身執耒臿以爲民先，股無胈，脛不生毛，雖臣虜之勞，不苦於此矣。"這裏所說的堯和禹，都具有獻身精神，是"以身爲天下"的典範，故歷代奉爲"聖人"。

# 第十四章

視之而弗見，名之曰幾；聽之而弗聞，名之曰希；捪之而弗得，名之曰微㈠。此三者，不可致詰，故混而爲一㈡。一者，其上不皦，其下不昧，繩繩呵不可名也，復歸於無物㈢。是謂無狀之狀，無象之象，是謂惚恍。隨而不見其後，迎而不見其首㈣。執古之道，以御今之有，以知古始，是謂道紀㈤。

## 校　　注

㈠　“視之而弗見名之曰幾，聽之而弗聞名之曰希，捪之而弗得，名之曰微。”

此段帛書甲本首句“幾”字作“䀠”字，末句“微”字作”“夷”字，餘同校文 。乙本大致同甲本，惟“䀠”作“微”。“名”字首句脫損 ，二、三句作“命”。河本、王本三句皆作“視之不見名曰夷，聽之不聞名曰希，搏之不得名曰微。”

“幾”，河、王諸本作“夷”，朱謙之按：“範本‘夷’作‘幾’。範應元曰：‘幾’字孫登、王弼同古本。傅奕云：‘幾者，幽而無象也’。此引傅云，知傅本亦爲後人所改，古本亦作

‘幾’。作‘幾’是也，且與易義相合。《易·繫辭》‘極深研幾’，言‘知幾其神’，‘幾者動之微，吉之先見者也’，鄭康成注：‘幾，微也’。與傅云正合。馬叙倫謂草書‘幾’字似草書‘夷’字，音復相近，因僞爲‘夷’。”此說可信，從之。

“希”，應與四十章“大音希聲”之“希”義通，《辭源》（新版）釋“希聲”爲“極細微的聲音”，可知“希”亦有“微”義，指的是聲之微。

“微”，《說文》段注：“‘微’，當作‘微’，人部曰：散，眇也，小之又小則曰微。”此“微”，指體之微。

“揗”，河、王本作“搏”，傅奕、陸希聲、李道純、吳澄諸家本作“搏”，《易緯·乾鑿度》和《列子》均作“循之不得”（馬叙倫謂“循”爲“揗”之借字）。劍按：“揗”，“搏”、“搏”、“揗”諸字，均有手摩之義，“揗”，《說文》：“揗，撫也，摹也”；“搏”，《說文》：“搏，索持也”，段注：“索持，謂摸索而持之”；“搏”，《集韻》：“《說文》‘圜’也，謂以乎圜之，或省亦从團”。“揗”，《說文》：“揗，摩也。”以上四字意義相近，今依帛書作“揗”。

“視之”、“聽之”、“揗之”之“之”，均指“混而爲一”之“一”，亦卽“道”也。

本段意爲：看它不見，叫做“幾”；聽它不見，叫做“希”；摸它不着，叫做“微”。


(二)　“此三者，不可致詰，故混而為一。”

河本、王本、傅本及其他諸本並如此，帛書甲乙本首句皆無“此”字，“致詰”均誤作“至計”，“混”，甲本作“囷”，乙本作“緡”皆誤；甲本後句脫損末尾三字。

“三者”，謂幾、希、微也。

“不可致詰”，謂不可詰問而得之也。

“故混而爲一”，混，合也，故合於三，名之而爲一。

（以上三解均據河上公說）

“故“，通作“固”。《古書虛字集釋》：“故，字或作固”。

本段意爲：幾、希、微這三種特性不可詰問，它們本來就合而爲“一”。

㈢ “一者，其上不皦，其下不昧，繩繩呵不可名也，復歸於無物。”

帛書甲、乙大致如此，惟“皦”甲本作“攸”，乙本作“謬”；“昧”，甲乙本皆作“忽”；“繩繩”，兩本並作“尋尋”。“呵”，河本作“兮”，“一者”二字，河、王等本無，但帛書及範、傅諸本有，當是古本如此，今依帛書。

“皦”，景龍碑本作“曒”。按：“皦”、“曒”均有光明之意。《玉篇》：“皦，亦與皎同。”又“皎，月白也”是“皎”指月光之明。又“皦，明也。”今依河、王、傅、範諸本作“皦”。

“繩繩”，遂州龍興碑本作“蠅蠅”，李榮《老子道德經注》作“乘乘”，今從河、王、傅諸本作“繩繩”。釗按：“繩繩”，究作何解，衆說紛紜，河上公曰：“繩繩者，動行無窮極也。”

蔣錫昌曰：“繩繩猶芸芸。”梁帝云：“無涯際之貌”此從河上
公說。《河上》所謂“動行”，猶今言“運行”，引申為變化。
“動行無窮極”即變化無窮是也。正因為“一”即“道”變化無
窮，故不可名也。也因為變化無窮，故下文又說“復歸於無物。”

　　“無物”，疑為“無名之物“之簡化。

　　本段意為：“一”這個東西，它的上面沒有光明，它的下面
沒有暗影，變化無窮啊，不可命名，復歸為無名之物。

　　㈣　“是謂無狀之狀，無象之象，是謂惚恍。隨而不見
　　　　　其後，迎而不見其首。”

　　本段帛書甲本脫損嚴重，僅殘存“是胃無狀之狀。無物之”
等字。乙本未脫，其“無象”亦作“無物”，“謂”，亦寫為
“胃“，“惚恍”作“沕望”，“隨”，用假字“隋”，河、王、
傅諸本“無象”亦作“無物”，但蘇轍、李道純、吳澄、董思靖
各本皆作“無象”。高亨曰：“作‘無象之象’義勝，‘無狀之
狀’，‘無象之象’，句法一律，其證一也；上句既云‘無物’，
此不宜又云‘無物’以至復沓，其證二也。”高說是，從之。

　　本段意為：這叫做沒有形狀的形狀，沒有形象的形象，這就
是所謂“惚恍”。跟着它，看不見它的背後；迎着它，看不見它
的頭面。

　　㈤　“執古之道，以御今之有，以知古始，是謂道紀”。

　　此段河上本同，傅本第二句"以"前有一"可"字，景龍碑本"御"作"語"。王本"以知古始"作"能知古始"。帛書甲乙本"執古之道"並作"執今之道"，餘皆同校文。

　　釗按：帛書"執今之道"，有些論者給予肯定，實則謬也。須知，老子本章所說的"御今之有"之"道"，乃治國之道，這個"道"，並非今之"道"，而是"古之道"。老子意在說明，掌握古聖人的治國之道，就可以用來治理今日的天下國家。檢老子書，這個意思是很明白的。第六十五章說："古之善為道者，非以明民，將以愚之。"顯然，這裏說的通過愚民的辦法來治理天下國家，乃"古之善為道者"所為，其為"古之道"無疑。帛書"執今之道"乃涉下文"今字而誤，當依通行各本作"執古之道"。

　　"有"劉師培曰："'有'，即'域'字之假字也。………《國語‧楚語》'共工氏之伯九有也'韋注：'有，域也'。此文'有'字與'九有'之'有'同。'有'即'域'，域，即二十五章'域中有四大'之'域'也。'御今之有'，猶言御今之天下國家也。"此言是。

　　又按："以知古始"之"始"，當讀作"治"。《爾雅義疏》："始與治通。""古治"即古代之治。

　　"御，治也。"（奚侗說）

　　本段意為：掌握古道，用來治理今日的天下國家；能通曉古代治術，可稱得上道的綱紀。

# 簡　　析

本章"迎而不見其首"以前，着重描述本體論意義上的"道"。老子講的本體論意義上的"道"，究竟是一種什麼東西呢？有的論者認爲它是一種"絕對觀念"，其理由：一是認爲"道""沒有任何物質的特性"；二是認爲"道""非人之感官所感覺"；三是認爲"道"最終"復歸於無物"。其實，這些理由是很難成立的。

首先，說道"沒有任何物質的特性"，不符老子本意，老子分明說"視之而弗見，名之曰幾；聽之而弗聞名之曰希；捪之而弗得，名之曰微。"這裏的"幾"、"希"、"微"正是對道的物質特性的描述，如前面"校注"中所云，"幾"，講的是"動之微"；"希"，講的是"聲之微"，"微"，則講的是"體之微"，可知"道"乃是一種動微、聲微、體微的元初物質，這裏的物質特性是清楚的，怎麼能說"道"沒有任何物質的特性呢？

其次，老子的道確"非人的感官所感覺"，但是，人的感官不能感覺的東西，我們能說它必然是"絕對觀念"嗎？顯然不能這麼說。確立一個對象是不是物質的，關鍵不在於它是否爲人的感官所感覺，而在於它是不是客觀存在。微觀世界的東西，如細菌、原子、粒子等，都是人的感官所不能感覺的，但我們不能說它不是物質的東西。老子說的具有"幾"、"希"、"微"特性的"道"，是一種動微、聲微、體微的東西，儘管它微之又微或微乎其微，但"微"不等於"零"，不是虛無，我們沒有理由說它是絕對觀念。如果以感覺作爲存在與非存在的試金石，那就很難同 " 存在就是被感知 " 的說教劃清界限。

再次，所謂 " 復歸於無物 "，並非復歸於虛無。" 復歸於無物 "，朱謙之考《輔行記》引這一句爲 " 復歸於無 "，無 " 物 " 字，此切合老旨。老子講的復歸，當是復歸於道，即第十六章所謂 " 復歸其根 " 是也。蔣錫昌曰： " 復歸於無物，即復歸其根，謂萬物雖襍然興長，然歸根到底，仍無不衰老以致於盡也 "。 " 復歸其根 " 猶 " 復歸其始 "，第一章 " 無名，萬物之始 "，故 " 復歸其根 " 亦即 " 復歸於無名 "。" 復歸於無名 " 乃就物的自然本性而言，物在運動變化，它時興時衰，時存時亡，當它興而存時，表現爲有名之物；當它衰而亡時，就復歸於無名之物，即回到 " 幾 "、" 希 "、" 微 " 的狀態，變成原初物質，乃至視之不見，聽之不聞，搢之不得也。因此，說老子的 " 道 " 復歸於虛無似難於成立。

綜上所述，老子在本章所描述的本體論意義的 "道" 或 "一"，是一種元初物質。這種元初物質動微、聲微、體微，實即原始之氣。把原始之氣看作細微的物質，是早期道家流行的觀點。《莊子·知北游》： " 形本生於精。"《管子·內業》： " 精也者，氣之精者也。 "" 精 "，本含有精細精微之義，《論語·鄉黨》： " 食不厭精，膾不厭細。"《中庸》： " 致廣大而極精微也。" " 精 "，作爲氣之精，當然是對氣這個物質的描述。

# 第十五章

古之善爲道者，微妙玄達，深不可識。夫唯不可識，故強爲之容㈠，曰：豫呵，其若冬涉水；猶呵，其若畏四鄰；儼呵，其若客；渙呵，其若凌釋；敦呵，其若樸；曠呵，其若谷；渾呵，其若濁㈡。濁而靜之，徐清；安以動之，徐生㈢。葆此道者不欲盈，夫唯不盈，是以能敝而新成㈣。

## 校　　注

㈠　“古之善為道者，微妙玄達，深不可識。夫唯不可識，故強為之容。”

　　帛書乙本此段脫“善”字，“妙”作“眇”，“識”作“志”，餘同校文。甲本前兩句脫損，餘同乙本。河、王本首句“道”作“士”，二句“達”作“通”，餘皆同校文。

　　釗按：朱謙之注：“‘善為士者’，當作‘善為道者’，傅奕本‘士’作‘道’即其證。畢沅曰：‘……作道是也，高翿本亦作道。’馬叙倫曰：……譣文道字爲是，今王本作‘士’者，蓋六十八章之文。又案：此句與六十五章‘古之善爲道者’，誼同，與下文‘保此道者’句亦遙應。”其說是，今帛書作“道”又其證也。

「達」，諸本作「通」，《說文》：「通，達也。」今依帛書作「達」。

「識」，帛書作「志」，二字古通。

「微妙玄達」，指有道之人通達深奧玄妙之理。

「強爲之容」，《文選·魏都賦》張載注引老子曰：「強爲之頌」。易順鼎曰：「作‘頌’者，古字，作‘容’者，今字………‘強爲之容’，猶云‘強爲之狀’。」從之。

本段意爲：古代善於實行道的人，通達玄妙深奧之理，其德行深沉而不可識知。正因爲不可識知，所以只能勉強描述他的狀貌。

㈡　「曰：豫呵，其若冬涉水；猶呵，其若畏四鄰；儼呵，其若客；渙呵，其若凌釋；敦呵，其若樸；曠呵，其若谷；渾呵，其若濁。

此段以帛書爲基礎參閱通行本整理而成。「曰」，通行本均無，然帛書甲乙本均有，今依帛書。「呵」，河、王、傅諸本作「兮」，「呵」、「兮」互通，今從帛書。下面分句校之。

「豫呵，其若冬涉水」。帛書乙本大致同此，惟「豫」作「與」。甲本脫「涉水」二字，餘同乙本。河本「呵」作「兮」，「豫」亦作「與」，「涉水」作「涉川」，王本「涉水」亦作「涉川」，「呵」亦作「兮」，餘同校文。

按：「豫」，「與」古通，馬叙倫引鄭注曰：「古文豫爲與」。

今依王本作"豫"。《說文》："猶，玃屬，從犬，酋聲；一曰隴西謂犬子爲猶。"段注《曲禮》曰：'使民決嫌疑，定猶豫'。《正義》云：'《說文》，猶，玃屬，豫，象屬。此二獸皆進退多疑，人多疑惑者似之，故謂之猶豫。'按古有以聲不以義者，如'猶豫'雙聲，亦作'猶與'，亦作'尤豫'，皆遲疑之貌。《老子》'豫兮如多涉川，猶兮若畏四鄰'，《離騷》'心猶豫而狐疑'，以猶豫二字貌其狐疑耳，李善注《洛神賦》乃從猶獸多豫，孤獸多疑對說。王逸注《離騷》絕不如此。《禮記・正義》則又以猶與豫二獸對說，皆郢書燕說也。"蔣錫昌引述上文後指出："段謂'猶豫'雙聲，以聲不以義，其說甚精。'猶豫'與'惚恍'皆雙聲字，但取其聲，不取其義，故字無定形。惟老子以'猶'、'豫'與'惚'、'恍'單獨分用，此其特有文例也。"

"涉水"，諸通行本作"涉川"，按：《說文》："川，貫穿通流水也"。本句作"涉水"或"涉川"皆通，今依帛書作"涉水"。

"猶呵，其若畏四鄰。"帛書甲本僅存"畏四"二字，餘皆脫損，乙本"鄰"寫作"哭"，餘同校文。河、王、傳本此句均爲："猶兮若畏四鄰"，今"鄰"依通行本。

"儼呵，其若客。"甲本脫"儼"字，乙本"儼"寫作"嚴"，餘同校文。河本"呵"作"兮"，王本"兮"與河本同，但"客"作"容"。陳柱曰："作'客'是也。'客'、'釋'爲韻，作'容'者因上文'強爲之容'而誤耳。"今帛書作"客"，是其證也。"儼"，矜莊貌（據吳證說）。

"渙呵，其若凌釋。"帛書甲乙本並如此，惟"釋"誤作

“澤”。河本、王本此句作“渙兮，若冰之將釋”，傅本大致同河本，但無“兮”、“之”二字。“凌”《集韻》：“凌，冰也。”是“冰”、“凌”互通，今從帛書作“凌”。“渙”，解散也（河上公說）。

“敦呵，其若樸”。帛書甲本“敦”字脫，“樸”誤爲“屋”；乙本“敦”作“沌”，餘同校文。河、王本此句爲“敦兮其若樸”。按：“沌”通“敦”。馬叙倫曰：“古書‘混沌’或作‘困敦’，或作‘混敦’，皆疊韻連語，‘敦’、‘混’二字一義”許抗生曰：“‘混’、‘敦’、‘沌’三字實均爲一義。”今從衆本作“敦”。“樸”，《說文》：“樸，木素也，從木，業聲”。段注：“素，猶質也，以木爲質，未彫飾，如瓦器之坯然。”可見，樸，猶未加工過的木料。

“曠呵其若谷”帛書甲本“若谷”作“若浴”，餘皆脫損；乙本“谷”亦作“浴”，且“曠”僞爲“湝”。甲乙本此句排在“混呵”句後。但通行諸本此句均在“混兮”句前，河、王本曰：“曠兮其若谷”。按：俞樾注第六章“谷神”之“谷”，曰：王弼所據本作“谷”者，“穀”之假字，河上本作“浴”者，“谷”之異文。”陸德明曰：“‘谷’，一音‘浴’。”可知“谷”、“浴”古通，今從衆本作“谷”。“曠”，空曠廣大的意思（據許抗生說）。

“渾呵，其若濁。”帛書甲本“渾”作“湷”，餘皆脫損。乙本“渾”亦作“湷”，餘同校文。王本“渾”作“混”。按：“渾”、“混”互通，帛書作“湷”，疑誤。

本段意爲：猶豫呵，他好像冬天涉過流水；遲疑呵，他好像做了見不得人的事而害怕四鄰；矜持莊重呵，他好像作客；融和而不凝滯啊，他好像積冰在釋；敦厚啊，他好像未加工的樸素之材；空曠啊，他的胸懷好像深谷；渾渾然啊，他好像一潭濁水。

㈢　"濁而靜之，徐清；安以動之，徐生。"

帛書乙本大致如此，惟"安"誤作"女"，"動"作"重"；甲本"靜"誤作"情"，二"徐"寫作"余"，其他均同乙本。此兩句河上本、王弼本作"孰能濁以靜之，徐清；孰能安以久動之，徐生。"今依帛書，並據河、王本將"女"改作"安"，"重"改作"動"。

兩句意爲：混濁之物使其靜，就會慢慢沉清；靜止之物使其動，就會慢慢復生。

㈣　葆此道者不欲盈，夫唯不盈，是以能敝而新成。"

此段帛書甲本首句無"者"字，第二句脫損嚴重。乙本首句脫"者不"二字，後句"敝"作"嬖"，"新"作"不"，兩本均無"夫唯不盈"四字。河本、王本首句同校文，後句爲"夫唯不盈，故能蔽不新成"，今據補"夫唯不盈"四字。"故能蔽不新成"，易順鼎曰："疑當作'故能敝而新成。''蔽'者，'敝'之借字，'不'者，'而'之誤字也。敝與新對，'能敝而新成者'即二十二章所謂'敝則新'，與上文'能濁而清''能安而生'同意。《淮南·道應訓》作'故能蔽而不新成'，可證古本原有‘而’字，‘不’字殆後人臆加，《文子‧十字篇》作‘是以蔽不新成’，亦後人所改，諸本或作‘而不成’者，或作‘復成’者，皆不得其義而以臆改之，不若以本書證本書之可據也。”馬叙偏曰：“參校各本，並依下文曰‘蔽則新’，是此文當作‘故能蔽而復新成’，‘而’、‘不’篆文形近誤衍，或‘不’、‘復’聲近而誤。”易、馬氏之說是，帛書“而不成”不通，今保存帛書之“而”字，取河、王諸本“新成”二字，作“而新成”。“保”、“葆”古通，今從帛書。

兩句意爲：保持這個道而不自滿，正由於不自滿，所以能去舊更新。

# 簡　析

本章重點闡明“貴虛”的思想。

“貴虛”，是貫穿《老子》全書的一根主線，它散見於全書許多篇章，第四章說：“道冲而用之有弗盈也。” 第五章說：虛而不屈，動而愈出。”第九章說：“持而盈之，不如其己”。第十六章說：“致虛極，守靜篤。”第二十二章說：“曲則全，枉則直，窪則盈，敝則新，少則得，多則惑。”第二十四章說：“自見者不明，自是者不彰，自伐者無功，自矜者不長。”第四十五章說：“大盈若冲，其用不窮”。第四十八章說：“爲學日益，爲道日損。”如此等等，都表達了“貴虛”的思想。在“貴虛”思想的指導下，老子大力提倡“無爲之道”，這在本章中也有明顯的表露。

你看，那些有道之人：

"豫呵，其若冬涉水；猶呵，其若畏四鄰。"他們遲疑徘徊，猶豫不進，好像冬天害怕涉過流水，好像做了見不得人的事害怕四鄰。這種"戰戰兢兢，如臨深淵，如履薄冰"的態度，不正是"不敢進寸而退尺"、"不敢爲天下先"的表現嗎？"儼呵，其若客"，他們在莊重矜持，好像作客，不正是"不敢爲主而爲客"的謙虛態度嗎？"渙呵，其若凌釋"，他們那樣融和而不疑滯，就好像積冰在融釋，這不正是去剛守柔的思想反映嗎？"敦呵，其若樸"，他們那樣敦厚踏實，就好像樸實無華的材料，這不正是強調"反樸歸眞"嗎？"曠呵，其若谷"，他們胸懷寬廣，好像深谷一般，這不正是"上德若谷"的具體表現嗎？"渾呵，其若濁"，他們渾渾然然，好像一潭濁水，這不正是"知其白，守其黑"的具體表現嗎？凡此種種，都是對"貴虛"或稱"無爲之道"的形象概括。

# 第十六章

至虛極也，守靜篤也，萬物並作，吾以觀其復也㈠。夫物芸芸，各復歸於其根。歸根曰靜。靜，是謂復命㈡。復命，常也；知常，明也；不知常，妄；妄作凶㈢。知常容，容乃公，公乃王，王乃天，天乃道，道乃久，沒身不殆㈣。

## 校　　注

㈠　“ 至虛極也，守靜篤也，萬物並作，吾以觀其復也。”

　　帛書乙本 “ 篤 ” 作 “ 督 ”，“ 並作 ” 爲 “ 旁作 ”，餘同校文。甲本 “ 靜篤 ” 作 “ 情表 ”，餘同乙本。河本此段無 “ 也 ” 字，餘同校文。王本大致同河本，惟末句無 “ 其 ” 字。按：帛書甲本 “ 情 ” 爲 “ 靜 ” 之借字，《廣雅 · 釋古》：“ 情，靜也 ”；“ 表 ” 或是 “ 裦 ” 之誤（據甲本釋文），“ 裦 ” 與乙本 “ 督 ” 當作 “ 篤 ”，音近而誤。“ 旁作 ” 各本均作 “ 並作 ”。《集韻》：“ 傍，或作並 ”。又《古書虛字集釋》：“ ‘ 傍 ’，通作 ‘ 旁 ’ 又通作 ‘ 並 ’。” 是 “ 旁 ”、“ 並 ” 互通。故 “ 旁作 ” 與 “ 並作 ” 相通。今從衆本作 “ 並作 ”。

　　“ 其 ”、“ 也 ” 二字王本無，河本有 “ 其 ” 字無 “ 也 ” 字。

羅振玉曰：＂景龍、御注、景福、英倫諸本‘觀’下均有‘其’字。＂蔣錫昌按：＂《淮南·道應訓》作‘吾以觀其復也’。＂是《淮南》引文有＂其＂、＂也＂字。今帛書亦如此，當從之。

＂靜＂，傅本作＂靖＂，＂靖＂、＂靜＂古通，今從衆本作＂靜＂。

＂致＂，推致。

＂虛＂，形容心靈空明的境況，喻不帶成見（據陳鼓應說）。

＂篤＂，固也（《爾雅釋詁》）。

本段意爲：把心靈之虛淸推到極度，使心情之靜寂保持牢固。當萬物同時興作之時，我以虛靜來觀察他們循環往復。

㈡　＂夫物芸芸，各復歸於其根。歸根曰靜；靜，是謂復命。＂

河、王本前句無＂於＂字，後句無第二個＂靜＂字，餘同校文。帛書乙本此段爲：＂天物耘耘，各復歸於其根，曰靜。靜，是謂復命。＂甲本＂其＂後脫三字，＂芸＂作＂云＂，餘同。乙本。

釗按：對照河本、王本，帛書＂耘＂、＂云＂當爲＂芸＂之借字，＂天＂當爲＂夫＂之訛，＂根＂字後當脫＂歸根＂二字。今據補正。又河、王本無第二個＂靜＂字，但傅本末句爲＂靜曰復命＂，似有第二個＂靜＂字爲佳，今按帛書作＂靜，是謂復命。＂

＂復命＂，吳澄注：＂天以此氣而爲物者曰命，復於其初生之處曰復命。＂

　　釗按：此段之“靜”與上“守靜篤”之“靜”不同，疑爲“精”之借字。“靜”與“精”古可通假。《禮記·緇衣》：“精知略而行之。”注：“精或爲清”是“精”、“清”互通。王力《同源字典》：“清、淨同源。”《辭源》：“靜，通凈（淨）。”是“靜”、“清”亦通。則“精”、“靜”當可通假。此段之“靜”如作靜止之“靜”解，則同上文相悖。上章說：“安以動之徐生。”似以“動”爲生命之本，故不應再把“靜”看作是“復命”。又老子所說的“歸根”之“根”，指“道”無疑，“道”，在老子看來是永恒向着對立面運動的（“反者道之動”）。如把“歸根”卽反囘到“道”這一本根叫做“靜”，則同老子“反者道之動”的思想亦相悖。疑此“靜”當讀爲“精”。“歸根曰精”，卽復歸到本根叫做“精”，這個“精”正是“其中有精”之“精”，卽精氣。把精氣看作本根，同第六章把“谷神”（卽“元氣”）看作天地之根意思是一致的。“精，是謂復命”其意是說，囘覆到精氣就是囘復生命。因爲“精氣”是生命之本，吳澄曰：“天以此氣生而爲物者曰命，復於其初生之處曰復命。”此“初生之處”不是別的什麼，正是“精氣”，因此，把囘復到精氣看作“復命”是完全講得通的。

　　本段意爲：萬物紛紛芸芸，各自都要歸囘到本根。所歸的本根叫做“精”。達到“精”，就是囘復生命。

　　㈢　“復命，常也；知常，明也；不知常，妄；妄作凶。”

　　帛書甲乙本此段如此，惟“妄”甲本作“𠇍”，乙本作“芒”，

“帀”、“芒”均當作“妄”，音近而誤。“妄”，河上作“萎”，然其注曰：“妄作巧詐則失神明，故凶也。”似河本原作“妄”，“萎”，因與“妄”形近而誤。嚴可均曰：“河上或作‘萎’，誤也。”

本段意爲：囘復生命，符合常道，懂得常道，叫做明智；不懂得常道，叫做妄爲；妄爲則必遭凶禍。

㈣　“知常容，容乃公，公乃王，王乃天，天乃道，道乃久，沒身不殆。”

河、王、傅本此段均如此，帛書甲本脫“道乃久”三字，余同上；乙本“王乃天”句脫“王乃”二字，“道乃久”句無“久”字，今依通行本補正。按：“王”，據勞健說是“全”之壞字，察其說，似亦有理，然帛書仍作“王”，姑依帛書。

“容”，指無所不包容也；

“公”，指公正無私；

“王”，指爲天下王；

“天”，指與天通；

“道”，指合於道；

“久”，指能長久；

“殆”，危殆。

（以上七解均據河上公說）

“沒身”，終身。

本段意爲：懂得常道，就能包容一切；能包容一切，就能公正無私；能公正無私，就能爲天下王；能爲天下王，就能與天通；
能與天通，就能合乎道；能合乎道，就能長治久安；這樣，就終
身沒有危殆。

# 簡　析

　　本章着重表述靜觀的認識方法。

　　靜觀，是老子認識事物的重要方法。在老子看來，客觀事物
雖然紛芸複雜，但無不有規律可循，"夫物芸芸，各復歸其根"，
認爲事物的發展變化，最終都要歸根復命，這就是所謂"常"，
即規律。並且這個"常"是可"知"的，他提倡在"知常"上下
功夫，說："知常曰明，不知常，妄。"他反對"不知常"的無
知蠻幹的作法，警告說："妄作凶。"這就實際上肯定了照規律辦
事的必要性。

　　老子主張把握規律，他認識規律的方法是"靜觀"，即"萬
物並作，吾以觀其復也。"老子所說的"觀"不是我們今天所說
的在實踐過程中的感性認識，而是一種神秘的靜觀。他說："不出
戶，知天下；不窺牖，見天道。其出彌遠，其知彌少。"這就否
定了感性認識和實踐在認識過程中的決定性作用，陷入了唯心主
義。同這種唯心主義的認識原則相適應，老子提出了一種靜觀的
認識方法。他把"心"看作"玄鑒"，即玄妙的鏡子，認爲他能
照知萬物。強調人們只要保持心境的虛靜，就可以通過"心"的
直觀達到主觀和客觀的絕對統一，即達到"玄同"的境界。顯然，
這是一種脫離實際的主觀唯心主義的認識方法。

　　老子關於靜觀的認識方法，也有其合理因素。這種方法認爲，只要保持內心的高度虛靜，無私無欲，做到“不自是”，就能把握常道。這裡包含有主張觀察的客觀性、深入性和整體性的合理成份。後來稷下道家提出的“靜因之道”（《管子・心術上》）、荀子提出的“虛一而靜”（《荀子・解蔽》）以及韓非子提出的“虛以靜後，未嘗用己”（《韓非子・楊權》）的認識方法，都是對老子靜觀思想的繼承和改造，他們都爲我國古代認識論的發展，作出了重大貢獻。

# 第十七章

太上，下知有之，其次親譽之，其次畏之，其下侮之㈠。
信不足，安有不信㈡。猶呵，其貴言也。成功遂事，而百
姓謂我自然㈢。

## 校　　注

㈠　"太上，下知有之，其次親譽之，其次畏之，其下
侮之。"

帛書甲本如此，惟"侮"誤作"母"，"太"作"大"。乙
本"下知有之"之"有"作"又"，"之"脫損；"其次親譽之"
的"次"亦脫損，"侮"也誤作"母"。河本、王本"親譽之"
作"親之譽之"，傅本"親譽之"分作"其次親之，其次譽之"，
今從帛書。"其下侮之"，各本均作"其次侮之"，今亦依帛書。
"大"，各本作"太"，"大"、"太"古通，今依通行本作
"太"。

本段意為：太古時候的君主，下面的老百姓只知道有他；
其次是老百姓親近、讚譽他；再次等的是老百姓害怕他；最下等
的是老百姓辱罵他。

㈡　"信不足，安有不信。"

　　帛書乙本如此，甲本“安”作“案”。河、王本此句爲“信不足，焉有不信。”

　　王念孫曰：“‘信不足’爲句，‘焉有不信，爲句。‘焉’，於是也，言信不足，於是有不信也。”釗按：此句通行本作“焉有不信”，帛書作“安有不信”或“案有不信”，俱通。《詞詮》：“安，（五）承接連詞，乃也。”又“案，（一）承接連詞，乃也，於是也。”是“安”、“案”俱有“乃”義，故“安有不信”，亦可譯爲乃有不信，與王念孫說正合。今依帛書乙本作“安有不信”。

　　本句意爲：君主的信德不充滿，乃有老百姓不信君主的事情發生。

　　(三)　“猶呵，其貴言也。成功遂事，而百姓謂我自然。”

　　帛書甲本“姓”作“省”，音近而誤。“謂”，甲乙本均借爲“胃”，餘同校文。

　　“猶”，河本同，王本作“悠”，景龍碑本作“由”。朱謙之按：“御注、邢玄、慶陽、磻溪、樓正、室町、顧歡、高翿、彭耜、範應元俱作‘猶’。‘由’與‘猶’同。《荀子·富國》‘由將不足以勉也，注‘與猶同’。”今帛書作“猶”（猷），當從之。王本之“悠”，疑與“猶”聲近而誤。

　　“呵”，各本作“兮”；“也”字，河、王本無，傅本作“哉”；“成功遂事而百姓謂我自然”。“而”字諸本無，“謂”，傅本作“皆曰”，河、王本作“皆謂”，今均依帛書。

　　“貴言”卽把言語看得很貴，含有不輕易說話之意。

本段意爲：猶豫遲疑呵，有德的君主說話很少，他取得成功，完成事業，百姓都說是自己如此，自然而然。

# 簡　　析

本章通過讚揚無爲之君，來闡明無爲而治的政治理想。

老子說："太上，下知有之，其次親譽之，其次畏，其下侮之。"張舜徽疏曰："此謂人主之最高者，通於無爲之道，爲之下者，但知其有君而已，未見自賢其才智也。其好自用之君，爲所親近而譽美之者，則其次焉者也；又次，乃爲下所畏惡矣；最下則爲下所攻殺矣。此言君道以無爲爲最高也。"此說符合老旨。在老子看來，無爲之君是最理想的人君。此種君主，雖然老百姓知道有其人，但絲毫不感到他對自己有什麼恩惠，卽"成功遂事而百姓謂我自然"，這正是"日出而作，日入而息，鑿井而飲，耕田而食帝力於我何有哉"的無爲而治的情景。使老百姓不感到"帝力"的存在，這正是"無爲而治"思想的集中體現。

# 第十八章

**故大道廢，安有仁義㈠；智慧出，安有大僞㈡；六親不和，安有孝慈㈢；國家昏亂，安有貞臣㈣。**

## 校　　注

㈠　“故大道廢，安有仁義。”

　　帛書乙本如此，甲本“安”作“案”，河本、王本無“安”字。傅本“安”作“焉”。按：“安”、“案”，“焉”均有“乃”或“於是”之義（參閱第十七章校注），用在此處皆通，今從帛書乙本作“安”。

　　本句意爲：所以，大道被廢棄以後，於是產生了仁義。

㈡　“智慧出，安有大僞。”

　　傅本“安”作“焉”，餘同校文。帛書乙本“智”作“知”，“大僞”二字脫損。甲本“知慧”寫作“知快”。河本、王本無“安”字；“智慧”，河本作“智惠”，王本作“慧智”。釗按：紀昀曰：“‘慧’、‘惠’古通；”“知”、“智”相通。此處作“智慧”、“智惠”、“知慧”、“慧智”皆通，惟作“知快”

不通，今據傅本作＂智慧＂。

　　本句意爲：智慧出現以後，於是有了虛僞巧詐。

　　㈢　＂六親不和，安有孝慈。＂

　　帛書乙本＂慈＂寫作＂茲＂，餘同校文。甲本＂安＂作＂案＂，＂孝＂訛爲＂畜＂，餘同乙本，河、王、傅本此句無＂安＂字，餘皆同上。

　　本句意爲：六親不相和睦，於是有了孝慈那一套說教。

　　㈣　＂國家昏亂，安有貞臣。＂

　　＂昏＂，帛書甲、乙本均作＂閔＂，《說文》無此字，疑＂閔＂當爲＂閽＂之誤。今從王、傅本作＂昏＂。＂亂＂，甲本誤作＂乳＂；＂國家＂甲本作＂邦家＂；＂貞臣＂，傅本同，王本作＂忠臣＂，此從帛書。＂貞臣＂即正直之臣。

　　本句意爲：國家昏暗動亂，於是出現正直的能臣。

# 簡　　析

　　本章是老子對儒家的批判。

　　春秋末年，以孔子爲代表的儒家，大力提倡仁、義、禮、智、信等道德信念，所謂＂仁者安仁，智者利人＂、＂君子義以爲上＂、＂博我以文，約我以禮＂、＂智者不惑＂、＂君子信而後勞其民＂

（均見《論語》）等，都體現了儒家的道德觀念。對此，老子採取針鋒相對的態度，指出仁、義、禮等並不是什麼好東西，他們是大道被廢棄以後的產物，"故失道而後德，失德而後仁，失仁而後義，失義而後禮。夫禮者，忠信之薄而亂之首也。"（三十八章）認爲仁、義、禮等都是虛僞巧詐、六親不和、國家昏亂後的產物，主張徹底廢棄。

# 第十九章

**絕聖棄智，民利百倍；絕仁棄義，民復孝慈；絕巧棄利，盜賊無有㈠。此三言也，以爲文未足，故令有所屬㈡：見素抱樸，少私寡欲，絕學無憂㈢。**

## 校　　注

㈠　“絕聖棄智，民利百倍；絕仁棄義，民復孝慈；絕巧棄利，盜賊無有。”

河本、王本、傅本均同此。帛書甲本“智”作“知”，“倍”誤作“負”，“孝慈”作“畜茲”，餘同校文。乙本“智”亦作“知”，“慈”寫爲“茲”，兩“民”字前並有一“而”字，但甲本無“而”字。按：有“而”字文句不一律，無“而”字優，今從甲本及諸通行本。

本段意爲：斷絕並且拋棄聖者之巧智，將給老百姓帶來百倍的好處；斷絕並且拋棄仁義的說教，將會使老百姓恢復孝慈的美德；斷絕並且拋棄巧詐私利，社會上就不會有盜賊作亂。

㈡　“此三言也，以為文未足，故令有所屬。”

帛書甲乙本均如此。河、王本此句爲："此三者，以爲文不足，故令有所屬"。傅本作"此三者，以爲文未足也，故令有所屬"。今依帛書。

"此三言也"，指以上"絕聖棄智"、"絕仁棄義"、"絕巧棄利"三者。

"文"，指條文，引申爲原則。

"屬"，依屬，歸屬。

全句意爲：以上三個方面，作爲原則還不夠，所以還要令其有所歸屬。


(三)　"見素抱樸，少私寡欲，絕學無憂。"


帛書甲本此段只存"見素抱"三字，餘皆脫損。乙本"少"字後脫一"私"字，"寡"字前有一"而"字。按：有"而"文句不一律，今按通行本刪去。又，通行本"絕學無憂"句屬下章。按：蔣錫昌在二十章注此句曰："此句自文誼求之，應屬上章(即十九章)，乃"絕聖棄智……絕仁棄義……絕巧棄利"一段文字之總結也。晁公武《郡齋讀書誌》謂唐張君相《三十家老子注》以"絕學無憂"一句附"絕聖棄智"章末，以"唯之與阿"別爲一章，與諸本不同，當從之。後歸有光、姚鼐亦以此句屬上章，是也。"此說有理，今帛書未分章，其"絕學無憂"與"少私寡欲"句緊相連接，亦可證之。

"見素抱樸"，"見"，猶"現"。"見素"，指外表單純。"抱樸"，指內心樸實。

　　全段意爲：外表單純，內心質樸；減少私利，寡於欲求；絕去政教禮樂之學，就沒有憂愁。

## 簡　析

　　本章緊承上章之意。

　　上章對儒家的仁義說教作了批判，本章除繼續批判儒家聖智、仁義外，還對墨家提倡的巧利作了批判，明確提出要"絕聖棄智"、"絕仁棄義"、"絕巧棄利"，表現了老子對聖智、仁義、巧利深惡痛絕。

　　絕去聖智、仁義、巧利之後怎麼辦呢？老子的辦法是推行"見素抱樸，少私寡欲"的原則，王安石在解釋這"八字"原則時說："不言守素而言見素，不言返樸而言抱樸，不言無私而言少私，亇言絕欲而言寡欲。蓋見素然後可以守素，抱樸然後可以返樸，少私然後可以無私，寡欲則致於不見所欲者也。"這是說得很中肯的。

# 第二十章

唯與訶，其相去幾何？美與惡，其相去何若㈠？人之所
畏，亦不可以不畏，荒呵，其未央哉㈡。眾人熙熙，若
饗於大牢，若春登台㈢，我泊焉未兆，若嬰兒未咳。累
呵，似無所歸㈣。眾人皆有餘，我獨遺。我愚人之心也，
惷惷呵㈤！俗人昭昭，我獨昏昏呵；俗人察察，我獨閔
閔呵㈥！惚呵，其若晦；恍呵，若無所止㈦。眾人皆有
以，我獨頑且鄙。吾欲獨異於人，而貴食母㈧。

## 校　　注

㈠　"唯與訶，其相去幾何？美與惡，其相去何若？"

　　帛書甲本如此。乙本"訶"寫作"呵"；"惡"，作"亞"，
餘同甲本。河、王、傅本二"與"字前各有一"之"字，無二
"其"字，"訶"，均作"阿"。"美"，傅本同帛書，河、王本
作"善"。"何若"，河、傅本同，王本作"若何"。按：劉師
培曰："'阿'當作'訶'，《說文》'訶，大言而怒也'……
'訶'，俗作'呵'。"今帛書甲本作"訶"，乙本作"呵"，
足證劉說是。

　　"何若"，不當作"若何"。易順鼎曰："王本作'美之與

惡，相去何若’正與傅奕本同，注云：‘唯阿美惡，相去何若。’
是其證也。今本作‘若何’非王本之舊。」今帛書均作「何若」，
與河、傅本同，亦與王本之注同。「何」與「訶」韻，「若」與
「惡」韻，古本當如此。

「美」，不當作「善」，蔣錫昌曰：「顧本成疏‘順意爲美，
逆心爲惡’，是成作‘美’。二章‘天下皆知美之爲美，斯惡已’，
彼此並美惡對言，傅本‘善’作‘美’，應從之。」今帛書甲、
乙本均作「美」字，亦證「美」字合。

本段意爲：應諾與呵斥，相差能有多少？美麗與醜陋，相差
又有多少？

(二)　「人之所畏，亦不可以不畏，荒呵，其未央哉。」

帛書甲本此段脫損嚴重，僅存「人之」「亦不」四字。乙本
第二「畏」字後有一「人」字，「荒」作「望」，音近而誤。「哉」
寫作「才」。按：《爾雅義疏》：「‘才’、‘哉’古字通。」
今從諸今本作「哉」。帛書「不畏人」之「人」字，各本並無，
疑衍，今據刪。「亦」，河、王、傅諸本無，惟帛書有，放在此
於義無妨，從之。

「荒」，猶廣也；「央」，猶盡也（此據吳澄說）。

王弼注：「荒兮其未央哉」曰：「嘆與俗相反之遠也。」今
從其意。

本段意爲：衆人所害怕的，我也不能不害怕。但是，我與世
俗相違之處廣闊得沒有盡頭呵！

㈢　“衆人熙熙，若饗於大牢，若春登台。”

　　帛書甲乙本此句均爲“衆人阢阢，若鄉於大牢，而春登台。”按：“熙”，諸本如此，帛書作“阢”，乃“熙”之聲假，“熙”通“嘻”。朱謙之按：“‘熙熙’卽‘嘻嘻’……此云‘衆人熙熙’亦卽‘衆人嘻嘻’也。”“饗”，宋陳景元本同，河、王、傅本均作“享”，《釋文》引作“享”。按：“享”、“亨”古通；“饗”、“享”古亦通，意爲受也。帛書作“鄉”當爲“饗”之假字，當從陳景元本作“饗”。“於”各本無，今從帛書。帛書後一“若”字作“而”，《廣釋詞》：“若猶而。”傅本正作“若”字，今據改。

　　“春登台”，河上作“登春台”。俞樾曰：“‘如登春台’與十五章‘若多涉川’一律，河上公本作‘如登春台’非是。然其注曰：‘春陰陽交通，萬物感動，登台觀之，意志淫淫然’，是亦未嘗以‘春台’連文，其所據本，亦必作‘春登台’，今傳寫誤倒耳。”

　　“大牢”，許抗生曰：“犧牲也，牛爲大牢，羊爲少牢。”此“大牢”，引申爲豐盛的筵宴。

　　本段意爲：衆人皆大歡喜，好像享受豐盛的筵宴，也好像春天登台賞景。

㈣　“我泊焉未兆，若嬰兒未咳。儽呵，似無所歸。”

「我泊焉未兆」，帛書甲本「兆」作「佻」，餘同校文。乙本「泊」作「博」，音近而誤，「兆」寫作「姚」。王本此句爲「我獨泊兮其未兆」，河本「泊」作「怕」，餘同王本。河、王本同帛書相較，多「獨」、「其」二字，「焉」作「兮」，今依帛書，惟「佻」、「姚」據王本改作「兆」。

「泊」、「怕」古通。《文選・司馬相如賦》「怕乎無爲」注「怕與泊同」，《漢書・司馬相如傳》正作「泊乎無爲」。

「兆」，河上公訓爲形兆，從之。

「若嬰兒未咳」，甲本脫損後四字，乙本同校文。河、王本爲「如嬰兒之未孩」。傅本「若」、「咳」同校文。按：「孩」、「咳」古通，《說文》：「咳，小兒笑也，從口，亥聲。孩，古文咳，從子。」

「纍呵，似無所歸」，乙本如此，惟「似」寫作「佁」。甲本「似」作「若」，餘皆脫損。王本此句爲「儽儽兮若無所歸」，河本「儽儽」作「乘乘」，今依帛書。按：高亨說：「儽、纍古通」馬叙倫說：「「乘」字疑本作「垂」，形近譌爲「乘」也。「儡」、「垂」聲近通假。」「纍」，《廣雅・釋詁》：「疲也。」

本段意爲：我淡泊無爲而沒有情欲的形兆，好像嬰兒還不知笑時那樣質樸，好像疲倦的人不知歸宿。


(五)　「衆人皆有餘，我獨遺。我愚人之心也，惷惷呵！」


此句甲本「衆人」二字脫損，「愚」，作「禺」，餘同校文。乙本「有」寫爲「又」，無「我獨遺」三字。「惷惷」作「湷湷」，餘同校文。河、王本此句："衆人皆有餘，而我獨若遺，我愚人之心也哉，沌沌兮。"傅本比河本少一"而"字。校文據帛書甲乙本整理而成。

"惷惷"各本作"沌沌"。"沌"，吳澄注曰："沌，如渾沌之沌，冥昧無所分別也，作平聲讀，亦與莊子愚芚之芚同。謂無知也。""惷"，《集韻》："惷，愚也。"是"沌"、"惷"蓋有愚而無知之意，義相近。今從帛書作"惷"。"惷惷呵"按馬叙倫說當移到"若嬰兒未孩"之句前。其說似有理，但無此種版本作據，今姑依帛書。

"餘"，指情欲有餘。

"遺"，遺失。

王弼曰："衆人無不有懷有志，盈溢胸心，故曰'皆有餘'也。我獨廓然無爲無欲，若遺失之也。"

本句意爲：衆人皆情欲有餘，我恰恰遺棄了情欲。我算是"愚人"的頭腦，渾然無知啊。

(六) "衆人昭昭，我獨昏昏呵；衆人察察，我獨閔閔呵！"

帛書乙本此段爲："鬻人昭昭，我獨若閶呵，鬻人察察，我獨閔閔"。甲本脫損嚴重，其"鬻"同乙本，"昏"作"𦖠"；"察"誤爲"蔡"；"閔"作"閻"，按：帛書"鬻人"，河本作"衆人"，王、傅等多種本子作"俗人"。許抗生注曰：前兩句"河上公本作"俗人昭昭，我獨若昏。"後兩句"河上公本、通行本皆作'衆人察察，我獨悶悶'。"據此，許氏將四句改爲

"俗人昭昭，我獨若昏呵；俗人察察，我獨閔閔"。釗按：其說恐非是。首先，許氏引文不確，河上公本並非作"俗人昭昭"，而作"衆人昭昭"；王弼本並非作"衆人察察"，而作"俗人察察"（許氏書末附錄的河本、王本經文亦可證明）。其次，許氏將帛書之"鬻人"正爲"俗人"，亦非是。廖海廷曰："此章上文云："衆人熙熙，如享太牢，如登春台……"又云："衆人皆有餘，而我獨若遺。"下文云："衆人皆有以，而我獨頑似鄙，皆以"衆人"與"我獨"相連。且《五千言》中，絕無"俗人"字樣，由此推知"俗"字誤，而"衆"字不誤。"廖氏認爲，帛書之"鬻"，實卽"衆"字。"鬻"，"今省作"粥"，讀之六切，音同"祝"，"鬻"、"衆"（之仲切）同聲，又是蕭多對轉，故知帛書之"鬻"卽河上本之"衆"。"可見許氏把帛書之"鬻人"訓爲"俗人"，實誤。

又按：帛書乙本"若閆"當爲"若闇"，"闇"、"閆"形近而誤，"闇"通作"昏"。帛書乙本"閩閩"，傅本作"閔閔"，"閩"當爲"閔"之聲假。"閔"，河、王諸本作"悶"。"閔"、"悶"義通，均含有"不明"之意。"閔"，亦作"湣"、"惽"。《左傳》"魯閔公"，《史記·周公世家》作"湣公"，《史記·索隱》引鄒誕生本作"惽公"。又"惽"亦與"悶"通。《集韻》："悶，《說文》："懣"也，或作"惛"。"則"悶"，"閔"可通，今從傅本作"閔閔"。

"昏昏"，王本同，河本作"若昏"。奚侗曰："'昏昏'，諸本作'若昏'，句法不協，茲從王弼本。"蔣錫昌曰："以文誼而論，作'昏昏'者是也。下文弼注'無所欲爲，悶悶昏昏，

若無所識’，可證老子古本作‘昏昏’，不作‘若昏’，‘昏昏，
爲昭昭之反。”釗按：上說俱有理，《孟子·盡心下》：“今已
其昏昏，使人昭昭。”亦是“昏昏”對“昭昭”。今從奚、蔣之
說作“昏昏”。

　　兩句意爲：衆人明白四達，我獨暗昧無知啊；衆人精明強幹，
我獨糊裡糊塗啊：

　　㈦　“惚呵其若晦，恍呵若無所止。”

　　本段帛書乙本作“沕呵其若海，望呵若無所止”，甲本脫一
“晦”字，“恍”作“塑”，餘同乙本。“惚”，河本作“忽”，
王本作“澹”，傅本作“淡”。釗按：許抗生注帛書之“沕”、
“望”二字曰：“‘沕’即‘忽’也，‘忽’，水流動之貌。‘望’，
疑應作‘洸’。‘望’、‘洸’音近而誤。……洸洸，水流洶湧
之貌。甲、乙本釋文皆改‘望’爲‘恍’實誤，應作‘洸’字。”
此說恐非是。“惚恍”，是老子常用的一個詞語，意指隱約不清
難以捉摸和辨認。第二十一章“唯恍唯惚”、“惚呵，恍呵”、
“恍呵惚呵”，第十四章“是謂惚恍”，其“惚”“恍”二字，
帛書乙本均用的是“沕”、“望”二字，與本章正合。疑本章亦
是“惚”、“恍”二字對用，指昏暗不清貌，甲乙本釋文改“望”
爲“恍”不誤。且從上下文意來看，兩句都有昏暗不清之義，許
氏將“恍”改作“洸”釋爲“水流洶湧”，有牽強之嫌。

　　“晦”，帛書甲本脫損，乙本及河、王、傅諸家本並作“海”
據考，開元《御注道德經幢》等廿餘家本作“晦”，陸德明曰：

"嚴遵作'忽兮若晦'。"按:作"晦"是。《釋名·釋文》:
"晦,月盡之名也。晦,灰也,火死爲灰,月光盡似之也。"是
晦有昏暗不明貌,蔣錫昌曰:"強本成疏'晦',闇也……聖智
似明而忽忽如暗",這正同上文描述的"昏昏"、"閔閔"相呼
應。當從開元諸本作"晦"。

　　兩句意爲:昏暗不明,就好象月光將盡啊!昏暗不明,好像
沒有邊際呀!


　　㈧　"衆人皆有以,我獨頑且鄙,吾欲獨異於人而貴食
　　母。"


　　"衆人皆有以",帛書甲本全脫損,乙本及河、王、傅諸本
皆同校文。"以",蔣錫昌按:"王注'以,用也'強本引河注
'以,爲也'(今俗本河注'以,有爲也',衍'有'字。)
'用'、'爲'義近,二訓皆通。"從之。
　　"我獨頑且鄙",帛書甲本僅存末尾"以悝"二字;乙本作
"我獨門元以鄙",河、王本此句作"而我獨頑以鄙",傅本作
"我獨頑且圖"。按:帛書甲本"以悝"當爲通行本"以鄙"之
誤;帛書乙本"門",各本無,疑衍,今據刪。"元"疑爲"頑"
斷去"頁"旁,今從衆本作"頑";"以"河、王本作"似",
傅本作"且",蔣錫昌按:"王注'故曰頑且鄙也',則王本
'似'作'且','且'與古'以'('目')形近而誤,'以'、
'似'古通,遂由'且'誤'以',由'以'誤'似'。"其說
有理,從之。"頑且鄙"蔣錫昌曰:"頑且鄙者,言愚陋無能,

與上有用或有爲相對。”

“吾欲獨異於人而貴食母”帛書甲乙本均同此，傳本亦同此，河、王本“吾”作“我”，“吾”下“欲”字無，今從帛書。

“貴食母”：河上公注：“食，用也；母，道也。我獨貴用道也。”從之。

本段意爲：衆人都有作爲，唯獨我愚頑而又無能，我不同於世俗之人，而重視用“道”。

## 簡　析

本章是老子安於無爲之道的自我聲明。

全章以“正言若反”的表達方式，從人生哲學的意義上說明了體現無爲之道的幾個重要方面。

一是少私寡欲。他說：“衆人熙熙，若饗於大牢，若春登台，我泊焉未兆，若嬰兒未咳。儽呵，似無所歸，衆人皆有餘我獨遺。”你看，世俗之人皆大歡喜，他們好像享受豐盛的筵宴，也好像春日登台觀景，感情奔放，情欲大張。而“我”，却少私寡欲，淡泊清虛，好像嬰兒還不知笑時那樣憨厚，也好像疲倦了的人不知歸宿那樣無所求。人們都情欲有餘，而“我”獨遺棄了這些，把一切都看得很淡，這不正體現了老子“清虛以自守”嗎？

二是安於愚樸。老子說：“我，愚人之心也，蠢蠢呵！衆人昭昭，我獨昏昏，衆人察察，我獨閔閔。”同世俗之人比起來，老子甘作“愚人”。你看，世俗之人明白通達，“我”却安於糊塗笨拙。《史記·老子韓非列傳》記述了老子教訓孔子之言：“吾聞之，良賈深藏若虛，君子盛德容貌若愚。"此處"容貌若愚"同本章的基本思想是相通的。

三是知榮守辱。老子說："衆人皆有以，我獨頑且鄙。"世俗之人都有所作爲，而"我"却無所作爲，表現出頑愚而鄙賤。安於"鄙賤"，亦卽"知榮守辱"。這正是"卑弱以自持"的表現。

另外，在本章中，老子還吐露了樸素的辯證法思想。他說："唯與訶，其相去幾何？美與惡，其相去何若？"從應諾與呵斥、美麗與醜惡的相互對立中，看到了"相去幾何"、"相去何若"的一面。卽從對立中看到了同一，這無疑是難能可貴的。在辯證法看來，彼中有此，此中有彼，甚至在一定條件下，此就是彼，彼就是此。這對於那些頭腦爲形而上學所鑲錮的人來說，是無法理解的。

# 第二十一章

孔德之容，惟道是從㈠。道之爲物，惟恍惟惚㈡。惚呵
恍呵，中有象呵；恍呵惚呵，中有物呵㈢。窈呵冥呵，
中有精呵。其精甚眞，其中有信㈣。自今及古，其名不
去，以順衆父㈤。吾何以知衆父之然也？以此㈥。

<h2 style="text-align:center">校　　注</h2>

㈠　“孔德之容，惟道是從。”

帛書甲乙本及通行的河、王、傅諸本俱如此。“德”，景龍
碑本作“得”；“是”，《永樂大典》本作“之”，今依帛書。

明人薛蕙曰：“孔，大也；自天地以至萬物，凡成象成形而
可見者，皆大德之形容也。然其所以出者，惟道而已。”此說精
當，從之。

本句意爲：大德的形容，都是從道所出。

㈡　“道之爲物，惟恍惟惚。”

“道之爲物”各本如此，帛書甲乙本無“爲”字，疑轉抄致
誤。本章從“孔德之容”起，至“以順衆父”，都是四字一句，

此句少一"爲"字，則句法不一律，今從衆本作"道之爲物"。

"惟恍惟惚"，王本同此，帛書甲乙本"惚"，均寫作"沕"；"恍"，甲本作"塑"（按："塑"爲"望"之異體字。），乙本作"望"，今依王本。"恍"、"惚"二字。諸本寫法殊異，或作"悅惚"，或作"芒芴"，或作"慌惚"，或作"悅忽"，其義互通。"恍惚"：模糊不清，難以捉摸和辨認。吳澄曰："似無似有，不可得而見，故曰恍惚。"

釗按：關於"道之爲物"，究作何解，注家衆說紛紜。河上公解作"道之於萬物"，張岱年訓爲"道之作爲一物"，關鋒釋作"道之造物"，任繼愈、張松如、陳鼓應等均譯作"道這個東西"，似都於義未安。愚意以爲，此句"爲物"當解作"生物"。《淮南•本經》："五谷不爲"注："爲，成也。"又《易•繫辭》："幾事不密則害成。"注："成，生也。"是"爲"可以轉訓爲"生"。故"道之爲物"，猶言"道之生物"也。四十二章："道生一、一生二，二生三，三生萬物"，其基本點，講的就是道之生物，可與此相互發明。本章前言大德的形容，都是從道所出；此處繼言："道"怎麼樣生物，即"道"怎樣轉化爲"德"，邏輯嚴謹，又其證也。

本句意爲：道在生化萬物時，呈現恍恍惚惚的狀態。

㈢ "惚呵恍呵，中有象呵；恍呵惚呵，中有物呵。"

帛書乙本同此（"恍"、"惚"二字錯同上句）甲本前三字脫損，餘同乙本（"恍"、"惚"亦錯同上句）。王本此段爲"惚

兮恍兮，其中有象，恍兮惚兮，其中有物”，其他諸本除“恍”、
“惚”寫法不一外，多同王本，惟道藏河上本前二句和後二句位
置顛倒，按：“中”前河、王、傅及其他多種本子有“其”字，
帛書甲、乙本並無“其”字，檢景龍碑本、李榮本，顧歡本以及
《鶡冠子》引文亦無“其”字，當是原本如此，今從帛書。

　　本段意爲：惚惚恍恍啊，其中寓有形象；恍恍惚惚啊，其中
含有實物。


（四）　“窈呵冥呵，中有精呵，其精甚真，其中有信。”


　　帛書甲本後句脫“有信”二字，“窈”、“冥”寫作“瀿”
（“幽”）、“鳴”；“精”，作“請”，第二句“呵”作“呬”。
乙本“窈”作“幼”，“精”亦爲“請”，第二句“中”前有一
“其”字。王本此段爲：“窈兮冥兮，其中有精；其精甚眞，其
中有信。”其他各本多同王本，今以帛書甲本作底本，參閱乙本、
王本補正。第二句“中”前乙本有“其”字，甲本無“其”字，
檢景龍碑本、遂州碑本，北京圖書館藏唐人寫本殘卷，顧歡本、
李榮本以及《鶡冠子》引文，亦無“其”字。如增一“其”字，
則句法不一律，此從甲本。

　　“其精甚眞”，陳鼓應引嚴靈峯說：“《次解》本無此四字，
疑係注文羼入正文，並脫去‘冥兮窈兮’四字。蓋上文‘惚兮恍兮，
其中有象；恍兮惚兮，其中有物’則下當應之：‘窈兮冥兮，其
中有精；冥兮窈兮，其中有信。’則文例一律矣。”此說言之成
理，錄之供參考。

　　“窈冥”：“‘窈’，微不可見；‘冥’，深不可測。”
（嚴靈峯說）

　　“精”指精氣。（河上公說）

　　“信”，神也。于思泊曰：“信，古讀如神，此信字借爲神。
神者，精之極。《易·繫辭傳》，‘精義入神’；《韓詩外傳》：
‘博則精，精則神。’此言‘其精甚眞，其中有神’言眞精之中
有神也。”從之。

　　本段意爲：窈窈冥冥啊，其中藏有精氣；那個精氣極爲純眞
呀，其中蘊含着“神”氣。


　　㈤　“自今及古，其名不去，以順衆父。”


　　帛書甲乙本並如此，惟甲本“父”寫作“佼”。按：“佼”
當爲“父”之異體字。河、王本此句爲：“自古及今，其名不去，
以閲衆輔”，“衆輔”即“衆父”今從帛書。

　　“自今及古”，傳本同帛書，河、王本“古”、“今”二字
異位。范應元曰：“‘自今及古’嚴遵、王弼同古本”。馬叙倫
曰：“各本作‘自古及今’非是。‘古’、‘去’、‘甫’韻。
范謂王弼同古本，則今弼注中兩作‘自古及今’，蓋後依別本改
經文並及弼注矣。”蔣錫昌按：《道德眞經集注》……引王弼
曰：“故曰自今及古，其名不去也。正與范見本合，足證今本已
爲後人所改，馬說是也。”釗按：作“自今及古”是。今帛書作
“自今及古”，又其證也。道家思考問題，常運用逆推法，自後
而推及以前。《莊子·齊物論》：“有始也者，有未始有始也者，

有未始有夫未始有始也者……”這裏正是從“有始”推到“未始有始”，再推到“未始有夫未始有始”，愈推愈遠，以至無窮。其所運用的方法正是逆推法。

“其名不去”之“其”，過去注家多認爲是指“道”，近年溫少峯、李定凱獨標新解，認爲“其”字當指“德”。釟按：把“其”字看作指“德”，深得老旨。本章主旨在於闡明“道”與“德”的關係。從“道之爲物”至“其中有信”，着重講“道”向“德”的轉化。到了“其精甚眞，其中有信”，“道”轉化爲“德”的過程基本完成，而“德”也就成其爲“德”了。故下文“其名不去”之“其”係指“德”無疑。

“以順衆父”諸今本作“以閱衆輔。”按：俞樾曰：“‘甫’與‘父’通，衆輔者，衆父也。四十二章‘我將以爲敎父’，河上公注曰：‘父，始也’，而此注亦曰‘甫，始也’然則‘衆甫’卽‘衆父’矣。”俞說是，今帛書作“衆父”，是其證也。“順”，諸本作“閱”。“閱”，有訓爲“說”者，有訓爲“覽”者，似都於義未安。今帛書作“順”，問題渙然冰釋。“順”，承也。《呂覽・懷寵》“上不順天”注：“順，承也。”河上公云：“閱，禀也。”則“順”、“閱”並有承受之義。此處“閱”、“順”二字皆通，今從帛書作“順”。“衆父”，猶“萬物之父”，與“萬物之母”、“萬物之始”義同，蓋指“道”也。“以順衆父”，“以”，能也。“以順衆父”，卽“能承受道”之意也。

本段意爲：從當今推及遠古，“德”的名字不會喪失，有了它，可以承受道。

(六) "吾何以知眾父之然也？以此。"

帛書乙本同此，甲本無"也"字，餘同乙本•河本"也"作
"哉"，王本"父"作"輔"，"然也"作"狀哉"，餘同帛書，
按："以此"之"此"當指"德"。

本句意爲：我怎麼明白"道"的情狀呢？根據"德"。

# 簡　　析

本章着重講"道"與"德"的關係。

"道"與"德"是《老子》書中最重要的一對範疇。"道"
是產生萬物的最初本體，"德"是直接承受"道"的。"德"與
"得"義通，用指事物所得於"道"者。五十一章："道生之，
德畜之。"在老子看來，"道"的本能是"生"，德的功用是
"畜"（此"畜"通"蓄"，積聚也）。故《莊子•天地篇》曰：
"形非道不生，生非德不明。"認爲物自"道"生，而又通過
"德"體現出來。由此可知，"道"是源，"德"是流。一方面，
沒有"道"，"德"就成爲無源之水，無本之木；另方面，沒有
"德"，"道"就無法得以體現，"道"生物就成爲不可能的了。
"道"與"德"的這種關係，在本章較好地得到了說明。

本章一開頭，老子就點明大德的形容，都是從"道"所出，
說明"道"是產生萬物的本原。接着又說："道之爲物，惟恍惟
惚"。認爲道之生物，其過程是恍惚不清，難以辨知的。但正是
在這恍恍惚惚中，生出了"象"，生出了"物"。揭明了"道"向

“德”的轉化。這“象”與“物”都屬於“孔德之容”，是由“道”中所出的。說明了“德”是“道”的體現。吳澄曰：“物者，物生以後之形；象者，物生以前之氣。”又曰：“形之可見者成物，氣之可見者成象，皆德中之所有”。可見“德”是有形而可見者。在這有形可見的“德”中，含有無形而不可見的“精”與“信”（神），所謂“窈兮冥兮，其中有精。其精甚眞，其中有信”，講的正是這種情況。因此，“道”不是虛無，它是“精”或“神”（谷神不死”之“神”與此相通），屬於一種元初物質。這再一次揭示了“道”是“德”的本原，“德”是“道”的表現。

　　關於本章的大旨，過去注家一般認爲是對“道”的描述。近來溫少峯、李定凱提出新的見解，認爲本章講的是“道怎麼散而爲德的”。（參見《讀＜老子＞札記・續一》）比較兩種不同的說法，似以溫、李之說較爲貼切。“道怎麼散而爲德”，涉及的正是“道”與“德”的關係。照溫、李之說來理解本章的大旨，可以使過去存在的問題迎双而解。

　　比如，照過去的理解，認爲本章着重描述“道”，這樣，必然要把“其中有象”，“其中有物”、“其中有精”、“其中有信”理解爲“道”中有象、有物、有精、有信。這樣，“道”就不是產生萬物的本原，而祇是裝有“象”、“物”、“精”、“信”等東西的一種特殊的容器。顯然，於理不合。現在，我們把“道之爲物”至“其中有信”一段理解爲道之生物即“道散而爲德”的過程，認爲在這個過程中，生出了“象”與“物”等東西，比較合情合理。照此理解，“其中有精”、“其中有信”之“其”亦指的不是“道”，而是上面的“象”與“物”實即“德”也。

“德”中有精、有信（神），即“德”中有“道”，《管子·心術上》。所謂“德者，道之舍”的命題正合此意。這就避免了過去那種所謂“道”中有精、有信，乃至把“道”同“精”與“信”看作兩碼事的錯誤認識。

又如，照過去的理解，認爲本章着重描述“道”，因而必然要把“自今及古，其名不去”之“其”看作指“道”。這也於理不當。正如溫、李所指出的：“其一，‘道’本‘無名’，怎麼能‘自今及古，其名不去’呢？其二，下文的‘衆父’是指‘道’的，……如果‘其名不去’的‘其’指‘道’，就成了‘道’去‘以順衆父’，亦即‘道’去順‘道’了。這是很不合理的。”現在，溫、李把“其名不去”之“其”看作指“德”，則文通理順。“道”無名而“德”有名，故曰：“其名不去”；“德”去“順衆父”，即“德”去承受“道”，此意同前面“孔德之容，惟道是從”句正好首尾相應，無疑符合老旨。

由此可見，本章不是單純地描述“道”，而是闡述“道”與“德”的關係，說明“道”怎麼樣轉化爲“德”，“德”又怎麼樣體現“道”。這對於我們進一步弄清“道”與“德”這對重要範疇，有着極大啓迪意義。

# 第二十二章

曲則全，枉則正，洼則盈，敝則新，少則得，多則惑。
是以聖人抱一以爲天下牧㈠。不自是故彰，不自見故明，
不自伐故有功，不自矜故長㈡，夫唯不爭，故莫能與之
爭㈢。古之所謂曲則全者，豈虛哉？誠全歸之㈣。（此章
帛書排在二十四章下）

## 校　　注

㈠　"曲則全，枉則正，洼則盈，敝則新，少則得，多
則惑。是以聖人抱一以為天下牧。"

帛書乙本大致如此，惟"枉"作"汪"，"敝"作"斃"，
"抱"作"執"；甲本"全"誤爲"金"，"正"作"定"，
"聖"作"聲"，"抱"亦作"執"餘同校文。
"枉則正"，傅、範、景龍碑諸本同，河、王本作"枉則直"。
按："正"、"直"古通。《廣雅·釋詁》："直，正也。"奚
侗曰："全、正、盈、新爲韻。"今從帛書作"正"。"正"
《鬼谷子·磨篇》"正者，直也。"《說文》："枉，曲也"。
"洼則盈"："洼"，諸通行本作"窪"，一本作"窊"。按：
《說文》："洼，深池也，從水，圭聲。"又"窪，清水也，從

水，窾聲，一曰宎也。”對比“洼”、“窪”二字之義，似以“洼”義爲長。“洼則盈”，言池深則易盈滿，如作“窪”，於義不通，諸本作“窪”乃“洼”之假字。今從帛書作“洼”。

“敝則新”，“敝”，帛書甲本及王本、傅本同，河本作“弊”，帛書乙本作“幣”，今從帛書甲本。“敝”，壞也，舊也。

“多則惑”“惑”字帛書及諸通行本同。釗按：此“惑”字古今注家多釋爲“迷惑”，雖亦可通，但覺於義未安。明人薛惠曰：“‘多則惑’，即‘少則得’之反。”這抓住了問題的實質。本段老子列了六對範疇，前五對雙方都互相對立，如“曲”對“全”，“枉”對“正”，“洼”對“盈”、“敝”對“新”、“少”對“得”，等等，都對得很貼切，惟獨“多則惑”使人費解。如將“惑”釋爲“迷惑”，則顯然與“多”不相對應。愚意以爲此“惑”字當訓爲“失”。蓋“惑”，疑也。《戰國策·秦策》：“諸侯亂惑”注：“惑，疑惑也。”是“惑”可明訓爲“疑”。《爾雅義疏》引孔晁注：“謟，僭也。僭，訓假也，儳也，又差也，皆與疑義近通。”是“疑”亦含有“差”義。“差”，可以訓爲“失”。《楚辭·哀時命》：“稱輕重而不差”注：“差，失也。”《史記·太史公自序》：“故《易》曰：‘失之毫里，差以千里’”乃“差”、“失”對舉，則“差”亦“失”也。“失”即喪失，失去。是“惑”可以轉訓爲“失”。“多則惑”，即“多得反而喪失”是也。此意正與四十二章“益之而損”之旨相貫通。

“天下牧”，河、王、傅諸家本均作“天下式”。許抗生曰：“‘式’，法式也。‘牧’，甲本釋文引《逸周書·周祝》：‘爲天下者用牧。’並注說：‘牧，法也。’則‘式’與‘牧’同義。”

從之。今依帛書作"牧"。"抱一"即守道，此指堅守柔弱之道。

本段意爲：委曲而能保全，屈枉而能直伸，低洼而能滿盈，做舊而能更新，少取而能多得，多得反而喪失。所以聖人守虛處弱而爲天下人所效法。

(二)　"不自是故彰，不自見故明，不自伐故有功，不自矜故長。"

帛書乙本"是"作"視"，"彰"寫爲"章"，"不自見"後有一"也"字，"不自矜故長"作"弗矜故能長"。甲本此段爲"不口視故明，不自見故章，不自伐故有功，弗矜故能長。"按：帛書之"視"，河、王、傅以及其他各種本子概作"是"。疑帛書之"視"爲"是"之音訛，今從衆本作"是"。帛書乙本"不自見"下之"也"字疑衍。甲本無"也"字。本文"不自是"、"不自伐"下俱無"也"字，如"不自見"下增一"也"字，則文例不一律，當據甲本刪去此"也"字。"不自矜故長"，帛書甲、乙本並作"弗矜故能長"。諡河、王、傅及其他諸本概作"不自矜故長。"當從衆本。本文前言"不自是"、"不自見"、"不自伐"、則此作"不自矜"，方能使文例一律。

"彰"，彰明。

"見"現也。"不自見"，即不自我表現。

"自伐"，自我誇耀。

"自矜"，自我矜恃。

本段意爲：不自以爲是，所以彰明，不自我表現，所以明智；

不自我誇耀，所以有功績，不自我矜持，所以能長久。

(三) "夫唯不爭，故莫能與之爭。"

帛書甲、乙本同此，河、王、傅諸家本"故"後有"天下"二字，今從帛書。

本句意爲：正因爲不爭強，所以誰也爭不贏他。

(四) "古之所謂曲則全者，豈虛哉？誠全歸之。"

河、王、傅本均爲"古之所謂曲則全者，豈虛言哉，誠全而歸之"。帛書甲本脫損嚴重，乙本作"古之所謂胃曲全者幾語才誠全歸之。"按：對照通行本，"胃"當作"謂"；"曲全"當作"曲則全"；"幾"當作"豈"，音近而誤；"語"當作"虛"，亦音近致誤；"才"通"哉"。"幾語才"即"豈虛哉"之誤。"誠"，眞也。

全句意爲：古人所說的"委曲而能保全"的道理，難道還有假嗎？眞要保全就要照着辦。

# 簡　析

本章運用樸素辯證法闡明了柔弱勝剛強的道理。一開頭老子就揭示了六對矛盾的辯證關係，指出"曲則全，枉則正，洼則盈，敝則新，少則得，多則惑"。在老子看來，曲中有全，曲可以轉化爲全；枉中有正，枉可以轉化爲正；洼中有盈，洼可以轉化爲盈；敝中有新，敝可以轉化爲新……總之，矛盾雙方旣互相包含，又互相轉化，顯然這是符合辯證法的。老子之所以強調這一辯證思維法則，意在爲他的"柔弱勝剛強"的思想提供理論依據。其"曲"、"枉"、"洼"、"敝"、"少"同"全"、"正"、"盈"、"新"、"得"比起來，都屬於柔弱的方面，老子認爲盡管它們柔弱，但"曲"却能全，"枉"却能"正"、"洼"却能"盈"，"敝"却能"新"，"少"却能"得"，如此等等，都說明柔弱可以勝剛強的道理。反之，如果居於剛強的地位，欲求多得，則適得其反：弄到"多則惑"的結局。因此，柔弱比剛強好，故老子總結說"是以聖人抱一爲天下牧"，卽聖人處柔守弱而爲天下人所效法。

# 第二十三章

希言，自然㊀。飄風不終朝，暴雨不終日。孰爲此？天地而弗能久，又況於人乎㊁？故從事於道者同於道，從事於德者同於德，從事於失者同於失㊂。同於德者，道亦德之；同於失者，道亦失之㊃。

校　注

㊀　希言，自然。

帛書甲、乙本及諸通行本蓋如此。"希言"傅本作"稀言"。按："希言"猶"稀言"。蔣錫昌云："'希言'與'不言'、'貴言'同誼，而與'多言'相反。"

本句意爲：少說話，聽任自然。

㊁　"飄風不終朝，暴雨不終日。孰為此？天地而弗能久，又況於人乎？"

"飄風不終朝，暴雨不終日"，帛書甲本同，惟"終"寫作"冬"；乙本"飄"作"蘢"，"終"亦寫作"冬"。河本"暴雨"作"驟雨"，河上注："'驟雨'，暴雨也。"今從帛書作

“暴雨”：傅本“終朝”作“崇朝”，“終日”作“崇日”，今依河、王本作“終朝”、“終日”。王本、傅本“飄”前有一“故”字，但河本及帛書無，此依帛書。“飄風”，疾風（河上公說）。

“孰爲此？”此句河本、王本、傅本均作“孰爲此者？”，且後有“天、地”二字作爲囘答語，帛書乙本無此二字。甲本此句有脫損，從脫損的字數與乙本對照，推測其亦無“天地”二字作答。按：此句似無“天地”二字爲優，“孰爲此”爲設問句，雖未答，却答在其中，意爲沒有誰主宰，一切都是自然如此。

“天地而弗能久，又況於人乎？”帛書乙本“況”作“兄”，“又”寫爲“有”。甲本脫損嚴重。河、王、傅本“而”作“尚”，“又”作“而”今從帛書。“弗能久”，《左傳》昭公二十八年《正義》引作“不能常”，“常”，“久”古通，今依帛書。

本段意爲：疾風吹不了一早晨，暴雨下不了一整天。誰操縱這一切呢？〔自然如此〕。天地尚且不能長久，何況人呢！

㈢　“故從事於道者同於道，從事於德者同於德，從事於失者同於失。”

“故從事於道者同於道”帛書甲乙本“從事於”之“於”作“而”，但河本、王本、傅本均作“從事於”。按：“於”、“而”古通，《詞詮》：“而，（十四）：假設連詞，用同如。”又“如”同“若”，《廣釋詞》：“若猶於。”，則“於”、“而”可以通假，今從衆本作“從事於”。

釗按：此句"道者"下，河、王、傅諸本還有"道者"二字，俞樾按："下'道者'二字衍文也'，本作'從事於道者同於道'，其下'德者'、'失者'蒙上'從事'之文而省，猶云'從事於道者同於道，從事於德者同於德，從事於失者同於失'也。《淮南子·道應篇》引《老子》曰'從事於道者同於道'，可證古本不疊道者二字，王弼注曰：'故從事於道者，以無爲爲君，不言爲教，緜緜若存，而物得其眞，與道同體，故曰同於道'，是王氏所據本，正作'故從事於道者同於道'，然以河上公注觀之，則二字之衍久矣。"今帛書不疊"道者"二字，足證俞說可信，當從之。

"從事於德者同於德；從事於失者同於失。"二句中"從事於"三字，帛書並無，據俞樾說蒙上"從事"之文而省，今傅本均有"從事於"三字，當據增。傅本"德者"、"失者"均重疊使用，作"從事於得者，得者同於得；從事於失者，失者同於失。"按照俞樾說，前句"道者"不應重疊，則此二句"德者"、"失者"亦當不應重疊。帛書甲乙本均未重疊，今據刪。

本段景龍碑本同諸本稍異，其"故從事於道者"之後無"同於道，德者同於德，失者同於失"文句。

"道者"，有道之人。

"德者"，有德之人。

"失者"，指失道失德之人。

"同"，與莊子《齊物論》之"齊"相近，謂與之合一。（據吳澄說）

本段意爲：所以，辦事像有道之人那樣，則與"道"同體；

辦事像有德之人那樣，則與“德”同體；辦事像失道失德之人那樣，則與“失”同體。

　　㈣　“同於德者，道亦德之；同於失者，道亦失之。”

　　此二句帛書乙本同，甲本前“者”字和前“失”字並脫損，餘同校文。河、王本此句爲：“同於道者，道亦樂得之；同於德者，德亦樂得之；同於失者，失亦樂失之”。傅本此句爲：“於道者，道亦得之；於得者，得亦得之；於失者，失亦得之。”景龍碑本作“同於德者，德德之；同於失者，道失之。”比較各本文字，似以帛書爲優，今依帛書。

　　釗按：此句下河、王、傅諸本並有“信不足焉，有不信焉”（或無“焉”字）兩句。朱謙之曰：“此二句已見第十七章，疑爲錯簡重出。”朱說是，今帛書均無此二句，是其證也。

　　本段意爲：與德同體的人，“道”也得到了他；與失同體的人，道也失去了他。

# 簡　　析

　　本章表明了老子的運動觀。在老子看來，宇宙的一切無不在發展變化，“飄風不終朝，暴雨不終日，”你看，狂風刮不了一早晨，暴雨也下了一整天，它們都在變，狂風可能變成小風或無風，暴雨可能變成小雨或天晴。這是誰安排的呢？（“孰爲此？”）老子雖未作答，却答在其中了，意思是沒有誰的安排，一切都是

自然如此，與首句＂希言自然＂相呼應。自然界在變，人類社會
也在變，故下文又說＂天地而弗能久，又況於人乎！＂天地也不
能長久不變，更何況人間的一切呢？言下之意，人類社會更不可
不變。所以五十八章說：＂禍兮福之所倚，福兮禍之所伏＂，
＂正復爲奇，善復爲妖。＂人世間＂福＂、＂禍＂、＂正＂、＂奇＂
都在變化，＂禍＂可以轉化爲＂福＂、＂福＂可以轉化爲＂禍＂，
＂正＂可以轉化爲＂奇＂，＂奇＂亦可以轉化爲＂正＂。總之，
一切都在變，永恒不變的事情是沒有的。

# 第二十四章

跂者不立，跨者不行㈠。自是者不彰，自見者不明，自
伐者無功，自矜者不長㈡。其在道也，曰：“餘食贅行。”
物或惡之，故有道者弗居㈢。（此章帛書排在二十一章下）

## 校　　注

㈠　“跂者不立，跨者不行。”

河本同此，王本、傅本“跂”寫作“企”（按：“企”與跂
通），餘皆同上。帛書甲、乙本“跂者不立”作“炊者不立”，
無“跨者不行”一語。許抗生曰：“‘跂者不立’與‘跨者不行’
應爲對文，‘炊’疑爲‘跂’字之誤。”從之，今據河本補正。
　　“跂”、“跨”，吳澄曰：“跂，立起其踵而立，以增高其
身；“跨”，開其足而行，以增濶其步，暫時如此而不能久也。”
其說是。以“跂”而立，以“跨”而行，之所以不能長久，因爲
它違反自然。
　　兩句意爲：用腳尖立地，不能久立；大步跨行，不能遠行。

㈡　“自是者不彰，自見者不明，自伐者無功，自矜者
不長。”

帛書甲乙本大致同此，惟"是"作"視"，"彰"寫爲章；"見"，甲本脫損。河、王、傅諸本首句和二句位置顛倒，作"自見者不明，自是者不彰。"今依帛書。帛書"自視"今據諸通行本作"自是"。

本段意爲：自以爲是的人，不能彰明；自我表現的人，不會明智；自我誇耀的人，沒有功勞；自我矜持的人，不能長久。

㈢　"其在道也，曰："餘食贅行"。物或惡之，故有道者弗居。"

帛書乙本"余"寫作"粽"（疑爲"餘"之異體字），"惡"寫作"亞"；"有道者"作"有欲者"。甲本無"也"字，"弗"字脫損，"惡"字同校文，餘皆同乙本。河本"在"作"於"、"弗居"作"不處也"；王本"弗居"作"不處"，餘同校文。

按："有道者"，各本並同，帛書均作"有欲者"，恐誤，今從衆本。

"餘食贅行"："餘食"，劉師培謂當作"餘德"，恐非。"餘食"宋林希逸《道德眞金口義》解作"食之餘棄"，宋陳景元《道德眞經藏室纂微篇》解作"猶棄餘之食"，均文通理順，當從之。"贅行"，易順鼎謂"'行'疑通作'形'"，司馬光曰："'行'、'形'古字通用"。則"贅行"猶"贅形"，林希逸謂"形之贅疣"，陳景元謂"附贅之形"，皆通，從之。

本段意爲：它們（自是，自見，自伐，自矜）對於有道的人說來，叫做殘湯剩飯，身上的肉瘤，使人討厭。所以，有道的人不取。

## 簡　　析

　　本章旨意同二十二章緊密相聯，帛書此章排在二十二章之上，恰好反映了兩章在思想內容方面有着內在聯係。本章講＂自是者不彰，自見者不明，自伐者無功，自矜者不長＂，該章則說：＂不自是故彰，不自見故明，不自伐故有功，不自矜故長＂兩章結合起來，正好從正、反兩個方面說明了自是、自見、自伐、自矜等是不好的，有了這些東西，人們就＂不彰＂、＂不明＂、＂無功＂、＂不長＂；相反拋棄這些東西，人們就彰，就明，就有功，就長久。問題說得多麼透徹：要謙虛，不要驕傲。這對於我們今天的思想修養仍有其積極指導意義。

# 第二十五章

有物混成，先天地生㈠。寂呵寥呵，獨立而不改，周行
而不殆，可以爲天地母㈡。吾未知其名也，字之曰道，
吾強爲之名曰大㈢。大曰逝，逝曰遠，遠曰反㈣。道大、
天大、地大、人亦大。域中有四大，而人居一焉㈤。人
法地，地法天，天法道，道法自然㈥。（此章帛書排在二十三
章下）

## 校　　注

㈠　“有物混成，先天地生。”

諸通行本並同此，帛書甲、乙本“混”寫作“昆”，餘同校
文。“混成”，吳澄曰：“混渾通，混成謂不分判而完全也。”
本句意爲：有個東西混沌不分，它先於天地而生成。

㈡　“寂呵寥呵，獨立而不改，周行而不殆，可以為天
地母。”

“寂呵寥呵”：河、王本作“寂兮寥兮”；傅本作“寂兮寞兮”；
景龍碑本作“寂寞”，無“兮”或“呵”字，帛書甲本作“繡呵

繆呵"乙本作"蕭呵繆呵"按：帛書"繡"、"蕭"當爲"寂"
之誤；帛書"繆"、"謬"當爲"寥"之訛。今據通行本改正。
"呵"，諸本作"兮"，"兮"，"呵"古通，今依帛書。

　　"寂寥"，葉夢得說："寂，言靜也，寥，言動也（古者謂
大風之寥寥，吹萬竅而怒號者）。"從之。

　　"獨立而不改"河本、傅本同，王本無"而"字。帛書有
"而"字，但"改"寫作"玹"。按"玹"，《說文》無此字，
疑"玹"爲"垓"之誤。"垓"《辭海》注："界隔"。"獨立
而不垓"卽指道獨立存在而又沒有判界，此有渾然一體或混沌而
不可分之義，恰與前言"有物混成"相呼應。今暫存疑，姑以河
本作"改"。王弼注曰："無物匹之，故曰"獨立"也；返（一
說作"變"）化終始，不失其常，故曰"不改"也。"

　　"周行而不殆"，河、王、傅本皆同此，景龍碑本無"而"
字。帛書甲、乙本均無此句，疑傳抄致失，今據河、王諸本補全。

　　"周行"：周而復始之行。

　　"不殆"："殆"通"怠"（馬叙倫說），"不怠"猶"不
倦"也（高亨說）。

　　"可以爲天地母"，帛書甲乙本皆同此。河、王、傅本"天
地"作"天下"。但範應元本亦作"天地"，範曰：""天地"
二字古本如此，一作"天下母"，宜從古本。"範說是，今帛書
作"天地母"是其證也。前言"先天地生"，此言"爲天地母"，
前呼後應，此又其證也。

　　本段意爲：它旣靜且動啊，獨立存在而不失其固有的本性，
循環往復地運行而不倦怠，可以稱它爲化生天地萬物的母體。

㈢ "吾未知其名也，字之曰道，吾强爲之名曰大。"

帛書乙本同此，甲本無"也"字，餘同校文。河、王本"未"作"不"，無"也"字及後"吾"字。傅本"字"前增一"强"字，餘同河本。後"吾"字景龍碑本同，朱謙之曰："此句各本無下"吾"字，疑衍。"恐非是，今帛書有此"吾"字，當是古本如此，今從帛書。

吳澄曰："此物無可得而名者，以其天地萬物之所共由，於是假藉道路之道以爲之字，字者名之副而非名也。字不足以盡之，不得已而强名之曰大。至大莫如天，而天亦在道之內，則天未爲大也。此道其大無外，而莫能載焉，故大之一言，庶乎可以名之耳。"

釗按："名曰大"之"大"似與古言"太一"一詞有關。詳見本章《簡析》。

本段意爲：我未知道它的名字，給它一個字叫做"道"，勉强給它一個名叫做"大"。

㈣ "大曰逝，逝曰遠，遠曰反。"

河、王本同此，傅本"反"作"返"。帛書甲本有脫損，"逝"作"筮"，音近而誤。乙本全，其"逝"亦作"筮"，今從衆本作"逝"。

"曰"，奚侗訓"於"作"於是"解，從之。"反"，通"返"。

本段意爲：大於是流逝，流逝於是遠離，遠離於是返回。

㈤　“道大，天大，地大，人亦大，域中有四大，而人居一焉。”

帛書乙本此段“人”作“王”，“域”作“國”，餘同校文。甲本同乙本，唯首“道大”脫損。河、王本“道大”前有一“故”字，“居”字後有一“其”字，“人”亦作“王”。按：“王”當作“人”。吳承志曰：“據（說文）大部：‘大、天大、地大，人亦大，故大象人形。’許所據古本，‘王’作‘人’，證以下文‘人法地、地法天、天法道，’作‘人’是矣。‘人’古作‘三’，是以讀者或誤爲‘王’。”其說有理。諗範應元本正作“人”，當從之。

“域”，帛書作“國”，但各本並作“域”，按：“域”，“國”古通，《廣雅釋詁》：“域，國也。”今從眾本作“域”。

本段意爲：道爲大，天爲大，地爲大，人也爲大。宇宙內有四大，而人是其中之一。

㈥　“人法地，地法天，天法道，道法自然。”

帛書甲本此段脫損嚴重，乙本及通行諸本皆同校文。

“法”，王弼曰：“法，謂法則也。人不違地，乃得全安，法地也。地不違天，乃得全載，法天也。天不違道，乃得全覆，法道也。道不違自然，乃得其性，［法自然也。］法自然者，在方而法方，在圓而法圓，於自然無所違也。"按：王氏注文中所謂"在方而法方，在圓而法圓"，則"法"有效法，取法之意。

本段意爲：人效法地，地效法天，天效法道，道順乎自然。

## 簡　　析

本章從本體論和規律觀的意義上對"道"作了介說。

(1)　老子把"道"看作化生萬物的本體。他說："有物混成，先天地生。"又說"可以爲天地母。"這就告訴我們，作爲渾沌之物的"道"，先於天地而存在，並且是生化天地萬物之母。把"道"看作天地萬物的最後本原，這在中國哲學史上是一個創舉。在老子以前，關於世界的本原問題，都淹沒在宗教意識之中。按照宗教的信仰，人世間的一切都是上帝（天）創造出來的，都是出"天命"所安排的，因此對世界本原的探討，從宗教角度說來，是毫無意義的。就在這樣的環境中，老子別出心裁，獨樹一幟地提出了"道"的概念，認爲道是產生天地萬物的母本。這在先秦哲學史上，無疑是一個偉大的貢獻。正如郭鼎堂所指出的："道字本來是道路的道，在老子以前的人又多用爲法則。如《尙書·康王之誥》的'皇天用訓厥道，傅畀四方'，《左傳》中子產所說的'天道'，'人道'以及其他所屢見的'道'字，都是法則或方法的意思，但到了老子才有表示本體的'道'。老子發明了本體的觀念，是中國思想史上所從來沒有的觀念，他找不出既成的文字來命名它，只在方便上勉強名之曰'大'，'大'字終嫌太籠統，不得已又勉強給它一個字，叫做'道'。選用了這個

"道" 字的動機，大約是因爲有 "天道" 的成語在前，而且在這個字中是包含有 "四通八達" 的意義的。這些話正表示着老子的苦心孤詣的發明。" (《先秦天道觀之進展》商務印書館 1936 年版）

(2)　老子肯定了 "道"，具有運動變化的特性。他說，道 "獨立而不改,周行而不殆"。這就告訴我們，"道" 在宇宙之間是獨一無二的，它永遠不喪失自己固有的本性，總是循環往復地運行而不倦怠。而且，"道" 的運行是有規律的，這個規律就是 "大曰逝，逝曰遠，遠曰反"，卽道由大而逝，由逝而遠，由遠而返。這種向對立面復返的本性，正是老子所概括的 "反者道之動" 的體現。張松如說："這也是天道運行的規律。'坐地日行八萬里，巡天遙看一千河'。春夏秋冬，暑往寒來，'風雨送春歸，飛雪迎春到'，不恰恰是周而復始的循環運動？事實上，很可能老子正是從天道運行的規律中推衍到一切事物運動變化的普遍規律的。"是的，老子的時代科學尚處於襁褓之中，他只能依靠樸素的直觀，仰觀天文，俯察地理，總結經驗範圍內的認識成果，得出近似眞理的結論。

(3)　在本章老子對道體再次作了描述。"道"，究竟是一種什麼東西呢？似乎指的是原始之氣。所謂 "强爲之名曰大"，此 "大" 實卽太一之氣。《莊子·天下篇》曰：關尹、老聃 "建之以常無有，主之以太一。" 可見 "太一" 是老子哲學的重要範疇。但通觀《老子》全書找不着 "太一" 這個用語。此 "太一" 實卽老子所講的 "大"。《呂氏春秋·大樂》："道也者，至精也，不可爲形，不可爲名，强爲（名）謂之太一。" 此段話當出自老子本章，彼所說的"太一"，正卽老子所名的"大"。"太一"
是古代流行的一個用語，一般用於指元氣。《禮·禮運》："必
本於大一，分而爲天地，轉而爲陰陽，變而爲四時。"《釋文》：
"大"音"泰"，疏"大一者"謂天地未分混沌之元氣也。"
"太一"指元氣，"大"卽"太一"，則"大"爲元氣無疑。

　　(4) 在本章，老子提出了"道法自然"的命題。在《老子》
中，《道法自然》的思想隨處可見，第二章說："萬物作而弗始
也，生而弗有也，爲而弗侍也，成功而弗居也。"五十一章說：
"夫莫之爵而恒自然。"六十四章說"以輔萬物之自然而不敢爲"
等，都強調了順自然的必要性。老子"道法自然"的思想，在中
國哲學史上產生了深遠的影響，正如王充所說："黃老之家，論
說天道，得其實矣。"後來的唯物主義思想家如荀況、王充、劉
禹錫、王廷相等，差不多都在不同程度上吸取了道法自然的合理
因素建造起各自的唯物主義自然觀。

# 第二十六章

重爲輕根，靜爲趮君(一)，是以君子終日行，不離其輜重。
雖有榮觀，燕處超然(二)。若何萬乘之王而以身輕於天下？
輕則失本，趮則失君(三)。

## 校　注

(一)　"重爲輕根，靜爲趮君。"

帛書乙本如此，甲本脫"重"字，"輕"作"聖"，"靜"
作"清"。按："清"、"靜"古通，今從乙本作"靜"。河、
王、傅諸本"趮"寫作"躁"，傅本"靜"作"靖"。按：畢沅
曰："古字無'躁'，應作'趮'"，今帛書作"趮"足證其說
是。又"靖"與"靜"通，《說文》："靖，立也。"段注：
"謂立容安靜也。"今依帛書。
吳澄曰："根，本也；躁，動也；君，主也。"
本段意爲：厚重爲輕浮的根本，安靜爲躁動的主宰。

(二)　"是以君子終日行不離其輜重，雖有榮觀，燕處超
　　然。"

帛書甲本"終"作"衆"，音近而誤；"輜"爲"甾"，"雖"作"唯"，"超然"二字脫損，末尾有一"若"字，餘同校文。乙本"離"作"遠"，"燕處超然"作"燕處則昭若"，餘同甲本。

"君子"，河、王本作"聖人"，但據蔣錫昌所見有三十二種版本作"君子"韓非《喻老篇》亦作"君子"，蔣氏曰："誼作'君子'爲是。"今帛書作"君子"，當從之。

"輜重"，河上公注曰："輜，靜也，聖人終日行道不離其靜與重也。"徐鼐曰："訓'輜'爲'靜'，古無此訓。"釗按："輜"訓"靜"雖古無此訓，但河上公的解釋却符合老子本義。從經文看，前言"重爲輕根，靜爲躁君"，突出的正是"重"與"靜"。故河上公解"君子終日行不離輜重"爲"聖人終日行道不離其靜與重"符合原文之意。愚以爲問題出在"輜"字上。疑原文當爲"不離靜重"，"靜"因涉上文而僞爲"輕"（音近而誤），此其一誤也；"輕"又因與"輜"形相近，故又訛爲"輜"字耳。河上公未考其眞，乃釋"輜"爲"靜"，以附會其文義。

"雖"，乙本及諸本同，甲本作"唯"，按："唯"，"雖"古通，此處當從乙本作"雖"，作"唯"乃假字。

"榮觀"，帛書甲乙本均作"環官"，甲本《釋文》注曰："'環官'，通行本作'榮觀'，範應元注'觀，一作館'，《說文》'館，客舍'，《周禮·遺人》'五十里有市，市有侯館'注'樓可以觀望也'。《文選·西京賦》注'圜（núen），市營也。'《說文》'營，市居也'。疑環官讀爲闤館或營觀，乃旅行止息之處，極躁之地。"其說似有理，然無旁證，今錄之以備一說。此處仍從衆本作“榮觀”。吳澄釋“雖有榮觀”曰：“雖有榮華之境可以游觀。”從之。

“燕處”，帛書及河、王本同，傅本作“安處”。朱謙之曰：“釋文出‘宴’字，‘於見反’，簡文云：謂靜思之所宴居也。”吳澄曰：“燕，閑也，靜也。”則“宴”、“燕”、俱含“靜”義，今從帛書作“燕”。

“超然”甲本脫損，乙本作昭若，按：“昭”當爲“超”，音近而誤；“若”通“然”。今從衆本作“超然”。

本段意爲：所以有德之人日常的言行舉止，總是不離開靜與重。他雖有榮華之境可供觀償，却安居閑處，超然物外。

㈢ “若何萬乘之王而以身輕於天下？輕則失本，趮則失君。”

帛書甲乙本均同此，惟甲本“輕”寫爲“巠”王本此句爲“奈何萬乘之主而以身輕天下？輕則失本，躁則失君。”河本“失本”作“失臣”，餘同王本，今依帛書。

“若何”，景龍碑本、北京圖書館藏唐殘本作“如何”，傅、範本作“如之何”，河、王本作“奈何”。按：“如何”、“如之何”，“若何”、“奈何”互通，今依帛書作“若何”。

“而以身輕於天下”，景福本及《群書治要》引文同，河王本無“於”字，今從帛書。吳澄曰：“以身輕天下，謂以身輕動於天下之上也。萬乘之主當靜重，奈何以身而輕動乎？……但言輕不言動者，蓋動與靜對，動則有輕有重；輕與重對，輕重皆在動時，言輕而動在其中矣。”其說可供參考。

“輕則失本”，“本”，河上公作“臣”，明太祖本、《永樂大典》本作“根”。姑依帛書。

本段意爲：爲什麼擁有萬乘兵車的侯王，却要在天下人面前表現出輕浮呢？輕浮則將喪失根本，躁動則將喪失主見。

## 簡　　析

本章涉及道德修養和認識論方面的問題。

“重爲輕根”，講的是道德修養問題。“重”，有厚重樸實之意；“輕”，有輕浮、輕率之義。“重爲輕根”其意是說，同輕率比起來，厚重乃是爲人之本。老子在道德修養上，提倡“反樸歸眞”，認爲樸實無華是最理想的美德，所以他多次強調“復歸於樸”、“復歸於嬰兒”，說：“大丈夫處其厚不居其薄，處其實不居其華”。

“靜爲趮君”講的是認識論問題。此“靜”指的是思考問題時的一種精神狀態，即安靜；“趮”，指與安靜相對立的另一種精神狀態即躁動。老子提倡“靜觀”的認識方法，把“靜”看做獲得正確認識的重要條件。“靜爲趮君”講的是認識論問題，也只限於認識論問題。如果把“靜爲趮君”的命題擴而大之，隨意引申，必將有違老旨。魏晉時期，王弼從玄學的需要出發，從“靜爲趮君”中得出“以靜制動”的結論，說：“凡物，輕不能載重，小不能鎮大。不行者使行，不動者制動。是以重必爲輕根，靜必爲躁君也。”這就把老子限於認識論範圍的命題，推廣爲宇宙普遍法則，完全違背了老子的本意。

# 第二十七章

**善行者無徹迹，善言者無瑕適，善數者不用檮筹，善閉者無關籥而不可啓也，善結者無纆約而不可解也㈠。是以聖人恒善救人，而無棄人；恒善救物，而無棄物，是謂襲明㈡。故善人，不善人之師；不善人，善人之資也㈢。不貴其師，不愛其資，雖知大迷，是謂妙要㈣。**

## 校　注

㈠ *"善行者無徹迹，善言者無瑕適，善數者不用檮筹，善閉者無關籥而不可啓也，善結者無纆約而不可解也。"*

帛書甲本大致同此，惟第二句 " 善 " 字與第五句 " 無纆 " 二字脫損， " 徹 " 寫爲 " 勶 " ， " 用 " 作 " 以 " 。乙本 " 徹迹 " 作 " 達迹 " ， " 筹 " 作 " 竿 " ，餘同校文。河本此段爲： " 善行無徹迹，善言無瑕讁，善計不用籌策，善閉無關鍵而不可開，善結無繩約而不可解。 "

" 徹迹 " ，傳本同，帛書甲本作 " 勶迹 " ，乙本作 " 達迹 " ，河、王本作 " 轍迹 " 。按：帛書之 " 勶迹 " 或 " 達迹 " ，實卽 " 徹迹 " 也。《集韻》： " 勶，去也，通作徹》是 " 勶 " 猶 " 徹 " 也。《釋名‧釋言語》： " 達，徹也。 " 是 " 達 " 亦通 " 徹 " 。

故帛書甲本之“﹍迹”，乙本之“達迹”，並通作“徹迹”。校文從傳本作“徹迹”。蔣錫昌曰：“‘徹’爲‘轍’之借字，《說文》‘轍，迹也’，蓋轍爲車迹，‘跡’爲馬迹。車迹者，車輪碾地所留之迹；馬迹者，馬足奔馳所留之迹，二迹雖同，而其所以爲迹則異。……‘善行無轍迹’，言善行之人無車徹馬迹”，從之。

“瑕適”，帛書甲乙本同，河、王本作“瑕讁”，傳本作“瑕璃”，景龍碑本作“瘕讁”，今依帛書。按：“適”乃“璃”之假字，“瑕適”猶“瑕璃”也，指玉疵。高享曰：“瑕，讁，皆玉疵也。《管子•水地篇》：‘夫玉瑕適皆見，精也。’尹注‘瑕適，玉疵也’。《荀子•宥坐篇》：‘瑕適並見，情也。’義同。《呂氏春秋•舉難篇》：寸之玉必有讁瑕。‘適’、‘讁’古通用，‘璃’則後起專字也。‘無瑕讁’，猶言無疵病耳。”從之。

“檮筯”，甲本同，乙本作“檮竽”，河、王、傳諸並作“籌策”，此從帛書甲本。按：《說文》：“檮，本作檮，斷木也。從木，喬聲。春秋傳曰檮杌。”段注：“左傳無檮杌，惟文十六年有‘檮杌’。”“《韻會》：‘檮杌，惡木，取其記惡以爲戒也。’”是“檮”有“記惡”之義，引申爲計數，《字彙補》：“筯，之若切，音灼，窦筯也”，是一種竹制的用具，猶今言“筲箕”之類。“檮筯”，卽盛有檮木之竹箕，是古時計惡的用具，引申爲計算工具，與籌策之意義相近。高享云：“籌策，古時計數之竹筳也。”疑“檮筯”爲古本原字，“籌策”爲後人用新詞取代之語，當從帛書作“檮筯”。

“關籥”，乙本同，甲本作“闤籥”，河本作“關揵”，王
本作“關楗”，傅本作“關鍵”。按：甲本之“闤”，查《說文》
及其他字書，蓋無此字，疑爲“關”字之誤，今從乙本。範應元曰：
“楗，拒門木也，或從金傍，非也。橫曰關，豎曰楗。傅奕云
‘古字作闗’。”《方言五》：“戶鑰自關而東，陳楚之間謂之
鍵，字亦作闗。”“鑰”，通“籥”，則“關籥”即“關闗”也。

“纆約”，乙本如此，甲本脫“纆”字，今通行各本作“繩
約”，此依帛書。按：《說文》：“纆，索也，從糸，黑聲。”
段注：“所謂纆索拘攣罪人也。”則“纆”乃捆綁罪犯的繩
索。此“纆”字優。唯捆綁之索乃有“解”之必要。《莊子·駢拇》：
“約束不以纆索。”正可與此章相互發明，其“纆索”即“纆索”
也，“纆”、“纆”古通（參見《玉篇》）。“纆約”與“繩約”
義近。許抗生曰：“繩約即繩索也”，非是。此“繩約”或“纆
約”其“繩”或“纆”指繩索，“約”，《說文》“約，纏
束也，從糸，勺聲”，段注“束者，縛也。”則“約”有“纏束”或
“束縛”之義，“繩約”或“纆約”即以繩索纏束也，猶今言“繩
捆”，“索綁”。

本段意爲：善於行走之人無車轍馬迹，善於說話之人無語病
可挑，善於計數之人不用計算工具，善於關閉之人不用關鍵却使
人不可開啓，善於捆綁之人，不用繩子捆綁却使人難以鬆解。

㈡　“是以聖人恒善救人，而無棄人；恒善救物，而無
　　棄物，是謂襲明。”

"是以聖人恒善救人而無棄人"帛書甲乙本均同，惟"救"並作"恘"，"聖人"甲本寫作"聲人"，乙本寫作"耵人"。此從通行本。"恒"，河、王諸本作"常"，今依帛書。

"恒善救物而無棄物"，帛書甲乙本作"物無棄財"，恐誤，河、王本此句作"常善救物，故無棄物。"今據改。惟"恒"、"而"二字從上句。

"是謂襲明"，其"襲明"帛書甲本作"怐明"，乙本作"曳明"。許抗生謂"怐"，"曳"爲"愧"之誤，曰："《說文》：'愧，習也。''襲'，'習'古通'常'，愧明即襲明也。"似亦有理，此從衆本作"襲明"。奚侗曰："襲，因也。見《禮記·中庸》"下襲水土"鄭注。"明"即十六章及五十五章"知常曰明"之"明"。"襲明"謂因順常道也。"其說是。此"襲明"即五十二章之"襲常"，因襲常道之謂也。

本段意爲：所以聖人常善於救人，而不遺棄人；常善於救物，而不遺棄物。這就叫做因順常道。

㈢　"故善人，不善人之師；不善人，善人之資也。"

帛書乙本首句無"不"字，餘同校文。甲本"故善"二字後脫損三字，從所脫字數看亦無"不"字，但諸今本均有"不"字，當據補。甲本"資"作"齎"。按："齎"與"資"古通。《釋文》："齎，音資，本亦作資"。此從乙本作"資"。吳澄曰："善人，謂善於其事之人；不善人，謂不善於其事之人。師者，人所尊事以爲法者。資者，如以財貨給人，俾人藉之賴之而得以有所成者。彼善而此不善，以彼之善與此之不善者相邃而人灼見此之不及彼，則彼人之善，可爲此不善人之師矣。彼不善而此善，以彼之不善與此之善者相形，而人邃見此過於彼，則彼人之不善乃爲此善人資也。謂因彼之不善以成此之善名，故曰資。”此說可供參考。

　　本段意爲：所以，善人可作不善人的老師，不善之人可作善人的借鑑。

　　（四）“不貴其師，不愛其資，雖知大迷，是謂妙要。”

　　帛書甲乙本大致同此，惟“謂”作“胃”，“妙”作“眇”，第三句“大迷”前均有一“乎”字，對照諸今本無此字。無“乎”字優。此四句，每句四字，增一“乎”字，則失其工整，今從衆本。“雖”，甲本作“唯”，二字古通，此從乙本。“知”當讀爲“智”。“妙要”諸今本作“要妙”，今從帛書。

　　本段意爲：不看重那個“師”，不愛惜那個“資”，雖然有智慧却裝做糊塗，這就是妙道之要。

## 簡　析

　　本章着重講無爲之道。

　　老子說：“善行者無徹迹，善言者無瑕適，善數者不用檮筭，善閉者無關籥而不可啓也。善結者無繩約而不可解也。”此段所謂“善行”就是“不行”，“善言”，就是“不言”，“善數”，

就是"不計數","善閉"就是"不閉","善結"就是"不結",
此正是老子無爲而任自然之意。在老子看來，有徹迹之行，有瑕
讁之言，有櫹筹之計數，有關籥之閉，有繩約之結等等，皆有爲
之道，均不可取。吳澄曰："行者必有徹迹在地，言者必有瑕讁
可指，計數者必用籌策，閉門者必用關鍵，結繫者必用繩約，然
皆常人所爲爾，有道者觀之，則豈謂之善哉。善行者以不行爲行，
故無徹迹；善言者以不言爲言，故無瑕讁；善計者以不計爲計，
故不用籌策；善閉者以不閉爲閉，故無關鍵，而其閉自不可開；
善結者以不結爲結，故無繩約，而其結自不可解。"吳氏的這段
訓釋，深得老旨。

同不行、不言、不計、不閉、不結的思想相聯繫，老子還主
張"雖智大迷"。他說："故善人，不善人之師；不善人，善人
之資也"。這一段話，一般人作了錯誤的理解，以爲老子提倡
"不善人"以"善人"爲師，"善人"以"不善人"爲資。仔細揣
摩，老子恰恰是否定上述作法。不是麼？如果"不善人"（即
"'不善'於其事之人"）眞的把"善人"(即"善於其事之人")
看作老師，不是行有爲之道嗎？同理，如果"善人"（即"善於
其事之人"）眞的從"不善人"（即"不善於其事之人"）那裏
得到借鑑，豈不也是行有爲之道嗎？顯然，此"師"與"資"都
是老子所不取的，故後文說："不貴其師，不愛其資，雖智大迷，
是謂妙要。"即不看重那個"師"，不愛用那個"資"，雖然聰
明却裝糊塗，這纔是無爲之道的玄妙之要。

# 第二十八章

知其雄，守其雌，爲天下溪。爲天下溪，恒德不離，復
歸於嬰兒㈠。知其白，守其黑，爲天下式。爲天下式，
恒德不貸，復歸於無極㈡。知其榮，守其辱，爲天下谷。
爲天下谷，恒德乃足，復歸於樸㈢，樸散則爲器，聖人
用則爲官長，夫大制無割㈣。

## 校　　注

㈠　"知其雄，守其雌，為天下溪。為天下溪，恒德不
離，復歸於嬰兒。"

帛書甲本"離"寫作"鷄"（乃涉上文"谿"音而誤）。無
"於"字，餘同校文。乙本"溪"作"鷄"、"復"字以下脫損。
河、王、傳諸本"恒"並作"常"，"溪"作"谿"。
按："溪"、"谿"互通。《集韻》："谿、溪、嵠、磎：牽
奚切，《說文》：'山瀆無所通者，一曰水注川曰谿，或從水，
從山，從石。'"則"谿"、"嵠"、"磎"、"溪"並通。此
從甲本作"溪"。
又按：本段吳澄本作第二段，今依帛書及河、王諸本作首段。
吳澄曰："'知其雄，守其雌'，言聖人知雄德之不足取，

故守雌德也。'爲天下溪'，以譬聖人應爲天下之卑下也。"

本段意爲：知道彼剛強，却安守此柔弱，甘爲天下最卑下者。甘爲天下最卑下者，常德永遠不離失，重新回復到嬰兒的純樸。

（二）"知其白，守其黑，爲天下式。爲天下式，恒德不貣，復歸於無極。"

帛書乙本同此。甲本"知其"後少一"白"字，疑傳抄致失，當據乙本補正。"貣"，甲本作"貣"，河、王、傅本均作"忒"。按："貣"、"貣"古通。《五經文字》："'貣'或相承借爲'貣'字。"又"貣"，借爲"忒"。朱謙之按："貣字假借爲'忒'。《禮記·月令》：'毋有差貣'卽無有差忒也。"則本文"貣"、"貣"、"忒"皆通，此依乙本作"貣"。

吳澄曰："白謂光明，黑謂塵暗，無極謂無所窮極。"釗按：此"無極"當訓爲"道"。

按：本段文字帛書甲乙本均排在"守其辱"段後，作爲第三段，但通行今本此段均爲第二段，排在"守其辱"段前。從全章文字看，此段排在"守其辱"段前優。因爲"守其辱"段末句"復歸於樸"恰好與第四段首句"樸散則爲器"緊相連接，邏輯嚴密。今從通行本排作第二段。

本段意爲：知道彼光明，却安守此暗昧，作爲天下人的法式。作爲天下人的法式，常德永不差忒，重新回歸於道。

（三）"知其榮，守其辱，爲天下谷。爲天下谷，恒德乃足，復歸於樸。"

河、王、傅諸本除"恒"作"常"外，蓋同此。帛書乙本脫一"知"字，"榮"作"白"，"谷"作"浴"。甲本"乃"字以下脫損，"榮"亦作"白"，"谷"亦作"浴"。按："谷"，"浴"古通（參見第六章）。

河上公曰："榮以喻尊貴，辱以喻污濁。"

吳澄曰："榮謂尊貴，辱謂卑賤，樸謂木質未斷爲器。此章之意，欲自常德而返本復始，以歸於太初之道。"

本段意爲：知道彼榮耀，却安守此污辱，甘爲天下最卑下者。甘爲天下最卑下者，常德就會充盈，重新恢復樸實無華的本色。

㈣　"樸散則爲器，聖人用則爲官長，夫大制無割。"

帛書乙本同此，甲本"樸"作"楃"，"散"下脫"則爲器聖"四字，餘同乙本。河、王、傅諸本"用"後有一"之"字，"夫"，河、王本並作"故"，傅本無"夫"或"故"字。"無割"，帛書甲乙本及傅本並同，河、王本"無"作"不"字，今依帛書。

"樸散則爲器"：河上公注："萬物之樸散則爲器用也。"徐大椿曰："樸者不彫不琢，無一物之形，而具萬物之質，散者，離其本眞，加以造作之工。一有造作，則隨人所爲而成一器，此物不能爲彼物，而太樸漓矣。"

"聖人用之則爲官長"，奚侗曰："官長謂群有司。樸散爲器，器各一用而已。聖人但因其材能，使各職其職。"張舜徽曰：
"聖人，謂人主也。 上句取譬於物，《莊子·馬蹄篇》所云：
'純樸不殘，孰爲犧尊；白璧不毀，孰爲圭璋。'即所謂'樸散
則爲器'也。爲人君者，用斯理以施之人事，因材授職，分設百
官，而以爵秩祿廩尊寵之，亦猶犧尊圭璋意耳。"

"大制不割"，以大道制御天下無所傷割。（河上公語）

"官"，君也（參見《廣雅·釋詁》）。

本段意爲：萬物的樸眞離散，就成爲具體的器物。聖人運用
它就能成爲君人之長。所以，用大道制御天下而沒有損傷。

釗按：本章中"守其黑，爲天下式。爲天下式，常德不忒
（貣），復歸於無極。知其榮"等二十三字，易順鼎等注家斷爲
後人所竄入，主張刪去。易順鼎曰："此章有後人竄入之語，非
盡老子原文。《莊子·天下篇》引老聃曰：'知其雄，守其雌，
爲天下谿。知其白，守其辱，爲天下谷。'此老子原文也。蓋本
以'雌'對'雄'，以'辱'對'白'，'辱'有'黑'義。
《儀禮》注：'以白造緇曰辱'，此古義之可證者。後人不知'辱'
與'白'對，以爲必'黑'始可對'白'，必'榮'始可對'辱'，
如是加'守其黑'一句於'知其白'之下；加"知其榮"句於
'守其辱'之上，又加'爲天下式，爲天下式，常德不忒，復歸
於無極'四句，以壓黑韻，而竄改之迹顯然矣。以'辱'對'白'，
此自周至漢古義，而彼竟不知，其顯然者，一也；'爲天下谿'，
'爲天下谷'，'谿'，'谷'同義，皆水所歸。'爲天下式'
則與'谿'，'谷'不倫，湊合成韻，其顯然者，二也。王弼已
爲'式'字等句作注，則竄改卽在魏晉之初，幸賴莊子所引，可

以考見原文，函當訂正，以存眞面。”馬叙倫、高亨、張松如從其說。張曰：“易、馬、高所說極是。今帛書出，可見後人竄改之迹，非但不待魏晉，且早於漢初，蓋自帛書已經有人染指了。不過帛書中尚未見‘知其榮’句，而重見‘知其白’句，其爲戰國末以至秦漢間人所增補，甚顯。此乃竄改之第一步，增加了二十七字。在輾轉傳抄中方增一‘黑’字與‘白’對，增一‘榮’字與‘辱’對，兩段變成爲三段；在知白守黑一段，臆造出‘守其黑，爲天下式。爲天下式，恒德不忒，復歸於無極’等語句，此爲竄改之第二步。到兩漢，尤其是東漢時，更將新增補之二十七字提前，如此則‘復歸於樸’句與‘樸散則爲器’句相銜接，更順當些，此爲竄改之第三步。於是逐爲魏晉以來之今本奠定了基礎。”

以上易、張諸家之說，雖言之成理，然至今未見此種版本，《莊子・天下篇》只是引文，張舜徽曰：“古人引書有節取其辭者，故《莊子・天下篇》所引老聃語，亦未可遽定爲此段原文。”因此只有等待新的考古發現，確證古時有如易氏所說之版本，方成定論，此錄之以備一說。

# 簡　析

本章着重表現老子以屈求伸的人生觀和反樸歸眞的道德觀。

(1) 提倡知雄守雌，知白守黑，知榮守辱。老子說：“知其雄，守其雌，爲天下谿”；“知其白，守其黑，爲天下式”；“知其榮，守其辱，爲天下谷”。這裏涉及問題的兩個方面，一是“知雄"、"知白"、"知榮",二是"守雌","守黑","守辱"。
"知"者,知彼之可尙也。"守"者,守此求彼也。可見,老子
對"雄"、"白"、"榮"不是置之不顧,而是有所崇尙。不過,
老子認爲要得到他們,非"守雌"、"守黑"、"守辱"不可。
這正是老子以退爲進,以守爲攻,以屈求申的思想方法。因此,
老子之"守",不是消極地退守,他的"守"中是包含着積極因
素的。這一點王弼也看到了。他說:"雄,先之屬,雌,後之屬
也。知爲天下之先(也)(者)必後也。是以聖人後其身而身先
也。"此守後而求先,亦卽守雌而求雄之謂也。因此老子"知雄
守雌"決不是只要雌不要雄;同理,其"知白守黑"、"知榮守
辱"也決不是只要黑不要白,只要辱不要榮。對此,不是所有注
老者都能明白的。正如嚴復所指出的:"今之用老者,只知有後
一句,不知其命脉在前一句也。"這個批評決不是無的放矢。

　(2)　提倡"反樸歸眞"。在本章,老子一再強調"復歸於樸"、
"復歸於嬰兒"。"樸",指的是太初時期人們樸實無華的善良
本性,含有"無知無欲"的要義。第三十七章說:"無名之樸,
夫亦將無欲"。第五十七章說:"我無欲而民自樸":第三章說:
"恒使民無知無欲。"第十九章說:"見素抱樸,少私寡欲,絕
學無憂。"老子提倡"復歸於樸"、"復歸於嬰兒"就是希望恢
復人的樸實無華的美德。這表明了他對誠實無欺,質樸純眞的美
德的嚮往。

# 第二十九章

將欲取天下而爲之，吾見其弗得巳㈠。夫天下神器也，非可爲者也，〔非可執者也〕。爲者敗之，執者失之㈡。物或行或隨，或歔或吹，或強或羸，或載或隳㈢，是以聖人去甚，去泰，去奢㈣。

## 校　　注

㈠　“將欲取天下而為之，吾見其弗得己。”

　　帛書甲本脫損後“得巳”二字，據乙本補。乙本“將欲取”以下脫九字。河、王本“弗”作“不”，傅本“弗”亦作“不”，其“之”後有一“者”字。今從帛書。
　　“取”，治也（河上公說）。
　　“爲之”，欲以有爲治民（河上公說）。
　　“不得巳”：“巳”，畢也。“不得巳”猶言不可了結，引伸爲不可得逞。
　　本句意爲：想要治理天下而行有爲之政，我看他不會得逞。

㈡　“夫天下神器也，非可為者也，〔非可執者也。〕為者敗之，執者失之。”

　　本段前二句同帛書乙本，後二句同帛書甲本。帛書乙本第四句"爲"後及第五句"執"後有"之"字，但甲本及通行諸本該二字下並無"之"字，今從甲本。甲本前句脫損四字，依乙本。河、王本句首無"夫"字，"器"後無"也"字，"非"作"不"。傅本句首有"夫"字，餘同河本。

　　易順鼎曰："'不可爲也'下當有'不可執也'一句，請舉三證以明之。《文選》干令升《晉紀總論》注引《文子》稱《老子》曰：'天下大器也，不可執也，不可爲也；爲者敗之，執者失之。'其證一；王注云：'故可因而不可爲也，可通而不可執也'王注有，則本文可知，其證二；下篇六十四章云'爲者敗之，執者失之。是以聖人無爲故無敗，無執故無失。''無爲'即'不可爲'，'無執'即'不可執'，彼文有，則此文亦有，其證三。蓋有'執者失之'一句，必先有'不可執也'一句，明矣。"此說言之有理，此據補"非可執者也"一句於"非可爲者也"之下。

　　按：據奚侗說，"執者失之"下當有"是以聖人無爲故無敗，無執故無失"句，因錯簡混入六十四章。詳見六十四章校注。

　　"神器"，即神妙的器物。

　　"執"，即執着，拿着，抱住。

　　本段意爲：天下是神妙的器物，不可以強力而爲，不可以抱住不放。強力而爲就會失敗，抱住不放就會喪失。


　　㈢　"物或行或隨，或歔或吹，或強或羸，或載或隳"。


　　帛書甲本此段爲"物或行或隨或炅，或□□□□□或壞或撱，"

乙本爲"物或行或隋，或熱或䂳，或陪或墮"，甲本脫五字，乙本少一句，恐誤，今據河、王本訂正。

"歔"，王本同，河本作"呴"。畢沅曰："《說文解字》無'呴'字，云'噓'吹也，吹'虛也'。又云'歔'歈也，'欨吹也'。疑'呴'應作'欨'，古字'歔'、'噓'應同"。易順鼎曰："'歔'，本字當作'噓'。下文'或強或羸'，'強'與'羸'反，則'噓'亦與'吹'反。《玉篇·口部》'噓'、'吹'二字相通，卽本老子。又引《聲類》云'出氣急曰吹，緩曰噓，此'吹'、'噓'之別，卽老子古義也。《玉篇》又有'呴'字，引《老子》曰'或呴或吹'與河上本同，蓋漢以後俗字。"此說可供參考，今依王本作"歔"。

"載"，河本同，王本作"挫"。俞樾曰："'挫'，河上本作'載'，注'載'，安也，'隳，危也'是'載'與'隳'相對成文，與上文'或強或羸'，一律，而王弼本乃作'挫'，則與'隳'不分二義矣，疑'挫'乃'在'字之誤。'在'，篆文作'扗'，故誤爲'挫'也。'或在或隳'，卽'或載或隳'，……"其說有理，作"載"是。"載"先假爲"在"（"載"，"在"古通），繼誤爲"挫"耳。

"羸"，河上公注曰："羸弱"。

"或載或隳"，河上公："載，安也；隳，危也。"

本段意爲：事物各有個性，有的前行，有的後隨；有的輕噓，有的急吹；有的強大，有的瘦弱，有的安全，有的危險。

（四）"是以聖人去甚，去泰，去奢。"

河、王本此句作"是以聖人去甚、去奢、去泰"。帛書甲本此句作"是以聲人去甚，去大、去楮，"乙本作"是以聖人去甚，去大、去諸"。"泰"，甲乙本作"大"，"大"，讀爲"太"；"奢"甲本作"楮"，乙本作"諸"，均誤。"去奢"，河、王本均在"去泰"之前，今依帛書。

吳澄曰："甚也，奢也，泰也，極盛之時也。去甚者，欲其常如微之時；去奢者，欲其常如儉之時；去泰者，欲其常如約之時。"

釗按："甚"、"泰"、"奢"字異而義近，均有過分，走極端之意。"甚者"多也，"泰"者，極也，"奢也"，誇也。"去甚"，謂勿過分是也；"去泰"，謂勿過極是也；"去奢"，謂勿誇張是也。

本句意爲：所以，聖人辦事不過分，不過極，不誇張。

# 簡　析

本章着重講無爲之道。在老子看來，天下是神妙的器物，只可因順常道，不可強力而爲。"爲者敗之，執者失之，是以聖人無爲故無敗，無執故無失。"尤爲深刻的是，老子似乎看到了事物各有自己的特殊性，說他們有的前行，有的後隨；有的輕噓，有的急吹；有的強壯，有的瘦弱；有的安全，有的危險。眞是千姿百態，各有所長。因此，聖人治國安民就應當因順事物的本性，使其各盡其性，各在其位，各施其能，任其自然，即前行的讓他前行，後隨的讓它後隨，輕噓的讓它輕噓，急吹的讓它急吹，瘦弱的讓它瘦弱，強壯的讓它強壯；安全的讓它安全，危險的讓它

危險。總之，把一切看作芻草狗畜，聽之任之，不要用那些極端
的、誇張的、過分的行動去妨害自然。

# 第三十章

以道佐，人主不以兵強於天下，其事好還㈠。師之所居，荊棘生之㈡。善者果而已矣，毋以取強焉㈢。果而勿驕，果而勿矜，果而勿伐，果而毋得已，是謂果而不強㈣。物壯則老，是謂不道，不道早已㈤。

## 校　　注

㈠　*"以道佐，人主不以兵強於天下，其事好還。"*

帛書乙本脫損末尾三字，餘同校文。甲本"於"字及末尾四字脫損，餘同校文。河、王、傅本此段均為"以道佐人主者，不以兵強天下，其事好還。"釗按："人主"下河、王諸本有"者"字，但帛書及景福本、《群書治要》引文並無"者"字，王弼注文亦無"者"字。按：無"者"字，此句斷句應作"以道佐，人主不以兵強於天下"，這裏所謂"以道佐"，指的是人主以道自佐，即河上公所謂"人主能以道自輔佐也"；若有"者"字，則此句只能如通行諸本作"以道佐人主者，不以兵強天下"，這樣，"以道佐人主"就不是人主自佐，而是臣子輔佐，講的是忠臣之道，同老子書作為"南面術"的宗旨不符。今依帛書去"者"字，並改正通行諸本之句讀。

又"強"字後河、王諸本無"於"字，但景福本、唐人寫本殘卷丁本、顧歡本、唐代王眞本、《群書治要》本及帛書甲乙本均有"於"字，今依帛書。

"其事好還"帛書甲本全脫，乙本僅存"其"字，今據河、王諸本補正。"其事好還"陳鼓應釋曰："用兵這件事一定會得到還報。"從之。

本段意爲：人主以道自我輔佐，不應當依靠兵力稱霸於天下，用兵者必將得到還報。

㈡　"師之所居，荆棘生之。"

本句帛書甲、乙本均有脫損，甲本爲"□□所據，楚朸生之。"乙本爲"□□□□棘生之。"河、王、傅諸本均爲"師之所處，荆棘生焉"今據以補正。"所居"河、王諸本作"所處"，今依帛書。"生之"河本作"生焉"，今亦依帛書。

釗按：此句下河、王、傅諸本並有"大軍之後，必有凶年"二句，考景龍碑本，唐人寫本殘卷丁本，遂州龍興碑本均無此二句。嚴可均曰："此八字蓋注語羼入。"馬叙倫從其說，今帛書無此二句，足證嚴說是。此從帛書。

本句意爲：用兵打仗之地，雜草叢生。

㈢　"善者果而已矣，毋以取強焉。"

帛書甲、乙本並同此。

　　“善者”，河本、傅本同，王本作“善有”，恐誤。俞樾曰：
“河上公本作‘善者果而已’當從之。王注曰：‘果，猶濟也，
言善用師者，趣以濟難而已矣。’是其所據本亦作‘善有’，故
以‘善用師者’釋之，今作‘善有’，以形近而誤。”其說是，
今帛書作“善者”又其證也。

　　“已矣”，傅本、廣明本與帛書甲乙本皆同此，但河、王諸
本無下“矣”字。王本注曰：“果猶濟也，言善用師者，趣以濟
難而已矣。”則王所據本亦當有下“矣”字。今依帛書。

　　“毋以取強焉”景龍碑本作“不以取強”，河、王本作“不
敢以取強”，增一“敢”字。俞樾云：“‘敢’字衍文。河上注
曰：‘不以果敢取強大之名也。’注中‘不以’二字卽本經文。
其‘果敢’字乃釋上文‘果’字之義，非此文有‘果’字也。今
作‘不敢以取強’，卽涉河上注而衍。王注曰：‘不以兵力取強
於天下也。’小‘不以’二字連文，叶證經文之‘敢’字衍。”
今帛書亦無“敢”字，當從之。“毋”，各本作“不”，今依帛
書。“焉”，河、王諸本無，但傅本、景福本以及《群書治要》
諸本均有“焉”字，今依帛書。

　　“果”，王弼注：“猶濟也。”

　　本句意為：善於用兵的人濟困救危罷了，而不藉用兵逞強於
天下。


　　㈣　“果而勿驕，果而勿矜，果而勿伐，果而毋得已，
　　　　是謂果而不強。”

　　“果而勿驕”，帛書甲乙本作“果而毋驕”，但各本均爲
“果而勿驕”。按：作“勿驕”優。“勿驕”正與下“勿矜”、
“勿伐”相匹配，今據改。“驕”，甲本作“驕”，二字古通，今
依乙本。

　　“果而勿驕”句，河本排在“果而勿伐”句之下，今依帛書。

　　“果而勿矜，果而勿伐”河、王、傅本並同，帛書甲本後句
脫“勿伐”二字，乙本後句脫“而勿”二字，今據河、王諸本補
正。

　　“果而毋得已”帛書甲乙本並同，河、王諸本作“果而不得
已”，今依帛書。

　　“是謂果而不強”帛書甲乙本“是”前均有一“居”字，恐
衍，今刪去。乙本無“不”字，疑掩。甲本脫損“果”字，今參
閱諸今本補正。

　　按：此句今通行本多作“果而勿強”，唯傅本及景龍碑本
“果”前有一“是”字。俞樾曰：“傅奕本作‘是果而勿強’，當
從之。上文云‘善者果而已，不以取強’，又云‘果而勿矜，果
而勿伐，果而勿驕，果而毋得已’，皆言其果，不言其強，故總
之曰‘是果而不強’，正與上文‘果而已，不以取強’相應。讀
者誤謂此句與‘果而勿矜’，諸句一律，遂妄刪‘是’字耳。唐景
龍碑亦有‘是’字，當據增。”釗按：俞說是，“果而不強”乃
是對上文“果而勿驕”等四句的概括總結，蘇轍曰：“勿矜、勿
伐、勿驕，不得已四者，所以爲勿強也。”既是總結上文，句前
當有“是”、“是謂”之類的轉語。今帛書甲乙本並作“是謂
果而不強”，當從之。

本段意爲：濟困救危而不驕傲，濟困救危而不矜持，濟困救危而不誇耀，濟困救危出於不得已。這就叫做濟困救危而不稱強於天下。

(五) "物壯則老，是謂不道，不道早已。"

河、王本同此，帛書甲乙本"則"並作"而"，"早"皆作"蚤"，"謂"用假字"胃"。甲本"是謂"下有一"之"字，乙本"是謂"作"謂之"，今一律從河、王本。按：張舜徽曰："帛書甲乙本均作'物壯而老'，'而'字並沿上文數句"而"字致誤，非原文也。'物壯則老'，有驚惜意，嘆盛極必衰也；若云'物壯而老'，乃萬物自然之理，無足異者。"其說是，今據改。

本段意爲：事物壯大了則必過早走向衰老，這叫做不合於道，不合於道必然提前消亡。

## 簡　　析

本章着重表現老子的戰爭觀。從經文來看，老子是不贊成戰爭的。他認爲聖明的君主，以道來輔佐自己，不依靠用兵打伐逞雄稱霸。誰要打算用武力來逞強，必然遭到還報，乃致招來"師之所處，荆棘生焉"的後果。但是，老子並不反對一切戰爭。他認爲善於用兵的人在於作到一個"果"字，什麼叫做"果"呢？王弼曰："果，猶濟也。言善用師者，趣以濟難而已矣，不以兵力取強於天下也。」就是說，聖明的君主，用兵不是爲了"取強"，而是爲了"濟難"，即解救危難，這種用兵出於"不得已"。老子主張因"不得已"而戰，與今人所說的自衛戰爭，援助弱小者的戰爭相類似。老子認爲，即使是濟困救危，也必須戒驕、戒矜、戒伐，一句話"勿以取強"。這就是老子的戰爭觀。

　　過去，有人把《老子》看作一部兵書，這是不恰當的，《老子》書涉及過戰爭問題，但它不以指導戰爭爲主，其宗旨在於實行"無爲而治"，如果《老子》眞的如某些人所說是一部兵書，那它的"無爲而治"就落空了。道理很簡單，以指導戰爭爲主要內容的書，必然講的是有爲而治，這同老子的本意是不相符的。

# 第三十一章

夫兵者不祥之器也，物或惡之，故有道者弗居㈠。君子居則貴左，用兵則貴右㈡。故兵者非君子之器也，兵者不祥之器也，不得巳而用之㈢。銛襲爲上，勿美也。若美之，是樂殺人也。夫樂殺人，不可以得志於天下矣㈣。是以吉事上左，喪事上右；是以偏將軍居左，上將軍居右。言以喪禮居之也㈤。殺人衆，以悲哀泣之，戰勝以喪禮處之㈥。

## 校　　注

㈠　"夫兵者不祥之器也，物或惡之，故有道者弗居。"

帛書甲本"也"字脫損，"道"字作"欲"字，恐誤，今據通行諸本改正。帛書乙本"惡"作"亞"，此"亞"後脫七字。河本"夫"下有"佳"字，"兵"後無"者"字，"弗居"作"不處"。王本同河本相近，惟"兵"下多一"者"字。傅本"兵"前有一"美"字，餘同王本。

按：河、王本"佳兵"，王念孫謂當作"唯兵"，句爲"夫唯兵者不祥之器"。似亦有理，今帛書無"佳"字，更直截了當，當從之。

“兵者”，盧文昭曰：“古之所謂兵者，弓矢戟劍之屬，是器也，後人因亦名執此器者爲兵。”

“不祥”，猶“不吉利”。

“物或惡之”，陳鼓應曰：“人所怨惡。“物”即“人”。”

本段意爲：兵器是不吉利的東西，人們都討厭它，所以有道之人不以此安身立命。

㈡　“君子居則貴左，用兵則貴右。”

帛書甲乙本均同此，惟乙本脫一“君”字。河、王、傅諸本亦同此。

高亨曰：“《逸周書·武順篇》：‘吉禮左還，順天以立本；武禮右還，順地以利兵。’《詩·裳裳者華》：‘左之左之，君子有之。’《毛傳》：‘左陽道，朝祀之事；右陰道，喪戎之事。’並與《老子》此文相合。”

陳鼓應云：“‘君子居則貴左，用兵則貴右’古時候的人認爲左陽右陰，陽生而陰殺。後文所謂‘貴左’、‘貴右’、‘居左’、‘居右’都是古時候的禮儀。”

本段意爲：君子平時居家則以左方爲貴，戰時用兵則以右方爲貴。

㈢　“故兵者非君子之器也，兵者不祥之器也，不得已而用之。”

帛書甲乙本大致同此。甲本第二句“兵者”二字脫損，據乙本補；乙本首句無“也”字，第二句“之”字脫損，據甲本補。河、王、傅本此段均作“兵者不祥之器，非君子之器，不得已而用之。”帛書“非君子之器”在不祥之器“句前，今依帛書。

本段意爲：所以，兵器非君子所用，它是不吉利的東西，只是不得已才用它。

(四) “銛襲爲上，勿美也，若美之是樂殺人也。夫樂殺人不可以得志於天下矣。”

帛書甲本同此，乙本“銛襲”作“銛憷”，餘同甲本。“銛襲”，傅本作“恬澹”，河本、王本作“恬淡”。“勿美也”河、王本作“勝而不美”，傅本作“故不美也”。“若美之”河、王本作“而美之者”，傅本作“若美必樂之，樂之者”今一律從帛書。

“銛襲”，張松如曰：“勞健《古本考》以爲，前二字‘諸本異同，自古紛歧，循其音義，皆不可通。今考二字乃銛銳之訛，謂兵器但取銛銳，無用華飾也。’蓋經後人傅會，以致‘用兵而言恬淡，雖強爲之辭，終不成理，所謂甚難而實非也。’勞健雖無的據，但文意講通了。今帛書作‘銛龐’，龐爲‘龐’字之變，敦龐、駿龐、皆有厚大之義，誼與銛銳爲近，均指兵器言，故云‘勿美也’。”張氏之說雖有理，然帛書甲本、乙本皆未有作“銛龐”者（甲本作“銛襲”，乙本作“銛憷”），則其說失其依矣。按：“銛”，利也；“襲”，入也。“銛襲”意爲鋒利而能

刺入，此正與勞健所云"銛銳"之義近。張舜徽曰："'銛襲'
各本作'恬淡'或作'恬澹'，蓋傳寫者初以形近誤'銛'爲
"恬"，後又改下一字爲"淡"或"澹"耳。銛，銳利也；襲，
攻敵也。首二句謂用兵以銳利襲敵爲上，然有道之主不加稱美也。"

本段意爲：兵器以鋒利而能刺入爲優，不必裝飾它。若把殺
人的兵器裝飾得很美，那是樂於殺人的表現。而樂於殺人的人，
是不可能使自己的志願在天下得到實現的。

(五) "是以吉事上左，喪事上右，是以偏將軍居左，上
將軍居右，言以喪禮處之也。"

帛書甲本同此，惟"偏"誤作"便"。乙本"吉事"後脫損
六字，"居左"下有--"而"字，"偏"，同校文。河、王本
"上"作"尚"(按："上"、"尚"古通)"喪事"作"凶事"，
前後均無"是以"二字，末尾無"也"字。傅本前"是以"作
"故"，後"是以"同帛書，"居左"作"處左"，"言以喪禮處
之"作"言居上勢則以喪禮處之。"餘同河本，今依帛書。

本段意爲：所以，吉祥之事以左方爲貴，凶喪之事以右方爲
貴。所以偏將軍居於左方，上將軍居於右方。這是說用行喪禮的
儀式來對待用兵打仗。

(六) "殺人衆，以悲哀泣之，戰勝以喪禮處之。"

帛書甲本大致同此，惟"哀"作"依"，"泣"作"立"。

乙本此段脱損嚴重，作"殺□□□□□立□□朕而以喪禮處之。"
河本此段爲"殺人之衆以悲哀泣之，戰勝以喪禮處之。"王本大
致同河本，惟"悲哀"作"哀悲"。傅本此段作"殺人衆多則以
悲哀泣之，戰勝者則以喪禮處之。"

　　按："悲哀"，河本、傅本同，甲本作"悲依"。"依"，
"哀"之假字，《孝經》"哭不哀"，《說文》引作"哭不悠"。
此從河、傅諸本作"悲哀"。

　　本段意爲：殺人衆多，以悲哀的感情爲之哭泣；打了勝仗用行
喪禮儀式來處理後事。

　　按：樓宇烈著《王弼集校釋》曰："《道藏集注》於本章末
引王弼注說："疑此非老子之作也。"宋晁說之題王弼注《道德
經》也說："弼知佳兵者不祥之器至於戰勝以喪禮處之非老子之
言。"又，據馬叙倫《老子校詁》引李慈銘、陶紹學說，均以爲
此章文字有王弼注文混爲經文者，並作詳細訂正。按，今據……
漢墓出土帛書甲乙本考之，均有此章文字，並無王弼注文混入。"
樓說是。

# 簡　　析

　　本章緊承上章之意，是老子戰爭觀的進一步闡發。

　　上章說"果而無得已"，本章說"不得已而用之"，都明確
告訴人們；戰爭是不得已的事，千萬不要輕易從事戰爭。他指責
那些好戰者，以殺人爲樂，決無好下場。老子反復強調，打了勝
仗，要"以喪禮處之"，"殺人衆，以悲哀泣之"，旨在提醒統

治者，不要以戰爭爲快事。如河上公所云：“古者戰勝將軍居喪主禮之位，素服而哭之，明君子貴德而賤兵，不得已誅不祥，心不樂之，比於喪也。”

# 第三十二章

道——恒、無名、樸、唯、小，而天下弗敢臣㈠。侯王
若能守之，萬物將自賓㈡。天地相合，以降甘露，民莫
之令而自均焉㈢。始制有名，名亦旣有，夫亦將知止，
知止所以不殆㈣。譬道之在天下，猶川谷之與江海也㈤。

## 校　　注

㈠ "道——恒、無名、樸、唯、小，而天下弗敢臣。"

　帛書乙本如此。甲本"樸"寫作"楃"，"唯"後脫損七字。
河本此句爲"道常無名樸雖小天下不敢臣。"王本、傳本"弗敢
臣"作"莫能臣"，今從帛書。
　釗按：此句古今注家都讀作"道恒（或道常）無名，樸雖小
而天下弗敢臣。"恐非是。此句中的"恒"、"無名"、"樸"、
"唯"、"小"，當是指道的具體屬性，"恒"，指道永遠存在；
"無名"，指道沒有名字，即二十五章"吾不知其名"之謂也；
"樸"指道是構成萬物的原始材料；"唯"河、王諸本作"雖"
按："唯"、"雖"古通，此從帛書作"唯"。《玉篇》："唯，
獨也"。"獨"，即指獨立無匹。"小"，《說文》："小，物
之微也。"段注："小之又小則曰微。"此"小"指"道"體精

微。以上五者都講的是"道"的屬性，中間應用頓號（"、"）區別開來，而不宜如傳統之讀法。

本句意爲：道，永遠存在，它沒有名字，是構成萬物的原始材料，獨立無匹，其體微小，而天下人誰也不能臣服它。

㈡　"侯王若能守之，萬物將自賓。"

帛書甲乙本均如此，甲本唯"侯"字脫損。河、王本同帛書，傳本"侯王"作"王侯"。

蔣錫昌曰："此言侯王若能守道而行無爲之治，則萬物自賓服，從於德化也。"

此句意爲：侯王若能守道，萬物將自動賓服。

㈢　"天地相合，以降甘露，民莫之令而自均焉"。

傳本同此，河、王本末尾無"焉"字，餘同校文。帛書甲本此段爲："天地相谷以俞甘洛民莫之□□□□焉"，乙本前八字同甲本，"民莫之"三字脫，餘同校文。疑二本均不確，今從傳本。"民"，一本作"人"或作"夫"；"令"一本作"命"。

吳澄曰："道之功普遍於天下，譬如天地之氣相合而降爲甘露，雖無人使令之，而自能均及於萬物。"

本句意爲：天地陰陽之氣相結合而普降下甘露，雖無人命令，而人民却能平均地享受。

(四) "始制有名，名亦旣有，夫亦將知止，知止所以不
殆。"

帛書乙本及傅本均同此，甲本脫損嚴重。王本"所以"作
"可以"。河本"夫"作"天"，"知止"作"知之"。張松如曰：
"'天'字當是形誤，'之'字當是音訛。"張舜徽曰："帛書
乙本'夫亦將知止'與王弼本同。河上本'止'作'之'，則由
篆體'ⳤ'，'ⳤ'，二字形近而誤耳。又王弼本'所'作'可'，
亦由'所'或作'ⳤ'，與'可'形近而誤也。"上說可以參考，
今依帛書。

"始制有名"，"始"，生也。《禮記•檀弓篇》："君子
念始之者也"舊注："始，猶生也"，"制"，《玉篇》："制，
法度也。""始制有名"，猶"產生了法度，就有了名分。""名
亦旣有"之"亦"當訓爲"已"。《古書虛字集釋》：""亦"，
猶"已"也。"亦"、"已"一聲之轉。""旣"，盡也。"名
亦旣有"，猶云"名分已經盡有。""夫亦將知止"，此句中的
"亦"字，含義不同，當訓"則"字。

本段意爲：產生了法度就有了名分，名分有了之後，則當適
可而止。知道適可而止，就沒有危險。

(五) "譬道之在天下，猶川谷之與江海也"。

此段依傅本。帛書甲乙本此段嚴重脫損。甲本作"俾道之在
□□□□□浴之與江海也。"乙本作"□□在天下也猷小浴之與

江海也。”河、王本與傅本近同，惟語尾無“也”字。“與”，
王本作“於”。

　　按：“譬”，河、王、傅及其他多種本子概同，惟帛書作
“俾”或“卑”，當是音近而誤，此從衆本。

　　“川谷”，帛書乙本作“小浴”，張舜徽曰：““小”字由
與“川”形近而誤耳。””浴”，假爲“谷”。則“小浴”即
“川谷”是也。

　　“與”，王本作“於”。易順鼎曰：“王注云‘猶川谷之與
江海也，’是本文‘於江海’當作‘與江海’。《牟子》引此云
‘譬道於天下，猶川谷與江海’，字正作‘與’。”釗按：作
“與”是，據蔣錫昌考訂，有四十二種本子作“與”，今帛書甲、
乙本並作“與”，當從之。

　　蔣錫昌按：“此句倒文，正文當作‘道之在天下，譬猶江海
之與川谷’，蓋此文以江海譬道，以川谷譬天下萬物。六十章
‘江海所以能爲百谷王者，以其善下之，故能爲百谷王’。江海
善下，與道相似，故老子取以爲譬也。‘道之在天下，譬猶江海
之與川谷。’言道澤被於萬物，則萬物莫不德化；譬猶江海善下
川谷，則川谷無不歸宗也。此句與上文‘侯王若能守之，萬物將
自賓’句相應。”此解深得老旨，從之。

　　本段意爲：大道之於天下萬物，譬猶大海之與江河。


# 簡　析


　　本章對道的特性作了精僻的概括。

　　道具有什麼樣的特性呢？老子說：" 道——恒、無名、樸、唯、小，而天下弗敢臣 " 這就告訴我們：

　　(1)　道是永恒存在的。《 莊子・大宗師 》："夫道有情有信，無爲無形，可傳而不可受，可得而不可見，自本自根，未有天地自古以固存。神鬼神帝，生天生地，在太極之先而不爲高，在六極之下而不爲深，先天地生而不爲久，長於上古而不爲老。 " 這裏，莊子所講的道 " 未有天地自古以固存 "，" 先天地生而不爲久，長於上古而不爲老 "。都說明道是永恒存在的，這同老子的思想是一致的。

　　(2)　道是無名的。" 無名 " 是老子 " 道 " 的一個重要特性。第一章說：" 無名，萬物之始。 " 第二十五章說："吾不知其名，字之曰道。 "《 莊子・天地篇 》也說：" 泰初有無，無有無名。" 王弼注《 老子 》二十一章也說：至眞之極，不可得名，無名，則是其名也。 "

　　(3)　道是構成萬物的原始材料。老子用一個 " 樸 " 字來說明道的這種特性。《 說文 》：" 樸，木素也。 " 段注："素猶質也，以木爲質，未彫飾，如瓦器之坯然。 " 則 " 樸 " 乃是未加工的原始素材。用 " 樸 " 來形容 " 道 "，這正說明"道"是構成萬物的原始物質。因此老子把 " 道 " 看作天地之 " 根 "，萬物之 " 母 "，莊子也說 " 道 " 生天生地，可見道是化生天地萬物的原始物質。

　　(4)　道獨立無匹。在本章老子用一個 " 唯 " 字來說明道的這種特性。" 唯 "，如前面校注中所說 " 獨也 "。此 " 獨 " 即 " 獨立而不改 " 之 " 獨 "。王弼注 " 獨立 " 曰：" 無物匹之，故曰 ' 獨立 ' 也。 "" 道 " 是舉世無雙的，" 道生一，一生二，二生三，三生萬物 ”，世間的一切都是由道化生出來的，因此無物與之相匹。

⑸　“ 道 ” 是一種精微的物質。老子有時用一個 “ 小 ” 字來說明這一特性。蔣錫昌云：“ 小者，道體微妙，不可得見之謂 ”。張默生說：“ 道體是至精無形的，故可說是‘ 小 ’。”

從以上五種特性，我們可以窺見老子關於 “ 道 ” 的概貌。

# 第三十三章

**知人者智也，自知者明也㈠；勝人者有力也，自勝者强也㈡；知足者富也，强行者有志也㈢；不失其所者久也，死而不亡者壽也㈣。**

## 校　　注

㈠　"知人者智也，自知者明也。"

傅本、範應元本並同此，帛書甲本尾脫損三字，乙本後"者"字掩，餘同校文。河、王本無二"也"字，餘同校文，今從傅本。

蔣錫昌曰："六十五章'民之難治，以其多智'王注'多智，巧詐，故難治也'，是'智'乃能知人之好惡而行巧詐之意也。十六章'知常曰明'，二十七章'不自見故明'，二十四章'自見者不明'，七十三章'是以聖人自知不自見'，是'明'乃能知常道，而不自見其所知之意也。"

本段意爲：知道別人的人，只是空有巧智；知道自己的長處與短處，才算清明。

㈡　"勝人者有力也，自勝者强也。"

　　帛書甲本有脫損，乙本及傅本，範本均同此，但乙本"勝"作"朕"。河、王本無"也"字。景龍碑本、唐人寫本殘卷丁本均無上"者"字，崇寧《五注》本及宋葉夢得《老子解》均無上"有"字。今依帛書。

　　本段意爲：能戰勝別人算是有力量；能克制自己而守柔處弱，才是眞正的剛強。

　　(三)　"知足者富也，强行者有志也。"

　　帛書甲本有脫損，乙本及傅、範本同校文，河、王本無二"也"字，景龍碑本，唐人寫本殘卷丁本無下"者"字，《群書治要》本"行者"下有"則"字，今依帛書。

　　王弼注曰："知足（者）自不失，故富也；勤能行之，其志必獲，故曰'強行者有志'矣。"

　　本段意爲：知道自我滿足的人，永遠富有；勤勉行道的人抱有大志。

　　(四)　"不失其所者久也，死而不忘者壽也。"

　　帛書甲乙本及傅本、範本皆同此，河、王本無"也"字，"忘"作"亡"，宋邵若愚本"所"下有"止"字，《群書治要》本"忘"作"妄"。劍按："忘"、"亡"、"妄"三字古通。《釋文》："亡，一本作忘"；《易•象》："天下雷行，物與無妄。"虞翻注："妄，亡也。"今依帛書作"忘"。

“不失其所”，《老子想爾注》曰：“不強求者爲不失其所，故久也。”“不強求”，即順道而行也。

“壽”吳澄注曰：“厭世之後，雖去其宅，而此心常存，古今不二，故謂之壽。”吳氏所謂“此心常存”即此道常存也。

本段意爲：順道而行的人才能長久，身死而道常存才算長壽。

## 簡　析

本章重點講述人生修養之道。

老子十分重視人的自我修養，第二十二章與第二十四章分別從“自見”與“不自見”，“自是”與“不自是”、“自伐”與“不自伐”、“自矜”與“不自矜”的角度闡明了謙虛的好處，驕傲的壞處，突出了守柔謙下的思想。本章則從另一角度對於什麼叫做“明”？什麼叫做“強”？什麼叫做“富”？什麼叫做“有志”？什麼叫做“久”？什麼叫做“壽”？作了明確的解說，表達了作者的修養原則。具體說來有如下幾點：

(1) 強調要有“自知之明”。老子說：“知人者智也，自知者明也。”在“知人”與“自知”兩件事上，老子提倡“自知”，反對“知人”。他所說的“知人”，指的是對別人察顏觀色的巧詐行爲，認爲這種作法只是“智”，即推行巧詐，爲老子所不取。老子所說的“自知”，即深知自己的長處和短處（即河上公注中所說的”人能自知賢不肖”），認爲這樣才是眞正的明白。第七十二章說：“聖人自知不自見，自愛不自貴。”再一次強調了“自知”。我國人民所熟悉的“人貴有自知之明”這一至理名言，正是出自老子。

(2)　強調自我克制。老子說：「勝人者有力，自勝者強」，在「勝人」與「自勝」這兩件事情上，老子提倡「自勝」而反對「勝人」。吳澄曰：「有力能勝人，恃外之力；爾能自勝，則內能克己也，故謂之強。」這裏所謂「內能克己」，正是指的自我克制，老子認為能堅持「自勝」即自我克制，才是真正的剛強，這正符合清虛自守的原則。

(3)　提倡「知足」。老子說「知足者富」。「知足」是老子一個極重要的觀點，在老子書中多次提到。第九章說：「功遂身退，天之道也。」第四十四章說：「甚愛必大費，多藏必厚亡，知足不辱，知止不殆。」第四十六章說：「禍莫大於不知足，咎莫大於欲得，故知足之足常足矣。」可見，老子對知足多麼重視。今天我國人民常說：「知足常樂」，蓋本於老子。

(4)　提倡勉力行道。老子說：「強行者有志也，不失其所者久也，死而不忘者壽也。」所謂「強行」，即勉力行道。在老子看來，遵道以行才能「不失其所」，這是真正的長治久安；「道」得以推行，即使肉體死亡了，但精神永垂不朽，這才是真正的長壽。

# 第三十四章

道汜呵，其可左右也，萬物恃之以生而不辭㈠。成功遂事而弗名有也，萬物歸焉而弗爲主㈡。恒無欲也，可名於小；萬物歸焉而弗爲主，可名於大矣㈢。是以聖人之能成大也，以其不爲大也，故能成大㈣。

## 校　　注

㈠　"道汜呵，其可左右也，萬物恃之以生而不辭。"

"道汜呵，其可左右也。"帛書乙本大致同此，唯"汜"寫作"溫"。甲本脫損嚴重，只存一個"道"字。傅本作"大道汜汜兮，其可左右。"河、王本並作"大道氾兮，其可左右。""汜"，唐人李約本作"泛"。按："汜"、"氾"、"泛"互通。王力《同源字典》："'汜'、'泛'、'氾'實同一詞。"本章作"汜"、"氾"、"泛"皆通，乙本作"溫"，疑爲"汜"之形誤，今從傅本作"汜"。

"萬物恃之以生而不辭"，傅本同此。帛書甲、乙本均無此句，但河、王本及其他多種本子蓋有此句，惟句中個別辭語稍異，河、王本"以"作"而"，此從傅本。

"恃"，易順鼎曰："《文選·辯命論》注引作'萬物得之

以生而不辭 '，又引王注云‘萬物皆得道而生’，則今本‘恃’，
乃‘得’之誤。”馬叙倫曰：“易說是也。《莊子・天地篇》曰：
‘物得以生謂之德。’《賈子・道德說》曰：‘所以得生謂之德。’
並可爲此文當作‘得’之證。”上說似有理，然較古的河上本仍
作“恃”且此文作“恃”亦通，“恃”，賴也（據蔣錫昌說）。

　　“而不辭”，劉師培曰：“此文‘不辭’與第二章‘不辭’
同，當從畢說作‘不爲始’。”按：畢沅在第二章注曰：“‘辭’、
‘始’同聲，以此致異，奕（指傅奕本）義爲長。”勞健曰：“《說
文》‘嗣’籀文從台作‘辝’，夏竦古文聲韻引《石經》‘辭’
作‘嗣’、古孝經‘始’作‘嗣’，蓋二字古文形本相近。”以
上諸家之說有理，“不辭”當讀作“不爲始”。“始”，讀爲“司”，
主宰的意思。

　　本段意爲：大道像浮動的流水，它或左或右無所不在。萬物
賴它而生，但它不作萬物的主宰。


　　㈡　“成功遂事而弗名有也，萬物歸焉而弗爲主。”


　　帛書甲乙本大致同此，惟甲本脫“成功”二字，乙本脫“事
而”二字。傅本此段爲“功成而不居，衣被萬物而不爲主。”河
本作“功成不名有，愛養萬物而不爲主”，王本近河本，惟“愛
養”作“衣養”。今依帛書。

　　本段意爲：取得了成功，完成了事業，而不自有其名，萬物
歸順而不爲它們作主。


　　㈢　“恒無欲也，可名於小；萬物歸焉而弗爲主，可名

於大矣。"

帛書甲乙本大致同此，惟甲本脫損" 而弗"二字，乙本後
" 名"字作" 命"字，" 恒"字前兩本原有" 則"字，但諸今本無
" 則"字，疑衍，今據刪。河本、王本" 恒"作" 常"，無" 也"
字，" 名於大"作" 名爲大"。傅本" 小"、" 大"下均有" 矣"
字，" 恒"亦作" 常"，" 萬物歸焉而弗爲主"作" 萬物歸之而
不知主。"今依帛書。

本段意爲：經常保持無欲的狀態，可以稱之爲" 小"；萬物
歸順而不爲它們作主，可以稱之爲" 大"。

㈣　" 是以聖人之能成大也，以其不為大也，故能成大。"

帛書甲乙本同此，惟甲本脫前" 以"字，" 聖人"作" 聲人"。
河本此句作" 是以聖人終不爲大，故能成其大"，傅本作" 是以
聖人能成其大也，以其終不自大，故能成其大"，王本與傅本後
二句同，惟" 自"下增一" 爲"字，今依帛書。

本段意爲：所以，聖人之能成就大業，就因爲他不自以爲大，
因而能成就大業。

## 簡　　析

本章旨在闡明無爲之道。高延第注曰：" 大道廣博，無所不
宜，化育萬物，來者不拒，不居其功，不爲之宰。渾樸隱約，故

小；萬物所宗，故大。道家以濡弱謙下爲德，故不爲大。天下莫
與爭，故獨能成其大。」詹劍峯云：老子看到了「事物的發展是
辯證的，唯其‘無藏’，反而‘有餘’；唯其‘盡以爲人’，反而
‘已愈有’；唯其‘盡以與人’，反而‘已愈多’；唯其‘不矜
能’，反而‘成其長’；唯其‘功成不居’，反而‘不去’。故
老子曰：‘聖人無積，既以爲人已愈有，既以與人己愈多’；‘夫
唯不居，是以不去’；‘以其終不自爲大，故能成其大’。」以
上二家之說均抓住了老子無爲之道的基本精神。

# 第三十五章

**執大象，天下往。往而不害，安平泰㈠。樂與餌，過客止㈡。道之出，言淡呵其無味也，視之不足見也，聽之不足聞也，用之不足旣也㈢。**

## 校　注

㈠　"執大象，天下往，往而不害，安平太。"

帛書及河本、王本均同此，惟"太"帛書寫作"大"。"大"古讀爲"太"。甲本"天下"二字脫損。傅本"象"下有"者"字，"太"作"泰"。

"執"：執掌，引申爲掌握。

"大象"：指大道。（據河上公說）

本段意爲：掌握了大道，天下人都將歸往；歸往而不相害，則國泰民安。

㈡　"樂與餌，過客止。"

河、王、傅諸通行本均同此，帛書甲乙本"客"誤作"格"，乙本"餌"字脫損。宋人呂惠卿《道德眞經傳》："與"作"於"，今依帛書。

吳澄曰：“樂者，歌吹舞蹈之聲容；餌者，飲食之味，餉燕之禮，設樂設餌，以悅樂賓客，然客既過去，則其聲容與味亦止，而無復有，可爲暫焉之悅樂，而不能以終日也。”此說可供參考。

本句意爲：悅耳的音樂與好吃的美食，待過人以後，就很快消失。

㈢　“道之出，言淡呵其無味也，視之不足見也，聽之
不足聞也，用之不足既也。”

帛書乙本大緻同此，惟“淡”前多一“曰”字，甲本“淡”誤作“談”，“視之”二字脫損。河上、王弼本“言”作“口”，但傅本、景龍碑本、唐人寫本殘卷丁本及其他有關本子並作“言”。馬叙倫曰：“二十三章‘希言自然’，弼注曰：‘下章言道之出言，淡兮其無味也，視之不足見，聽之不足聞。’則王同此。”張舜徽曰：“甲乙本並作‘出言’，乃原文也。他本作‘出口’者，乃由‘言’字缺爛而爲‘口’耳。”此說有理，從之。

按：“言”下帛書並有“也曰”二字，查通行各本概無此二字，疑衍，今據刪。

又按：“出”後之“言”字，歷來注家斷爲上句，作“道之出言，淡呵其無味也”，恐誤。愚意以爲此“言”字當劃入下句，讀作“道之出，言淡呵其無味也”。且此“言”當訓爲“乃”，《古書虛字集釋》曰：“‘言’，猶‘乃’也。”注：“‘言’訓‘乃’猶‘焉’訓‘乃’也。”“道之出，言淡呵其無味也。”

猶云：“道之出，乃淡呵其無味也。”這樣訓釋，文通理順。如將“言”字劃歸上句，並釋爲“言語”之言，則文意費解。道本“無言”，怎麼能“出言”呢？故“言”字當劃歸下句，訓作“乃”。

本段意爲：大道所出，乃淡而無味，視而不可見，聽而不可聞，用而不可窮盡。

# 簡　　析

本章着重闡述“道”的巨大作用。

首先，老子點明人君掌握“道”的重大作用。他說：“執大象，天下往。往而不害，安平太。”在老子看來，人君掌握了大道，就可以贏得天下百姓歸往，繼而還可以治理天下以至太平之世。這正是“執古之道，以御今之有”思想的具體發揮。

其次，老子認爲，“道”同具體事物不同，具體事物（如音樂、美餌）其作用是有限的。拿音樂、美餌來說，其功效都是暫時的，客過而止，不能長久保持。而“道”則不同，它雖然淡而無味（不同於美餌），聽而無聲（不同於音樂），視而不見（不同於一切有形物），但其作用却是無窮無盡（用之不足旣）。

# 第三十六章

將欲擒之，必故張之；將欲弱之，必故强之㈠；將欲去
之，必故舉之；將欲奪之，必故予之㈡，是謂微明。柔
弱勝剛强，魚不可脫於淵，國之利器不可以示人㈢。

## 校　　注

㈠　"將欲擒之，必故張之；將欲弱之，必故强之。"

帛書乙本大致同此，惟"故"寫爲"古"。"擒"，甲本作
"拾"，恐誤，今從乙本作"擒"。

"擒"，王本作歙，河本作"噏"，景龍碑本、傅本作"翕"，
《釋文》作"僋"。

釗按："翕"、"噏"、"僋"、"歙"古並相通，作收斂
或收縮解，據此，古今注家一般以"縮"與"張"對，將前二句
譯作"將要收縮它，必先擴張它。"此文雖通，然與後二句"將
欲弱之，必故强之"義近，有重複之嫌。仔細推敲，似以帛書乙
本作"擒"爲優。"擒"，通"拉"，《集韻》："'拉'，或
作'擒'，'拗'、'擒'、'摺'。""拉"、"拗"引申爲
牽制；《集韻》："'張'，一曰開也"是"張"有"開"義，
引申爲放開。"將欲擒之，必故張之"，意爲將要牽制它，必先

放開它。這就與後二句含義有明顯區別,當依帛書作"攜"。諸本之"翕","儻"、"噏"、"歙"當爲"攜"之假字。

"故",景龍碑本同,河、王、傅諸本作"固",帛書兩本並作"古"。按:"古"《集韻》云:"通作故"。此從景龍碑本作"故"。"故",《古書虛字集釋》:"故猶先也,字或作固,字又或作姑。"是"故"、"固"、"姑"三字互通,意爲"先"也。

本段意爲:將要牽制它,必先放開它;將要削弱它,必先增強它。


(二) "將欲去之,必故擧之,將欲奪之,必故予之。"


帛書甲乙本大致同此,惟"故"仍寫作"古","擧"作"與"。乙本後句"之"字脫損。"將欲去之,必故擧之",河、王、傅及其他有關本子作"將欲廢之,必固興之",此依帛書。"奪",韓非《喻老》及範應元本作"取",《說林上》引《周書》亦作"取"。"奪",取也。今依帛書作"奪"。

按:"擧",帛書作"與"。"與",借爲"擧"。《易·無妄》:"物與無妄",虞注:"'與',謂'擧'也"今據改作"擧"。或謂"與"疑作"興",形近而誤。文作"將欲去之,必故興之",亦通。然從本經文看,似以"擧"字爲優。"擧"與下"予"字爲韻,如作"興",則失韻矣。

本段意爲:將要廢去它,必先推擧它;將要奪取它,必先給予它。

㈢ "是謂微明。柔明勝剛强,魚不可脫於淵,國之利
器不可以示人。"

河、王本並同此。帛書"柔弱勝剛强"作"柔弱勝强",甲
本"淵",作"潚";"國",作"邦","利"前無"之"字,
"示"作"視"。乙本"勝"作"朕","脫"作"說","利"
前亦無"之"字,"柔弱勝剛强",傅本作"柔之勝剛,弱之勝
彊",景龍碑本作"柔勝剛,弱勝强"。"國之利器不可以示人",
景龍本作"國有利器,不可示人",傅本"國"作"邦"。"示
人",一本作"借人"或"假人",今一律從河、王本。

"是謂微明":高延第曰:"首八句卽禍福盛衰倚伏之幾,
天地自然之運,似幽實明。'微明',謂微而顯也。"

"國之利器不可以示人",蔣錫昌曰:"'利器'二字,當
指人君賞罰之權而言,所以控制臣下者也。'國之利器不可以示
人',言人君嘗罰之權不可以示人也。"

本段意爲:這中間的道理可謂微妙而彰明。柔弱可以戰勝剛
强。魚兒不可以脫離深淵,國君的權術不可以昭示於人。

# 簡　　析

本章集中體現了老子的"南面術"。

老子書歷來被稱爲"人君南面之術。"這種"南面術",乃
是統治者駕馭臣下治理百姓的一套手法和權術。本章就帶有這種

色彩。蔣錫昌曰："本章自'將欲歙之'以下，言人君控制臣下之術；自'魚不可脫於淵'以下，言人君控制臣下之權。"全章貫穿着"權術"二字。王夫之曰："斯道也，用兵者以爲制人之機，欲富者以爲巧取之術，……是則忍也，容也，異端之所寶，權謀者之所尚也。"盡管如此，其中仍包含着合理的因素。

(1) 首先，上半部分揭示了一種鬥爭藝術，其中有着樸素的辯證法。老子把"歙之"與"張之"，"弱之"與"強之"，"去之"與"舉之"、"奪之"與"予之"作爲四對矛盾來處理，揭示了矛盾雙方的對立統一關係。"將欲歙之，必故張之"，意味着"張"中有"歙"，"張"可以轉化爲"歙"；"將欲弱之，必故強之"，意味着"強"中有"弱"，"強"可以轉化爲"弱"；"將欲去之，必故舉之"，意味着"舉"中有"去"，"舉"可以轉化爲"去"；"將欲奪之，必固予之"，意味着"予"中有"奪"，"予"可以轉化爲"奪"。這一切，都集中地表達了這樣一個思想：矛盾着的雙方：一方面互相對立，一方面又互相包含、互相轉化，亦卽相反相成。這無疑是辯證法的閃光。

(2) 老子上面的鬥爭藝術，是他的柔弱勝剛強思想的具體運用。老子之所以強調從放開對方中來達到牽制對方的目的，從增強對方中來達到削弱對方的目的，從推舉對方中來達到除去對方的目的，從給予對方中來達到奪取對方的目的，就是因爲他堅信柔能勝剛，弱能勝強，這正是老子以退爲進，以屈求伸思想的集中闡發。

(3) 老子強調"國之利器不可以示人"，照蔣錫昌的理解，此意"言人君賞罰之權不可以示人也"。這一思想後來對韓非影

響很大，韓非在建立 " 法術勢 " 的思想體系中，曾對 " 術 " 作了
這樣的表達 : " 術者，因任而授官，循名而責實，操生殺之柄，
課群臣之能者也。此人主之所執也。 "

# 第三十七章

道恒無爲而無不爲㈠。侯王若能守之，萬物將自化㈡。
化而欲作，吾將鎭之以無名之樸㈢。鎭之以無名之樸，
夫將不欲。不欲以靜，天下將自正㈣。

## 校　　注

㈠　"道恒無為而無不為"。

此句帛書甲乙本並作"道恒無名"，但通行各種版本均作
"道常無爲而無不爲"。帛書恐涉三十二章而誤，今從衆。惟將通
行本之"常"改作"恒"，以存帛書之風貌。

釗按："道恒（常）無爲而無不爲"，注家衆說紛紜。河上
公曰："道以無爲常也，言侯王若能守道，萬物將自化效於己也。"
王弼云："'道常無爲'，順自然也；'而無不爲'，萬物無不
由爲以治以成之也。"王安石說："侯王守道，則無爲也；萬物
將自化於道，故無不爲也。"吳澄注："道之無爲，久而不變，
非特暫焉而已，故曰常無爲。雖一無所爲，而於所當爲之事，無
一不爲也。若無爲而事有廢缺，則亦何取其無爲也哉。此之無爲，
蓋性焉安焉者也。"錄之如上，以供參考。

本句意爲：道永遠無爲，而沒有什麼事不可爲。

(二)　"侯王若能守之，萬物將自化。"

帛書乙本同此，甲本"化"作"爲"，"爲"當是"憍"之異體字，《字滙》："憍，居僑切，音驕，諧也。"則"爲"有和諧之義，"自爲"即自己和諧，自己平衡之謂也，亦通。今從乙本及諸今本作"自化"。

本句意爲：侯王若能堅守無爲之道，萬物就可以自己變化而成。

(三)　"化而欲作，吾將鎮之以無名之樸。"

河、王、傅本及其他諸今本均如此。帛書乙本基本同校文，惟"鎮"作"闐"，甲本"欲"後脫七字。

"化而欲作"：言變化而欲念興作。

"鎮"：吳澄曰："鎮謂壓定"。

"無名之樸"：歷來注家看作形名結構，恐非是。此"無名"與"樸"，是並列之詞，講的是道的兩種特性，一爲"無名"，一爲"樸"，故"之"字當訓爲"與"。《廣釋詞》："'之'，猶"與"，連詞，訓見《經傳釋詞》。《戰國策·趙策一》："'奚擇有功之無功爲知哉'，謂有功與無功也。"此"無名之樸"即"無名與樸"是也。"無名"與"樸"本是道的兩種特性，有時也作爲道的別稱，如看作形名結構，是用"道"的別稱來形容

"道"的別稱,有牽強之嫌。"吾將鎮之以無名之樸",猶言我將用道的"無名"和"樸"兩種特性來壓定它。"無名","樸"都體現了無欲的思想。

本段意爲:變化而欲念興作,我將用"無名"和"樸"這兩種東西來克制它。

(四) "鎮之以無名之樸,夫將不欲。不欲以靜,天下將
自正。"

帛書甲本"樸"作"楃";"欲"作"辱";"靜"作"情";"天下"作"天地"。乙本"欲"亦作"辱";"天下"亦作"天地",餘同校文。河本此段爲:"無名之樸,亦將不欲。不欲以靜,天下將自定。"王本近河本,惟"亦"作"夫";前"不欲"作"無欲"。傅本"靜"作"靖"。按:帛書"不辱"當徒衆本作"不欲","欲"、"辱"音近而誤;"天地"當從衆本作"天下"。"鎮之以"三字諸本無,但帛書甲、乙本均有,有此三字爲優,今依帛書。

吳澄曰:"欲作之時,必將以此無名之樸鎮壓其有心之欲,以道自治也。既以此無名之樸鎮其欲,則其欲亦將不欲矣。"

"天下將自正":言天下將自正定也(河上公說)。

本段意爲:用"無名"和"樸"這兩種東西來克制它,就能達到"無欲"的境界。"無欲"就能導致安靜,從而使天下太平無事。

# 簡　析

　　本章貫穿着無爲之道。

　　“無爲”是老子哲學的一個重要範疇。什麼叫“無爲”呢？王弼注曰：“順自然也”。把“順自然”看作“無爲”，確是老子無爲思想的一個重要方面。但是，老子的“無爲”也含有不作不爲之意，第四十七章：“聖人不行而知，不見而名，不爲而成。”此處的“不爲而成”就是認爲君主不用作爲可以取得成功。

　　老子關於“無爲”思想的上述兩種傾向，後來都在中國哲學史上產生了深遠的影響，以莊子爲代表的一些人，從消極方面發展了老子的無爲思想；以淮南王劉安爲代表的一些人，則從積極方面發展了老子的無爲思想。

　　莊子誇大了順從自然的思想，結果主張消極地順應自然，反對人們對自然物的改造。他說：“天無爲以之清，地無爲以之寧，故兩無爲相合，萬物皆化生，萬物職職（繁多貌），皆從無爲殖。”（《莊子·至樂》）在他看來，世間萬事萬物都是“無爲”的結果。他所謂“無爲”，包含有反對改造自然之意，說：“天下有常然，常然者，曲者不以鈎，直者不以繩，圓者不以規，方者不以矩，故天下誘然皆生而不知其所以生，同焉皆得而不知其所以得。”（《莊子·駢拇》在莊子看來，物之曲、直、圓、方，都是天下之“常然”，應當聽之任之，不要改造它。他明確提出“不以心捐道，不以人助天”，說：“何謂天？何謂人？牛馬四足是謂天，落（絡）馬首，穿牛鼻是謂人。”他認爲人爲毀壞了自然，是不可取的，說：「夫大塊載我以形，勞我以生，佚我以老，息我以死；故善吾生者，乃所以善吾死也。今大冶鑄金，金踴躍曰：「我且必爲鏌鋣，大冶必以爲不祥之金。今一犯人形，而曰『人耳！人耳！』夫造化者必以爲不祥之人。今一以天地爲大爐，以造化爲大冶，惡乎往而不可哉？」（《莊子·大宗師》）這實際上是要人們對自然「唯命是從」，反對人對自然的改造。莊子這種消極的適應自然，導致最後在人生哲學上提倡悲觀厭世，消極無爲，他甚至主張「墮肢體，黜聰明，」做一個「形同槁木，心如死灰」的木偶，從而把老子的「無爲」變成了道地的無所作爲。

　　同莊子走着相反的道路，劉安等從積極方面發揮了老子的無爲思想。《淮南子·脩務訓》曰：「夫地勢水東流，人必事焉，然後水潦得谷行；禾稼春生，人必加功焉，故五谷得遂長；聽其自流，待其自生，則鯀禹之功不立，而後稷之智不用。若吾所謂『無爲』者，私志不得入公道，嗜欲不得枉正術，循理而舉事，因資而立功，權自然之勢而曲故（高誘注：「巧詐也」）不得容者；政事（一作「事成」）而身弗代，功立而名弗有。非謂其感而不應，攻而不動者。若夫以火熯井，以淮灌山，此用己而背自然，故謂之有爲。若夫水之用舟，沙之用鳩，泥之用輴，山之用蔂。夏瀆而多陂，因高爲田，因下爲池，此非吾所謂爲之。」劉安這裏所說的無爲和有爲，體現了人們按規律辦事的主觀能動作用，是新興地主階級積極進取的表現。到了宋代，王安石用「本」、「末」兩範疇對「無爲」作了合理的說明。他說「道有本有末。本者，出之自然，故不假人之力而萬物以生也。末者，涉乎形器，故待人力而後萬物以成也。夫其不假人之力而萬物以生，則是聖人可以無言也，無爲也；至乎有待於人力而萬物以成，則是聖人之所以不能無言也，無爲也。」王安石用"不假人力"與"假人力"來區別"無爲"和"有爲"，既肯定了自然力的作用，也肯定了人改造在自然中的作用，把道家無爲思想推到了新的高度。

德經篇

# 第三十八章

上德不德，是以有德。下德不失德，是以無德㈠。上德無
爲而無不爲也，上仁爲之而無以爲也，上義爲之而有以
爲也㈡，上禮爲之而莫之應也，則攘臂而扔之㈢。故失
道而後德，失德而後仁，失仁而後義，失義而後禮，夫
禮者，忠信之薄而亂之首也㈣。前識者，道之華而愚之
首也。是以大丈夫居其厚而不居其薄，居其實而不居其
華，故去彼而取此㈤。

## 校　　注

㈠　“上德不德，是以有德；下德不失德，是以無德。”

帛書乙本同此，甲本脫損嚴重，僅存末尾一個“德”字。河
本、王本、傅本以及其他多種版本概同乙本。

蔣錫昌曰：“河上公云‘上德謂太古無名號之君，德大無上，
故言上德也。不德者，言其不以德敎民，因循自然，養人性命，
其德不見，故言不德也。’其言是也。王注：‘德，得也’。‘上
德不德’，言最得利益之君不以德爲事也；‘是以有德’，言
其結果反有得也。‘下德’指俗君而言，意謂其所得之利益最下
也。‘下德不失德’，言得利最下之君持德不失也，‘是以無德’，

言其結果反無得也。”此說可供參考。

本段意爲：上德之人不以得爲事，所以有所得；下德之人持得不失，所以無所得。

(二) “上德無爲而無不爲也。”

帛書乙本此句作“上德無爲而無以爲也”，甲本“無以爲”前脫損二字，餘同乙本。河本、王本同乙本，惟末尾無“也”字，考傅本作“上德無爲而無不爲”。陶方琦曰：“《文選•魏都賦》注引亦作‘無不爲’。”俞樾曰：“《韓非子•解老篇》作‘上德無爲而無不爲也’，蓋古本如此。今作‘無以爲’者，涉下‘下仁’句而誤耳。傅奕本正作‘不’。”俞說是，從之。

釗按：此句下河、王本均有“下德爲之而有以爲”一句，傅本有“下德爲之而無以爲”一句。帛書甲乙本並無“下德”句。從文意來看，以無此“下德”句爲優。因爲所謂“下德”，實即“上仁”、“上義”、“上禮”三者，下文云“上仁爲之而無以爲也，上義爲之而有以爲也，上禮爲之而莫之應也，則攘臂而扔之。”這裏對下德的三種表現已作具體闡發，如前面再增一“下德”句，則使上下文不相融貫。比如，若此“下德”句作“下德爲之而有以爲”（如同河、王本那樣），則與“上義”句重複，而和“上仁”句相悖；如此“下德”句作“下德爲之而無以爲”（如同傅本那樣），則又與“上仁”句重複而和“上義”句相悖。是上述兩種“下德”句無論取何句，其在此文中都屬“贅瘤”。爲解決這一矛盾，馬其昶主張把此“下德”句改作“下德無爲而有以爲”。他說：“ “無爲”舊作“爲之”，誤同“上義”句，傳本又誤同“上仁”句。注家強爲之說，皆非是，今爲正之：德有上下，其無爲一也，以其不失德，故雖無爲之中，而仍有以爲。（《老子故》）此說似是有理，實則非也。其一，將“下德爲之”改作“下德無爲”，無古本可證，有“無據改經”之謬；其二，作“下德無爲”則與“上仁爲之”、“上義爲之”、“上禮爲之”三句相悖，不但未擺脫原來的困境，反而造成更大謬誤。根本的問題在於此“下德”句不應當有。今帛書無此句，問題迎刄而解，故今本當從帛書刪去“下德”句。

　　本句意爲：上德之人無爲而沒有什麼不可爲。


　　㈢　“上仁為之而無以為也；上義為之而有以為也；上
　　禮為之而莫之應也，則攘臂而扔之。”


　　河、王、傅諸本均同此，惟前三句無“也”字。帛書乙本首句同校文，第二句“上義”作“上德”，實誤，當據甲本改作“上義”。末句“扔”寫爲“乃”。甲本首句“上仁爲之”後脫二字；第三句“上禮”後全脫損，且第四句“則”字亦脫損。“扔”亦寫爲“乃”。今一律據河、王本訂正。

　　釗按：此章“無以爲”與“有以爲”古今注家衆說紛紜，河上公曰：“上仁爲之”、“上仁”謂行仁之君，其仁爲上，故言“上仁”也，“爲之”者爲仁恩。“而無以爲”，功成事立無以執爲；“上義爲之”爲義以斷割也，“而有以爲”動作以爲己，殺人以成威，賊下以自奉也。”吳證曰：“以，猶用也”。據此吳氏將“無以爲”解作“無用於爲”；“有以爲”解作“有用於爲”。
高亨曰：“‘無以爲’者，無所因而爲之，無所爲而爲之；‘有
以爲’者，有所因而爲之，有所爲而爲之。”許抗生曰：“‘無
以爲’，意卽沒有什麼目的而爲”與此相應，許氏在譯文中把
“有以爲”釋爲“有目的而爲。”陳鼓應據林希逸注（該注曰：
“‘以’者，有心也。‘無以爲’是無心而爲之也”）把“無以
爲”釋作“無心作爲”，“有以爲”釋爲“有心作爲”。推敲以
上諸家之說，似都於義未安。惟蔣錫昌氏把“無以爲”釋作“無
所爲”，“有以爲”釋作“有所爲”，其訓譯此段，文通理順，
曰：“‘上仁’，以仁爲上之君也；‘上義’，以義爲上之君也。
‘上仁爲之而無以爲’，言上仁之君，立善行施，而並無所爲。
‘上義爲之而有以爲’，言上義之君，立分正名，以防僭竊。故
‘有所爲’也。”從之。

“攘臂而扔之”：“扔”，景龍碑等多種版本作“仍”，範
應元曰：“‘扔’字王弼與古本同”。則範所見古本作“扔”，
今帛書寫作“乃”。“乃”爲“扔”之聲假。朱謙之曰：“作
‘扔’是也。《廣雅》曰：‘扔，引也。’《廣韻》曰：‘扔，
強牽引也。’‘扔’與‘仍’音義同，但‘扔’字從手，與攘臂
之義合。”高亨曰：“古人攘臂，援其袂而纏以繩……或上捲其
袂而不纏繩，《廣韻》：‘揎袂出臂曰攘，’是也。《孟子·盡
心篇》：‘馮婦攘臂下車’，《莊子·人間世篇》：‘支離疏攘
臂於其間’，《呂氏春秋·知分篇》‘次非攘臂袪衣’，《戰國
策·齊策》‘交游攘臂而議於世’，《淮南子·兵略篇》‘陳勝
興於大澤，攘臂袒右’，可證‘攘臂’古代習用語也。陸（指陸

德明——引者）訓‘扔’爲‘引’是也。《廣雅·釋詁》：‘扔，引也。’攘臂而扔之者，謂攘臂以引人民使就於禮也。”此說可供參考。

本段意爲：上仁之人推行仁，而其實無所爲；上義之人推行義，而不得不有所爲。上禮之人推行禮，若無人響應，就揎衣出臂，強行人家服從其禮。

㈣　“故失道而後德，失德而後仁，失仁而後義，失義而後禮。夫禮者忠信之薄而亂之首也。”

帛書乙本大致同此，惟下面三“後”字誤作“句”字，“薄”寫爲“泊”（“泊”、“薄”古通）；“亂”寫作“𤔔”。“薄”下有一“也”字（此“也”疑衍）。甲本此段作“故失道矣。失道矣而後德，失德而後仁，失仁而反義□義□□□□□□□□□而亂之首也。”同乙本相較，甲本多“失道矣”三字且下“失道”後多一“矣”字。但河、王、傅本均同乙本（惟句末無“也”字）未重“失道矣”三字（且“失道”後無“矣”字），今依帛書乙本，並據傅本刪去“薄”下之“也”字。

按：後句“而”字當作“與”字解。《詞詮》：“而，等立聯詞，與也。”“忠信之薄而亂之首也”，猶言“忠信之薄與亂之首也”。

河上公曰：“‘故失道而後德’，言道衰而德化生也；‘失德而後仁’，言德衰而仁愛見也；‘失仁而後義’，言仁衰而分義明也；‘失義而後禮’，言義衰則施禮並行玉帛；‘夫禮者忠信之薄’，言禮廢本治末，忠信日以衰薄，‘亂之首’禮者賤質而貴文，故正直日以少，邪亂日以生。”劉師培曰：“老子之旨，蓋言道失則德從，德失則仁從，仁失則義從，義失則禮從，後失者，從之而失也。”

本段意爲：所以，喪失了“道”，而後才有“德”；喪失了“德”，而後才有“仁”；喪失了“仁”，而後才有“義”；喪失了“義”，而後有有“禮”。至於那個“禮”，乃是忠信的衰薄與禍亂的開端。

㈤　“前識者，道之華而愚之首也。是以大丈夫居其厚
　　而不居其薄；居其實而不居其華，故去彼取此。”

帛書甲乙本大致如此，甲本“前識者”三字脫（據乙本補上），“華”下有一“也”字（據傅本刪去），“薄”寫爲“泊”，“彼”寫爲“皮”。乙本“是以大丈夫居其厚而不居其薄”，作“是以大丈夫居□□□居其泊”，前“居”下脫三字，從上下文看，當是少一“而”字，此據甲本。此外，其“彼”訛爲“罷”，“取此”前有一“而”字（甲本無“而”，從甲本），且“道之華”後亦有“也”字，亦據傅本刪去。河、王本同帛書乙本相近，惟首句末無“也”字，“愚之首”作“愚之始”。“居其厚”，“居其實”之“居”作“處”。傅本“居”均作“處”。“愚之首”亦作“愚之始”，餘同校文。

“前識”，《韓非·解老》云：“先物行，先理動，謂之前識。前識者，無緣而妄意度者也。”蔣錫昌：“‘前識者’，猶

言先知者。”

　　“愚之首”：河上公注：“言前識之人愚闇之倡始。”（河
上公本作“愚之始”）易順鼎曰：“‘愚’當作‘遇’，即《書•
盤庚》‘暫遇姦宄’之‘遇’。又《淮南》‘偶睒智故’之‘偶’，
《呂氏春秋•勿躬篇》‘幽詭愚險之言’王氏《經義述聞》以爲
‘愚’即‘遇’、‘愚’、‘遇’古字通用。知此書才然矣。‘愚
之始’，即邪僞之始也。”以上二說似以易氏之說爲長，“愚”，
在此章當作“邪僞”解。

　　“故去彼取此”，高亨曰：“五字疑後人注語。”

　　本段意爲：所謂先知，那是道的虛華與邪僞的開端。所以，
大丈夫處身於淳厚而不處身於澆薄，處身於樸實而不處身於虛華。
因而要去掉澆薄與虛華，採納淳厚與樸實。


# 簡　　析


　　本章着重言“德”。

　　本章是《德經》的首章，故老子開宗明義，反覆闡明自己關
於“德”的思想。他把“德”分爲“上德”與“下德”兩種類型，
並且旗幟鮮明地褒揚“上德”，批判“下德”。

　　什麼是“上德”呢？從文意來看，此“上德”（即上善之德）
指的是“無爲之道”。老子說：“上德不德，是以有德。”上德
之人不以“得”爲事，所以有所得。不以“得”爲事反而有所
“得”，這正是“無爲”而又“無不爲”思想的體現，故下文說：
“上德無爲而無不爲也。”此“上德”，老子有時又稱爲“玄德”，

第十章說："生之畜之，生而弗有，爲而弗恃，長而弗宰，是謂玄德。"這裏所謂"弗有"、"弗恃"、"弗宰"，意思都是相通的，即無爲而任自然。因此，老子所言的"上德"或"玄德"，就是無爲之道。

什麼是"下德"呢？從文意來看，老子所謂的"下德"（即鄙下之德）包括"仁"、"義"、"禮"等範疇，它們雖然內容和形式各有不同，但有一點是共同的，即都推行有爲之道。文中所謂"上仁爲之"、"上義爲之"，"上禮爲之"，都貫穿着一個"爲"字，可見"下德"的要害在於"有爲"，是有爲之道的體現。

因此老子贊揚"上德"，批判"下德"，實際上是讚揚無爲之道，批判有爲之道。在老子看來，上德無爲而無不爲；反之，下德有爲却越爲越糟。你看："上仁爲之而無以爲，上義爲之而有以爲，上禮爲之而莫之應也，則攘臂而扔之。"上仁雖然爲，但由於它離上德較近，所以雖"爲之"，却是"立善行施，而並無所爲"，到了"上義"則不同了，"立分正名，以防僭竊"，故不得不有所爲；到了"上禮"，簡直是違背自然而爲，一旦得不到響應，就揎衣出臂，強迫別人順從，這種強力而爲或勉強作爲，只能是"道之華而愚之首。"爲老子所不取。在老子看來，社會的倒退，在於無爲之道的喪失，他說："失道而後德，失德而後仁，失仁而後義，失義而後禮，夫禮者忠信之薄而亂之首也。"這裏告訴我們，由道而德，由德而仁，由仁而義，由義而禮，社會每下愈況，世道日衰，其所下所衰的根本原因，在於無爲之道的日益喪失，有爲之道日益盛行，這正是老子對儒家仁、義、禮

等進行無情抨擊的根由。老子對仁、義、禮等強烈的抨擊，是對
當時爾虞我詐的社會現實的間接批判。

# 第三十九章

昔之得一者，天得一以清，地得一以寧，神得一以靈，
谷得一以盈，侯王得一以爲天下正㈠。其致之一也，謂
天毋以清將恐裂，地毋以寧將恐發，神毋以靈將恐歇，
谷毋以盈將恐竭，侯王毋以貴高將恐蹶㈡。故貴必以賤
爲本，高必以下爲基㈢。是以侯王自謂孤、寡、不穀。此
其以賤之爲本歟？非也㈣？故致數與無與。是故不欲祿
祿若玉，硌硌若石㈤。

## 校　　注

㈠　“昔之得一者，天得一以清，地得一以寧，神得一
以靈，谷得一以盈，侯王得一以為天下正。”

“昔之得一者”甲本及河、王、傅諸本概同此，乙本少一
“之”字，疑掩，此從甲本。

“天得一以清，地得一以寧”帛書及河、王、傅諸本均同此，
甲本第二句脫損一“一”字。

“神得一以靈，谷得一以盈”河、王、傅本同此，帛書亦大
致同此，惟兩本“靈”寫作“霝”，“谷”並作“浴”。“谷”、
“浴”古通，此從眾本作“谷”。

按：河、王、傅本以及其他傳本，在“谷得一以盈”句下，均有“萬物得一以生”句，但帛書甲乙本概無此句，且下文亦無“萬物毋以生將恐滅”之對應句，可知不是誤脫。羅振玉曰：“敦煌戊本無此句”，考嚴遵本亦無此句，當是古本如此。此從帛書。

“侯王得一以爲天下正”，帛書乙本及河本同此，甲本有脫損，作“侯□□□而以爲正。”此從乙本。傅本“侯王”作“王侯”；“正”作“貞”。王本“正”亦作“貞”。

“昔”，河上公注“往也”，王弼注“始也”，都是從“過去”的意義上來理解它，從之。

“正”，主也。

“一”，指“道”，實卽元氣或精氣。

本段意爲：已經得到“一”的事物〔各有所成〕：天得到“一”而清明，地得到“一”而安寧。神得到“一”而英靈，低谷得到“一”而充盈，侯王得到“一”而成爲天下的統領。

　　㈡　“其致之一也，謂天毋以淸將恐裂，地毋以寧將恐發，神毋以靈將恐歇，谷毋以盈將恐竭，侯王毋以貴高將恐蹶。”

“其致之一也”傅本同此，帛書甲、乙本均無“一”字，“致”作“至”；乙本無“之”字。河、王本亦無“一”字，且無“也”字。

按：此句當以傅本有“一”字爲優。蓋老子把“一”看作成就一切的基本要素，得到“一”者，“天淸”、“地寧”、“谷盈”、“神靈”、“王正”。那麼失去“一”將會造成怎樣的後果呢？“其致之一也”正是承上啟下地提出這一問題，故傳本保存了這個“一”字，十分可貴。“其”，《古書虛字集釋》：“其，猶若也，訓見《經傳釋詞》”；“致”，歷來注家多訓爲“推致”，失之。此“致”，當從溫少峯說訓委致，棄致。他說：“此‘致’當卽《論語・學而》‘事君而致其身’之‘致’。朱注：‘致，委也’。《廣雅・釋詁》：‘委，棄也’。是‘致’有‘委致’、‘棄致’之義。”從之。“之”，猶此也。《詞詮》：“之，指示形容詞，此也。”“其致之一也”，猶言“若棄此一也”。

“謂天毋以清將恐裂，地毋以寧將恐發”。帛書乙本“謂”作“胃”。“裂”，作“蓮”，“以”作“巳”，餘同校文。甲本“謂”亦作“胃”，“以”亦作“巳”，其“裂”、“以寧”、“發”諸字損脫，且“地”前多一“胃”字。河、王本均無“謂”字，且“毋”作“無”。餘同校文。

“發”，劉師培曰：“‘發’讀爲‘廢’，《說文》：‘廢，屋頓也’。《淮南子・覽冥訓》‘四極廢’，高注：‘廢，頓也’《左傳》定三年：‘廢於爐炭’。杜注‘廢，墮也’，頓墮之義與傾圮同。‘恐發’者，猶言將崩圮也，卽地傾之義。‘發’爲‘廢’字之省形。”從之。

“神毋以靈將恐歇，谷毋以盈將恐竭。”河、王、傳本同此，唯“毋”作“無”。帛書甲本“靈”作“需”，“竭”作“渴”，“谷”作“浴”，“以”作“巳”，前句“將”字脫損，且兩句前各有一“胃”字。乙本有脫損，作“神毋□□□恐歇谷毋巳□

將竭"，掩一"恐"字。此依河、王、傅諸本。

"侯王毋以貴高將恐蹶"，河本同此，惟"毋"作"無"。王本"蹶"作"蹷"，"毋"亦作"無"。帛書乙本"以"作"巳"，"貴"下多一"以"字，"蹶"作"厥"。甲本脫損嚴重，作"侯王毋巳貴□□□□"。

按："蹶"，一作"蹷"，顛敗也（蔣錫昌說）。

本段意爲：如果拋棄了這個"一"，則天不得清明恐會崩裂，地不得安寧恐會傾塌，神不得英靈恐會止歇，低谷不得充盈恐會枯竭，侯王不得貴高恐會廢黜。


㈢　"故貴必以賤爲本，高必以下爲基。"


景福本、陸希聲本以及《群書治要》本蓋同此。河本後句同，前句少一"必"字，然觀其注中有"必"字，故經文字當有"必"字。王本及傅本無上下兩"必"字，且王本無"故"字。帛書乙本作"故必貴以賤爲本，必高矣而以下爲壇（基)"。甲本同乙本，惟前句"貴"下多一"而"字。兩本均將"必"字放置句前，文不順暢，恐誤，今從景福和陸希聲諸家本。

兩句意爲：所以榮貴必以低賤爲根本，高尙必以賤下爲基礎。


㈣　"是以侯王自謂孤、寡、不穀，此其以賤之爲本歟，非也？"

帛書甲本"是"前有"夫"字，"自謂"後脫一字（帛書甲本《釋文》補作"曰"字），縠省作"熹"，"此其以賤之爲本歟，非也？"作"此其賤□□與非□"；乙本"是"前亦有"夫"字，"縠"亦省作"熹"，"此其以賤之爲本歟，非也"作"此其賤之本歟，非也"，"其"後無"以"字，"之"後無"爲"字，對照今本，河、王本作"此非以賤爲本耶，非乎？"傅本作"是其以賤爲本也，非歟？"，"賤"前均有"以"字，"本"前均有"爲"字，今據補。首句"夫"字各本並無，疑衍，今據刪。

"自謂"：易順鼎曰："'自謂'當作'自稱'。四十二章云'人之所惡，唯孤，寡，不縠，而王公以爲稱'，則此亦必作'稱'也。《淮南》高注正作'稱'。《文選》邱希範《與陳伯之書》注引此作'王侯自稱孤、寡、不縠'，皆可證。"言雖有理，然帛書及今諸通行本並作"謂"，"稱"，"謂"互通，似不必強求與四十二章"稱"字一律。《老子》書中之字，常變通使用，拿"道"來說，有時稱"大"，有時稱"一"，字雖相殊，義卻相同，況"稱"，"謂"本來互通，更可變換使用。"孤、寡、不縠"。奚侗曰："左僖四年《傳》：'豈不縠是爲？'杜注：'孤、寡、不縠，諸侯謙稱，孤，云孤獨；寡，云少德；不縠，不善也。'"從之。

"其"指侯王。

本段意爲：所以，侯王稱呼自己爲"孤"爲"寡"、爲"不縠"，這就是他們以低賤作爲根本。不是嗎？

㈤　"故致數與無與，是故不欲祿祿若玉，硌硌若石。"

"故致數與無與"，帛書甲本同此。乙本"致"作"至"，"與"作"輿"。王本、龍興觀御注本，《淮南·道應篇》"與"亦作"輿"，和乙本同。河上本、景龍碑本、顧歡本、景福本等"與"並作"車"，傅本，明太祖注本，宋徽宗注本以及陸德明《釋文》等"與"均作"譽"，今依帛書甲本作"與"。"與"，讀爲"譽"。高延第曰："陸氏《釋文》出譽字，注'毀譽也'，是原本作'譽'，由'譽'僞爲'與'，由'與'僞爲'車'，後人反謂《釋文》爲誤，非也。"易順鼎曰："據《釋文》王本作'譽'，按：'譽'乃美稱。'致數譽無譽'即'王侯自稱孤、寡、不穀'之義。稱孤、寡、不穀是致數毀也。然致數毀而終不毀。若有心致數譽，將反無譽矣。作'輿'義不可通，當以作'譽'爲是。"羅運賢曰："譽，毀譽也，吳澄本'輿'作'譽'，《焦氏考異》：'輿'，古作'譽'、蓋'譽'字於義始通，疑此文本作'致數與無與'（釗按：今帛書甲本正作'與'）'與'、'譽'古通（射義鄭注：'譽'或爲'與'），'數'，計也，'數譽無譽'，言計譽反無譽也。侯王自謂孤寡不穀，此不計譽矣，而譽自歸之，然則計譽無譽甚明。《淮南·說山訓》'求美則不得美，不求美則美矣'，注'心自求美則不得美名也'而自損則有美名也。故老子曰：'致數輿無輿也'。文雖作'輿'，而以美名爲釋，知其讀爲譽也，頗識此意。"釗按：以上諸家之說俱言之成理，作"譽"是。"與"，"輿"互通，《左傳·襄十年》："王叔陳生與伯輿爭政"，《釋文》："輿，本作與。"

“與”，“譽”古通。本章“譽”爲本字，“與”，“輿”皆爲借字，作“車”乃由“輿”字之假。《說文》：“輿，車也。”今從帛書甲本作“與”，讀爲“譽”。

“是故不欲祿祿若玉”帛書乙本同，甲本“祿祿”二字脫損，河、王本此語作“不欲琭琭如玉”，無“是故”二字，傅本作“不欲碌碌若玉”亦無“是故”二字，今依帛書乙本。

“硌硌若石”帛書乙本同此，甲本後三字脫損，僅存“硌”字，河本，傅本作“落落如石”，王本作“珞珞如石”，此從乙本。

朱謙之曰：“‘琭琭’，或作‘碌碌’，或作‘淥淥’，又作‘祿祿’，又作‘鹿鹿’；‘落落’或作‘珞珞’，或作‘硌硌’，蓋皆一聲之轉，與傳寫之異，古人通用。”從之。

高亨曰：“琭琭，玉美貌，珞珞，石惡貌。琭字《說文》無，古當作‘錄’，《說文》‘錄，金色也。’《玉篇》：‘錄，貝文也。’則施之於玉，狀玉色文之美可知矣。珞字《說文》亦無，古當作‘落’。《晏子·內篇間下》：堅哉石乎，落落，視之則堅，無以爲久，是以速亡也。‘落落’正石惡之貌也。”釗按：高氏把“琭琭”釋爲“玉美貌”可通，但把“落落”訓爲“石惡貌”則恐誤，其引《晏子·內篇》作“堅哉石乎，落落，視之則堅。”可知“落落”乃石堅貌，非狀其醜也。

本段意爲：所以，使之多譽反而無譽。因此，不要像美玉那樣閃閃發光，也不要像石頭那樣落落堅硬。

# 簡　析

本章分上下兩部分，上部分講的是本體論的問題，下部分講的是貴柔之道。

首先，關於本體論問題。老子說：“昔之得一者，天得一以清，地得一以寧，神得一以靈，谷得一以盈，侯王得一以爲天下正。”這裏連續用了六個“一”字，並且這個“一”能使“天清”、“地寧”、“神靈”、“谷盈”、“侯王正”。可見，“一”是構成萬物的原始要素。《呂氏春秋・論人篇》曰：“凡彼萬形，得一後成。”這句話是對上段文字最好的注釋。此“一”是什麼呢？馮友蘭說：“這裏所說的‘一’也是指精而言，……‘一’就是精氣。”《呂氏春秋・盡數篇》還有這樣一段精僻的話：“精氣之集也，必有入也。集於羽鳥，與爲飛揚；集於走獸，與爲流行；集於珠玉，與爲精朗；集於樹木，與爲茂長；集於聖人，與爲敻明。”《呂氏春秋》的作者，認爲精氣——鳥得之而能飛，獸得之而能走，珠玉得之而能朗，樹木得之而能長，聖人得之而能明，這同老子所謂“天得一以清，地得一以寧……”意思完全一致。可見《呂氏春秋》所言的“精氣”即老子所謂“一”也。高亨注本章之“一”曰：“諸‘一’，即‘道’之別名也。”而“一”指精氣，則道亦爲精氣無疑。在老子看來，“道”構成了萬物，而萬物又離不開“道”。離開了“道”，天就不能清，地就不能寧，神就不能靈，谷就不能盈，侯王就不能正。而：“天毋以清將恐裂，地毋以寧將恐發，神毋以靈將恐歇，谷毋以盈將恐竭，侯王毋以貴高將恐蹷。」可見，「道」對於萬物的生存起着多麼重要的作用，它不愧稱爲萬物之母，天地之根。顯然，這裏談的是本體論的問題。

其次，本章還闡明了「貴柔」之道。老子說：「故貴必以賤爲本，高必以下爲基。」提倡「以賤爲本」、「以下爲基」正是老子處柔守弱的思想體現。在老子看來，「賤」中有「貴」，「下」中有「高」，「賤」可以轉化爲「貴」，「下」可以轉化爲「高」。所以，欲求「貴」必以「賤」爲根本；欲求「高」，必以「下」爲基礎。這是符合辯證法的。它在哲學上爲侯王「自謂孤、寡、不穀」找到了理論根據。「自謂孤、寡、不穀」，是以賤爲本，以下爲基，故侯王終能得高貴。反之，如果不以賤爲本，不以下爲基，而一味地去謀求高譽，結果是「致數譽無譽」，事與願違，適得其反。因此老子告誡人們，「不欲琭琭若玉，硌硌若石」。其謙下柔弱之道說得多麼透徹。

# 第四十章

**反也者道之動也㈠；弱也者道之用也㈡。天下之物生於有，有生於無㈢。**（此章帛書排在四十一章下、四十二章上）

## 校　　注

㈠　"反也者道之動也。"

帛書乙本同此，甲本脫"反也者"三字，餘同乙本。河本、王本、傅本及其他多種版本，此句均作："反者道之動"，無二"也"字，今從帛書。

朱謙之曰："'反'，復也，此《易》義也。《易·復象》曰：'反復其道，七日來復，天行也，其見天地之心乎！'《雜卦》傳曰：'復'反也。《乾·象傳》曰：'終日乾乾，反復道也。'《泰·象》曰：'無平不陂，無往不復。'反即復也。故老子曰：'萬物並作，吾以觀其復，夫物芸芸，各復歸其根，歸根曰靜，靜曰復命'。又曰：'復歸於嬰兒'、'復歸於無極'、'復歸於樸'，此復之，即返而歸之也。'大曰逝，逝曰遠，遠曰反'，此待其遠而後反也，反自是動，不動則無所謂反，故曰'反者道之動'。"按：朱說是，"反"，復也，"復"即向相反的方向回復。另外，"反"還有"相反"的意思。

　　本句意爲：向相反的方面轉化是道的運動。

　　㈡　"弱也者道之用也"。

　　帛書甲本同此，乙本脫損"弱也"二字，餘同甲本。河、王、傅本及其他版本均作"弱者道之用"，無二"也"字，今依帛書。

　　吳澄曰："道之體則虛用，則必以弱爲事，弱者，虛而不盈也。"

　　高亨曰："道善利萬物而不爭，是以弱爲用也。"

　　本句意爲：處柔守弱是道的運用。

　　㈢　"天下之物生於有，有生於無。"

　　帛書乙本同此，惟後"生"字脫損，今據通行諸本補正。甲本除存首"天"字外，餘皆脫損。傅本同校文，河本、王本"之物"作"萬物"，馬叙倫曰："王弼注云'天下之物皆以有爲生'，是王亦作'之物'，今作'萬物者'後人據河上本改也。"今帛書正作"之物"，當從之。

　　蔣錫昌曰："'有'即'有名'，'無'即'無名'，此言天下之物生於有名，而有名又生於無名也。"

　　陳鼓應曰："'有'和一章'有名萬物之母'的'有'相同。但和二章'有無相生'及十一章'有之以爲利'的'有'不同。二章與十一章的'有'是指現象界的具體存在物；而本章的'有'是意指超現象界的形上之'道'。'無'和一章'無名天地之始'

的‘無’相同。但和二章‘有無相生’與十一章‘無之以爲用’的‘無’不同。二章與十一章的‘無’是指現象界的非具體存在物，而本章的‘無’是意指超現象界的形上之“道”。此說可作參考。

本句意爲：天下之物生於有名，有名生於無名。

## 簡　　析

本章言簡意賅，對於全書來說，有着綱領性的地位。直接表明了老子的發展觀、人生觀、自然觀。

⑴　從發展觀來說，老子提出了“反者道之動”這一著名命題。車載說：“什麼叫做‘反’？爲什麼說‘反者道之動’呢？‘反’有兩個含義：一指對立的關係說；另一指從對立復歸於統一的關係說。前者說明相反的含義，後者說明轉化的含義。兩者都能產生推動道的作用。《老子》書處處從對立的關係裏觀察事物。它說‘有無相生，難易相成，長短相形，高下相傾，音聲相和，前後相隨。’（二章）這是以相反相成的道理來說明對立的關係。有無，難易，長短，高下，前後等等，都是由於有了相反的方面才能存在的，假如失去了相反的一面，另一面是不可能存在的。相反的東西，不但表現出了一定的作用，而且是不可缺少的重要條件之一。老子書把道與名，常與可、無與有，觀妙與觀微對立的提出，因爲它懂得相反相成的道理，懂得對立是推動事物的力量，這是就‘反’的作用的第一個含義說。對立的關係不但存在着相反的含義，而且存在着轉化的作用，這種重視對立物的相互影響，相互滲透、相互轉化的見解，是辯證思想較高的運

用。”這個評價是很客觀的。

老子“反者道之動”的命題，的確既包含着“相反”即矛盾
對立的含義，又包含着“相成”即矛盾統一的含意。矛盾對立，
是事物運動的內在動力，它是“道之動”的動力源泉；矛盾統一
體現了矛盾雙方的相互依存，相互轉化。轉化說明了“道”不僅
在動，而且動的方向是走向對立面。因此，對立和轉化（二者都
是“反”的體現）都說明了“道之動”。“反者道之動”還內含
有否定是辯證發展的必經環節的思想，因為它肯定了事物向自己
的反面轉化即自我否定，是合乎規律的運動。顯然，這些都是合
乎辯證法的。

(2)　從人生觀來說，老子提出了“弱者道之用”的命題。這
個命題同前一個命題緊密相聯。既然一切事物都要轉化到對立面，
那麼弱者必然轉化為強者，因此守弱就可以取強，可見，“反者
道之動”是“弱者道之用”的理論前提。

“弱者道之用”，其意是說，處柔守弱是道的具體運用。蔣
錫昌曰：“《莊子·天下篇》述老聃之道曰：‘以濡弱謙下為表，
以空虛不毀萬物為實。’可知柔弱之目的，固在不毀萬物，而萬
物不毀，亦即萬物之善成也。‘弱者道之用’言用柔弱之道，為
善成之用也。老子柔弱之道，蓋從自然現象觀察得來，八章‘上
善若水，水善利萬物而不爭，處眾人之所惡，故幾於道。……夫
唯不爭，故無尤’；六十六章‘江海所以能為百谷王者，以其善
下之’；七十八章‘天下莫柔弱於水，而攻堅強者莫之能勝’，
此就水之現象觀察也。七十六章‘人之生也柔弱，其死也堅強，
萬物草木之生也柔脆，其死也枯槁。故堅強者死之徒，柔弱者生

之徒’’，此就生死現象觀察也。以此道而用之人事，則主“不爭”，
‘不以兵強天下”。老子曰‘柔弱勝剛強’’，又曰‘強梁者不得
其死’’，其所以戒人者深矣。”這個評論是合乎實際的。老子從
現實生活的觀察中，得出了柔勝剛、弱勝強的結論，把這一道理
運用於社會人生，就提出了貴柔守弱的主張。因此，“清虛以自
守，卑弱以自持”成爲老子爲人處世乃至治國安民的基本原則。

　　(3)　從自然觀來看，老子提出了“天下之物生於有，有生於
無”的命題。如校注中所說，“有”即指“有名”，“無”，即
指“無名”。其意是說，天下之物生於有名，有名生於無名。這
同第一章“無名萬物之始也，有名萬物之母也”的意思是一致的，
講的都是本體論問題，“無名”（即“道”）乃是天地萬物的最
後本原。

　　“無名”是天地萬物的最後本原，從表面看不可理解。但仔
細思索，似乎也並不神秘。這個結論很可能同古人對自然現象的
觀察有關。例如觀察一顆種子，在未播入土地時，它裏面沒有葉，
沒有莖，沒有花，沒有新的果實，而播入土地後，它卻逐漸有葉，
有莖，有花，有果實，這個過程正是從無到有的過程。爲什麼沒
有葉而能生出葉，沒有莖而能長出莖，沒有花而能開出花，沒有
果實而能結出果實呢？我們的古人不可能說清這些道理，但他們
一定意識到了一種看不見、聽不見、摸不着的東西在起作用，至
於這個東西叫什麼，他們不知道它的名字。這個“無名”的東西，
正是使一顆種子由無葉到有葉，由無莖到有莖，由無花、無果到
有花、有果的最後本原。再拿一個鷄蛋來說，把它打開，裏面沒
有鷄毛、鷄骨、鷄足、鷄頭等東西，但一個蛋經過孵化以後，生

出小鷄，於是有了鷄毛、鷄骨、鷄足、鷄頭等東西，這個過程也
是從無到有的過程。爲什麼鷄蛋中沒有毛，却能生出毛，沒有骨
却能生出骨，沒有頭、足却能長出頭、足等東西呢？我們的古人
也不可能說清這些道理，但他們也一定意識到了鷄蛋中有一種看
不見、聽不見、摸不着的東西在起作用，只是不知道它的名字，
正是這個“無名”的東西，生出了鷄毛、鷄骨、鷄足、鷄頭等有
名的東西，老子所說的“道”，很可能就類似這樣的“無名”，
它實際上是構成萬物的原初物質，後人把它稱之爲元氣、精氣。
高亨稱“道”爲“宇宙之母力”，也類似上面所說的“無名”。
可見，“道”決不是什麼虛無，而是實實在在的一種客觀存在物。
因此，“天下之物生於有，有生於無”，不是唯心主義的命題，
而是唯物主義的命題。

# 第四十一章

上士聞道，勤能行之；中士聞道，若存若亡；下士聞道，大笑之，弗笑弗足以爲道㈠。是以建言有之曰：明道如費，進道如退，夷道如纇㈡，上德如谷，大白如辱，廣德如不足，建德如偷，質眞如渝㈢。大方無隅，大器晚成，大音希聲，大象無形，道襃無名㈣。夫惟道，善貸且善成㈤。（本章帛書排在三十九章下、四十章上）

## 校　　注

㈠　“上士聞道，勤能行之；中士聞道，若存若亡；下士聞道，大笑，弗笑弗足以為道。”

　　帛書甲本此段全脫損，乙本大致同此，惟首句“士聞”二字及末句“弗足”二字脫損，今據河、王、傅諸本補。“弗足”，諸本作“不足”爲與帛書“弗笑”相一致，改作“弗足”。“能行之”，河、王諸本作“而行之”。按：“而”、“能”古可通假，《詞詮》：“而，（三）助動詞，假作‘能’字用。”“笑”，景龍碑本作“唉”，開元御注本作“唉”，今依帛書。

　　河上公曰：“上士聞道，自勤苦竭力而行之。中士聞道，治身以常存，治國以太平，欣然而存之。退見財色榮譽，惑於情欲，

而復亡之也。下士貪狼多欲，見道柔弱謂之恐懼，見道質樸謂之鄙
陋，故大笑之。不爲下士所笑，不足以名爲道。"

吳澄曰："道與物反，故惟上士有識者，能勤而行之；中士
之識已不及，而若存若亡；下士無識，以其不合世緣而大笑之矣。
識之者鮮，此道之所以可貴也。若皆能識之，則不足以爲道矣。"

張舜徽曰："此處所言上士、中士、下士，乃謂識道深淺不
同之人。識之深者行之篤；識之淺者或行或不行，全不識者，惟
相與非笑而已。其意以爲至道賾奧，本非人人所易喻。不爲不
識道者所笑，不足以見道之尊。"

"若"，猶"或"也，訓見《經傳釋詞》。

本段意爲：上士聞聽到道，勤苦地施行；中士聞聽到道，有
的保存，有的喪失；下士聞聽到道，無知地嘲笑。如果他們不嘲
笑，那又怎麼能稱之爲道呢？

㈡ "是以建言有之曰：明道如曹，進道如退，夷道如
纇。"

帛書乙本同此，惟"曹"寫作"費"。甲本此段全脫損。按：
"曹"，河、王、傅諸本作"昧"。張舜徽曰："'昧'，乙本
作'費'，當爲'曹'之形誤。《說文》：'曹，目不明也。從
目，弗聲。'傳寫者誤作'費'耳。"從之。"如"，河、王諸
本作"若"，二字互通，今依帛書。"纇"，河、傅本同，王本
作"纇"。易順鼎曰："'夷'，平也。昭二十八年《左傳》
'刑之頗纇'，服注'纇，不平也'，'纇'與'夷'正相反，

故曰‘夷道若纇’。”張舜徽曰：“纇，乙本作‘類’，當爲‘纇’之聲假。《說文》：‘纇，絲節也，從糸頪聲。’絲有節則不平，引申爲凡不平之名。”從之。帛書“類”當讀爲“纇”，不平也。“建言”：蔣錫昌曰：“謂古之立言者。”釗按：“建言”猶今謂格言也。

又按：本章之“如”或“若”，古今注家多訓爲“像似”，恐不確。此“如”或“若”當訓作“有”。《廣釋詞》：“如猶有。”明道如費猶“明道有費。”即明道中包含着不明，此正表現了老子相反相成的辯證法思想。

本段意爲：所以，古格言有這樣說的：明白之道包含有不明，前進之道包含有倒退，平坦之道包含有不平。

㈢　“上德如谷，大白如辱，廣德如不足，建德如偷，
　　質真如渝。”

帛書甲本全脫損，乙本“谷”作“浴”。第四句“偷”及末句後三字均脫損，今據河、王本補正。“如”，河、王諸本作“若”，今從帛書。傅本“偷”作“婾”（按《同源字典》“偷，字又作婾”），“渝”作“輸”（《爾雅義疏》：“渝，通作輸”。）“辱”作“黥”。“大白如辱”句，敦煌戊本在“上德如谷”前。今依帛書。

按“谷”，帛書作“浴”，“谷”，“浴”古可通假，今從衆本作“谷”，此“谷”當讀爲“俗”。成玄英曰：““谷”，本亦作“俗”字者，言亦能忘德不異囂俗也。”馬叙倫曰：“各

本作‘谷’，‘俗’之省也，言高上之德反如流俗，卽和光同塵之義。”從之。“流俗”猶鄙陋也。

“辱”，當讀爲“黷”，傳本正作“黷”。作“黷”乃本字，作“辱”爲借字。範應元曰：“黷，音辱，黑垢也，古本如此。”此“黑垢”正與“大白”相對爲義。

“建德如偸”：俞樾曰：“建當讀爲健。《釋名・釋言語》曰：‘健，建也，能有所建爲也。’是建，健音同而義亦得通。”高亨曰：“俞說是也。《莊子・山木篇》：‘南方有邑焉，名爲建德之國。’建德亦健德也。‘偸’借爲嬬，爲懦，《說文》‘嬬，弱也’；‘懦，駑弱者也’’，建德若偸，猶言強德若弱耳，‘偸’與‘嬬’、‘懦’古通用。”從之。

“質眞如渝”：劉師培曰：“‘質眞若渝’，與‘廣德若不足’，‘建德若偸’並文。疑‘眞’亦當作‘德’，蓋‘德’字正文作‘悳’，與‘眞’相似也，‘質德’與‘廣德’，‘建德’一律。”其說是，“眞”當讀爲“德”。釗按：“質”河上解作“質樸”，高亨訓爲“實”，似都於義未安。疑“質”當訓爲“信”。《玉篇》：“質，信也”。故“質德”猶言“信德”是也。“渝”，蔣錫昌解作“濁”，高亨訓爲“窬”（空也），亦恐非是。按：《說文》“渝，變污也。”段注：“《釋言》曰：‘渝，變也。’”人而無信，必然言不顧行，行不顧言，言行多變。是“渝”正與“信德”相對應，“質德如渝”，猶言信德包含有言行多變，卽不信是也。

本段意爲：高尙之德包含有鄙陋，最大的淸白包含有黑垢，廣博之德包含有不足，強健之德包含有羸弱，信任之德包含有不信。

（四）　"大方無隅，大器晚成，大音希聲，大象無形，道
　　　褒無名。"

　　帛書甲本此段全脫損。乙本"隅"省作"禺"，"晚"寫爲
"免"，"大象"誤作"天象"，餘同校文。傅本"希"作"稀"，
"音"作"言"。河本、王本前四句同校文，惟後句"道褒無名"
作"道隱無名"。其他各本"褒"亦作"隱"。帛書乙本《釋文》
曰："道下一字通行本作'隱'。此作'褭'，微殘，即'褒'
之異構。'褒'義爲大爲盛，嚴遵《道德指歸》釋此句云：'是
知道盛無號，德豐無諡'，蓋其經文本作'褒'，與乙本同，經後人改
作'隱'。'隱'，蔽也。'道隱'猶言道小，與上文'大方無
隅'四句意正相反，疑是誤字。"按：作"褒"是。"道褒"猶
言"道大"，即"大道"是也。高亨曰："'道隱無名'，疑當
作'大道無名'。""道褒"正合高氏所見。
　　本段意爲：最方的東西無角，最大的器物後成，最響的聲音
希微，最大的形象沒有形象，盛大的道沒有名字。

（五）　"夫惟道，善貸且善成。"

　　帛書甲本僅存"道善"二字，餘皆脫損。乙本"貸"作"始"，
餘同校文。"善貸且善成"，河本、王本、傅本作"善貸且成"。
按："善成"，範應元本同。蔣錫昌曰："範謂王弼同古本，則

範見王本作 '善成'，當據改正。 王注 '故曰善成'，亦王作
'善成' 之證也。"今帛書作"善成"當是古本如此，從之。

"貸"，帛書乙本作"始"。疑"始"爲"貸"之聲假。
於省吾《新證》曰："'始'，從台聲，與貸聲近，且'貸'、
'始'並之部字。"今從衆本作"貸"。《玉篇》："貸，借盈
也。"是"貸"有借義。"善貸且善成"猶"善借且善成"也。
"借"者，借此以成彼也。"善貸且善成"，乃對上文的概括總
結（參見本章《簡析》）。

本句意爲：惟有道善於借貸又善於完成。

# 簡　析

本章分上下兩部分，上部分講聞道的態度，下部分講體道的
方法論問題。

(1)　關於聞道的態度，老子提出了三種類型："上士聞道，
勤能行之；中士聞道，若存若亡；下士聞道，大笑之，弗笑弗足
以爲道。"老子的態度很鮮明，他把聞道之後能勤而行之者稱爲
"上士"，把聞道之後"若存若亡"者稱爲"中士"，把聞道之
後無知地嘲笑者稱爲"下士"，這表明老子對勤勉行道之人是予
以高度讚揚的。張松如曰："'上士聞道，勤而行之'這'勤而
行之不是'有爲'嗎？又說：'中士聞道，若存若亡'這'若存
若亡'似是在'有爲'，'無爲'之間，至於'下士聞道，大笑
之'這'大笑之'可真正接近於'無爲'了。……這幾句使我們
對於老子'無爲'思想的真諦，可以進一步加深理解。"這段評

述值得商榷。老子所謂行道，指的是行無爲之道，對無爲之道
"勤而行之"，似乎談不上"有爲"；對無爲之道"大笑之"，
似乎也談不上"無爲"。愚意以爲，這幾句話只是說明老子對行
道者的態度的評價，並未涉及到無爲中包含有爲的問題，若從這
幾句話來把握"老子"無爲"思想的眞諦"，似有牽強之嫌。

(2) 關於體道的方法論問題，怎樣體道呢？老子運用相反相
成的道理囘答了這個問題。他說："明道如費，進道如退，夷道
如類。"明道中包含有不明，進道中包含有後退，平道中包含有
不平。這就告訴我們，矛盾雙方互相聯接，中間沒有絕對的界限！
明道中有不明的地方，不明之中又包含着明；進道中有後退的成
分，後退中又包含着進；平道中又有不平的部分，不平中又包含
着平。因此，矛盾着的事物，一方面互相對立，一方面又互相同
一。這顯然是活生生的辯證法。"明道如費，進道如退，夷道如
類"在現實生活中時常表現出來。拿"明道如費"來說，我們常
有這樣的感覺：對於某一問題，我們想用明確的語言表達出來，
反而越說越糊塗；相反，運用模糊語言表達出來，反而顯得清楚
明白。再拿"進道如退"來說，在現實生活中也是常見的。例如
爲了走直路而走彎路，爲了前進而暫時後退，爲了占領而暫時拆
出。如此等等，都是對立統一法則的具體運用。

與上述思想相一致，老子還提出"上德如谷，大白如辱，廣
德如不足，建德如偸，質眞如渝。"這些都包含着與"明道如費"
等相似的哲學道理。它告訴我們，看問題要用辯證的頭腦，爲了
求得"上德"，常常要表現出鄙陋；爲了求得大"白"，常常要
容忍垢黑，……如此等等，都是從彼中求此，從此中求彼。這正

是對立統一思想的具體運用。所謂"大方無隅，大器晚成，大音希聲，大象無形，道襃無名"，無不貫穿着上述道理。即無不是借此以彰彼。故老子說："夫惟道，善貸且善成。""善貸"，即善於借貸；"善成"，即善於完成。"善貸且善成"，指道善於借彼以完成此。這是老子的一個重要方法。

需要特別指出的是，老子在本章提出了"大音希聲"的著名命題，這在我國思想史特別是文學史上，產生了深遠的影響。如陳書良所指出的："受老子'大音希聲'的啓迪，我國古代文藝審美趣味都強調弦外之音，象外之象，強調含蓄的美。人們意識到，所謂'希聲'，並不是眞正的無聲，而是說這種聲音只可意致，而不能直接訴諸聽覺。他們有的用詩文記錄下了自己的體驗。陸機《連珠》云'繁會之音，生於澀弦'；白居易《琵琶行》云'此時無聲勝有聲'；司空圖《自誡》云'取訓於老氏，大辯欲納言'。有的用這種體驗調劑生活。蕭統《陶淵明傳》中說陶'不解音律，而蓄無弦琴一張，每適酒，輒撫弄以宗其意'。有的用這種理論指導繪畫，戴熙《習苦齋畫絮》云'畫在有筆墨處，畫之妙在無筆墨處'；笪重光《畫筌》云'虛實相生，無畫皆成妙境'。從老子'大音希聲'的命題引申出無言之美，無聲之美，言外之意，弦外之聲等宇宙美理論。"這些評述，完全符合歷史的實際，它從一個側面揭示了老子"大音希聲"理論的深遠影響。

# 第四十二章

道生一、一生二，二生三，三生萬物㈠。萬物負陰而抱陽，冲氣以爲和㈡。人之所惡，惟孤寡不穀，而王公以自名也㈢。故物或損之而益，或益之而損㈣。人之所教，亦議而教人㈤。强梁者不得其死，吾將以爲學父㈥。（本章帛書排在四十章下）

## 校　　注

㈠　"道生一，一生二，二生三，三生萬物。"

帛書甲本此段全脫損，乙本脫去"萬物"二字。河本、王本、傅本及其他諸本概同校文。

釗按：此段中之"一"、"二"、"三"古今注家衆說紛紜，主要意見有如下幾種：

(1)　河上公曰："道始所生者一，一生陰與陽也，陰陽生和、（气）[清]、濁三氣，分爲天地人也。"

(2)　吳澄曰："道自無中生出冲虛之一氣；冲虛一氣生陽生陰，分而爲二，陰陽二氣合冲虛一氣爲三，故曰生三，非二與一之外別有三也。萬物皆以三者而生，故其生也。"

(3)　吳承志曰："四十二章'道生一，一生二，二生三'，

'一'，，'二'，，'三'字亦當讀爲'天'，，'地'，，'人'，道生天，天生地，地生人也。下文'三生萬物'，，'三'字乃'一'、'二'兩字之誤合，'一'、'二'承上爲文，下文'人之所惡'，，'人'字亦承'三'字。"

(4) 奚侗曰："《易·繫辭》'是故易有太極，是生兩儀'，道與易異名同體，此云'一'即'太極'，，'二'即'兩儀'，謂天地也；天地氣合而生和，二生三也，和氣合而生物，三生萬物也。"

(5) 蔣錫昌曰："道始所生者一，一即道也。自其名而言之，謂之道；自其數而言之，謂之一。三十九章'天得一以清'言'天得道以清也'此其證也。然有一即有二，有二即有三，有三即有萬，至是巧歷不能得其窮焉。老子一二三，只是以數字表示道生萬物，愈生愈多之義，如必以一、二、三爲天、地、人或以一爲太極，二爲天地，三爲天地相合之和氣，則鑿矣。"

(6) 朱謙之曰："道生一，一者氣也。《莊子·知北游篇》曰：'通天下一氣耳，聖人故貴一。'李道純曰：'道生一，虛無生一氣；一生二，一氣判陰陽。'趙志堅曰：'一，元氣，道之始也，古昔天地萬物同得一氣而有生。'大田晴軒曰：'一二三，古今解者，紛紜不一。案《淮南·天文訓》：規生矩殺，衡長權藏，繩居中央，爲四時根。道曰規，始於一，一而不生，故分而爲陰陽，陰陽和萬物生，故曰道生一，一生二，二生三，三生萬物。此以一爲一氣，二爲陰陽，三爲陰陽交通之和也，此說極妥貼。'又曰：'案道，理也；一，一氣也，莊周所謂一之所起，有一而未形是也。二，陰陽也；三，形氣質之始也。第十四章曰：此三者不可致結，故混而爲一’。蓋此三也。意爲道生一氣，一氣分爲陰陽，氣化流行於天地之間，形氣質具，而後萬物生焉，故曰三生萬物。”

(7)　高亨曰：“一二三者，舉虛數以代實物也。一者，天地未分之元素，《說文》所謂‘惟初太始，道立於一，造分天地，化成萬物’者也。《莊子・天下篇》述老聃之術曰：‘主之以太一’，太一卽此一也；《易・繫辭上》》‘易有太極，是生兩儀，兩儀生四象，四象生八卦’。太極亦卽此‘一’也；二者天地也；三者陰氣、陽氣，和氣也。《禮記・禮運》‘禮必本於太一，分而爲天地，轉而爲陰陽’，《呂氏春秋・大樂篇》‘太一出兩儀，兩儀出陰陽’。”

(8)　任繼愈曰：“‘道生一，一生二……’並沒有更多的意義，只是說，事物因混沌的氣（或樸，或一）分化成爲萬物，由簡單到複雜的過程罷了。”

以上諸家之說，見仁見智，難執一是。愚意以爲“一”指元氣（從朱謙之說），“二”指陰陽二氣（從大田晴軒說），“三”，卽“叁”，“參”也。若木《薊下漫筆》釋“陰陽三合”爲“陰陽參合”。“三生萬物”卽指陰陽二氣參合產生萬物。又按：“三”，釋爲“和氣”亦通。

本段意爲：“道”化生混沌之氣，混沌之氣剖判爲陰陽二氣，陰陽二氣發生參和，參和產生萬物。

㈡　“萬物負陰而抱陽，沖氣以為和。”

此句帛書甲乙本均脫損嚴重，甲本脫去上句，乙本僅存"以爲和"三字。"冲"，甲本作"中"。河、王本此句均作"萬物負陰而抱陽，冲氣以爲和"。"抱"，傅本作"裹"；"負"，《淮南·精神訓》引作"背"。今依河、王本。

蔣錫昌曰："負亦抱也。《淮南·說林》：'負子而登。'高注："負，抱也。""萬物負陰而抱陽"，言萬物陰陽相抱，五十五章所謂"牝牡之合"也。"釗按：蔣說是，所謂"萬物陰陽相抱"，即萬物皆由陰陽二氣參合而成。上文言參和產生萬物，此言萬物皆陰陽二氣相抱，文字緊嚴，旨意一貫。

"冲氣以爲和"高亨曰："《說文》：'冲，湧搖也。'《廣雅·釋詁》：'爲，成也。'冲氣以爲和者，言陰陽二氣湧搖交蕩以成和氣也。"按：其說有理，從之。此"和氣"，指陰陽雙方得到調和、統一之氣。在古人看來，矛盾雙方得到調和，統一就能產生新的事物。史伯曰："和實生物，同則不繼。"（《國語·鄭語》）伯陽甫曰："天地之氣，不失其序。"（《國語·周語》）其所謂"序"，就是指陰陽二氣的調和，統一。他們都看到了"和"的重要。老子突出"冲氣以爲和"正是對前人"和能生物"思想的繼承。

本段意爲：萬物都包含着陰陽兩個對立面，陰陽雙方相互作用而成爲和氣。

㈢ "人之所惡，惟孤、寡、不穀，而王公以自名也。"

"人之所惡"，帛書乙本及通行諸本概同，甲本作"天下之所惡”，今從乙本。

　　“惟孤、寡、不穀，而王公以自名也”帛書甲本同，惟“穀”簡作“橐”。乙本脫“唯孤”、“名也”等字，餘同甲本。“自名”，河、王本作“爲稱”，傅本作“自稱”。按：“名”，“稱”互通，今從帛書。

　　本段意爲：人們所厭惡的，唯有“孤”、“寡”、“不穀”等字眼，而王侯却以它們作爲自己的稱呼。

　　㈣　“故物或損之而益，或益之而損。”

　　河、王、傅本均同此。帛書甲乙本並脫損嚴重，甲本爲“勿或敗之□□□之而敗”，乙本僅存“云云之而益”五字。《文子・符言篇》此二句前後顛倒。作“故物或益之而損，或損之而益。”今從河、王諸本。

　　本句意爲：所以，事物有時減少了反而會增加；有時增加了反而會減少。

　　㈤　“人之所教，亦議而教人。”

　　此句帛書乙本全脫損，甲本句首有一“故”字，餘同校文。其他各本用字殊異，河、王本作“人之所教，我亦教之”；傅本作“人之所以教我，亦我之所以教人”；開元《御注道德經幢》等多種版本作“人之所教，亦我義教之”，邵若愚本，顧歡本作“人之所教，我亦義教之”。其他各本或作“人之所教，亦我教

之”，或作“人之所以教我，而亦我之所以教人”；或作“人之
所教，而我義教之”；或作“人之所教，我亦以教人”等，今依
帛書甲本，惟參閱衆本刪去語首之“故”字。

“議”諸本作“義”，按：“義”，“議”互通，此句“義”
爲本字，“議”爲借字。

奚侗曰：“上‘人’字謂古人，凡古人流傳之善言以教我者，
我亦以之教人，述而不作也。”

本段意爲：古聖人所教給我的，我也以其義旨而教給別人。

(六)　“強梁者不得其死，吾將以爲學父。”

帛書甲本語首有一“故”字，“梁”訛爲“良”，“死”前
無“其”字。“將”字脫損。乙本殘損嚴重。河、王本“學父”
作“教父”，然唐人寫本殘卷己本，傳本及範本作“學父”，與
帛書同。範應元曰：“音辯云，‘古本作學父，河上公作教父’，
按《尙書》‘惟斅學半’，古本並作‘學’字，則‘學’宜音‘斅’，
亦教也，義同。‘父’，始也。今並從古本。”馬叙倫曰“‘學’
爲‘斅’省，《說文》曰：‘斅’覺悟也。”馬說是，從之。

又按：“強梁者不得其死”見《說苑·敬愼篇》所載《金人
銘》，當是古格言，爲老子所引用，帛書少一“其”字，當據補。

本句意爲：強橫之人不得好死，我將以這句格言作爲教人醒
悟的開端。

# 簡　　析

本章着重闡明＂道＂生萬物的問題。

＂道＂是怎樣產生萬物的呢？

老子說：＂道生一，一生二，二生三，三生萬物＂這段話可稱得上我國古代宇宙生成說。它說明宇宙的發展經歷了從道到一，從一到二，從二到三，從三到萬物的發展過程。其基本含義是：道生萬物。因此，＂道＂是生化宇宙萬物的最後本原。

道生萬物不僅有一個客觀發展過程，而且還有一個根本動力問題。

老子說：＂萬物負陰而抱陽，沖氣以爲和。＂這句話既是對上面道生萬物發展過程的概括，也透露了老子關於萬物產生發展的根本動力的思想。＂萬物負陰而抱陽＂，其意是說：萬事萬物都包含着陰陽兩個對立面。這實際上猜測到了矛盾的普遍性問題。＂沖氣以爲和＂，卽矛盾雙方相互作用產生新的東西（和氣），似乎又意識到矛盾鬥爭是推動事物發展的動力。關於矛盾的普遍性，關於矛盾鬥爭在事物發展中的作用，對於今人來說，都是基本常識。但在兩千多年前的古代，無疑都是極其卓越的見解，盡管它的表達方式還帶着粗糙性、樸素性。

# 第四十三章

天下之至柔，馳騁於天下之至堅㈠，出於無有，入於無間㈡。吾是以知無爲之有盆也㈢。不言之敎，無爲之盆，天下希能及之矣㈣。

## 校　　注

㈠　"天下之至柔，馳騁於天下之至堅。"

帛書甲本大致同此，惟"馳"字脫損，"騁"省作"甹"，後"至"字寫作"致"。乙本"柔"字及"之至堅"三字脫損，"于"作"乎"。按："于"、"乎"互通，《廣釋詞》："于猶乎，語助詞。"今從甲本作"于"。河、王、傅本均無"乎"或"于"字。達眞子《老子》本"堅"作"剛"。今一並依帛書。

蔣錫昌曰："'天下莫柔弱於水'，是'至柔'，即謂'水'也。成疏，'至柔，水也；至堅，金也；馳騁是攻擊貫穿之義也'，其言是也。"從之。

本句意爲：天下最柔弱的東西，能攻擊穿透天下最堅硬的東西。

㈡　"出於無有，入於無間。"

傅本同此，帛書甲本首無"出於"二字，作"無有入於無間，"乙本僅存"無間"二字，餘皆脫損。河本作"無有入無間"，王本同河本，惟"間"作"閒"。《淮南·原道訓》引文同校文。

劉師培曰："《淮南·原道訓》引作'出於無有，入於無間'，此《老子》古本也。王本亦有'出於'二字。王弼上文注云'氣無所不入，水無所不出於經'，注文'無所不出於經'當作'無所不經'，與上'無所不入'對文。'出於'二字，必係'無有'上之正文。蓋王本亦作'出於無有，入於無間'，而'出於'二字誤入注文也。傅奕本與《淮南》同。"

易順鼎曰："王注當作'氣無所不入，水無所不經'，'出於'二字即係《老子》正文，在'無有'二字之上。不知何時誤入注中，又誤在注中'經'字之上，而正文'入'下又奪'於'字。"

釗按：以上二說是。經文當作"出於無有，入於無間"，"出於無有"，指水由氣凝成，"入於無間"，指水可穿金石等堅硬之物。蔣錫昌曰："水由冷氣凝成，當其為氣，散在空中，全無質相，是出於無有也。及其凝氣成水，則貫穿金石，無隙不入，雖千軍萬馬之力，亦不能相敵，是入於無間也。此二句承上文就水言之。"其說確當，從之。

本段意為：它從"無有"（氣）中生出，又能穿入沒有縫隙的東西（金石）。

㈢　"吾是以知無為之有益也。"

帛書甲本"吾"訛作"五","之有"二字脫損，餘同校文。乙本僅存首句"吾是以"三字及末尾一"也"字，餘皆脫損。傅本同校文，王本無"也"字；河本"吾是以"作"吾以是"，亦無"也"字。今從帛書，並據傅本補正。

蔣錫昌曰："水性至柔，其力莫強；人君無爲，天下自化。'吾是以知無爲之有益'，言吾以水之理知無爲之有益也。"

本句意爲：我因此知道無爲之道是有益的。

（四）　"不言之教，無爲之益，天下希能及之矣。"

帛書甲本首句脫"不言"二字，末句脫一"天"字，餘同校文。乙本僅存首一"不"字，末一"矣"字，餘皆脫損。河本、王本無"能"、"矣"二字，傅本"希"作"稀"，亦無"能"字。按：帛書有"能"字優。河本無"能"字，但察其注，似有"能"字。注曰："天下人主也，希能有及道無爲之治身治國也。"則經文似有"能"字。當從帛書。

朱謙之云："此所云卽七十章'吾言甚易知，甚易行，天下莫能知，莫能行'之旨。"

本句意爲：不言的教誨，無爲的益處，天下人很少能達到。

## 簡　　析

本章承上章"強梁者不得其死"的意旨，繼續闡明處柔守弱之道。

　　全文以水爲喻，說明柔弱勝剛強的道理。吳澄曰："水至柔，能攻穿至堅之石。氣無有，能透入無罅隙之金石牆壁，以至柔無有之損，而有馳騁至堅、入於無間之益，所謂損之而益者，柔能勝剛，無能入有，皆非有所爲而自然，故曰無爲之有益。"這段評述符合老子本義。

# 第四十四章

**名與身孰親？身與貨孰多？得與亡孰病㈠？甚愛必大費，
多藏必厚亡㈡。故知足不辱，知止不殆，可以長久㈢。**

## 校　　注

㈠　"名與身孰親？身與貨孰多？得與亡孰病？"

帛書甲本同此，乙本僅存"名與"二字，餘皆脫損。河、王、
傅本概同校文。"亡"一本作"失"，今依帛書。

吳澄曰："親，猶云所愛，名與身孰爲可愛者乎？多猶云所
重，身與貨孰爲可重者乎？名在身字上，貨在身字下者，便文以
協韻爾。司馬氏曰："得名貨而亡身與得身而亡名貨，二者孰病？

薛蕙曰："多猶重也。世之人不知貴己賤物之道，而危身棄
生以徇物。老子閔而教之曰：名之與身，何者其親乎？何爲外身
而內名也？身之與貨，何者其重乎？何爲賤身而貴貨也？或得名
貨而亡身，或得身而亡名貨，何者其病乎？何爲得名貨而亡其身
也。"以上二家說可供參考。

本段意爲：名譽與自身兩者，誰更值得珍愛？自身與財貨兩
者，誰更貴重？得與失兩者，誰的弊病更多？

㈡ "甚愛必大費，多藏必厚亡。"

帛書乙本此句全脫損。甲本僅存首"甚"與尾"亡"字，餘脫損。河本同校文，王本、傅本"甚"前有"是故"二字。按：從甲本看，"甚"前無"是故"二字，今從帛書。

本段意爲：過分的珍愛，必然引起更大的耗費；過多的收藏，必然帶來更大的損失。

㈢ "故知足不辱，知止不殆，可以長久。"

帛書甲本同此。乙本全脫損。河、王、傅本並同校文，惟句首無"故"字。今依帛書。"長久"，一本作"脩久"，今亦依帛書。

本段意爲：所以，知道滿足，就不會遭到垢辱；知道適可而止，就沒有危險，可以長生久壽。

## 簡　　析

本章體現了老子的貴身思想。

"名與身孰親？身與貨孰多？得與亡孰病？"連續三問，全未作答。雖未作答，却答在其中了。在老子看來，名譽與自身兩種，自身更可愛；財貨與自身兩種，自身更可貴。從貴身的觀點看，得名貨與失名貨比起來，得名貨的弊病更大一些。所以下文說："甚愛必大費，多藏必厚亡，知足不辱，知止不殆，可以長久。＂其中包含的貴身思想是顯而易見的。＂甚愛必大費。多藏必厚亡＂說明了物極必反的道理，同第四十二章＂物或損之而益，或益之而損＂的思想可以相互發明。

# 第四十五章

大成若缺，其用不弊㈠。大盈若盅，其用不窮㈡，大直
若詘，大巧若拙，大辯若吶㈢。趮勝寒，靜勝炅，清靜
可以爲天下正㈣。

## 校　　注

㈠　“大成若缺，其用不弊。”

帛書甲本同此。乙本全脫損。河本“缺”作“鈌”。傅本
“弊”作“敝”。今從甲本。

按：“缺”，或作“鈌”，或作“䤵”。馬叙倫曰：“‘缺’、
‘䤵’並‘缺’之譌，六朝俗書‘缶’旁與‘垂’旁往往相亂。
《莊子·天地篇》‘以二缶鍾惑’，司馬本作‘垂’是其例證。
‘缶’寫成‘垂’，因復誤爲‘金’也。”其說是。

“弊”，帛書甲本及河、王本同，傅本及其他有關本子作
“敝”。畢沅曰：“‘敝’河上公，王弼作‘獘’，是畢所見河、
王本作‘獘’。按：‘弊’與‘敝’通，《玉篇》：‘敝，或作
弊。’《說文》有‘獘’無‘弊’，段注‘獘’，本因犬僕製字，
假借爲凡僕之稱，俗又引申爲利弊字，遂改其字作‘弊’，訓
‘困’也，‘惡’也，此與改‘獎’爲‘弊’正同。”則“弊”、

“弊”、“敝”三字可通，此從帛書作“弊”。“弊”，竭也。
《管子·侈靡》“澤不弊而養足”注：“弊，竭也”。

　　“大成”馬叙倫訓爲“大器”，曰：“‘成’爲‘盛’省。
《說文》曰：‘盛，黍稷在器中以祀者也。’引申謂器曰盛。
《禮·喪大記》‘食粥於盛’是也。此文‘盛’‘缺’相對，《說
文》‘缺，器破也’。”蔣錫昌曰：“‘大成’與下文‘大盈’，
‘大直’，‘大巧’，‘大辯’詞例一律，如解‘成’作‘器’，
則‘成’爲實物，而與下文詞例不類矣。馬說非是。四十一章
‘大器晚成’，是‘成’乃指器而言，非‘成’即‘器’也。‘大
成若缺，其用不弊’言器之大成者若破缺，而用之不敝也。”釗
按：此“大成”恐非指大成之器，而是從個別中抽象出的一般，
宜直譯爲“完善”。“成”，可訓爲“善”，《禮記·少儀》：
“毋訾衣服成器。”舊注：“成，善也。”是成有“善”義，引
申爲完善、完美。

　　“若”，與第四十一章“明道如曹”之“如”同，亦當訓作
“有”。

　　本句意爲：最完美中包含缺陷，其作用不可盡竭。

　　㈡　“大盈若盅，其用不窮。”

　　帛書甲本“盅”作“淈”，“窮”作“䆊”。許抗生曰：
“‘䆊’即‘窘’字。窘，窮迫受限制之義，窘、窮義相近。”按：
此句似以“窮”字爲優。“窮”、“盅”爲韻。今從衆本作“窮”。
乙本脫損嚴重，僅存“盈如冲其”四字。河、王本“盅”作“冲”，

餘同校文。傅本"盈"作"滿",餘同校文。

釧按:"盈","滿"互通,此文作"盈"是,馬叙倫曰:
"盈字是故書",蔣錫昌曰:"滿"字以漢惠帝諱而改。

又按:"盅","冲"二字,當以"盅"字爲優。俞樾訓第
四章之"盅"曰:"《說文·皿部》"盅",器虛也。老子曰"道
盅而用之"。"盅"訓"虛",與"盈"正相對,作"冲者"假
字也。"此說亦適於本章,作"盅"是。帛書寫作"浧",疑抄
寫者先寫作"冲",後又見下有一"皿"字,於是再補上,遂成
"浧"字。蔣錫昌曰:"'冲',當據範本改'盅'。《說文》"盅',
'器虛也','大盈若冲,其用不窮',言器之大盈者若空虛,
而用之不窮也。上二句與此二句皆以器爲喻,以明道以虛無爲用
也。"釧按:此"大盈"亦恐非指大盈之器,仍是從個別中抽象
出的一般,宜直譯爲:"最充盈"。

本句意爲:最充盈中包含空虛,其作用不會窮盡。

(三) "大直若詘,大巧若拙,大辯若吶。"

傅本同此。帛書甲本此段作"大直如詘,大巧如拙,大贏如
炳",乙本脫損嚴重。僅存第二句"巧如拙"三字及末尾一個
"絀"字。按:甲本"如"字,河本、王本及傅本均作"若",
且甲本上二句皆用"若"字,爲使語詞一律,此三句亦當用"若"
字。今從河、王諸本作"若"。又"大贏如炳",各本並作"大
辯若吶"。許抗生將"大贏如炳"一句校作"大辯如吶,大贏如
絀"兩句,云:"贏,有餘利也;絀,不足也。"雖亦可通,然

至今未見四句並寫之本，難作定論，今錄之以備一說。此句仍從衆本作" 大辯若訥 "。

" 詘 "，傅本同，河、王本作" 屈 "。按：" 屈 "、" 詘 "古通，《廣雅釋詁》：" 詘，屈也。"今依帛書作" 詘 "。

孫詒讓曰："《韓詩外傳》九引《老子》……' 大巧若拙 '句在' 大辯若訥 '下，又有' 其用不屈 '四字。以上文' 其用不弊 '，' 其用不窮 '二句例之，則有者是也。韓所據者，猶是先秦西漢古本，故獨完備。魏晉以後本皆脫此句矣。"

奚侗曰："《韓詩外傳》九引' 大巧若拙 '句在' 大辯若訥 '句下，而又有' 其用不屈 '四字，例以上文' 其用不敝 '，' 其用不窮 '二句，知' 大直若詘 '，' 大辯若訥 '句下，仍有挩簡。"

蔣錫昌曰："《淮南・道應訓》作' 大直若屈，大巧若拙，知' 大直若屈 '下並無' 其用不屈 '四字，則' 大直若屈 '三句當爲古本無疑。蓋本章文字，' 大成若缺 '四句爲一段，' 大直若屈 '三句又爲一段，文法本不相同，安能強而齊之乎？孫說非是。"從之。

本段意爲：最剛直難免有委曲，最明智難免有笨拙，最善辯難免有語言遲鈍。

(四)　" 趮勝寒，靜勝炅，清靜可以為天下正。"

帛書甲本" 靜 "寫作" 靚 "，" 清 "誤作" 請 "。乙本全脫損。河、王本此段作" 躁勝寒，靜勝熱，清靜爲天下正。"傅本作" 躁勝寒，靖勝熱，知清靖以爲天下正。"

　　按：“靜”、“靚”、“靖”互通。《同源字典》：“靖，與靜同”。又《說文》段注：“靚者，靜字之假借。”此從眾本作“靜”。

　　“炅”，諸本作“熱”。“炅”，從日從火，當有熱義。《素問・舉痛論》‘得炅則痛立止’”王冰注：“炅，熱也”此文當從帛書甲本作“炅”（音烱），與“爲天下正”之“正”爲韻。

　　“趮”，諸今本作“躁”。按：“趮”爲“躁”之古字，動也。今從帛書作“趮”。

　　蔣錫昌按：“此文疑作‘靜勝躁，寒勝熱’二十六章‘靜爲躁君’，‘靜’，‘躁’對言，其證一也。六十章王注‘躁則多害，靜則全眞’；六十一章王注‘雄躁動貪欲，雌常以靜，故能勝雄也’；七十二章王注‘離其清靜，行其躁欲’，皆‘靜’，‘躁’對言，其證二也。《管子・心術上》‘趮者不靜’，《淮南・主術》‘人主靜漠而不躁’，亦‘靜’、‘躁’對言，其證三也……‘躁’乃擾動之義，正與‘靜’字相反。‘靜勝躁，寒勝熱’，言靜可勝動，寒可勝熱也。”此言極是。“靜勝趮”，突出一個“靜”字；“寒勝熱”，突出一個“寒”字。故後句“清靜可以爲天下正”，正是對前兩句的概括總結。“清”，通“清”，寒也。此“清”乃應“寒勝熱”句；“靜”，應“靜勝趮”句。如作“趮勝寒，靜勝熱”，則後句當爲“趮靜爲天下正”，此與老旨相違甚遠。故此文當從蔣說。遺憾的是，至今無本可據，暫存疑，以待未來考古有新的發現。此姑按傳統文句作“趮勝寒，靜勝熱”譯之。

　　本段意爲：運動可以戰勝寒冷，安靜可以戰勝暑熱，清靜無爲可以作爲平治天下的準則。

# 簡　　析

這一章再一次表達了老子樸素的辯證法思想。

(1)　老子認爲世界上沒有絕對純的事物，任何事物都處於相互對立的矛盾之中，而且矛盾的一方總是包含着矛盾的另一方。完美之中有缺陷，盈滿之中有空虛，剛直之中有委曲，巧妙之中有笨拙，善辯之中有語言遲鈍，這是符合辯證法的。它從一個側面揭示了矛盾的同一性問題。在辯證法看來，“一切對立的成份都是這樣，因一定的條件，一面互相對立，一面又互相聯結，互相貫通，互相滲透，互相依賴，這種性質叫做同一性。”仔細研究一下老子“大成若缺”等命題，不難看出它已猜測到了矛盾雙方“互相貫通、互相滲透”的特性，這在古代多麼難能可貴。

(2)　老子的“微妙玄通”之處，不僅在於他意識到了矛盾的一方包含着矛盾的另一方，更在於他明確地意識到被包含者恰是包含者存在和發展的前提。“大成若缺，其用不弊”“大盈若冲，其用不窮。”這兩個命題都淸楚地表達了上述思想。在老子看來，事物總是在相互對立中成就自己，因此，對立面存在不僅是不可避免的，而且它還是事物自身繼續發展的內在依據。所以，完善之中包含着缺陷，盈滿之中包含着空虛，這都不是壞事，而是好事，用老子的話說叫做“其用不弊”，“其用不窮”。這一辯證思維的邏輯，對於那些頭腦爲形而上學所鑠錮的人來說，是無法理解的。

# 第四十六章

天下有道，却走馬以糞；天下無道，戎馬生於郊㈠。罪莫大於可欲，禍莫大於不知足，咎莫憯於欲得㈡，故知足之足恒足矣㈢。

## 校　　注

㈠　"天下有道，却走馬以糞，天下無道，戎馬生於郊。"

帛書甲本同此，惟"却"字脫損（據乙本和通行本補）；乙本語首三字及"糞"前之"以"字脫損，第二句無"天下"二字。河本、王本並同甲本，傅本"以糞"作"以播"，明太祖注本及吳澄本"糞"下有"車"字。今從帛書甲本。

蔣錫昌曰："此言人主有道，則兵革不興，故却還走馬於農夫，使服耕載之役；人主無道，戎馬悉被徵發入陣，故駒犢生於戰地之郊也。"

"却"，退也；"走馬"，善走之馬。（吳澄說）

"以糞"，猶以之送糞。

本段意爲：天下人主擁有大道，那就退還善走之馬用於送糞；天下人主無有大道，那就戰馬生小駒於郊外。

(二) "罪莫大於可欲，禍莫大於不知足，咎莫僭於欲得。"

　　帛書甲本同此，惟禍寫作"憨"。乙本脫損嚴重，僅存"罪莫大可欲禍"六字。按："禍"字從乙本。王本無"罪莫大於可欲"一句，明太祖本、吳澄本"禍莫大於不知足"在"咎莫大於欲得"句下。傅本同帛書，河本近似帛書，惟"咎莫憯於欲得"作"咎莫大於欲得。"劉師培曰："《韓非子·解老·喻老》二篇'咎莫大於欲得'句，'大'均作'憯'。……'憯'與'痛'同，猶言'禍莫痛於欲得也'，《老子》古本亦必作'憯'，傅本猶然。今本作'大'，蓋後人以上語'大'字律之耳。"劉說是。今帛書作"憯"，又其證也。此"憯"宜直訓爲"甚"。馬叙倫曰："'甚'，借爲'憯'，聲同侵類。《說文》'糂'重文作'糣'，是其例證。"朱謙之云："'憯'，與'甚'通。"

　　按：孫詒讓曰："《韓詩外傳》引'可欲'作'多欲'，義較長。"高亨曰："'可'，當作'多'，孫說是也。蓋罪莫大於可欲，義不可通。因罪屬於人，而可欲屬於物。若云人之罪莫大於可欲之物，直不成辭。韓非子據誤本曲解，非也，當從《韓詩》引改。"此說似有理，然高氏謂韓非子據誤本似亦無據，今帛書正與韓本同，足證"可欲"當爲古本所有。此"可欲"與第三章"不見可欲"之"可欲"義同，即"多欲"是也。蓋"可"古與"多"相通，《廣釋詞》："可，猶多，數量形容詞。"高謂"可欲"應作"多欲"，其思路是對的，然不知此"可欲"可訓"多欲"，而謂韓非"據誤本"則失之。

　　本段意爲：罪過莫大於欲望過多，禍患莫大於不知滿足，咎災莫甚於欲求所得。

　　㈢　“故知足之足恒足矣！”

　　此句帛書甲乙本均嚴重脫損，甲本僅存“恒足矣”三字，乙本則僅存“足矣”二字。今據河、王、傅本補齊。“恒”，各本作“常”。今從帛書。河本無末尾“矣”字，司馬光《道德眞經論》本無“知足”二字，《韓非・喻老》引作“知足之爲足矣。”今依河、王、傅諸通行本。“知足之足”，“之”，當訓“而”，猶“知足而足”是也。

　　本句意爲：知道滿足而滿足，那就能永遠滿足。

# 簡　析

　　本章也反映了老子的戰爭觀。

　　老子對於一般的戰爭是持反對態度的。他說；“天下有道，却走馬以糞，天下無道，戎馬生於郊。”此“天下”，指的是天下的人君。在老子看來，天下之人君“有道”，就不去製造戰爭，因而把善走之馬給農民用於迸糞，從事農業生產；天下之人君“無道”，那就樂於用兵打仗，把田野變成戰場，乃至“戎馬生於郊”。這裏贊成什麼，反對什麼，其觀點是很鮮明的。《鹽鐵論・未通篇》云：“聞往者未伐胡越之時，絲賦省而民富足，溫衣飽食，藏新食陳，布帛充用，牛馬成群，農夫以馬耕戰，而民莫不騎乘，當此之時，却走馬以糞。其後師旅數發，戎馬不足，悖牝入陣，故駒犢生於戰地，六畜不育於家，五谷不殖於野，民不足於糟糠。＂這段話正好作爲老子此章的注疏，其中包含着反對戰爭的思想是不言而喻的。

老子不僅反對一般的戰爭，而且對於戰爭的根源有所揭示。他說：＂罪莫大於可欲，禍莫大於不知足，咎莫憯於欲得。＂所謂＂可欲＂，＂不知足＂、＂欲得＂都是引起戰爭的禍根，老子稱之爲＂罪＂、＂禍＂、＂咎＂，主張消除，代之以＂知足＂二字，說：＂知足之足常足矣。＂吳澄曰：＂罪愆惡咎禍皆災殃，而禍重於咎。兵端之起，其罪由於知土地之爲可欲，務求得之，則貪奪矣，此災殃之始也。得之不知厭足，得隴望蜀，則戰爭無已時，此災殃之極也。儻以各有分地，不求廣濶爲心，知自足之爲足，則不貪奪戰爭，而常自足矣。＂老子把統治者的貪欲作爲戰爭的根源，帶有某種合理性，它在一定程度上揭露了統治者爲謀私利而製造戰爭的罪惡行徑。

# 第四十七章

不出於戶，以知天下；不窺於牖，以知天道㈠。其出也
彌遠，其知也彌少㈡。是以聖人弗行而知，弗見而名，
弗爲而成㈢。

## 校　　注

㈠　“不出於戶，以知天下；不窺於牖，以知天道。”

　　帛書甲本同此，惟“窺”簡作“規”。乙本大致同甲本，惟
“窺”寫作“規”，“牖以”二字脫損。河本無二“於”字和二
“以”字，“知天道”作“見天道”。王本同河本，惟“窺”寫
作“闚”。傅本亦無二“於”字，二“以”字前並有“可”字。
《呂氏春秋·君守篇》二“以”字作“而”字。《淮南·主術訓》
無二“於”字，“以”並作“而”。今一律依帛書甲本。
　　“窺”，一本作“闚”。畢沅曰：“《韓非子》作‘不闚於
牖，可以知天道’，《說文解字》曰：‘窺，小視也。’闚，閃
也。”“閃，窺頭門中也。”《方言》“凡相竊視，南楚謂之闚。”
沅以爲穴中竊視曰窺，門中竊視曰闚，應用“闚”字。老子楚人，
用楚語矣。韓非是。”畢說雖言之成理，然“窺”、“闚”占通，
《玉篇》：“‘闚’，相視也，與‘窺’同。‘似可不必強作

"闚"，今仍依帛書。

"牖"，卽窗戶。

本段意爲：不出家門，能通曉天下事理；不看窗外，能掌握天象的自然規律。

㈡ "其出也彌遠，其知也彌少。"

此句帛書甲乙本均有脫損，甲本僅存"其出也彌遠其"等六字，乙本作"其出篺遠者其知篺□"，河、王本此句並作"其出彌遠，其知彌少"。今以甲本爲基礎，參閱河、王本補正。並據前"也"字，在"其知"後添一"也"字，使上下句協調。

"彌"，河、王本及帛書甲本並同，傅本作"镾"，乙本作"篺"。按："彌"，爲"镾"之今字。《說文》段注："'镾'，今作'彌'，蓋用弓部之'彁'而又省'玉'也。'彌'行而'镾'廢矣。"是傅本之"镾"爲"彌"之古寫，二字相通。乙本之"篺"，乃爲"籋"之異體字（見《集韻》）。"籋"，《辭海》："筷[籋]（mǐ迷），竹篾。"是"篺"當爲"彌"之假字，此從甲本作"彌"。

又"少"字，傅本作"尠"，馬叙倫曰："此當作'少'，'尠'爲俗字。'少'與'道'爲韻。"

本句意爲：他走出越遠，他所知的事理就越少。

㈢ "是以聖人弗行而知，弗見而名，弗爲而成。"

　　帛書甲乙本此段並嚴重脫損，甲本僅存末句之＂爲而＂二字，乙本僅存＂而名弗爲而成＂六字。河、王、傅本此段均爲＂是以聖人不行而知，不見而名，不爲而成。＂今據以補正帛書，並據乙本＂弗爲而成＂句，將三＂不＂字改作＂弗＂，以保持帛書本色。

　　按：＂名＂張嗣成本、危大有本及王守正本等並作＂明＂。羅運賢曰：＂《釋名·釋語言》：‘名’，明也。＂蔣錫昌曰：＂‘名’、‘明’古雖通用，然老子作‘明’，不作‘名’。二十三章‘不自見，故明’，五十二章‘見小曰明’，皆‘見’、‘明’連言，均其證也，此當據張本改。＂其說是，＂名＂當讀爲＂明＂。蓋此段乃對上文的總結。上文說＂不出於戶，以知天下＂，即此所謂＂弗行而知＂也；上文說＂不窺於牖，以知天道＂，即此所謂＂弗見而明＂也（不窺，猶＂不視＂、＂不見＂），＂弗爲而成＂一本作＂無爲而成＂，蓋本章之宗旨，是對全文的概括。

　　本段意爲：所以，聖人不遠行而能知，不見外物而能明，不親手作爲而能取得成功。

## 簡　析

　　本章反映了老子的認識原則。

　　人們究竟怎樣取得認識？歷來有兩種不同的看法。一種認爲人的認識是依賴感官對客觀事物作出反映，另一種認爲認識是自己的頭腦裏固有的，是主觀自生的東西，前者稱爲唯物主義的反映論，後者稱爲唯心主義的先驗論。老子的認識路線屬於後者，他說"不出於戶，以知天下；不窺於牖，以知天道"，認爲不出門戶，就能認識天下事理；不看外面，就可以明白天道的運行規律。這就實際上否定了感性認識的必要性，使認識成爲先於經驗而主觀自生的東西，陷入了唯心主義。

不過，老子的認識論，不同於孔子"聖人生而知之"的先驗論，他強調"靜觀"在認識過程中的作用。"靜觀"，是老子認識事物的重要方法。他把"心"看作"玄鑑"，卽玄妙的鏡子，認爲有了這面鏡子，就可以直接照知萬物，而不要感官對客觀外界作出反映。他認爲人們只要保持心境的虛靜狀態，就可以通過心的直觀達到主觀和客觀的絕對同一，卽達到"玄同"的境界。因而他認爲"聖人不行而知，不見而名，不爲而成。"這就使聖人的認識帶上了神秘的色彩。這與老子所處的時代有關，我們不應苛求古人。作爲思維的經驗教訓來總結，其中仍包含着合理因素。老子提倡不出戶，不窺牖的"靜觀"的認識方法，意味着他試圖追求一種理性直觀來達到主觀和客觀的絕對同一。其失足之處在於割裂了感性認識和理性認識的辯證關係，丟掉了感性認識，誇大了理性認識。但是老子提倡靜觀的認識方法，說明他看到了感性認識的局限性，表面性，也注意到了理性認識的相對性和有限性，試圖超越兩者之上追求一種更高的認識方法，這在認識史上無疑是一個勇敢的探索。

關於本章的宗旨，學術界還有另一種理解，認爲老子在這裏談的不是認識論問題，而是君主的"南面之術"問題。就是說，作爲君主，要深居簡出，運籌於幃幄之內，決勝於千里之外。雖然不出門戶，却依靠臣下作"耳目"，而能知天下事；雖然不看外面，却能依靠臣下的智力，而懂得天道運行的規律。相反，如果君主離開臣下，孤軍作戰，那麼必將是“其出彌遠，其知彌少。”如張舜徽所指出的：“此言人君—己之聰明不足恃，雖出外日行千里，而所聞見者甚少也。《韓非子·八經篇》云：‘力不敵衆，智不盡物，與其用一人，不如用一國。’《呂氏春秋·貴公篇》云：‘智而用私，不若愚而用公。’皆言善爲君者，要在任人而不任智，‘不貴恃一己之耳目以自賢也。’強調‘任人而不任智’，所以可以實現‘聖人不行而知，不見而名，不爲而成’。”因此，老子所講的“不見”、“不行”、“不爲”，指的是君主一人，而不是所有人。惟其如此，所謂“不行而知，不見而名，不爲而成”，就不怎麼奇怪了。這些看法持之有據，言之成理，不失爲一家之言，記之於茲，供研究者參考。

# 第四十八章

爲學者日益，聞道者日損㈠。損之又損，以至於無爲，無爲而無不爲㈡。將欲取天下也，恒無事；及其有事也，又不足以取天下矣㈢。

## 校　　注

㈠　"爲學者日益，聞道者日損。"

帛書甲本僅存語首一個"爲"字，餘皆脱損，乙本同校文，惟"損"寫作"云"。今據通行本正作"損"。傅本同校文。河本、王本並無二"者"字，範應元曰："傅奕、嚴遵與古本有'者'字。"馬叙倫曰："《莊子·知北游》篇引有'者'字。"蔣錫昌按："二十章王注'下篇爲學者日益，爲道者日損'，係引此章經文，可證王本二'日'上亦有'者'字，當據補正。"釧按：有"者"字是，今帛書有"者"字，又其證也。

河上公曰："'學'，謂政教禮樂之學也；'日益'者，情欲文飾日以益多。'道'，謂自然之道也，'日損者'，情欲文飾日以消損。"釧按：此"學"當指儒墨之學，儒家提倡學禮樂，墨家提倡傳巧智，其學都貴有爲，故曰"爲學日益"也；此"道"當指老子無爲之道，從行無爲之道的角度看，禮樂巧智等越少越好，故曰"聞道者日損"也。此同"絕聖棄智"，"絕仁棄義"，"絕巧棄利"的宗旨是一致的。

本段意爲：從事學習的人，智識日益增加；聞所道的人，智識日益減少。

（二）　"損之又損，以至於無爲，無爲而無不爲。"

帛書甲本此段全脫損。乙本"損"寫作"云"，第二句"無"字下全脫損，餘同校文。河本、王本概同校文。傅本、範應元本第二"損"字下有一"之"字，且"而"作"則"。嚴遵本無"以"字及末句"無爲"二字，唐人寫本殘卷己本無"於"字。龍興碑本"而無"作"無所"，明太祖本宋徽宗本末句"不爲"下有"矣"字，顧歡本"不爲"下有"也"字。今依帛書和王本。

王弼曰："有爲則有所失，故無爲乃無所不爲也。"

吳澄曰："爲道者減損其有爲之事，損之又損，乃損之旣盡，而無復有可損，則至於無爲也。彼有爲者，爲一事不過一事，爲十事不過十事而已，其未爲之事，何啻千萬，不可勝窮，豈能事事而爲之哉。惟無爲者，一事不爲，故能事事無不爲也。"

本段意爲：減少而又減少，乃至達到無爲的境界。堅持無爲，就沒有什麼事不可爲。

（三）　"將欲取天下也，恒無事；及其有事也，又不足以
　　　取天下矣。"

帛書甲本脫損嚴重，僅存“取天下也恒”五字。乙本大致同
校文，惟“將欲”及末句“又不”、“下矣”諸字脫損。今據傳
本補。傳本“將欲取天下恒無事”句中無“也”字。河本、王本
無“將欲”二字，“取天下也恒無事”作“取天下常以無事”，
無“也”、“又”、“矣”諸字。宋徽宗注本、呂惠卿本等“取”
前有一“故”字，範應元本無“欲”字，“取”下有“於”字。
今依帛書及傳本。

河上公曰：“取，治也。治天下常當以無事，不畜煩勞也。
及其好有事，則政教煩，民不安，故不足以治天下也。”

“及”，高亨曰：“猶若也”。

本段意為：想要治理天下，那就要永久保持“無事”的狀態。
如果有所事事，那就難於治好天下。

# 簡　析

本章講的是無為之道。“為學日益，為道日損”，本意在於
把自己的“道”同儒家、墨家的“政教禮樂之學”區別開來。老
子認為，從事儒墨之學，禮樂巧智等將一天天增加；而按照自己
的無為之道的要求，禮樂巧智等則一天天減少。老子取後者而不
取前者。如陳鼓應所指出的：“老子認為‘政教禮樂之學’實足
以產生機智巧變，戕傷自然的真樸。老子要人走‘為道’的路子，
減損私欲妄見，返歸真純樸質，‘以至無為’。”

# 第四十九章

聖人恒無心，以百姓之心爲心㈠，善者善之，不善者亦善
之，德善也㈡；信者信之，不信者亦信之，德信也㈢。
聖人之在天下，惵惵焉，爲天下渾心㈣。百姓皆注耳目
焉，聖人皆孩之㈤。

## 校　　注

㈠　“聖人恒無心，以百姓之心為心。”

　　帛書乙本大致同此，惟首“聖”字脫損，“姓”寫作“省”，
音近而誤。甲本上句全脫，下句爲“以百□之心爲□”。河、王、
傅本“恒無心”均作“無常心”，且無“之”字，餘同校文。景
龍碑本，唐人寫本殘卷己本，顧歡本無“恒”（常）字。馬叙倫
曰：“《書抄》七引‘姓’下無‘心’字。”今依帛書。
　　河上公曰：“聖人重改更，貴因循，若自無心，百姓心之所
［之］，便因而從之。”
　　蔣錫昌曰：“此言聖人治國，無常心於有爲，而任百姓之自
化，故以百姓爲心也。《莊子·天下篇》述老聃之道曰：‘關尹
老聃乎，古之博大眞人哉；芴漠無形，變化無常。’太史公《自
序》曰：‘聖人不巧，（原作‘朽’，此依王念孫《雜志》校改），

時變是守。'並與此誼相明。"

本段意爲：聖人永遠沒有自己的心願，他們以順從百姓的心願爲心願。

㈡ "善者善之，不善者亦善之，德善也。"

帛書甲本脫損末尾四字，餘同校文。乙本僅存首"善"字及末尾"善也"二字，餘皆脫損。河、王本二"者"字下均有"吾"字，無末尾"也"字。傅本同河本相近，惟末尾有一"矣"字，"德"作"得"。校文以甲本爲主，甲本缺字，據乙本及傅本補。

釧按：本段及下段各本均有"吾"字，惟帛書無"吾"字。從文意看，無"吾"字是。"善者善之，不善者亦善之"，"信者信之，不信者亦信之"，緊承上句"聖人恒無心，以百姓之心爲心"，故"善者善之"等不是"吾"所爲，而是"聖人"所爲。河上公注"善者吾善之"等句曰："百姓爲善，聖人因而善之，百姓雖有不善，聖人化之德善也；百姓德化聖人爲善。"其"善之"，"亦善之"都指"聖人"，並非指"吾"。據此知河上本原亦無"吾"字，今"吾"字乃後人妄加耳。當依帛書刪去此"吾"字，下同。

蔣錫昌曰："'德'假爲'得'，此言民之善與不善，聖人一律待之以善而任其自化，則其結果皆得善也。"

本段意爲：百姓中善的人，聖人以善待他；不善的人，聖人也以善待他，從而得到了善的結果。

（三）　"信者信之，不信者亦信之，德信也。"

帛書乙本同此，甲本脫損嚴重，僅存末尾"信也"二字。河本、王本二"者"字下均有"吾"字，末尾並無"也"字，傅本"也"作"矣"，"德"作"得"，餘同河本。今從帛書。按："德"，當讀作"得"。

河上公注："百姓爲信，聖人因而信之；百姓爲不信，聖人化之使信也；百姓德化聖人爲信。"

蔣錫昌曰："此言民之信與不信，聖人一律待之以信，而任其自化，則其結果皆得信也。此與上文詞異誼同。"

本段意爲：百姓中守信的人，聖人以信待他；不守信的人，聖人也以信待他，從而得到了信的結果。

（四）　"聖人之在天下，愉愉焉，爲天下渾心。"

帛書甲本大致同此，惟"聖人"二字脫損："歙"寫作"翕"。乙本首句"天下"後有一"也"字，"歙"作"欿"，"爲天下渾心"五字脫損。河本此句作"聖人在天下怵怵，爲天下渾其心"。王本無"之"、"焉"二字，"渾"後有"其"字。傅本"渾心"作"渾渾焉"。開元御注本、陸本等多種本子"歙"作"惵"。

"在"，劉師培曰："'在'，疑'任'字之訛"。此說有理，"任"、"在"二字形近易誤，且從文意看，亦以"任天下"爲優。"在天下"，語意平淡；"任天下"即"以天下爲己任"，突出了聖人崇高的歷史使命，故古本當作"任天下"，譯文宜取此意。

“歛”，王本同，甲本作“翁”，疑爲“愴”之異體字，乙本作“欿”，乃“歛”之省寫。蓋“合”古與“翕”通，《爾雅·釋詁》：“‘翕’，合也。”則“欿”乃爲“歛”之省簡無疑。此從王本作“歛”，甲本之“翁”（“愴”）當是“歛”之假字。“歛”，河本寫作“怵”，開元御注本作“慄”，乃因“歛”古與“慄”通。《集韻》：“歛，懼貌，或作慄。”“怵”，亦含有恐怖之義，河上公說：“聖人在天下怵怵，常恐怖，富貴不敢驕奢。”是“怵”及“歛”，“慄”皆有恐懼之義，可通用。

本段意爲：聖人以天下爲己任，常恐懼不安，欲使天下人心歸於渾樸。

㈥　“百姓皆屬耳目焉，聖人皆孩之。”

帛書甲本脫“孩之”二字，餘同校文。乙本僅存“生皆注其”四字，餘皆脫損。河本“皆屬耳目”作“皆注其耳目”，餘同校文。王本無“百姓皆屬耳目”句；傅本“屬”作“注”，“孩”作“咳”，餘同校文。今依帛書甲本，甲本脫文由河本補。

按：“屬”，各本均作“注”。“注”、“屬”古通。《漢書·燕刺王旦傳》：“是時天雨，虹下屬宮中。”師古注：“屬，猶注也。”今從甲本作“屬”。《說文》：“屬，連也”，“連”，通“聯”。“皆屬耳目”意爲聯合耳目，即充分發揮耳目的作用，王弼所謂“各用聰明”是也。釋德清曰：“百姓皆注其耳目者，謂注目而視，傾耳而聽，司其是非之昭昭。”與上意並同。“注”

一本作“淫”，形近而誤。

又，王弼本無“聖人皆屬耳目”句，當補。蓋“百姓皆屬耳目”與“聖人皆孩之”兩句爲對文，無上句則下語失其依。（據劉師培說）

“孩”，或作“咳”，或作“恢”，或作“駭”，今從河本作“孩”。“聖人皆孩之”王弼注曰：“皆使和而無欲，如嬰兒也。”蔣錫昌曰“言聖人皆以小兒待之，而不分別其善不善，信不信也。”此從蔣說。

本段意爲：百姓都充分發揮耳目的功用，聖人却把他們都看做嬰孩。

## 簡　析

本章講的是愛民之道。

春秋戰國之際，新興封建主爲了擴展自己的勢力，“辟草萊”，“漫其經界”，大量經營私田，這就有一個吸收勞動力的客觀需求。而當時大量勞動力控制在奴隸主手裏，這就迫使新興封建主同奴隸主展開爭民的鬥爭。在這個鬥爭中，不同階級的思想家都圍繞“爭民”提出了自己的主張，孔子提出“汎愛衆”(《論語·學而》)；墨子提出“兼愛”（《兼愛》），並主張“饑者得食，寒者得衣，勞者得息”（《非命下》），老子則明確提出“愛民治國”的口號，本章就是這一思想的具體發揮。

怎樣“愛民”？曰：“聖人恒無心，以百姓之心爲心。”認爲聖明的君主治國，不把自己的思想强加於百姓，而要體察百姓

的脉膊，想他們所想，思他們所思，一切順從白姓的心願。不僅
如此，還必須本着與民爲善的宗旨，"善者善之，不善者亦善之"；
"信者信之，不信者亦信之"。百姓中善良的人，以善良待他，
不善良的人也要以善良待他；百姓中守信的人，要以信待他，不
守信的人，也要以信待他。這樣，旣得到了"善"的結果，也得到
了"信"的結果。老子認爲，聖明的君主治理天下，必須表現爲
"歙歙焉"，即常處於恐懼不安的狀態，不敢驕恣，意在把天下
百姓引向無爲的境界。即使百姓好用智慧，自己也要把他看作嬰
孩，倍加愛護。這樣的"愛民"，的確是孔、墨所不能比的。

# 第五十章

出生入死，生之徒十有三，死之徒十有三㈠，而民之生
生而動，動皆之死地亦十有三㈡。夫何故也？以其生生
也㈢。蓋聞善執生者，陵行不避兕虎，入軍不被兵革。
兕無所投其角，虎無所措其爪，兵無所容其刃㈣，夫何
故也？以其無死地焉㈤。

## 校　　注

㈠　"出生入死，生之徒十有三，死之徒十有三。"

帛書甲乙本此段皆嚴重脫損，甲本僅存首句"生"字，二句
"有"字，以及末尾四字；乙本"出"字及"生之"以下五字脫
損，餘同校文。河本、王本、傅本概同校文。唐人寫本殘卷己本
二"十"字均作"什"。今從河、王諸本。
"出生入死"，王弼曰："出生地，入死地。"
"徒"，類也。（據河上公說）
"十有三"，王弼注："猶云十分有三分。"
本段意爲：在生死之地出入，屬於生存一類十分中有三分；
屬於死亡一類十分中有三分。

㈡ “而民之生生而動，動皆之死地亦十有三。”

傅本同此，帛書甲本“而民”下無“之”字，“生生”下無“而動”二字，“亦”作“之”字，“動皆之”之“動”寫作“動”。乙本同甲本，惟“動”作“僮”。按：帛書與傅本相較，似以傅本近古本。顧廣圻曰：“《韓非》作民之生生而動，動皆之死地十有三。”則傅本與韓本同，惟語首無“而”字，“地”下無“亦”字。畢沅曰：“河上、王弼作‘人之生動之死地亦十有三’。”似畢見河本“地”下有“亦”字。

易順鼎曰：“王本及韓非似皆有誤。《文選》鮑照代《君子有所思行》注引《老子》作：‘人之生生之厚，動皆之死地，十有三。’所引似爲可據。蓋以‘人之生生之厚’六字共爲一句。老子意謂人求生太厚，遂動之死地。故下文又申明之云：‘夫何故？以其生生之厚。’夫生，十有三；死，十有三；其數本各居半，至於求生過厚，而死之數遂多於生矣。若作‘人之生，生而動’，語近於不可解。觀王注亦云‘而民生生之厚，更之無生之地焉’，是‘動之死地’之上，有‘生生之厚’四字之證。”此說雖有理，然韓本、帛書等較古的本子：此段均無“生生之厚”語，易氏所據僅《文選》注引文，尚難作爲定論。姑存之以備一說。

“生生”，求生（據陳鼓應說）。

“動”，作爲也（據吳澄說）。

本段意爲：而老百姓爲求生而作爲，這種作爲走向死地的也是十分中有三分。

㈢　"夫何故也？以其生生也。"

帛書甲本同此，乙本脫損"夫"字，無後"也"字。河、王本作"夫何故，以其生生之厚"，其他各本與河、王本大致相同，"生生"下並有"之厚"二字。範應元本"故"作"哉"。今依帛書。

本段意爲：這是什麼原因呢？因爲他們太貪生啊！

㈣　"蓋聞善執生者，陵行不避兕虎，入軍不被兵革。兕無所投其角，虎無所措其爪，兵無所容其刄。"

帛書甲本"聞善"二字及"避"字脫損，兕誤作"矢"，"投"作"椯"，"措"寫爲"昔"，"爪"作"蚤"。乙本"避"寫爲"辟"，"兕無"下脫損八字，"爪"亦寫爲"蚤"。傅本"執生"作"攝生"，"陵行"作"陸行"，"兵革"作"甲兵"，餘同校文。河本"執生"亦作"攝生"，"陵行"亦作"陸行"，"不避兕虎"，"不遇兕虎"，"不被兵革"作"不避甲兵"，王本近河本，惟河本"不避甲兵"王本作"不被甲兵"。今從帛書並攄傅本補正。

按："執生"，各本概作"攝生"，"攝"、"執"互通，《說文》："攝，引持也。"，《集韻》："執，持也。"則二字並有"持"義，"持"保持"執生"或"攝生"均爲保生之意。今從帛書。

"陵行"各本均作"陸行"，似以帛書"陵行"爲優。"陵"，

《爾雅·釋地》：" 大阜曰陵。"《說文》：" 阜，山無石者。"
《釋名》：" 土山曰阜，言高厚也。" 則 " 陵 " 卽無石之土山也，
今言丘陵卽指此。" 陵行 "，卽在山中行走，山中才有兕虎，故
曰 " 陵行不避兕虎 "。作 " 陸行 " 不如 " 陵行 " 貼切。

" 兕虎 "，卽指兕與老虎。" 兕 "，《說文》：" 兕，狀如
野牛而青，象形，本作 ' 𠒇 '。"《爾雅·釋獸》：" ' 兕似牛'。
注：' 一角，青色，重千斤。' 疏：' 其皮堅厚可製甲，……角
長三尺餘，形如馬鞭柄'。" 當是一種猛獸。

本段意爲：聽說善於保生的人，在山中行走不用迴避兕與老
虎；進入戰鬥的行列，不用披戴護身的兵甲。兕無法用角傷害他，
老虎無法用爪傷害他，兵器無法用叕傷害他。

㈤ " 夫何故也？以其無死地焉 "。

帛書甲本及傅本並同此，惟甲本脫損 " 夫 " 字。乙本脫損嚴
重，僅存 " 也以其無 " 四字。河本、王本無 " 也 "、" 焉"二字。

本段意爲：這是什麼原因呢？因爲他心裏沒有死的地盤啊！

# 簡　　析

本章講的是執生（或作 " 攝生 "）之道。

怎樣 " 執生 " 呢？這就是要順乎自然法則。在老子看來，生
與死有合乎自然者，有不合乎自然者。合乎自然的正常之生，十
分中有三分；合乎自然的正常之死，十分中有三分。此外，還有

不合乎自然的非正常死亡。這就是那些"生生"者即貪生者，他們為貪生而作為，這種作為是違反自然的，因而也有十分之三走向死亡之地。老子的本意，是要人們安時處順，置生死於度外。若做到了這一點，就可以達到"陵行不避兕虎，入軍不被兵革。兕無所投其角，虎無所措其爪，兵無所容其刃"的特殊境界。這樣的"善執生"者，似乎不可理解。但只要把握道家超然物外的基本思想，也就不奇怪了。道家置生死於度外，當然不用防避猛獸的傷害與刀刃的殺害。莊周把置生死於度外之人稱為"至人"，說："至人神矣，大澤焚而不能熱，河漢沍而不能寒，疾雷破山、飄風振海而不能驚。若然者，乘云氣，騎日月，而游乎四海之外，死生無變於己，而況利害之端乎？"（《齊物論》）又說："至人潛行不窒，蹈火不熱，行乎萬物之上而不慄。"（《達生》）把莊子的這些話同老子"陵行不避兕虎"等語相比較，可知他們的基本思想是一致的：只要超然於生死之外，還有什麼可怕呢！高延弟曰："真善攝生者，安時處順，虛己游世，無害物之心者，物亦不得而害之，故無死地。……讀《莊子》之《養生主》、《人間世》二篇，足盡此章之旨，非真謂餒虎可尾也。"此說抓住了問題的本質。

# 第五十一章

**道生之而德畜之，物刑之而器成之，是以萬物尊道而貴德㈠。道之尊也，德之貴也，夫莫之爵而恒自然也㈡。道生之，德畜之，長之遂之，亭之毒之，養之復之㈢。生而弗有也，爲而弗侍也，長而弗宰也，是謂玄德㈣。**

## 校　　注

㈠　"*道生之而德畜之，物刑之而器成之，是以萬物尊道而貴德。*"

帛書甲本同此，惟末尾脫一"德"字，據乙本補。乙本無前"而"字，餘同校文。河本、王本、傅本無前後二"而"字，"器成之"作"勢成之"，"萬物"下有"莫不"二字。程大昌《易老通言》"是以"引作"故"；開元御注本"萬物"作"聖人"。

剑按：帛書"器成之"與通行本"勢成之"相較，似以帛書爲優。高亨曰："'物形之，勢成之'二句義不可通，文必有誤。疑此四句當作"物，道生之，形之；德畜之，成之。'蓋轉寫'物'字竄入下文，'形之'二字亦竄入下文，讀者以意增'勢'字耳。"張松如曰："高說固穎，而臆斷無據。今帛書作'器'，正好把這一矛盾解決了。'器'，就是器械，就是工具。萬物各因物賦形，

而又由‘器’以成之也。……韓非《解老》所謂‘凡物之有形者，
易裁也，易割也’……裁之割之，非由‘器’乎？此物不正是
‘物形之而器成之嗎？’”張說是，從之。

又按：河、王、傅諸本末句“萬物”下均有“莫不”二字，
今帛書甲乙本及唐人寫本殘卷己本、嚴遵本均無此二字，當是古
本如此，應依帛書。“之”，指萬物。

“刑”，通“形”。

“物”，指各類生物不同形的物種而言。

本段意爲：道生出萬物而德畜養萬物，物種形範萬物而器具
成全萬物。所以萬物尊崇道而重視德。

㈡　“道之尊也，德之貴也，夫莫之爵而恒自然也。”

帛書乙本同此，惟“爵”後多一“也”字（甲本無此“也”
字，據刪）。甲本“道”字脫損，“尊”下無“也”字，“爵”
省爲“时”，今依乙本。河本、王本無三“也”字，“爵”作“命”，
“恒”作“常”。按：“爵”，傅本及開元御注本、唐人寫本殘
卷己本等多種版本同，當是古本如此，今依帛書。“莫之爵”乃
倒語，猶“莫爵之”，意爲沒有誰給它爵位。“之”，指代“道”
和“德”。

本段意爲：道之所以受到尊崇，德之所以受到重視，並沒有
誰給它們爵位，而只是恒久因任自然罷了。

㈢　“道生之，德畜之，長之遂之，亭之毒之，養之復

之。”

　　帛書甲乙本此段均有脫損。甲本無“德”字,“毒之”之“毒”
及“毒之”下四字脫損。乙本亦無“德”字,“畜”字下四字及
末“之”字脫損。校文由甲乙本互補而成,甲乙本均缺則據今本
補正。按:“德畜之”,之“德”,河、王本及傅本並有,帛書
無,明太祖注本等多種版本亦無。從全章看,上文有“道生之而
德畜之”句,此處乃重申明上意,亦當有“德”字,今據補。“長
之遂之,亭之毒之”河本作“長之育之,成之熟之”,王本、傅
本並作“長之育之,亭之毒之”,傅本“養之復之”作“蓋之復
之”,今依帛書。按:“長之遂之”,各本作“長之育之”,似
以帛書爲優。“遂”,《廣韵》:“成也。”“長之遂之”即“長
之成之”也。如作“長之育之”,則“育之”與下文“養之”重
覆。“育”,《廣韻》:“養也。”今依帛書作“遂之”。

　　“亭之毒之”:奚侗曰:“‘亭之毒之’,謂定之安之也。
《說文》:‘亭,民所安定也。’引申有安定誼。《文選》謝靈
運《初去郡詩》注引《蒼頡篇》:‘亭,定也。’《廣雅‧釋詁》:
‘毒,安也。’它本‘亭毒’或作‘成熟’。”

　　“養之復之”,吳澄曰:“復,謂反本復命也。”

　　本段意爲:道生出萬物,德畜養萬物,使萬物滋長成熟,安
穩定形,得到保養,直至反本復命。


　　(四)　“生而弗有也,爲而弗侍也,長而弗宰也,是謂玄
德。”

帛書甲本"生而"二字脫損，"侍"作"寺"，"弗宰"作"勿宰"，"是謂玄德"作"此之謂玄德"。乙本此段脫損嚴重，僅存"弗宰是胃玄德"六字。校文以甲本爲基礎，參閱乙本補正。"弗侍"，乙本脫，甲本作"弗寺"，校正文"侍"據乙本第二章"爲而弗侍"句而定。河、王、傅本此段無"也"字，三"弗"字並作"不"，"侍"作"恃"，餘同校文。唐人李約《道德眞經新注》本無"長而弗宰"句，今依帛書。

奚侗曰："四句已見第十章，此復出。"

"爲"：施爲。

玄德：卽上善之德。（參見第十章《校注》）

本段意爲：生出萬物而不占有它們，對萬物有所施爲而不恃望其極，助長萬物而不去宰割它們。這就是上善之德。

# 簡　　析

本章集中體現了老子關於天道無爲的思想。

仔細研讀本章，可知老子關於"無爲"的含義有如下幾層意思：

首先，"無爲"主要指因任自然。老子說："道生之而德畜之，物刑之而器成之，是以萬物尊道而貴德。道之尊也，德之貴也，夫莫之爵而恒自然也。"這裏所說的"道生"，"德畜"，"物刑"，"器成"，都是順乎自然法則的自然過程。沒有任何勉強作爲。在老子看來，人們之所以尊道貴德，不是由於"道"和"德"受有爵位，而是由於它們"恒自然也"。因此，萬物尊道貴德，實際上尊崇、看重因任自然這一重要法則。

其次，老子的＂無爲＂，不是簡單的不作不爲。過去，不少人把老子的無爲，簡單地歸結爲不作不爲，這是不合老旨的。這一點，本章的文字作了明確的答覆。老子說：＂道生之，德畜之，長之遂之，亭之毒之，養之復之。＂這裏所說的＂生＂、＂畜＂、＂遂＂、＂亭＂、＂毒＂、＂養＂、＂復＂都是動詞，它們都是＂道＂或＂德＂的作爲。可見，老子的＂無爲＂，不是什麼也不作不爲，而是有所爲的，不過，這種＂爲＂，是順乎自然而爲。劉安所謂＂循理而舉事，因資而立功＂，即合此意。

再次，老子所說的＂無爲＂，還包含着＂無私＂的意思。生而弗有也，爲而弗恃也，長而弗宰也，是謂玄德。＂這裏所謂＂弗有＂，＂弗恃＂、＂弗宰＂含義都是相通的，即＂無私＂是也。王安石說：＂此三者皆出於無我，故謂之玄德。＂＂無我＂亦即＂無私＂。劉安所謂：＂若吾所謂無爲者，私志不得入公道，嗜欲不得枉正術。＂正是對老子這一思想的發揮。

最後，老子把＂無私＂稱之爲玄德，這是很有價值的見解。說明他意識到人類社會的上善之德具有＂無私＂的特徵。老子對無私之德無比嚮往，他反覆強調＂我無欲而民自樸＂、＂復歸於樸＂。此＂樸＂正是指的樸實無華的上善之德，其中包含＂無私＂。

# 第五十二章

天下有始，以爲天下母㈠。旣得其母，以知其子；旣知
其子，復守其母，沒身不殆㈡。塞其兌，閉其門，終身
不菫；啓其兌，濟其事，終身不救㈢。見小曰明，守柔
曰强㈣。用其光，復歸其明，無遺身殃，是謂襲常㈤。

## 校　　注

㈠　“天下有始，以為天下母。”

帛書甲乙本及河本、王本均同此，傅本“以”上多一“可”
字，今從帛書。

奚侗曰：“道先天地而生，即爲天下萬物之母。”

蔣錫昌曰：“二十五章‘有物混成，先天地生，寂兮寥兮，
獨立不改，周行而不殆，可以爲天下母，吾不知其名，字之曰道’，
是‘始’卽‘道’也。道先天地生，故爲天下萬物之母也。”

本段意爲：天下有一個始祖（道），可以作爲天下萬物的母
親。

㈡　“旣得其母，以知其子；旣知其子，復守其母，沒
　　身不殆。”

帛書乙本同此，惟"殆"作"佁"，形近而誤。甲本無"旣
知其子"一句，考通行諸本均有此句，疑甲本抄寫時脫誤，當據
補。甲本"旣"作"惡"。按："惡"，古"愛"字，因上半
"旣"與"旣"同而誤。河本"旣得"作"旣知"，"以知"作
"復知"；景龍碑等本"得"作"知"，"以"作"又"。景福
本"得"、"守"並作"知"。王本，傅本同校文。

奚侗曰："道爲母，萬物爲子，旣因物之所以生以得其母，
亦因道之所以生者以知其子。萬物爲道之子，道以無爲，使各遂
其生。我守無爲之道，萬物恃我而生而不辭，則沒身無危殆矣。"

本段意爲：旣然得知這一母親，那就可以知道它的兒子；旣
然知道它的兒子，那就要返囘來守住這個母親。這樣終身沒有危
殆。

㈢ "塞其兌，閉其門，終身不堇；啓其兌，濟其事，
終身不救。"

帛書甲本前"兌"寫作"閲"，後"兌"寫作"悶"，"不
救"二字脫損。乙本"兌"作"垸"，"濟"省作"齊"，"事
終身"三字脫損，"不救"作"不棘"。"堇"，河、王諸本作
"勤"，此依帛書。"堇"，"勤"均爲"瘽"之借字，病也。
"啓"，河、王諸本作"開"，"開"、"啓"互通，今從帛書。

釗按："兌"，王本、傅本同，河本作"兌"，陸德明曰：
"兌，河上作銳。"則陸見河本爲"銳"，景龍碑亦作"銳"。
今從王、傅本作"兌"。"兌"，奚侗曰：《易·說卦》：'兌

爲口。’引申凡有孔竅者皆可爲兌。《淮南·道應訓》。‘王者
欲久持之，則塞民於兌’高注：‘兌，耳目口鼻是也’。”按：
奚侗將本章之“兌”釋爲“耳目口鼻”恐不確。本章“兌”當爲
“悅”之借字。《說文》段注：“《道德經》‘塞其兌，閉其門’，
‘兌’即‘閱’之省。”而“閱”通“悅”，《詩·蜉蝣》：“蜉
蝣》：“蜉蝣掘閱”《疏》：“閱者，悅懌之意。”又《易·說
卦》：“兌，說也。”《同源字典》引師古說：“說，讀爲悅”。
是“兌”通作“悅”，《廣雅·釋詁》：“悅，喜也。”帛書甲
本作“閟”，當爲“閱”之形誤；乙本作“垸”當爲“悅”之形
誤。據此，“兌”當讀爲“悅”。“塞其兌”，即堵塞喜悅之情。

“閉其門”，“門”，借爲“悶”。《說文》：“悶，憪也。
從心，門聲。”則“門”、“悶”同聲可以通假。“悶”與“悅”
爲對文。“塞其悅，閉其悶”，即取消喜悅憂悶等情欲是也。去
掉情欲可以保生是道家的重要觀念。《管子·內業》：“凡心之
刑，自充自盈，自生自成。其所以失之，必以憂、樂、喜、怒、
欲、利。能去憂、樂、喜、怒、欲、利，心乃反濟。”“彼心之
情，利安以寧，勿煩勿亂，和乃自成。”《淮南·原道篇》也說：
“夫喜怒者，道之邪也；憂悲者，德之失也；好憎者，心之過也；
嗜欲者，性之累也。人大怒破陰，大喜墜陽，薄氣發瘖，驚怖爲
狂，憂悲多恚，病乃成積。”可見，喜怒哀樂等情慾，都會使人
致病。惟其如此，所以老子主張“塞其兌，閉其悶”，認爲這樣
就可以“終身不瘤”。

“濟”，河上公注：“益也，益情欲之事。”恐不確。按：
此“濟”當訓爲“憂”。揚子《方言》：“憂，陳楚或曰濕，或

曰濟。”則“濟其事”猶“憂其事”也。此義正與前句“閉其悶”相呼應。

“救”，治也（據奚侗說）。

本段意爲：堵塞那喜悅之情，關閉那憂悶之門，終身不會害病；放縱那喜悅之情，憂傷那世間之事，終身不可救治。

（四）“見小曰明，守柔曰强。”

帛書甲本脫損“見”，“明”二字，餘同校文。乙本脫損“柔曰”二字，餘同校文。王、傅本與校文同。河上公本後“曰”作“日”，明太祖注本、吳澄本前後“曰”並作“日”。吳澄曰：“‘日’，或作‘曰’，傳寫之誤。”蔣錫昌曰：“五十五章，知和曰常，知常曰明，益生曰祥，心使氣曰强’，文例與此一律，可證《老子》古本作‘曰’不作‘日’，吳說非是。”今帛書亦作“曰”，當從之。

“小”吳澄曰：“猶前章‘微’字。”

本段意爲：預見到微妙之處，可稱之爲明智；堅守柔弱，可稱之爲剛强。

（五）“用其光，復歸其明。毋遺身殃，是謂襲常。”

帛書甲本同此，惟“殃”省作“央”；“遺”，訛爲“道”；“謂”，省作“胃”。乙本“用”下脫損七字，“襲”字亦脫損，“殃”亦省作“央”，“謂”亦簡爲“胃”。傅本同校文，河、王本"襲"作"習"，王本"謂"作"爲"，餘同校文。馬叙倫曰："襲習古通，《周禮·胥師》注曰：'故書襲爲習。'是其例證。"今依帛書作"襲"。羅振玉曰："'謂'，今本作'爲'，以全書例字，當作'謂'。"蔣錫昌："《道藏》王本'爲'作'謂'，當據改正。二十七章'是謂襲明'詞例與此一律，可證'習'亦當改'襲'。'爲'之與'謂'，'習'之與'襲'，古雖並通，然王本作'謂'不作'爲'，作'襲'不作'習'也。"今帛書正作"是謂襲常"，當從之。

"光"，卽五十八章"光而不耀"之光，雖有光，却"不耀"，則此光乃爲溫柔之光，實卽微妙的智慧。

"襲常"卽因襲常道是也。

本段意爲：運用那微妙的智慧之光，復歸到玄通之明，不留下危及自身的禍殃。這就叫做因襲常道。

## 簡　析

本章宗旨亦是強調守道。

老子曰："天下有始，以爲天下母。旣得其母，以知其子；旣知其子，復守其母，歿身不殆。"這段話的關鍵，是強調"復守其母"。薛惠曰："惟得母以知子者，斯能無所不知矣。然得其母者，豈徒欲知其子？正欲'復守其母'。使知子而不守其母，則舍本趨末，終亦多方喪生耳。智雖（落）[絡]天地，辯雖彫萬物，能雖窮海內，不足貴也……守其母者，固深根固蒂，長生久視之道也。"

　　老子所說的"守母"，也就是守"道"，即堅守無爲之道。
在老子看來，只要堅守無爲之道，就能達到微妙玄通的境界，從
而，"用其光，復歸其明"。何謂"光"？何謂"明"？薛惠曰：
"光者，明之發，心之感，通之用也；明者，光之本，心之知，
覺之體也。""用其光，復歸其明"，就是最好地發輝"無爲"
的智慧之光，復歸到大道的玄通之明。

# 第五十三章

使我介然有知，行於大道，唯施是畏㈠。大道甚夷，民甚好徑㈡。朝甚除，田甚蕪，倉甚虛。服文采，帶利劍，厭飲食，資財有餘，是謂盜竽㈢。盜竽，非道也哉㈣！

## 校　　注

㈠　“使我介然有知，行於大道，唯施是畏。”

帛書乙本無“然”字，“施”寫作“也”，餘同校文。甲本“介”作“撅”，亦無“然”字，“知”下有“也”字，“行於”及“施是畏”諸字脫損。河、王、傅諸今本“介”下皆有“然”字，從之。

按：“介”，古今注家解說殊異，有訓爲“大”者（河上公），有訓爲“小”者（成玄英），有訓爲“耿介”者（唐玄宗），有訓爲“準確”者（張松如），如此等等，不一而足。從文意看本文“介”字，似以訓“畫”爲宜。《說文》“介，畫也”段注：“畫部曰：‘畫，畍也’按：‘畍也’當是本作‘介也’，‘介’與‘畫’互訓。”“介然”即“畫然”。“畫”，分也。“使我介然有知”，意爲“使我分然有知”。此“分”，指劃分“正”與“邪”。

「施」，王念孫曰：「『施』，讀爲『迤』。『迤』，邪也。言行於大道之中，唯懼其入於邪道也。下文云：『大道甚夷，而民好徑。』河上公注：『徑，邪不正也。』是其證矣。」。釗按：「施」直解爲「邪」是也，不必轉讀爲「迤」。錢大昕曰：「『施』，古音斜字。《史記·賈生列傳》：『庚子日施兮』，《漢書》作『斜』，『斜』，『邪』音義同也。」「使」，假設之詞。

本段意爲：假使我正邪劃分得很清楚，那麼，行走在正道上，唯獨害怕走上邪道。


(二)　「大道甚夷，民甚好解。」


帛書乙本同此，惟「解」寫爲「僻」。甲本脫損「大道」二字，餘同校文。「民甚好解」河、王、傅本作「而民好徑」，唐人寫本殘卷己本作「其民好徑」。「民」，景龍碑本，唐人李約本，龍興碑本並作「人」，今依帛書。

按：「好解」諸今本作「好徑」，河上公注：「徑，邪不平正也。」「好徑」猶好行邪道是也。今帛書作「好解」，此「解」當訓爲「脫」。《禮記·曲禮》：「解履不敢當階。」注：「解，脫也」。此「脫」即解脫之「脫」，引申爲脫離。「而民好解」，猶「而民好脫」即好脫離大道而行邪道是也。此意與「好徑」一致，今從帛書作「解」。

「民」，通「人」，指下文「服文采，帶利劍」的貴族。

本段意爲：大道很平坦，而貴族們却好脫離大道而行邪道。

㈢ "朝甚除，田甚蕪，倉甚虛，服文采，帶利劍，厭
飲食，而資財有餘，是謂盜竽。"

帛書甲本此段"利"下脫損嚴重，僅存"食貨"二字。乙本
"財"下脫損六字，其"資"寫作"齎"，"厭飲食"之"飲"
字無。河本、王本後二句作"財貨有餘，是謂盜夸"，無"而"
字。

按："資"，帛書甲本脫，乙本作"齎"。"齎"，古與"資"
通，《周禮·天官·掌皮》："歲終則會其財齎"《疏》："鄭
司農云'齎，或爲資'。"今寫作"資"。"資財"明太祖本、
宋徽宗本、呂惠卿本等均同，河、王本作"財貨"，傅本、範應
元本作"貨財"，今從帛書。

"盜竽"，帛書甲乙本均脫損，流行本多作"盜夸"。俞樾
曰："'夸'字無義，《韓非子·解老》篇作'盜竽'，其解曰：
'竽也者，五聲之長者也。故竽先，則鍾瑟皆隨；竽唱，則諸樂
皆和。今大姦作，則俗之民唱。俗之民唱，則小盜必和。故服文
采，帶利劍，厭飲食，而資貨有餘者，是之謂盜竽矣。'蓋古本
如此，當從之。"蔣錫昌曰："《說文》：竽，管三十六簧也，
從竹，于聲。'《釋名·釋樂器》：'竽，笙類，所以導衆樂者
也。'《釋名》所釋，正與《韓非》'竽先，則鍾瑟皆隨，竽唱
則衆樂皆和'之義相合，竽爲衆樂之導，故老子謂姦盜之導爲盜
竽。"均言之有理。疑此"竽"爲本字，在流傳中，或寫作"芋"。
"芋"與"竽"通，均有"大"義。《同源字典》引《廣雅釋詁
一》："芋，大也"；又引《呂氏春秋》："調竽笙塤箎"注：

“竽，聲之大也”。是“芋”，“竽”並有“大”義，二字同源，故能通用。古謂“芋根”爲“魁”，故“芋”或可引申爲“魁”。疑河、王本之“盜夸”，原作“盜魁”，“魁”，“夸”一聲之轉，故誤耳。此從韓本作“盜竽”。

“朝甚除”，高亨曰：“‘除’讀爲‘塗’。《文選・西都賦》李注引《廣雅》：‘塗，汚也。’‘除’、‘塗’同聲系，古通用。《韓非子・難一》篇‘左右清除之’，《淮南子・齊俗篇》作‘左右欲塗之’，即其證。”此說有理，從之。“汚”，有腐敗之義，“朝甚除”，即朝政甚爲腐敗是也。

本段意爲：朝政甚爲腐敗，田園甚爲荒蕪，倉庫甚爲空虛。身着錦繡之衣，帶上鋒利之劍，飽餐美味的飲食，有着用不完的資財，這種人可稱爲強盜頭子。

（四）　“盜竽，非道也哉！”

帛書甲本此句全脫損，乙本僅存“非”、“也”二字。今按照傳本補上，惟傳本之“盜夸”今從韓本作“盜竽”。河本無“也”字，其“盜夸”二字未重疊，故此句僅爲“非道哉”三字。王本“盜夸”二字亦未重疊，經文作“非道也哉”。今除“竽”字從韓本外，其餘依傳本。

本句意爲：做強盜頭子，不合於道啊！

# 簡　　析

本章深刻揭露了奴隸主貴族的荒淫無道。

過去，有人說老子代表奴隸主貴族的利益，從本章來說，這個結論是很難成立的。在本章，被老子罵得最痛快的，恰恰是奴隸主貴族。老子說："朝甚除，田甚蕪，倉甚虛，服文釆，帶利劍，厭飲食，資財有餘，是謂盜竽。"這裏老子所痛斥的"盜竽"即強盜頭子，指的是統治階級無疑。問題在於，這個統治階級是沒落的奴隸主貴族，還是新興的地主階級呢？從文意上看，應當指的是奴隸主貴族。因為這個統治階級正在走向沒落。你看，他們荒淫無道，腐朽不堪，面對着田園荒蕪，倉庫空虛，却還要窮奢極欲，身着錦繡之衣，腰掛鋒利之劍，飽餐美味的飲食，供其揮霍的資財不可計數，照此下去，哪裏還有出路呢？顯然，老子所痛斥的是那些日暮途窮，朝不保夕，正在走向滅亡的奴隸主貴族，而不是新興地主階級。我們知道，春秋戰國時期的新興地主階級，正處於上升時期，他們政治上勤勉謹慎，積極進取，呈現一派奮發向上的景象，這同奴隸主貴族形成鮮明的對照。《左傳》所謂"魯君世從其失，季氏世修其勤"，正好揭示了奴隸主階級腐朽墮落，新興地主階級勤勉於政的客觀情況。由此可見，老子的批判鋒芒，指的正是"世從其失"的奴隸主貴族，把他們稱為強盜頭子，實在是令人痛快。過去，奴隸主貴族把敢於反抗的勞動人民稱為"盜"（如"盜跖"），老子在這裏却反其道而行之，把奴隸主貴族稱為"盜"這在當時的社會裏，無疑是一種十分勇敢的行為。

# 第五十四章

善建者不拔，善抱者不脱，子孫以祭祀不絕㈠。修之身，
其德乃眞；修之家，其德乃餘；修之鄉，其德乃長；修
之邦，其德乃豐；修之天下，其德乃普㈡。以身觀身，
以家觀家，以鄉觀鄉，以邦觀邦，以天下觀天下㈢。吾
何以知天下之然哉？以此㈣。

## 校　　注

㈠　"善建者不拔，善抱者不脱，子孫以祭祀不絕。"

　　帛書甲本此段首句脱"建"下二字，次句全脱，末句脱"不
絕"二字。乙本首句脱"不拔"二字，次句全脱，餘同校文。王
本與校文相近，惟"不絕"作"不輟"。河本無"以"字，餘同
王本，傅本"抱"作"寘"，餘同河本。唐人寫本殘卷己本，龍
興碑本無二"者"字，範應元本"脱"作"挩"，今從帛書，帛
書損脱之字據河、王本補。

　　按："不絕"，諸今本作"不輟"。河上公注"子孫祭祀不
輟"曰："爲人子孫……祭祀先祖宗廟無絕時。"則"不輟"猶
"不絕"也。此從帛書作"不絕"。

　　"建"，河上公曰："立也。"

"不拔"，猶不可移易也。

本段意爲：善於建立的不可移易，善於抱執的不會脫下，子子孫孫祭祀不會斷絕。

(二)　"修之身，其德乃眞；修之家，其德乃餘；修之鄉，

　　其德乃長；修之邦，其德乃豐；修之天下，其德乃普。"

帛書甲本此段嚴重脫損，僅存"餘，修之"三字。乙本"乃餘"作"有餘"，"邦"作"國"，"丰"作"峯"，"普"作"博"，餘同校文。

按：河、王本"修之"下均有"於"字，但傅本及韓非《解老篇》無"於"字，與帛書相合。易順鼎曰："《周易集解》虞氏注引《老子》曰：'修之身，德乃眞。'《詩·序·正義》曰：'《老子》云：修之家，其德乃餘；修之邦，其德乃豐，'皆無'於'字。"王弼注曰："修之身則眞。"似王本亦無"於"字。無"於"字符合古木，當從之。

又按："其德乃餘"，河、王、傅諸今本概同，帛書作"有餘"，恐誤。蓋"乃餘"與"乃眞"、"乃長"、"乃豐"、"乃普"辭例正同，作"有餘"，則句例不一，今據改。

又，"修之邦"，帛書甲本此句脫，從下文"以邦觀邦"句可知其作"修之邦"；乙本作"修之國"，乃避漢高祖劉邦諱而改，河、王本作"國"，是沿襲漢人而用。韓非《解老》亦作"邦"。蔣錫昌曰："邦、丰爲韻。"則"邦"字爲古本用字，當從之。

又按："普"，帛書作"博"，傳本作"溥"，河王本及韓
非《解老》均作"普"。"普"，"溥"、"博"三字互通。《同
源字典》："'溥'、'普'實同一詞。"又《增韻》："博，
普也。"是"溥"、"博"二字並通"普"，此從韓本作"普"。

"修之身"之"修"，當訓"治"，《玉篇》"修，治也。"
"之"，當訓"其"，《經傳釋詞》："之，其也。""修之身"，
猶"治其身"是也，下文"修之家"，"修之邦"等並同此例。

本段意爲：以道治其身，他的德就純眞；以道治其家，他的
德就富餘；以道治其鄉，他的德就高大；以道治其邦，他的德就
豐碩；以道治其天下，他的德就廣博。

㈢ "以身觀身，以家觀家，以鄉觀鄉，以邦觀邦，
以天下觀天下。"

帛書甲本此段首句脫"觀"字，末句作"以天□觀□□。"
餘同校文。乙本脫第二句末"家"字及第三句前三字，"邦"作
"國"。河、王諸本語首均有"故"字，"邦"作"國"，傳本
語首亦有"故"字，餘同校文。

釗按：本段文義古今注家解說不一，河上公注曰："'以身
觀身'，以修道之身觀不修道之身，孰亡孰存也；'以家觀家'，
以修道之家觀不修道之家也……"林希逸曰："卽吾之一身，而
可以觀他人之身；卽吾之一家，而可以觀他人之家，卽吾之一鄉，
而可以觀他人之鄉，……。"陳鼓應譯爲："從（我）個人觀照
（其他的）個人，從（我）家觀照（其他的）家，從（我）的鄉

觀照（其他的）鄉，……”這些解說各個相殊，但有一點是共同
的，即都從“我”與“人”之比較上來闡明“以×觀×”，這一
點可供借鑒。從上下文來看，老子在這裏確實運用了“推己及人”
的類比法。

本段意爲：以我之治身，來觀察認識別人治身；以我之治家，
來觀察認識別人治家；以我之治鄉，來觀察認識別人治鄉；以我
之治邦，來觀察認識別人治邦；以我之治天下，來觀察認識別人
治天下。

㈤ “吾何以知天下之然哉？以此。”

帛書甲本此句全脫。乙本脫損“何”下“以”字及末尾“此”
字，“哉”作“茲”，今一並據河、王、傅本補正。

本段意爲：我怎麼知道天下之是非呢？用這個方法。

# 簡　析

本章着重講無爲之道的貫徹與認識事物的方法。

經文一開頭就指出：“善建者不拔，善抱者不脫。”那麼，
老子心目中所要“建”、“抱”的是什麼呢？奚侗曰：“建謂建
德，抱謂抱德。”此說恐非是。老子所崇尚的是自然之德，這種
德是自然而然形成的，並非“建抱”所能達到。愚以爲老子所要
建抱的乃是無爲之道。在老子看來，君主只要把無爲之道貫徹到
底，他的“德”就會日益豐厚。用無爲之道來治身，他的德就純

眞；用無爲之道來治家，他的德就富餘；用無爲之道來治鄉，他的德就高大；用無爲之道來治邦，他的德就豐碩；用無爲之道來治天下，他的德就廣博。由此可見，隨着無爲之道的逐漸貫徹到「身」、「家」、「鄉」、「邦」乃至「天下」，則德就可以由「眞」到「餘」，由「餘」到「長」，由「長」到「豐」，由「豐」到「普」。可見，德之多與少，關鍵在於無爲之道推廣貫徹的程度。因此，老子所要建抱的乃是無爲之道。有了「道」，也就有了「德」。

此外，本章還粗略地表達了老子研究和認識社會現象的方法。他說：「以身觀身，以家觀家，以鄉觀鄉，以邦觀邦，以天下觀天下。」這是一種推己及人的方法，卽提倡以自我之治身、治家、治鄉、治邦、治天下，來觀察認識他人治身、治家、治鄉、治邦、治天下。其認識模式是：通過認識自我，來推知認識他人，是一種類比的方法。這個方法有助於我們認識同類事物共同的規律與法則，並能幫助我們從個別中抽象出一般，無疑有其合理因素。但是，「人」和「我」各有特殊性，完全以「自我」來認識他人，離免有「主觀臆測」之弊。老子所謂「不出戶，知天下」，同他的這種簡單類比的認識方法不無關聯。

# 第五十五章

含德之厚者，比於赤子㈠。蜂蠆蟲蛇弗螫，攫鳥猛獸弗搏㈡。骨弱筋柔而握固，未知牝牡之合而朘怒，精之至也㈢。終日號而不嗄，和之至也。知和曰常，知常曰明，益生曰祥，心使氣曰強㈣。物壯則老，謂之不道，不道早已㈤。

## 校　　注

㈠　“含德之厚者，比於赤子。”

帛書乙本同此。甲本“含德”二字及“者”字脫損，餘同校文。河本、王本無“者”字，傳本作“含德之厚者，比之於赤子。”今依帛書。

“赤子”，《漢書‧賈誼傳》劉奉世注曰：“嬰兒本色赤，故曰赤子耳。”

“於”，蔣錫昌曰：“《經傳釋詞》‘於’，猶‘之’也，此言聖人含德之厚，可比之赤子也。”

“含德”，“德”，韓非曰：“身以積精爲德”。“含德”，指含有積存的精氣。

本段意爲：積有豐富精氣的人，可用嬰兒來比譬。

　　㈡　" 蜂蠆蟲蛇弗螫，攫鳥猛獸弗搏。"


　　" 蜂蠆蟲蛇弗螫，" 帛書甲本作 " 逢俐螤地弗螫 "，乙本作
" 螽癘蟲蛇弗赫 "，傅本作 " 蜂蠆不螫 " 無 " 蟲蛇 " 二字，王本
作 " 蜂蠆虺蛇不螫 "，有 " 蟲蛇 " 二字，惟 " 蟲 " 寫作 " 虺 "。
河本及景龍碑本、開元御注本、唐人寫本殘卷己本等，本句並作
" 毒蟲不螫 "。校文據王本，唯 " 虺 " 寫作 " 蟲 "。

　　" 蜂蠆 "，王、傅本同。甲本作 " 逢俐 "，乙本作 " 螽癘 "。
按："蜂"，古文寫作 " 螽 "，亦作 " 蠭 "。《說文》：" 蠭，飛
蟲螫人者。" 甲本作 " 逢 "，乃 " 蠭 " 之借字，乙本作 " 螽 " 乃
" 蜂 " 之古字，今從王、傅本作 " 蜂 "。" 蠆 "，《說文》：" 毒
蟲也。"" 蠆 "，古又寫作 " 厲 "（見《集韻》）。乙本之 " 癘 " 疑
為 " 蠆 " 之誤。蓋 " 癘 " 古又寫作 " 癧 "，（見《集韻》）" 厲 "
與 " 癧 " 形近而誤。甲本之 " 俐 "，疑為 "蝲" 之形誤。" 蝲 " 與
" 厲 " 音近而誤。" 蟲蛇 "，帛書乙本同，王本作 " 虺蛇 "。按：
《玉篇》：" ' 蟲 '，此古文 ' 虺 ' 字也。" 今從帛書乙本作
" 蟲 "。甲本作 " 螤地 " 疑為 " 虺蛇 " 之誤。

　　又 " 攫鳥猛獸弗搏 "，甲本和龍興碑本同，乙本 " 攫 " 作
" 據 "；" 猛 "，寫作 " 孟 "；" 搏 "，作 " 捕 "，疑 " 捕 " 為
" 博 " 字下部損壞所致，今從甲本。" 攫 "，王本同，河本作
" 玃 "，按：" 玃 "、" 攫 " 古通，《集韻》：" 攫，搏也。或
從犬。" 今從帛書作 " 攫 "。此句範應元本作 " 猛獸攫鳥不搏 "；
河、王、傅本作 " 猛獸不據，攫鳥不搏 "；嚴遵本作 " 攫鳥不搏，

猛獸不據”。今依帛書甲本。

　　“攫鳥”，吳澄曰：“鷹隼之屬。”

　　“猛獸”，吳澄曰：“虎豹之屬。”

　　本段意爲：蜂蠆蟲蛇不刺傷他，雄鷹猛獸不搏擊他。

　　㈢　“骨弱筋柔而握固，未知牝牡之合而朘怒，精之至

也；終日號而不嗄，和之至也。”

　　帛書乙本“骨弱筋柔”作“骨筋弱柔”，“合”作“會”，

“終”作“冬”，末尾三字脫損。甲本“牝”下六字及“精”後

“之”字脫損，“嗄”作“嚘”，餘同校文。河本與校文大致相

同，惟“朘”作“峻”，“嗄”作“啞”；王本“朘”作“全”，

“嗄”作“嗌”。傅本“不嗄”作“嗌不嗄”，餘同校文。

　　按：“嗄”，帛書乙本同此，甲本作“嚘”，《帛書甲本釋

文》注曰：“‘嚘’，當爲憂之省，猶‘爵’省爲‘叚’……此

讀爲嚘（yōu）。嚴遵本作‘嚘’。《玉篇·口部》：‘嗄’，《老

子》曰：終日號而不嗄，氣逆也。’……通行本《老子》此字

多作‘嗌’（shà），《莊子·庚桑楚》引亦作嗌，司馬彪注：‘楚

人謂啼極無聲曰嗌。”畢沅曰：“楊雄《太元經》：‘柔兒於號，

三月不嗄。’《玉篇》：‘嗄’是‘嚘’之異字。‘嗌’與‘嗄’

形近，或者誤‘嗄’爲‘嗌’，又轉‘嗌’爲‘啞’耳。”由此

可見，傅本作“嚘”乃“嗄”之本字，王本作“嗌”乃“嗄”

之形誤。河本作“啞”乃由“嗌”轉化而來。又《道德眞經集注》

云：“弼本‘嗌’作‘噎’。”又引弼注：“無爭欲之心，故終

日出聲而不噎也。”是弼本“嗄”作“噎”。蔣錫昌曰：“噎爲喑字之假，《說文》‘喑，宋齊謂貌泣不止曰喑’。喑，啞也，蓋兒泣不止，自成啞之無聲也。”則“嗄”、“啞”、“喑”皆有啼極無聲之義，或許“喑”由“嗄”、“啞”轉化而成。本文“嗄”、“歠”、“嗄”、“啞”、“喑”皆通，今從帛書作“嗄”。又傅本“不歠”前有一“嗌”字，黃茂才曰：“古本無‘嗌’字，而‘嗌不嗄’莊子之文也，後人乃增於《老子》之書，今不取。”從之。

又按：“朘”，帛書甲本脫壞，乙本同“朘”，河本作“峻”，王本作“全”。範應元曰：“‘朘’，傅奕與古本同，今諸本多作‘峻’。《玉篇》朘字注：‘亦作峻、屡’，係三字通用，並子雷切，赤子陰也。”

又按：“怒”，今本爲“作”，蔣錫昌曰：“作，挺舉也。”指的是小兒陰莖翹起。“怒”，古可訓“動”，《鬼谷子·摩》：“怒者動也。”則“朘怒”猶“朘動”，此與“朘作”義近，言小兒陰莖發動是也。今從帛書作“怒”。

本段意爲：嬰兒筋骨柔弱，而小拳頭却握得緊緊的，他們不知男女結合之事，而陰莖却常常翹動，這是精氣極充滿的表現啊！他們終日啼哭而不因氣逆而啞，這是“和”達到了完美的程度啊！

㈣ “知和曰常，知常曰明。益生曰祥，心使氣曰強。”

帛書甲本“和”前無“知”字，乙本首句前三字及“生”下之“曰”字損壞，餘皆同校文。王本同校文，傅本“曰強”作

“則彊”。河本“曰強”作“日強”。

　　按：高亨曰：“知和曰常，義不可通，疑‘知’當作‘精’，蓋‘精’字轉寫脫去，讀者依下句增‘知’字耳。前文云‘精之至也’，又云‘和之至也’，故此總之曰‘精和曰常’，‘常’乃自然之義，……此句言‘精’與‘和’乃性之自然也。”高亨言之極是，可惜至今未見此種本子，今錄之以備一說。此校文據今本姑作“知和曰常”。張舜徽曰：“帛書甲本無‘知’字，蓋原文如此。”恐非。帛書乙本此句脫壞，作“□□□常”，從脫字數看，此句當爲四字，“和曰常”爲三字，甲本抄寫致漏。然此種情況說明高亨所謂“蓋‘精’字轉寫脫去”之推測不無道理。

　　“祥”，吳澄曰：“祥，妖也。”奚侗曰：“祥當訓眚，《易·復》‘有災眚’，子夏《傳》‘妖祥曰眚’，是‘祥’有眚誼。災眚連語，眚亦災也。《莊子·德充符篇》‘常因自然而不益生’，蓋以生不易益，益之則取乎自然而災害至矣。”奚說是，從之。

　　“強”，蔣錫昌曰：“強，乃強梁也。”

　　“曰”、“則”通用（馬叙倫說）。

　　本段意爲：知道“和”則合乎常道，知道常道，則心明眼亮。貪求豐厚的物質生活，則必遭殃；用心機而鼓銳氣，則爲強梁。

　　㈤　“物壯則老，謂之不道，不道早已。”

　　帛書乙本“壯”字脫損，“謂”寫爲“胃”，“早”寫爲“蚤”。甲本此句作“□□卽老，胃之不道，不□□□”。河本、王本、傳本均同校文。明太祖、範應元本等"謂之"作"是謂";唐人寫本殘卷己本,龍興碑本等二"不"並作"非",金代寇才質本"已"作"死",今均依河、王本。

吳澄曰:"凡物壯必老,是不得常道者也。不得道者,早終而不能久。常如赤子則不壯,惡乎老?既不老,惡乎已?"

本段意爲:事物壯大了,則必過早衰老。這叫做不合於道。不合於道必然提前消亡。

## 簡 析

本章突出了一個"和"字。

"和"按照車載的理解,有"統一"的意思。他說:"和所表示的統一,包含着對立在內,是有永恒性的。所以說'知和日常'。"(參閱《論老子》,上海人民出版社 1959 年版第 69 頁)把"和"理解爲"統一",是符合老旨的。在老子書中,談到"和"的地方有兩處值得重視。一爲四十二章"冲氣以爲和",二爲本章"和之至也"。檢這兩處"和"字,皆有"統一"之意。"冲氣以爲和。"高亨注:"《說文》'冲,湧搖也',《廣雅·釋詁》'爲,成也',冲氣以爲和者,言陰陽二氣湧搖交蕩以成和氣也。"可見,"冲氣以爲和",講的是矛盾雙方(陰與陽)的相互作用而得到統一,"和",是統一的表現。本章"和之至也",講的是嬰兒"終日號而不嗄",即終日啼哭而不逆氣。揣摩其意,此"和"似有"和諧"之意,即"統一"是也。

老子關於"和"的思想是對前人思想的繼承與發揮。西周末年的史伯，曾提出"和實生物，同則不繼"的觀點，認為萬物都是由不同事物和合而成，而不是由同類事物的簡單湊合。後來春秋時期的晏嬰繼承了這一思想，提出了"和與同異"、"可否相濟"的思想，說："和如羹焉，水火醯醢鹽梅以烹魚肉，燀之以薪，宰夫和之，齊之以味，濟其不及，以泄其過，君子食之，以平其心。君臣亦然：君所謂可，而有否焉；臣獻其否，以成其可。君所謂否，而有可焉，臣獻其可，以去其否。……今據（指齊臣梁丘據）不然；君所謂可，據亦曰可；君所謂否，據亦曰否。若以水濟水，誰能食之？若琴瑟之專壹，誰能聽之？同之不可也如是。"細讀晏嬰的這一段話，不難看出，他所說的"和"指的是對立統一。君之"否"必須與臣之"可"統一起來，臣之"否"亦必與君之"可"統一起來，這才叫"和"。如果君曰可，臣亦曰可；君曰否，臣亦曰否，那就不是對立統一體，而是形而上學的絕對等同，晏嬰稱之為"同"。史伯、晏嬰的這些思想，已在《老子》書中得到發展。老子不僅把"和"，看作矛盾統一，而且認為"和"是"常道"，他說："知和曰常"，"知常曰明"。認為懂得事物統一性，就掌握了常道，掌握了常道，就是真正的聰明。

# 第五十六章

知者弗言，言者弗知㈠。塞其兌，閉其門；挫其銳，解
其紛；和其光，同其塵。是謂玄同㈡。故不可得而親，
亦不可得而疏；不可得而利，亦不可得而害；不可得而
貴，亦不可得而賤，故爲天下貴㈢。

## 校　　注

㈠　“知者弗言，言者弗知”。

帛書乙本同此，甲本“知者”二字脫損，餘同校文。河、王
本“弗”作“不”，餘同校文。傅本語尾有“也”字，餘同河本。
今從帛書。

“知”陳鼓應曰：“‘知’作‘智’解。嚴靈峰說：‘此兩
智字，原俱作知，似當讀去聲，作智慧之智’。”恐非是。按
“智”，《老子》用爲貶義，如第十九章“絕聖棄智”，此“智”
是被“棄”的對象；第五十七章“民多智慧，邪事滋起”，此“智
慧”是引起“邪事滋起”的根源，當去之；第六十五章“以智治
國，國之賊也；以不智治國國之德也”，此“智”是治國之禍害，
亦當去之，故第十章曰：“愛民治國，能無以智乎”，第三章說
“使夫智者不敢爲”，此“智者”是限制的對象。第三十三章說

「知人者智，自知者明」，這裏「知人」與「自知」相較，老子主張「自知」而不提倡「知人」，則「知人者」之「智」不如「自知者」之「明」。以上說明，老子對「智」持否定態度。相反，老子對「知」則基本是肯定的，第八十一章「知者不博，博者不知」，陳和詳注曰：「知者守一，故不博；二（當作博）者多見聞，不能守一，失其要眞，故不知。」可見，「知者」卽達道之人也。故河上公注曰：「知者謂知道之士。」本章「知者弗言」之「知者」，亦當與八十一章之「知者」同義，指的是達道之人，如作「智者」則違背老子本意。

本段意爲：達道之人不實行言教，實行言教之人尚未達道。

㈡ 「塞其兌，閉其門；挫其銳，解其紛；和其光，同其塵，是謂玄同。」

帛書甲乙本此段「和其光，同其塵」句並在「挫其銳，解其紛」句之前。但諸今本「和光同塵」句均在「挫銳解紛」句後，且第四章帛書甲乙本亦爲「挫銳解紛」在前，疑本章有誤，今從衆本。乙本「兌」作「垸」，「塵」作「麈」，「挫」作「銼」，「謂」作「胃」，「銳」作「兌」，「解」前有「曰」字；甲本「兌」寫作「悶」，「門」、「和」二字脫損，「塵」作「橶」，「挫」作「坐」，「銳」作「閱」。傅本同校文。「閉」，河本作「閑」；「紛」，帛書甲乙本同，王本作「分」，景龍碑本，景福本等作「忿」，今從帛書。

「塞其兌，閉其門」，已見於五十二章，參看該章校注。馬

叙倫曰："'塞其兑'二句乃五十二章文，讀者因'門'字與
'紛'，'塵'音協，因而誤記於此。校者不敢刪，遂復出矣。"
此說有理，"塞兑閉門"與下文"挫銳解紛"，"和光同塵"文
義不相聯貫，"塞兑閉門"講的是養身之道，"挫銳解紛"、"和
光同塵"則屬於守柔之道，二者有明顯差異，不能雜湊一起。

按："挫其銳，解其紛，和其光，同其塵"，已見於第四章。
第四章此四句乃爲本章之文，因錯簡而誤入該章。理由已在第四
章中闡明，可參看該章校注。易順鼎謂此四句爲第四章文，非是。
本章着重闡明不言之教，無爲之道，而"挫銳、解紛、和光、同
塵"正明此意，故本章不能沒有此四句。

車載說："銳、紛、光、塵就對立說，挫銳、解紛、和光、
同塵就統一說。"釗按："挫銳解紛和光同塵"雖也有"統一"
之意，但其調和矛盾的思想似更突出。"挫其銳"者，使"銳"
與"不銳"合而爲一；"解其紛"者，使"紛"與"不紛"合而
爲一；"和其光"者，使"光"與"不光"合而爲一；"同其塵"
者，使清與濁合而爲一。這裏合而爲一的過程誠然也是矛盾統一
的過程，但老子的本意在於要人們把矛盾消解於"挫"、"解"、
"和"、"同"之中。這是問題的關鍵所在。"是謂玄同"，是
對"挫銳"、"解紛"、"和光"、"同塵"的概括總結。上面
說銳與不銳，紛與不紛，光與不光、清與濁俱合而爲一，卽一切
的一切都已混爲一體了，故老子總之曰："是謂玄同。"此"同"
有"齊同"之意；"玄"，通"元"，"元"卽始也。"玄同"
卽原始之同，指的是天地剖判未分時的混沌狀態。處於混沌狀
態時，當無"銳"與"不銳"、"紛"與"不紛"、"光"與

"不光"、"清"與"不清"的區別，即《莊子·齊物論》中所謂"天地與我並生，而萬物與我爲一"是也。

本段意爲：堵塞那喜悅之情，關閉那憂悶之門，挫折那顯露之銳，消解那是非之爭；調和那光的亮度，混同那清濁的區分，這就叫做"玄同"。

(三) "故不可得而親，亦不可得而疏；不得而利，亦不可得而害；不可得而貴，亦不可得而賤，故為天下貴。"

帛書甲本同此，惟第五個"得"字脫損，"賤"誤作"淺"。乙本脫損嚴重，第二句脫"不可"和"疏"字，第三句"不可"、第四句"亦不可"均脫損，首句"親"下有"也"字，餘同校文。河本同校文。王本無三"亦"字，傅本無首"故"字，餘亦同校文。

吳澄曰："我既玄同，則人不能親疏利害貴賤我矣。恩雖如骨肉，而人與之相忘，不可得而親也；邈然如塗人，而人不忍相遠，不可得而疏也；外名位貨財，而人莫能相益，不可得而利也；外死生禍福，而人莫能相損，不可得而害也；勢若如君長，而人與之相狎，不可得而貴也；眇然如匹夫，而人不敢相慢，不可得而賤也。凡此六者，人所不能，己獨能之，故爲天下之最高貴。"此說可以參考。

"而"，當訓"其"。《古書虛字集釋》云："'而'猶'其'也。"

本段意爲：所以，不可能得其親，也不可能得其疏；不可能得其利，也不可能得其害；不可能得其貴，也不可能得其賤。所以"玄同"爲天下人所珍貴。

## 簡　　析

本章着重闡明"玄同"的思想。

"玄同"，即原始之同（有人訓爲"大同"亦通），講的是沒有差別的境界。老子哲學，主要傾向是樸素辯證法，但他包含有形而上學的因素。

本章所強調的"玄同"境界，就有消解矛盾的意思。誠然，老子也看到了銳與不銳、紛與不紛、光與不光、清與不清的矛盾，但他主張通過"挫"、"解"、"和"、"同"的途徑，達到沒有矛盾的"玄同"境界，這就不能不陷入形而上學。

老子的"玄同"思想，對莊子影響很大，莊子的《齊物論》，就是由老子"玄同"思想演化而來。《莊子·齊物論》通篇講的是一個"齊"字，"齊"，即"齊同"。在莊子看來，世界上千差萬別的事物，從"道"的觀點來看，並無差別，他說："故爲是舉莛與楹，厲與西施，恢恑憰怪，道通爲一。"小的與大的，醜的與美的，千奇百怪，都可以通而爲一。這同老子所講的"玄同"一脈相通。

老子大講"玄同"，意在推行"無爲"之道，因爲既然一切矛盾都可以通過自我修養的"挫"、"解"、"和"、"同"的途徑而消除，那麼就沒有是非之爭了。既然消解了矛盾，當然也就無"親"與"疏"，"利"與"害"，"貴"與"賤"的區別

了，故老子曰：" 不可得而親，亦不可得而疏；不可得而利，亦
不可得而害；不可得而貴，亦不可得而賤 "。親與疏、利與害、
貴與賤都不能左右我，這樣就可以超脫一切，逍遙於物外了。故
莊子《齊物論》又說：" 聖人不從事於務，不就利，不違害，不
喜求，不緣道，無謂有謂，有謂無謂，而游乎塵垢之外。" 主張
超然於物外，追求脫離現實人生，這無疑是消極的。

# 第五十七章

以正之邦，以奇用兵，以無事取天下㈠。吾何以知其然也哉㈡？夫天下多忌諱，而民彌貧；民多利器，而邦家滋昏；人多智慧，而奇物滋起；法物滋彰，而盜賊多有㈢。是以聖人之言曰：我無爲而民自化，我好靜而民自正，我無事而民自富，我無欲而民自樸㈣。

## 校　　注

㈠　“以正之邦，以奇用兵，以無事取天下。”

帛書甲本“奇”作“畸”。乙本“之邦”作“之國”，“奇”亦作“畸”，餘同校文。河本、王本、傅本“以正之邦”均作“以正治國”。按：“邦”字是，作“國”者，乃避漢高帝劉邦諱而改。“之邦”，帛書甲本同，考龍興碑本、日本奈良聖語本，亦作“之邦”。馬叙倫曰：“奈卷作‘之’，譣河上注曰‘以，至也’，似以‘至’字釋句首‘以’字。‘以’字古無‘至’訓。奈卷引河上注曰：‘之，至也。’則‘以’爲‘之’之譌。是河上‘治’作‘之’，今作‘治’者，後人據別本改也。”馬說是，河本當作“之國”，河上公注曰：“天使正身之人使至有國也。”此“有國”，正由“之國”演化而來。《廣釋詞》：“‘之’，猶‘有’，內動詞。訓見《古書虛字集釋》。”是河本原作“之國”與帛書相合。當從帛書。“之國”，“之”訓“爲”，“爲”者，治也。是“之國”猶“治國”也。

　　“奇”，帛書甲乙本均作“畸”，開元御注本作“其”。劉師培曰：“‘奇’‘正’對言，‘奇’義同‘衺’”。是以作“奇”爲優。御注本作“其”，乃‘奇’之音訛；帛書作‘畸’乃‘奇’之借字。《說文》：“畸，殘田也，從田，奇聲”。《正字通》：“井田爲正，零田不可井者爲畸，地形多邪曲。井田取正方，則田必畸零，劃井者必計零以足其數。”是“畸”亦與“正”相對，且有“邪”義（“地勢多邪曲”）。今從衆本作“奇”。

　　“正”，一本作“政”。按“正”與“奇”相對，當作“正”。作“政”者，乃用假字。蔣錫昌曰：“正”，謂清靜之道也。‘以正治國’，言以清靜之道治國也。”恐不確。“以正治國”如解作“以清靜之道治國”，則與下文“以無事取天下”語意重覆。“正”似以河上公釋爲“正身之人”爲優。第十三章曰：“故貴以身爲天下者，若可寄天下矣；愛以身爲天下者，若可託天下矣。”這裏“貴以身爲天下者”，“愛以身爲天下者”，都是善於正身之人，故可以把天下“寄”、“託”於他。此意正同以正身之人治理國家相一致。當從河上公說。

　　“取”蔣錫昌曰：“治也。”

　　“無事”，吳澄曰：“無事者，三皇無爲之治。”

　　本段意爲：以正身之人治理國家，以奇巧之術用兵打仗，以無爲之道平治天下。

㈡　"吾何以知其然也哉？"

帛書乙本同此，唯"哉"寫爲"才"。甲本"吾"下脫損五字，"也哉"作"也戈"。河、王本此句並作"吾何以知其然哉？以此。"傳本作"吾奚以知天下其然哉？以此。"均比帛書多出"以此"二字。考明太祖本，宋徽宗本等多種版本，亦無"以此"二字，當是原本如此。俞樾曰："此數句（指從'以正治國'到'以此'一段），當屬上章。如二十一章曰，'吾何以知衆甫之然哉，以此'，五十四章曰'吾何以知天下之然哉，以此'，並用'以此'二字爲章末結句，是其例矣。下文'天下多忌諱而民彌貧'，乃別爲一章，今誤合之。"此說非是。蓋原文本不分章，則所謂章節之劃分云云，均無依據。本文"吾何以知其然也哉？"之下緊接上"夫天下多忌諱而民彌貧……法物滋彰而盜賊多有"，一問一答，文字緊嚴。如增"以此"，實爲畫蛇添足。且二十一章與五十四章之"以此"，並非指下文，而是指上文。該二章之"以此"用得貼切。本章之"以此"則純屬贅語，當依帛書刪去"以此"二字。

本句意爲：我怎麼知道這樣作是對的呢？

㈢　"夫天下多忌諱，而民彌貧；民多利器而邦家滋昏；人多智慧，而奇物滋起；法物滋彰，而盜賊多有。"

"夫天下多忌諱，而民彌貧。"帛書乙本同此，甲本脫"多忌"二字，餘同校文。河、王本此句無"夫"字，傳本"彌"作

“歟”；景龍碑本、龍興碑本“民”作“人”。今依帛書。

“忌諱”，卽防禁（河上公說）。

“民多利器，而邦家滋昏。”帛書甲本“滋”作“茲”。乙本後句脫四字。河、王、傅本“邦”並作“國”；景龍碑等本“民”作“人”。此從帛書。

“人多智慧，而奇物滋起”。帛書乙本此句全脫損，甲本作“人多知而何茲□”，“知”當作“智”，“何”當爲“倚”字之誤，“茲”爲“滋”之假字，脫損之字當爲“起”字。則此句爲“人多智而奇物滋起”。考前後句“人多利器”，“法物滋彰”，均爲四字一句，則此句亦當爲四字，“智”下疑掩一“慧”字。今傅本、陸希聲本並作“智慧”，當從之。“人”，傅、陸等作“民”；“智慧”，河、王本作“伎巧”；“奇物”，傅本作“衰事”。今並依帛書。

“法物滋彰，而盜賊多有。”帛書甲本此句脫損嚴重，僅存“盜賊”二字，乙本作“□物茲章而盜賊□□”。參閱河本，此句當爲“法物滋彰，而盜賊多有”，河本無“而”字，此依帛書。“法物”，王本、傅本等多種本子均作“法令”，似以河本、帛書作“法物”爲優。河上公注曰：“法物，好物也。珍好之物滋生彰著，則農事廢，饑寒並至，故盜賊多有也。”此說似亦可通。然此“法物”似當釋爲“著有法律條文的實物”爲宜。春秋末年，統治者爲了平治天下，常把法律條文寫在實物上，以宣示於民。如《左傳》所記“鄭人鑄刑書”，“晉國鑄刑鼎”都是把刑律鑄於實物之上，這些實物可稱之爲“法物”，叔向針對子產在鄭國鑄刑書批評曰：“夏有亂政，而作禹刑；商有亂政，而作湯刑；

周有亂政，而作九刑。三辟之典皆叔世也。今吾子相鄭國，作封洫，立謗政，制參辟，鑄刑書，將以靖民，不亦難乎？……將棄禮而徵於書，錐刀之末，將盡爭之，亂獄滋豐，賄賂並行，終子之世，鄭其敗乎！"這是說，子產在鄭國鑄刑書，必將導致"亂獄滋豐，賄賂並行"。此意正同"法物滋彰，盜賊多有"相類似。孔子針對晉國鑄刑鼎也批評說："晉其亡乎，失其度矣。夫晉國將守唐叔之所受法度，以經緯其民，卿大夫以序守之。……今棄是度也，而爲刑鼎。民在鼎矣，何以尊貴？貴何業之守？貴賤無序，何以爲國？"亦認爲"刑鼎"將導致天下大亂，此與"法物滋彰，盜賤多有"亦可相互發明。由此可見，老子所講的"法物"，當是"刑鼎"之類的寫有法律條文的實物。

　　本段意爲：政府限制過多，老百姓就會更加貧困；民衆擁有很多武器，國家就會動蕩不安；人們巧智過多，奇異的貨物就會泛濫起來；著有法律條文的實物加多，盜賊將日益猖獗。

　　(四)　"是以聖人之言曰：我無爲而民自化，我好靜而民自正，我無事而民自富，我無欲而民自樸。"

　　帛書甲本"聖"字脫損，末句"我無欲"作"我欲不欲"。甲本首句和末句均脫損，第四句"自富"二字亦脫損。河本、王本、傅本"是以聖人之言曰"並作"故聖人云"，餘均同校文，唯傅本"靜"寫作"靖"。景龍碑本此段"民"作"人"，無"而"字。今依帛書。

　　按："我無欲"通行諸本概同，帛書甲本脫，乙本作"我欲

不欲”，似以諸今本爲優。此段並列名句“我無爲，”“我好靜”，
“我無事”均是三字起辭，如作“我欲不欲”，則辭例不一律，
今從衆本。

　　本段意爲：所以，聖人有這樣的名言：我堅持無爲，則老百
姓就會自己開化；我喜好清靜，則老百姓就會自己端正；我無所
事事，則老百姓就會自己富裕；我沒有欲望，則老百姓就會自己
純樸。

# 簡　析

　　本章着重講無爲之道。
　　全章緊緊扣住“以無事取天下”一語，從兩方面闡發這一旨
意：從“天下多忌諱”到“盜賊多有”，寫的是“有爲”所帶來
的壞處。其中“天下多忌諱”，“人多利器”，“人多智慧”，
“法物滋彰”等，講的都是“有爲而治”；這些有爲之治，帶來
了“而民彌貧”、“邦家滋昏”，“奇物滋起”，“盜賊多有”
等弊端，顯然，有爲之治是不可取的。接着，老子又正面寫了
“無爲”的好處。句中所謂“我無爲”，“我好靜”，“我無事”，
“我無欲”等講的都是一個宗旨，即“無爲”。這樣做，結果是
收到了“民自化”、“民自正”、“民自富”、“民自樸”的好
處。顯然，無爲而治是可取的。這樣，把“有爲”與“無爲”對
比，有利於加深人們的認識。
　　老子在中國哲學史上第一次提出了讓人民“自化”，“自正”
“自富”，“自樸”的思想，這是非常難能可貴的。自從奴隸社

會出現以後，統治階級總是不斷地強化對勞動者的專政，奉行高壓政策，春秋戰國時期尤爲突出。當時統治者，"厚作斂於百姓，暴奪民衣食之財，以爲錦繡文彩靡漫之衣"，"以爲美食芻豢蒸炙魚鱉"（《墨子‧辭過》），而人民却過着"饑而不得食，寒而不得衣，勞而不得息"（《墨子‧非命下》的悲慘生活，面對着統治階級不顧老百姓死活的現實，老子針鋒相對地提出了讓人民"自化"、"自正"、"自富"、"自樸"的主張，這無疑如同在黑夜裏射出一顆照明彈，放射出燦爛的火花。它的積極意義在於：能夠敦促統治階級減少對人民的壓迫，爲人民爭取休養生息提供理論依據。胡適說："凡無爲的治道觀，大都是對於現時政治表示不滿意的一種消極抗議。好像是說：'你們不配有爲，不如竭竭吧，少做少錯，老百姓受不了啦，還是大家自動休息吧'"，這個評述是有一定道理的。

老子的無爲而治，在中國歷史上產生了深遠的影響。漢初的黃老之治，就是從積極方面對老子無爲而治思想的繼承與發揮。陸賈（新語）云："君子之爲治也，塊然若無事，寂然若無聲，官府若無吏，亭落若無民，閭里不訟於巷，老幼不愁於庭，近者無所議，遠者無所聽：郵驛無夜行之吏，鄉閭無夜召之徵。"陸氏這裏說的可能是他關於無爲而治的政治理想，至於漢初的現實生活恐怕還未能達到這一步。不過，據史書記載，無爲而治在漢初現實生活中的確起着相當重要的作用。曹參於孝惠帝元年任齊相時，"聞膠西有蓋公，善治黃老言，使人厚幣請之，既見蓋公，蓋公爲言治道貴清靜而民自定，推此類俱言之，參於是避正堂，捨蓋公焉。其治要用黃老術，故相齊九年，齊國安集，大稱賢相。"

後來，漢相國蕭何死，"參代爲漢相國，舉事無所變更，一遵蕭
何約束"，"出入三年，卒……百姓歌之曰："蕭何爲法，顜若
畫一；曹參代之，守而勿失；載其清靜，民以寧一。"（見《史
記・曹相國世家》）足見黃老之學在漢代政治生活中佔有多麼重
要的地位。據史學家範文瀾考證，"西漢前期黃老形名之學在政
治上居指導地位"，無爲而治推行的結果，"農民得到五六十年
的休養生息，社會經濟繁榮了"，"漢景帝末年，地方官府的倉
裏裝滿了糧食，庫裏裝滿了銅錢。朝廷所藏的錢，積累到好幾百
萬萬，錢串子斷了，散錢無法計算，朝廷所藏的糧食，新舊堆積，
一直堆到露天地上，讓它腐爛。"眞稱得上是太平盛世。這說明
老子提出的無爲而治，曾在中國封建政治經濟生活中產生過相當
重要的作用。

# 第五十八章

其政閔閔，其民屯屯；其政察察，其民缺缺㈠。禍，福
之所倚；福，禍之所伏。孰知其極？其無正也㈡。正復
爲奇，善復爲妖。人之迷也，其日固久矣㈢。是以聖人
方而不割，廉而不刺，直而不肆，光而不眺㈣。

## 校　　注

㈠　"其政閔閔，其民屯屯；其政察察，其民缺缺。"

　　帛書甲本前二句脱損，後二句保存完整，"政"實爲"正"，
"其民缺缺"作"其邦夬夬"。乙本末句脱損後三字，"政"亦
寫爲"正"。"閔閔"作"閟閟"，餘同校文。河本，"閔閔"
作"悶悶"，"屯屯"作"醇醇"，"缺缺"作"鈌鈌"，餘同
校文；王本"閔閔"亦作"悶悶"，"屯屯"作"淳淳"，餘亦
同校文。傅本"閔閔"同校文，"屯屯"作"偆偆"；"察察"
作"詧詧"。

　　按："閔閔"，猶惛惛也。"閔"《集韵》："閔，通作頭。"
又曰："'頭'，或從'昏'。"是"頭"與"昏"通。《玉篇》：
"頭，不曉也，亦作惛。"是"閔"通"惛"。又《集韵》：
"'悶'，莫困切，或作惛。"是"閔"、"悶"、"惛"互通，

則“閔閔”猶“惛惛”也。《正韵》“惛，心不明也”。今從傅
本作“閔閔”。

　　按：“察察”，傅本作“詧詧”，“察”，“詧”古通。
《玉篇》“‘察’，或作‘詧’。”《同源字典》：“‘察’，‘詧’實
同一詞”《爾雅》：‘明明斤斤，察也’。”《疏》：“察者，
《釋詁》云：‘審也’《釋言》云‘清也’，清審皆明晰之義。”
是“察”有“明”義。“察察”，與“閔閔”對言，“閔閔”不
明；“察察”，分明也。

　　“屯屯”，猶“敦敦”。《集韵》：“‘屯’，通作‘敦’。”
第十五章“敦呵其若樸”，帛書乙本“敦”寫爲“沌”。“敦”，
《五經文字》：“敦厚也。”“屯屯”，今本用字殊異，或作
“醇醇”（如河上公本），或作“淳淳”（如王弼本，浙江版王
本作“涫涫”），或作“偆偆”（如傅奕本），或作“諄諄”
（如林志堅本），或作“醕醕”（如景龍碑本）或作“蠢蠢”（如
龍興碑本）等。蔣錫昌曰：“‘涫’即‘淳’字，‘醕’即‘醇’
字。‘淳’，‘偆’，‘蠢’並爲‘惇’字之假。《說文》‘惇，
厚也’。”是“敦”及“惇”（包括諸假字）均有“厚”義。今
從帛書作“屯屯”。

　　“缺缺”，與“屯屯”相對，“屯”有“厚實”之義，則
“缺”有欠缺之意。《玉篇》：“缺，虧也。”《說文》“虧，
氣損也”，引申之凡損，欠缺，毀失皆曰虧。此“缺”指道德上
的欠缺、不足，今言“缺德”是也。

　　本段意爲：他在政治上昏昏不明，他的百姓就歸於惇樸；他
在政治上明察不苟，他的百姓就道德欠缺。

㈡　"禍，福之所倚；福，禍之所伏，孰知其極？其無
正也。"

帛書甲本後兩句全脫損，前兩句同校文，惟"禍"寫作"旤"。
按"禍"，古文爲"旤"，帛書"旤"疑爲"旤"之異體字。今
從衆本作"禍"。乙本無"禍，福之所倚"句，當是抄寫致誤而
掩，第二句"禍"字及末句"其"字均脫損。河、王、傅本首二
句概作"禍兮，福之所倚；福兮，禍之所伏。"末句河王本均無
"也"字。傅本"也"作"衺"，景龍碑本、龍興碑本首二句同
帛書，末句亦無"也"字，今從帛書。

"正"朱謙之曰："'其無正'，'正'讀爲'定'，言其
無定也。《玉篇》：'正，長也，定也。'此作'定'解，言禍
福奇伏，孰知其所極？其無定，即莫知其所歸也。"

本段意爲：禍啊，福依憑着它；福啊，禍藏伏在其中。誰知
道它們轉化的終極點？這個終極點是沒有定準的。

㈢　"正復爲奇，善復爲妖。人之迷也，其日固久矣。"

帛書甲本此段全脫損。乙本首句"正"下三字及第二句"妖"
字第三句"人"字均脫損，"迷"，寫作"悉"。傅本同校文，
唯"妖"寫作"祅"。河本"妖"作"訞"，"人"作"民"。
王本無末尾"矣"字，餘同校文。按："妖"，"祅"，"訞"
三字互通，《說文》段注："'祅'，經傳通作'妖'。"又《廣

韻》"訞,於喬切,音妖,同妖。"則"祅","訞"並與"妖"
通,此從王本作"妖"。

按:此段中"正"與"奇"對言,"善"與"妖"對言。
"正",指事物的正常狀態;"奇",指事物的奇異狀態。"善",
指吉祥之事,與妖爲對。

"人",河本作"民",檢河上公注:"言人君迷惑失正以
來其日已固久。"是河上原本亦當作"人",今當據王本、傅本
改作"人"。

本段意爲:正常復返爲奇異,吉祥復返爲妖孽。人們對這種
轉化迷惑不解,時日已經很久了。

(四)　"是以聖人方而不割,廉而不刺,直而不肆,光而
不眺。"

帛書甲本此段全脫損,乙本無"聖人"二字,"廉"寫作
"兼","肆"寫作"紲"。河本"不刺"作"不害","眺"
作"曜",餘同校文。王本"不刺"作"不劌","眺"作"燿";
傅本"不刺"亦作"不劌"。

按:"不刺",河本作"不害",王本作"不劌",蓋"刺",
"害","劌"三字義近。《說文》"刺,直傷也";又"劌,
利傷也";又"害,傷也",是三字並有"傷"義,可以互借,
今從帛書作"刺"。又"肆",古通"剔",《集韻》:"'剔',
或作'肆'。"此段"割","刺","剔"三字均爲"刀"旁,
皆可傷人,故"肆"當訓"剔"。

又按："眺"，帛書乙本如此，他本或作"耀"，或作"曜"，或作"燿"，或作"爔"，此從帛書作"眺"。按："眺"，疑爲"剿"之借字，《集韻》："剿，剝也"。本文"不割"，"不刺"，"不肆"，"不眺"都是一個意思，卽有了好的品德，而不應傷害於人。

"聖人"二字河本、王本、傅本等流行今本有，帛書無此二字，疑抄寫脫漏，今據通行諸本補正。張松如謂《韓非·解老》無"是以聖人"四字。按：《解老》乃引文，引文可以不引全文，且《解老》乃引文，引文可以不引全文，且《解老》引"方而不割……"等四句時，前加有"故曰"二字，在"故曰"下，再講"是以聖人"云云，有語贅之嫌。

本段意爲：所以，聖人方正而不割傷人，廉清而不刺傷人，正直而不剝傷人，光明而不眩傷人。

## 簡　析

本章集中表現了老了的樸素辯證法思想。

老子從樸素的辯證法思想出發，不僅意識到宇宙間萬事萬物都在發生變化，而且在一定程度上看到了事物變化有自身固有的規律性，所謂"反者道之動"，就是他對事物變化之規律的概括總結。在老子看來，事物總是要向着相反的方面轉化，"禍，福之所倚；福，禍之所伏。""正復爲奇，善復爲妖。"這兩個命題都包含着深刻的哲理。"禍，福之所倚；福，禍之所伏"，其中一個"倚"字，一個"伏"字，畫龍點睛地揭示了"禍"與"福"

即矛盾雙方相互依存、相互包含的關係；"正復爲奇。善復爲妖"，其中兩個"復"字，恰到好處地說明了"正"與"奇"，"善"與"妖"即矛盾雙方相互轉化的特性。可見，"在一定條件下，壞的東西可以引出好的結果，好的東西也可以引出壞的結果"。老子在二千多年前就透露了這一辯證法的思想火花。

老子講的禍福轉化，常被人指責爲沒有講轉化的條件性。孤立地看，似乎如此。但是，只要我們把《老子》全書聯繫起來看，就會發現：關於禍福轉化的條件，在別的章節講到了。第九章說："富貴而驕，自遺其咎。"這裏就是把"驕"看作由福向禍轉化的條件。老子還說過："禍莫大於輕敵，輕敵幾喪吾寶。"（六十九章）"禍莫大於不知足，咎莫大於欲得。"（十六章）這裏的"輕敵"、"不知足"、"欲得"也都是產生災禍的條件。

關於禍福轉化的條件，韓非在《解老》中闡述得比較清楚。但是，韓非的論述正是以老子思想爲基礎的。比如，韓非在論述福向禍轉化時說："人有福則富貴至，富貴至則衣食美，衣食美則驕心生。驕心生則行邪僻而動棄理。行邪僻則身死妖，動棄理則無成功。夫內有死妖之難，而外無成功之名者，大禍也。而禍本生於有福，故曰'福兮'禍之所伏'。"韓非在這裏把"驕心生"、"行邪僻"、"動棄理"作爲"福"向"禍"轉化的條件，正是對老子的"富貴而驕，自遺其咎"等思想的繼承與發揮。

河上公在注解老子的"福兮禍之所伏"時也說："禍伏匿於福中，人得福而爲驕恣，則福去禍來。"河上公在這裏把"驕恣"看作"福去禍來"的條件。也當是以老子關於"富貴而驕，自遺其咎"等思想爲依據的。因此，老子並沒有否認轉化需要條件。

無庸諱言，老子關於矛盾轉化的條件確實強調得不夠，這一點後來給莊子的相對主義哲學產生了直接影響。

# 第五十九章

治人事天莫若嗇，夫唯嗇，是以早服㈠。早服謂之重積德，
重積德則無不克，無不克則莫知其極，莫知其極可以有
國㈡。有國之母可以長久。是謂深根固蒂，長生久視之
道也㈢。

## 校　　注

㈠　"治人事天莫若嗇，夫唯嗇，是以早服。"

傅本同此。帛書乙本亦大致同此，惟"早"寫爲"蚤"，二
字古通，此從傅本。甲本全脫損，河本、王本"是以"作"是謂"。
吳澄本"服"作"復"。按："服"，古又寫作"𩜈"，《集韻》：
"'服'，或作'𩜈'。"吳本之"復"，疑爲"𩜈"之借字，
帛書之"服"爲"𩜈"之本之，當從帛書作"服"。

"治人"，指的是治理老百姓，亦卽"治國"。

"事天"，奚侗曰："《呂覽・先己篇》：'所事者，末也。'
高注：'事，治也。'又《本生篇》：'以全其天也'。高注：
'天，身也。'"則"事天"猶"治身"是也。

"嗇"，愛惜也。《左傳・僖公二十一年》："臧文仲曰：
'務嗇勸分'。注：'穡，儉也。'疏：'嗇是愛惜之義，故爲
"儉"。""儉"是老子的一個重要範疇，第六十七章所言"三寶"，

其中之一是"儉"。"嗇"與"儉"字殊而義同。《韓非‧解老》：
"衆人之用神也躁，躁則多費，多費之謂侈。聖人之用神也靜，靜
則少費，少費之謂嗇。"韓非以"少費"解"嗇"，同《左傳》
注疏以"儉"解"嗇"完全一致。董思靖曰："嗇，乃嗇省精神
而有斂藏貞固之意。"高亨曰："此'嗇'字謂收藏其神形而不
用，以歸於無為也。"

又按："早服"，古今注家解說不一，河上公謂："早，先
也；服，得也。夫獨愛民財，愛精氣，則能先得天道。"王弼注
曰："早服，常也。"勞健曰："'早服'猶云早從事"。張松
如曰："'早服'云者，猶今言'預見'之謂。"似都於義未安。
愚意以為，"服"古可訓"治"。《集韻》："'服'，一曰
'事'也。""事"，古與"治"通。是"服"猶"治"。據此，
則"早服"猶"早治"即早有所治。六十四章所謂"為之於未有，
治之於未亂"正合此意。這正好與首句"治人事天"相呼應。在
老子看來，無論是"治人"還是"事天"，都應當做到一個"早"
字。治人者，早日注意省民力，節民財，則可使民不受侵擾，乃
至國泰民安；事天者，早日注意嗇省精神，則精力充沛，深根固
蒂，乃至長生久視。

本段意為：治國治身最重要的是注重嗇省。惟其能注重嗇省，
所以才能早有所治。


㈡　"早服是謂重積德，重積德則無不克，無不克，則
　　莫知其極，莫知其極可以有國。"

　　帛書甲本此段嚴重脫損，僅存末句"可以有國"四字。乙本
首句脫"德"字，第二句全脫，第三句脫"無不克則"四字及
"極"字，第四句脫"極可以"三字。今據傳本補正。按：傳本
第三句"克"下無"則"字。似以有"則"字爲優，今據河上公
本補一"則"字。"是謂"河、王本並作"謂之"，"克"，河
本作"剋"。

　　"重"，多也。（吳澄說）

　　"克"，勝也。（河上公說）

　　"莫知其極"，極，終極也，猶言不知其生存的終極。

　　"有國"，有，保有；國，指社稷，"有國"即保有社稷。
（據河上公說）

　　本段意爲：早有所治可稱爲"多積德"。"多積德"則無往
而不勝；無往而不勝，就不知其生存的終極；不知其生存的終極，
就可以保有社稷。


　　㈢　"有國之母，可以長久。是謂深根固蒂，長生久視
　　　　之道也。"


　　帛書甲本此段"長"下脫四字，"謂"寫爲"胃"，"深根
固蒂"作"深槿固氐"。乙本"可"下"以長"二字及"深"字
脫損，"謂"亦寫爲"胃"，"蒂"亦作"氐"。河、王、傳本
末尾無"也"字。"蒂"，河本同，王、傳本作"柢"。按：徐
錯曰："華葉之根曰蒂，木之根曰柢。"是"蒂"、"柢"並有
"根"義。然此文似以"蒂"字爲優。"深根固蒂"，"深根"

之“根”，當是講的木之根；“固蒂”之“蒂”，當是講的花葉
之根，故前者用“深”字，後者用“固”字。如作“固柢”則與
前“根”字義重。

蔣錫昌按：“‘有國之母’，猶言‘有母之國’，此文以
‘母’，‘久’，‘道’爲韻，故倒言之耳。河上注：‘母，道
也。’蓋卽指上文之嗇道而言。‘有國之母’言有嗇道之國也。
‘可以長久’言可以長久不衰也。‘是謂深根固柢，長生久視之
道’，言以嗇治國，乃深根固柢之道；以嗇治身，乃長生久視之
道也。”

本段意爲：有道的社稷，可以長治久安。這叫做“深根固蒂，
長生久視”的方術。

# 簡　　析

本章着重講“長生久視”之道。

從文意看，“長生久視”，指的是兩個方面，一是指國家長
治久安，二是指形體長生不死。那麼，怎樣可以達到“長生久視”
呢？老子用一句話來概括：叫做“治人事天莫若嗇”，卽治國和
治身最好的方法莫過於“嗇省”。“治國”能嗇省，就可以不做
那些傷精費神的“有爲”之事，歸於“無爲”，就能達到“無不
爲”。“治身”能嗇省，就能“重積德”，卽多積存精氣，使自
身精力充沛，如同樹根之深，花蒂之固，長生不死。故蘇轍曰：
“以嗇治人，則可以有國者是也；以嗇事天，則深根蒂固者是也。
古之聖人，保其性命之常，不以外耗內，則根深而不可拔，蒂固

而不可脫，雖以長生久視可也，蓋治人事天，雖有內外之異，而
莫若嗇則一也。”

# 第六十章

治大國若亨小鮮㈠。以道蒞天下，其鬼不神㈡。非其鬼
不神也，其神不傷人也，非其神不傷人也，聖人亦不傷
人也㈢。夫兩不相傷，故德交歸焉㈣。

## 校　　注

㈠　“治大國若亨小鮮”。

　　帛書甲本此句全脫，乙本同校文，河本、王本、傅本“亨”
作“烹”，餘同校文。嚴遵本、範應元本等“國”下有“者”字。
“亨”景龍碑本、唐人寫本殘卷辛本同帛書，開元御注本作“亨”。
按：陸德明曰：“烹，不當加火。”馬叙倫曰：“‘亨’、‘亨’
本一字。然‘亨’實爲烹羹本字。”今從帛書作“亨”。
　　又“鮮”，唐人寫本殘卷辛本、龍興碑本作“腥”，範應元
本作“鱗”。“鮮”，“腥”，“鱗”均指魚類，皆通！此從帛
書。
　　蔣錫昌曰：“夫烹小魚者不可擾，擾之則魚碎；治大國者當
無爲，爲之則民傷，故云，‘治大國若烹小鮮也’。”
　　本句意爲：治理大國，如同烹羹小魚。

㈡　"以道莅天下，其鬼不神。"

帛書甲本脫"以道莅"三字，乙本"莅"寫作"立"，餘同校文。河本、王本同校文，傅本"下"後有"者"字。

按："莅"古與"埭"通，《集韻》："埭"，或作'莅'、'莅'、'位'。"《說文》"埭，臨也"。

本句意為：用道來莅臨天下，那些"鬼"也顯不了神靈。

㈢　"非其鬼不神也，其神不傷人也；非其神不傷人也，
聖人亦不傷人也。"

帛書甲本大致同此，唯第三句"神"簡為"申"，第四句"不"作"弗"，"傷"後脫一字。乙本第四句脫損"聖人亦"三字，"不"亦為"弗"。"傷人也"作"傷也"。按：帛書甲乙本前三句均用"不"字，惟第四句並用"弗"，此據河上公本改作"不"河本、王本、傅本無諸"也"字，餘同校文。"人"，開元御注本作"民"，明太祖注本作"之"。第四句"人"字，元張嗣成本無。此從帛書。

按："聖人亦不傷人"。當作"聖人之不傷人"。朱謙之曰："'亦'字諸本同，惟敦煌辛本作'之'。並云：諸本皆作亦字，惟張係天（按：強本成疏'天'作'師'）陸先生本作"之"字。然"之"、"亦"二字形似，故寫者誤作'亦'字，今用'之'為是。言非此鬼之不傷物，但為人以道莅天下，能制伏耶（顧本、強本成疏'耶'作'邪'）惡，故鬼不復傷害於人，力在聖治

（顧本成疏‘治’作‘理’），故云‘聖人之不傷人也’。”

本段意爲：不是那些“鬼”不能顯神靈，而是它的神靈不能傷害於人；不是那些神靈不能傷害於人，而是聖人（以道涖天下）不傷害於人。

(四)　“夫兩不相傷，故德交歸焉。”

帛書甲本此段作“□□不相□□德交歸焉”，乙本脫一“不”字，餘同校文。河本、王本、傅本概同校文。

“德交歸焉”，注家解釋各異，韓非曰：“德交歸焉，言其德上下交盛，而俱歸於民也。”王弼注曰：“神聖合道，交歸之也。”；吳澄曰：“兩者不相傷，皆由於聖人之德，故皆歸德於聖人也。”蔣錫昌曰：“言天下有道，神與聖人兩不相傷，故德交歸於民也。”張松如釋爲：“他們的功德就互相結合起來。”任繼愈譯爲：“所以互相得到好處。”陳鼓應譯爲“所以彼此能相安無事。”按：以上諸家之說似都不確。夫“兩不相傷”，當承上意而發，前言“其神不傷人也”、“聖人亦不傷人也”故此“兩不相傷”，當指“聖”與“神”兩不傷於人；“聖”與“神”兩不傷於人，乃是由於“以道涖天下”，是“道”給人們帶來好處，故其“德”當歸交於“道”。其本意在於突出“道”的巨大作用。

本段意爲：聖人和鬼神都不傷人，所以他們的德應歸交於道。

# 簡　　析

　　本章通過肯定“道”的權威，來貶低鬼神作用。

　　老子曰：“以道蒞天下，其鬼不神。非其鬼不神，其神不傷人。”王弼注曰：“道洽，則神不傷人。神不傷人，則不知神之爲神。”有了“道”，就“不知神之爲神”，這正說明“道”可以制服鬼神。郭沫若說：“有了道，在智者看來，鬼神也就失其威嚴。”（《郭沫若全集·歷史編》第一卷第352頁）可見。在“道”面前，鬼神無以施其技，無以逞其威，無以顯其靈，可謂“魔高一尺，道高一丈。”在鬼神權威佔統治地位的春秋戰國時期，老子獨樹一幟地以“道”的權威來挫折鬼神的地位，無疑具有進步意義。

# 第六十一章

大邦者下流也，天下之交也㊀。天下之牝，牝恒以靜勝
牡，爲其靜也，故宜爲下也㊁。故大邦以下小邦，則取
小邦；小邦以下大邦，則取於大邦㊂。故或下以取，或
下而取㊃。故大邦者不過欲兼畜人，小邦者不過欲入事
人。夫皆得其欲，則大者宜爲下㊄。

## 校　　注

㊀　"大邦者下流也，天下之交也。"

帛書甲本首句同校文，末句"交"作"牝"。河、王本"邦"
作"國"，無二"也"字，餘同校文。傅本"邦"亦作"國"，
"者"後有"天下"二字，無二"也"字。按："邦"字依甲本，
乙本及諸今本作"國"，乃因避漢高帝劉邦諱而改。

"大邦者下流"，高亨曰："此句當作'治大國若居下流'，
轉寫挩'治'字、'若'字，而'居'字又譌爲'者'字也。河
上注'治大國當如居下流'，是河上本原作'治大國若居下流'，
其證一也；王注：'江海居大而處下，則百川流之，故曰大國下
流也。'末句當作'故曰治大國若居下流也'，轉寫挩字。蓋王
以江海之處下喻大國之處下，即釋經文'若'字，'處下'即釋

'居下'，是王本原有'若'字、'居'字，無'者'字，明矣。
其證二也；《釋文》'蒞'字、'牝'字之間出'治'字，云：
'直吏反'，是陸所據王本原有'治'字，明矣，其證三也。
'治大國若居下流'與上章'治大國若烹小鮮'句法一律，文有
譌挩，遂不可讀矣。《論語·陽貨篇》：'惡居下流而訕上者。'
《子張篇》'君子惡居下流'，可證'居下流'爲古代習用語。
居下流者，不敢自滿自傲，故老子取焉。"此說言之成理，可以
參考。

　　"天下之交"，河、王、傅本概同，帛書作"天下之牝"，
恐誤。蓋"天下之交"，是爲了說明"大邦者下流"一語，作
"天下之牝"則文意難通。"交"，交滙也，此指衆水交滙之處。
第六十六章曰："江海所以能爲百谷王者，以其善下之，故能爲
百谷王。"衆水交滙之處亦即"江海"是也。上文說大國若居下
流，下文用衆水交滙即江海來說明下流，文字緊嚴不可分割。
　　本段意爲：大國好比居住下流，是天下衆水交滙之處。

　　㈡　"天下之牝，牝恒以靜勝牡，爲其靜也，故宜爲下
也。"

　　帛書甲本"牝"作"郊也"，"靜"寫作"靚"，"宜"前
脫二字，末尾無"也"字。乙本"牝"亦作"交也"，"勝"作
"朕"，餘同校文。河、王本此段作"天下之牝，牝常以靜勝牡，
以靜爲下"，傅本此段作"天下之牝，牝常以靖勝牡，以其靖，
故爲下也"，範應元本此段作"天下之牝，牝常以靜勝牡，以其

靜，故爲下也。」校文以帛書爲基礎，參閱範本訂正而成。

按：「天下之牝，」今本多作「天下之牝」，帛書甲乙本並作「天下之交（或‘郊’）」，惟範應元本作「天下之牲。」通觀上下文，似以「牲」字爲宜。「牲」，在此泛指畜類，古人「六畜」亦稱「六牲」。「畜」，有雌有雄，故下文說：「牝恒以靜勝牡」，如作「天下之牝」，則下文「牡」未能概括進去，今從範本作「牲」。河、王諸本作「牝」，乃由「牲」與「牝」形近而誤；帛書作「交」，乃由上文誤入下文。帛書上段「天下之交」作「天下之牝」，乃先由下文之「牲」誤爲「牝」，再由「牝」誤入上文。

「牝恒以靜勝牡」，吳澄曰：「牝不先動以求牡，牡常先動以求牝。動求者招損，靜俟者受益，故曰：‘以靜勝牡’。動求者居上，靜俟者居下，故曰‘以靜爲下’。」此說切合老旨。

「爲其靜也，故宜爲下也」，帛書甲乙本並同此，河、王本作「以靜爲下」，恐有奪誤。傅本、範本作「以其靜，故爲下也」文義與帛書一致，今依帛書。

本段意爲：天下的畜類，雌的常常以安靜勝過雄的。正因爲它安靜，所以甘願謙下。


㈢　「故大邦以下小邦，則取小邦；小邦以下大邦，則取於大邦。」

帛書甲本首句脫「以」字和第二個「邦」字，語首無「故」字，餘同校文。乙本「邦」並作「國」，首句第二「國」字脫，餘同校文。河、王本無 " 於 " 字，傅本有二 " 於 " 字。( ' 取於小國 ' ' 取於大國 ' ) 按：陶方琦曰： " 詳文義，似上句應無 " 於 " 字，下句應有 ' 於 ' 字 " 。今帛書甲乙本正合此說，有後 " 於 " 而無前 " 於 " ，當從之。

俞樾曰： " 古 ' 以 ' 字與 ' 而 ' 字通。……' 大國以下小國，則取小國；小國以下大國，則取大國 ' 猶曰： ' 大國而下小國，則取小國，小國而下大國，則取大國 ' 也。 "

本段意爲：大國而對小國謙下，則能取得小國；小國而對大國謙下，則有取於大國。

(四)　 " 故或下以取，或下而取。 "

帛書甲本同此。乙本 " 下而取 " 前脫損三字。河、王本同校文，傅本語首無 " 故 " 字。嚴遵本 " 以 " 作 " 而 " ，上 " 取 " 下有 " 之 " 字。今依帛書。

按：俞樾曰： " ' 故或下以取，或下而取 ' 兩句義無別，疑有奪誤。當云 ' 故或下以取小國，或下而取大國 ' ，蓋卽承上文而申言之，因下文有 ' 大國不過欲兼畜人 ' 句，兩 ' 大國 ' 字適相連屬，古人遇重文每省不書，止於字下作二畫識之，此本 ' 故或下以取小國，或下而取大國，大國不過欲兼畜人，小國不過欲入事人 ' ，古文兩 ' 大國 ' 字不重書，止作 ' 大：國： ' 後人傳寫奪之，因以大國字屬下句，而以 ' 或下而取 ' 四字爲句，並上小國字亦刪去之，使兩句一律，而其誼不可曉矣。 " 此說可供參考。

本段意爲：所以，或者以謙下而取得小國，或者以謙下而有取於大國。

㈤ "故大邦者不過欲兼畜人，小邦者不過欲入事人。夫皆得其欲，則大者宜爲下。"

帛書甲本"大邦"前脫"故"字，"其欲"下脫損五字，餘同校文。乙本二"過"字及"皆得"二字脫損，"兼"作"並"，餘同校文。按："兼"，並也。

本段意爲：大國不過想兼併管理小國，小國不過想作大國的屬國而求得保護。大國和小國都達到了目的，所以大國應當謙下。

# 簡　析

本章是獻給大國之君的南面術。

老子從"謙受益，滿招損"的原則出發，認爲大國之君要達到自己的政治目的，必須以謙下爲本，做到像雌性動物那樣，安靜柔弱。他說："天下之牝，牝恒以靜勝牡。""牝"，象徵柔弱，"牡"，象徵剛強。"牝恒以靜勝牡"，即柔弱總是戰勝剛強之謂。在老子看來，大國和小國"謙下"都可以得到好處，"大邦以下小邦，則取小邦，小邦以下大邦，則取於大邦。"雖然都有所"取"，但歸根到底，大國所取的更多一些，大國達到的目的，是兼並畜養小國，小國達到的目的，是使大國成爲自己的保護國。兩相比較，大國佔了更多的便宜，所以老子的結論是：

"大者宜爲下"。如林希逸所指出的："此句乃一章之結語，其意但謂強者須能弱，有者須能無，始爲知道。一書之意，往往如此。"

# 第六十二章

道者，萬物之注也。善人之寶也，不善人之所保也㈠。
美言可以市，尊行可以加人。人之不善也，何棄之有也
㈡。故立天子，置三卿，雖有共璧，以先四馬，不若坐
而進此道㈢。古之所以貴此道者，何也？不謂求以得，
有罪以免歟，故爲天下貴㈣。

## 校　　注

㈠　“道者萬物之注也。善人之寶也，不善人之所保也。”

　　帛書甲本脫損“道”字，“寶”、“保”並寫作“葆”。乙
本“寶”作“葆”，餘同校文。河本、王本“注”作“奧”，無“也”字。
傅本“注”亦作“奧”，“寶”前有“所”字，後二句無“也”字。
　　按：“注”，今本作“奧”。“注”與“奧”義近，河上公
曰：“奧，藏也”。“藏”，蓄也，積聚也。“注”亦有“聚”
義。《周禮·獸人》：“令禽注於虞中”《疏》：“‘注’，猶
聚也。”則“奧”與“注”蓋有“聚”義，此從帛書作注。“萬
物之注”猶萬物所積聚也。
　　“寶”，諸今本並同。帛書甲、乙本並作“葆”，字書無此
字，疑“葆”爲“葆”之俗字或筆誤。“葆”，通“寶”。《史

記·留侯世家》："果見穀城山下黃石，取而葆祠之。"注："葆猶寶。"則帛書之葆（葆）借爲"寶"。

"保"，河、王、傅本概同，帛書乙本亦同，甲本作"葆"（葆），按："葆"，古與"保"通，《禮記·禮器》："不樂葆大"，《釋文》云："'葆'，本又作'保'。"此從乙本及河、王諸本作"保"。保，保身也。

本段意爲：道是萬物所積藏的對象。善人把它看作寶貝，不善的人也要用它來自保。

㈡　"美言可以市，尊行可以加人。人之不善也，何棄之有也。"

帛書甲本"加"，寫作"賀"，末句作"何棄也□有"。乙本"加"亦作"賀"，末句作"何□□□"，河本、王本無二"也"字，傅本前二句作"美言可以於市，尊言可以加於人"，後二句亦無"也"字。《淮南子·道應訓·人間訓》引此文並作"美言可以市尊，美行可以加人"。

奚侗曰："'市'，當訓'取'，《國語·齊語》'市賤鬻貴'，高注'市，取也'；'加'當訓'重'，《爾雅·釋詁》'加，重也'，此言'美言可以取人尊敬，美行可以見重於人……各本挩下'美'字，而斷'善言可以市'爲句，'尊行可以加人'爲句，大謬。"

釧按：奚說雖亦有理，然帛書甲乙本並作"美言可以市，尊行可以（賀）[加]人"。帛書比《淮南子》更早，且與諸今本相合，當是原本如此。《淮南》作"美言可以市尊，美行可以加人"，疑爲引者所改。奚侗釋"美言可以市尊，美行可以加人"爲"美言可以取人尊敬，美行可以見重於人"。雖也能說得過去，但終有牽強之嫌。蓋老子此二句，意在貶"美言"而褒"尊行"，而從奚氏譯文看，似老子旣褒尊行又褒美言，此與老子"行不言之教"的旨意相悖，不可取也。且"美言可以市，尊行可以加人"，直譯下去，文通理順。"美言"，指華麗的言辭；"市"，買賣也，買賣爲交易之事，是"市"有"交易"之義；"尊"，《廣韻》："重也，貴也"，"加人"，帛書"加"寫作"賀"。張舜徽曰："此由古讀'加'與'賀'音近，因誤作'賀'耳。"此說恐不確。"賀"、"加"古可通用，《玉篇》："賀，何佐切，以禮物相慶加也。"《儀禮·士喪禮》"帶用靲賀之。"注："賀，加也。"則"賀"與"加"可通假，本段"加"爲本字，"賀"爲借字，此從衆本作"加"。"加"，當訓爲"益"，《論語·子路》："又何加焉"，皇疏；"加，益也"。"加人"，卽有益於人。則"美言可以市，尊行可以加人"，意爲華麗的言辭可以用於社會交易，可貴的行爲有益於人。語意清楚明白，突出了以行感人，行不言之教的意旨，可證經文無誤。

"人之不善"，"之"，"若"也。《經傳釋詞》："之，猶若也。""人之不善"，猶"人若不善"是也。

"何棄之有"，河上公曰："人雖不善，當以道化之，蓋三皇之前無有棄，民德化淳也。"

本段意爲：華麗的言辭可以作交易，高尚的行爲則有益於人。人若有了不善的德行，何必把他拋棄呢？

㈢　“故立天子，置三卿，雖有共璧，以先四馬，不若坐而進此道。”

本段甲本大致同校文，惟“雖有共璧”作“雖有共之璧”，“不若坐而進此道”，作“不善坐而進此”。乙本“三卿”寫作“三鄉”（當是形近致誤，此據甲本），“雖有”下脫二字，餘同甲本。河、王本此段並作“故立天子，置三公，雖有拱璧，以先駟馬，不如坐進此道。”傅本末句作“不如進此道也”，無“坐”字。校文以甲乙本爲基礎，參閱河、王本補正。

按：帛書甲本“雖有共之璧”，張舜徽曰：“‘之’字疑衍”，從之。又甲本“不善”，恐誤，乙本作“不若”，河、王諸本作“不如”，“如”、“若”互通，此從乙本作“不若”。又甲、乙本末句均無“道”字，考諸今本概有“道”字，似以有“道”字爲優，今據補。

“三卿”，今本作“三公”。按：“三公”古制說法不一，《書·周官》：“立太師、大傅、太保，茲惟三公”，又《公羊傳·五年》：“天子三公者何：天子之相也……。自陝而東者周公主之；自陝而西者召公主之，一相處乎內。”又《辭源》云“西漢以大司馬，大司徒，大司空爲三公”。則“三公”之說有三。“三卿”據周制當指：“司徒，司馬，司空”《禮·王制》：“大國三卿，皆命於天子……”《疏》：“三卿者，依周制而言，謂立司徒兼冢宰之事，立司馬兼宗伯之事，立司空兼司寇之事。”是漢制之“三公”與周制之“三卿”義同，蓋指司徒、司馬、司

空。則"三卿"當爲古義，"三公"乃漢以後人所改，當從帛書
作"三卿"。

"四馬"，今本作"駟馬"，按："駟"，《玉篇》："駟，
四馬一乘也。"此"四馬"已有"駟"義，如再作"駟馬"，則
文贅，似以"四"字爲優，作"駟"者，乃後人妄改，當依帛書。

"共璧"，河、王、傅本作"拱璧"，範應元本作"珙璧"，
按："共"、"拱"、"珙"古可相通。《集韻》："'珙'，
大璧也，讀或作'拱'"則"拱"與"珙"通，指"大璧"。又
《集韻》"拱，或省'扌'。"則"共"亦可假爲"拱"。本段
"珙"爲本字，"拱"或"共"乃爲借字，此依帛書作"共"。

本段意爲：所以設立君王，安置大臣，雖有珠璧之貴，車馬
之良，不如坐下來向人們進獻修身之道。


(四) "古之所以貴此道者，何也？不謂求以得，有罪以
免歟？故爲天下貴。"


帛書甲本無"道"字，"謂"寫作"胃"，"與"寫爲"輿"，
脫"求"下之"以"字。乙本"古"下脫損九字，"謂"亦寫爲
"胃"，餘同校文。河上公"不謂求以得"作"不曰以求得"，王
本作"不曰以求得"，傅本作"不曰求以得"。按：王本、傅本
作"不曰"與帛書作"不謂"義通，惟河本作"不日"不通，
"日"爲"曰"字之誤。今從帛書作"謂"。"謂"，《經傳釋
詞》："謂，猶爲也，此'爲'字讀去聲。……《鹽鐵論·憂邊
篇》曰：'有一人不得其所，則謂之不樂。'謂之，爲之也。"

“求以得”帛書及傅本並同，河、王本作“以求得”，今從帛書。
“以”，所也。

　　本段意爲：古人重視這個“道”，是爲什麼呢？不正是爲了
求其所得和求有罪而得免除嗎？所以，“道”爲天下人所重視。

# 簡　　析

　　本章着重闡明道的重要作用。

　　首先，肯定萬物離不開“道”。老子說：“道者，萬物之注
也”，把“道”看作萬物積聚的對象，這實際上肯定了萬物無不
得到“道”，“道”是構成萬物的基本材料。可見，沒有“道”，
也就沒有萬物。

　　其次，不僅“萬物”離不開“道”，人類社會也離不開“道”。
不論是善的人或是不善的人，都要尊重“道”。善的人把“道”
看作法寶，不善的人也要借“道”以保身。“人之不善也，何棄
之有也？”人有了“不善”的德行，不必拋棄他，要用“道”來
化育他。與金銀財寶相比，“道”更可貴。因此君王與大臣與其
以珙璧車馬贈給人們，不如坐下來進獻“此道”。如蘇轍所指出
的：“立天子，置三公，將以道救人耳。雖有拱璧之貴，駟馬之
良而進之，不如進此道之多也。”有了“道”，不僅可以追求所
希望得到的，而且可以消災滅禍。所以，“道”爲天下人所看重。

# 第六十三章

爲無爲，事無事，味無味，大小，多少㈠，（報怨以德）。
圖難乎於其易，爲大乎於其細。天下之難事必作於易，
天下之大事必作於細㈡。是以聖人終不爲大，故能成其
大㈢。夫輕諾必寡信，多易必多難。是以聖人猶難之，
故終於無難㈣。

## 校　注

㈠　"爲無爲，事無事，味無味，大小，多少，（報怨
以德）。"

帛書甲本同此，唯後"味"字誤爲"未"。乙本僅存"爲無
爲"三字。河本、王本、傅本概同甲本。吳澄本無"大小多少，
報怨以德"八字。

"大小多少"，注家多認爲字有挩漏不可解，陳鼓應曰："嚴
靈峰根據《韓非子・喻老》補成爲'大生於小，多起於少。'（見
《老子達解》）與下句'圖難於其易，爲大於其細'文義可相聯。"
此說是。《韓非子・喻老》曰："有形之類，大必起於小；行久
之物，族必起於少。故曰'天下之難事必作於易，天下之大事必
作於細。"可見"大小多少"是爲下文"天下之難事"與"天下
之大事"兩句提供理論依據的，故"大小多少"當與下文句法一致，

嚴氏釋爲 " 大生於小，多起於少 " 甚爲確切，當從之。不僅如此，上文 " 爲無爲，事無事，味無味 " 的邏輯結構亦當與此一致，可仿效之。

　　" 報怨以德 " 與本章上下文不相關聯，疑爲錯簡。陳鼓應曰："' 報怨以德 ' 馬叙倫認爲當在七十九章 ' 和大怨 ' 上，嚴靈峰認爲當在七十九章 ' 必有餘怨 ' 句下，茲依嚴說移入七十九章。" 陳取嚴說，甚是。" 報怨以德 " 句當在七十九章 " 必有餘怨 " 句下。該章首三句曰：" 和大怨，必有餘怨，安可以爲善。" 細讀此文，似亦語意不全，" 必有餘怨，" 怎麼可以 " 爲善 " 呢？如加上 " 報怨以德 "，則全文爲 " 和大怨，必有餘怨，報怨以德，安可以爲善。"（ " 安 "，" 乃 " 也）" 報怨以德 " 下，接上 " 乃可以爲善 "，語意清楚明白，當從嚴說把 " 報怨以德 " 句移入七十九章。

　　本段意爲：有爲生於無爲，有事起於無事，有味源於無味，大生於小，多起於少。


　　㈡　" 圖難乎於其易，爲大乎於其細。天下難事必作於
　　　　易，天下之大事必作於細。"


　　帛書甲本 " 圖難乎 " 下脫損九字，後二句無二 " 事 " 字及二 " 必 " 字；乙本脫損嚴重，僅存 " 乎其細也天下之 "、" 易天下之大 " 等字，傳本同校文。河本、王本前二句無二 " 乎 " 字，後二句無二 " 之 " 字。前二句：《韓非了·喻老篇》和《續漢書·五行志》所引《馬融集》並作 " 圖難於其易也，爲大於其細也 "，

此依傅本。

本段意爲：解決困難的問題，要從容易的問題着手；成就大業，要從一點一滴做起；天下困難的事情，必然通過作容易的事情來解決；天下的大事，必然通過作細小之事來完成。

（三）　"是以聖人終不爲大，故能成其大。"

帛書甲本"終"寫作"多"，後三字脫損。乙本此段全脫損。河本、王本、傅本概同校文。

奚侗曰："二句乃三十四章文復出於此。"釗按：此二句雖在三十四章出過，但在此文中亦不可少。

"終不爲大，"意爲總是不作大事，卽今言安於平凡細小之事。

本段意爲：所以，聖人總是安於平凡細小之事，但却能成就其大業。

（四）　"夫輕諾必寡信，多易必多難，是以聖人猶難之，
故終於無難。"

此段帛書甲乙本均嚴重脫損。甲本之首句全脫，後三句爲："□□必多難，是□□人猶難之，故終於無難。"乙本"必寡"二字，"猶難"二字及"終於無難"四字皆脫損，"諾"作"若"。王本大致同校文，唯末句"故終於無難"作"故終無難矣"。河本亦近校文，唯末句作"故終無難"，無"於"字。傅本末句同

王本，但首句"輕諾"及二句"多易"下各有一"者"字。此依
王本，唯末句依帛書，並據衆本將"多"正爲"終"。

　　本段意爲：凡是輕率許諾，必將帶來不信任;經常輕易從事，
必將造成更多困難。聖人總是不迴避困難，所以最終沒有困難。

# 簡　　析

　　本章表達了量變引起質變的辯證法思想。

　　老子多次講到矛盾雙方相互轉化的問題，那麼，怎樣實現轉
化呢？本章和下章較明確地回答了這個問題，這就是通過量的積
累，實現轉化。"圖難乎於其易，爲大乎於其細。天下之難事必
作於易，天下之大事必作於細。"這是說，完成艱難的任務，是
通過作許許多多不艱難的事情實現的；成就大的事業，是通過作
許許多多細小的事情實現的。天下的難事總是從容易的事情入手
的；天下的大事總是由小事作起的。因此，作小事可以成就大事
業，作容易的事情可以達到做好艱難的事情的目的。無論是從小
到大，或從易到難，都有一個量的積累的過程。這裏已經透露了
量變引起質變的思想。這一思想，在下章講得更明確，該章說：
"合抱之木，生於毫末；九層之臺，作於虆土；千里之行，始於
足下。""合抱"的大樹，是由"毫末"即小樹苗生長起來的；
九層的高臺，是由一堆堆泥土堆積起來的；千里的遠行，是由脚
下一步步走到的，這裏都包含着由量向質的轉化。

　　過去，人們常持這樣一種觀點:老子雖講轉化,却否認轉化需
要條件。這一點，我們在第五十八章已作過反駁。本章和下章又

再次說明老子並未否認轉化需要條件。所謂"圖難乎於其易，爲大乎於其細"，旣講到了轉化，也講到了轉化需要條件，條件就是"圖"、"作"、"爲"，如果不"圖"，不"作"，不"爲"，那就不可能實現上述轉化。同理，"合抱之木，生於毫末；九層之臺，作於虆土；千里之行，始於足下。"也旣講了轉化，又講到了轉化的條件。其中，"生"，是"毫末"向"合抱之木"轉化的條件，"作"是"虆土"向"高臺"轉化的條件，"行"是"足下"向"千里"轉化的條件。可見，說老子否認轉化需要條件，是不合於老子書的客觀內容的。當然，老子對轉化的條件闡述得不夠，這是不容忽視的。

# 第六十四章

其安也，易持也；其未兆也，易謀也；其脆也，易判也；
其微也，易散也㈠。爲之於未有，治之於未亂㈡。合抱
之木，生於毫末；九成之臺，作於累土；千里之行，始
於足下㈢。爲之者敗之，執之者失之。是以聖人無爲也
故無敗也；無執也故無失也㈣。民之從事也，恒於幾成
而敗之。故曰愼終若始，則無敗事矣㈤。是以聖人欲不欲，
而不貴難得之貨；學不學，而〔不〕復衆人之所過。能
輔萬物之自然而弗敢爲㈥。

## 校　　注

㈠　“其安也，易持也；其未兆也，易謀也；其脆也，
　　易判也；其微也，易散也。”

　　帛書乙本此段全脫損，甲本首句同校文，第二句存“易謀”
二字，其餘全脫損。傅本此段作“其安易持，其未兆易謀，其脆
易判，其微易散。”缺文據傅本補，並參閱甲本“其安也易持”
句式，在各子句後增一“也”字，以與首句一律。河、王本大致
同傅本，惟“判”河本作“破”，王本作“泮”、“判”、“破”
古並通，《周禮·地官·媒氏》：“掌萬民之判”注：“判，半

也。"又《詩‧泮水》"旣作頖宮",《釋文》注:"'頖',
音判,本多作'泮'。泮宮諸侯之學也。泮,半也,半有水半無
水也。"是"泮"、"判"並有"半"義,可以互假。又《玉篇》:
"泮,普旦切,散也,破也。"則"破"亦與"泮"通。《說文》:
"判,分也,從刀,半聲。"此文"判"、"散"爲韻,似以
"判"或"泮"爲優,此從傅本作"判"。

"脆":蔣錫昌曰:"'脆'爲'脃'字之俗,《說文》:
'脃'小耎易斷也'。"

"兆",朕兆,指事態尙未發作之時也。

本段意爲:事物處於安穩時容易保持,事變尙未發作時容易
謀劃,事物比較脆弱時容易分裂,事物體積微小時容易消散。

(二) "爲之於未有,治之於未亂。"

此二句帛書甲本並脫損,校文據河、王本,傅本作"爲之乎
其未有,治之乎其未亂。"六朝寫本殘卷庚本兩"於"下並有
"其"字。

本段意爲:防患工作要做在事故未有發生之時,治亂工作要
做在禍亂未有發生之日。

(三) "合抱之木,生於毫末;九成之臺,作於累土;千
里之行,始於足下。"

帛書甲本脫損前六字及末尾一"下"字,"累"寫作"贏",

"千里之行"作"百仁之高"，"始"作"台"。乙本脫損前三字"生於"之"生"誤爲"作"，"累"作"纍"，"千里之行"作"百千之高"。河本、王本"成"作"層"，餘同校文。傅本"抱"作"裒"，餘亦同校文。按"抱"與"裒"互通（見《集韻》），此從河本作"抱"。

　　"成"，河、王本作"層"，唐人寫本殘卷辛本、嚴遵本以及龍興碑本作"重"。朱謙之云："《說文》：'層，重屋也'。《呂覽·音初篇》：'有娀氏有二佚女，爲之九成之臺。'高注：'成，猶重也。'又《爾雅》以丘一重、再重爲一成，《楚辭·九問》'璿臺十成'，'十成'，卽十重也。'成'、'層'、'重'義同。"今從帛書作"成"。

　　"累"，河、王、傅本並同，元李道純本作"蔂"，帛書甲本作"贏"，乙本寫作"纍"，按：帛書甲本之"贏"古與"累"通，《釋名·釋語言》："'贏'，累也。"畢沅曰："累，本作纍。"皮錫瑞曰："古纍、贏通。"則"贏"與"累"、"纍"並通，此從河、王諸本作"累"。高亨曰："'累'，當讀爲'蔂'，土籠也，起於累土，猶言起於蕢土也。《淮南子·說山篇》'針成幕，蔂成城，事之成敗，必由小生'，高注：'蔂，土籠也。'字亦作虆。《孟子·滕文公篇》：'虆梩而掩之'。劉熙注：'虆，盛土籠也。'（《音義》：'虆或作絫。'）字又作塿。《越絕書》：'越王使干戈人一塿土以葬之。'司馬貞曰：'塿，小竹籠以盛土也。'又或作纍。《管子·山國執篇》：'梩籠纍筥'（原作捍籠纍筥，據王念孫《讀書雜志》校改）是也。'纍'卽'累'之正字。"帛書乙本"纍"當是"蔂"之異體。

"千里之行"，帛書甲本作"百仁之高"，乙本作"百千之高"，帛書甲本《釋文》校作"百仞之高"，唐人寫本殘卷辛本亦作"百仞之高"。馬叙倫曰："言遠亦得稱仞。然古書言仞，皆屬於高。疑上'九層'句，蓋有作'百仞'者，傳寫乃以誤易'千里'耳。"其說是。本句如作"百仞之高"，則與上文"九層之臺"義重，且"千里之行，始於足下"，已成為我國各族人民老孺皆知的古格言，故此句仍作"千里之行"為優，不必依帛書。

本段意為：合抱的大樹，是從幼小的樹苗生長起來的；九層的高臺，是從一筐筐泥土堆建起來的；千里的遠行，是用雙脚一步步走到的。

㈣　"為之者敗之，執之者失之。是以聖人無為也故無敗也，無執也故無失也。"

帛書甲本前二句脫損，後二句作"□□也□無敗□無執也故無失也"。乙本第二句"執"下無"之"字，後二句僅存"是以聖人無為"六字。河本、王本、傅本並作"為者敗之，執者失之，聖人無為故無敗，無執故無失"。校文"為之者敗之"乙本同，"執之者失之"，乙本無前"之"字，參閱上句補一"之"字，使二句句式一律。"無為也故無敗也"，甲乙本均不全，今參閱河本"無為故無敗"與甲本"無執也故無失也"之句式，整理而成。

釗按：'為之者敗之，執之者失之。是以聖人無為也故無敗也，無執也故無失也”四句奚侗、馬叙倫並疑爲二十九章誤入此章。奚侗曰：“四句與上下文誼不相屬，此第二十九章中文，彼章挩下二句，誤屬於此。”馬叙倫曰：“‘爲者’兩句爲二十九章文，此重出。‘是以’兩句乃二十九章錯簡。”奚、馬之說皆言之成理，可惜無故本可據，今暫存疑，錄之以備一說。

本段意爲：強行作爲，必然失敗；強行抱住，必然喪失。所以，聖人不強行作爲，也就無所謂失敗；聖人不強行抱住，也就無所謂喪失。

㈤　“民之從事也，恒如幾成而敗之。故曰慎終若始，則無敗事矣。”

帛書乙本“幾”作“其”，“終”寫爲“冬”，餘同校文。甲本脫損末尾四字，“幾成”作“幾成事”，餘同校文。河本、王本、傅本無“也”、“矣”二字，“恒”作“常”，餘同校文。

“從”，爲也。（河上公說）

“幾”，將近。

本段意爲：人們做事情，常常在快要成功的時候而失敗了。結尾時同開頭一樣謹愼，就不會有失敗的結局。

㈥　“是以聖人欲不欲，而不貴難得之貨；學不學，而復衆人之所過。能輔萬物之自然而弗敢爲。”

帛書乙本同此，唯“復”前無“而”字，此據甲本補一“而”

字，甲本脫損“是以聖人”四字，及“弗敢”前二字，“貨”寫
作“膈”。許抗生曰：“‘膈’，疑爲‘賑’，《說文》：‘賑’
資也，或曰此古‘貨’字”。今據乙本作“貨”。河本、王本無
前二“而”字，“能輔”作“以輔”，“弗”作“不”。傅本
“而復”，作“以復”；“復”，一本作“備”，此從帛書。

“欲不欲”，卽以不欲爲欲。（據吳澄說）

“學不學”，卽以不學爲學。（據吳澄說）

釗按：“而復衆人之所過”，疑“而”字爲“不”字之誤。
高亨曰：“‘以復衆人之過’與‘不貴難得之貨’句法略同。”
據“不貴難得之貨”之句例，則下句當爲“不復衆人之過”，則
上下對偶，此其一證也；“不”、“而”篆文形近易誤，第十五
章“故能蔽不新成”，原文當作“故能蔽而新成”（參閱該章校
注，此不贅。）“而”誤爲“不”，此其二證也；從文意上看，
老子是要把“聖人”與“衆人”區別開來，故曰“不復衆人之過”，
卽不重複衆人所犯的錯誤。唐人寫本殘卷辛本“復”作“備”，
備，防也，則以備衆人之所過，猶以防衆人所犯的過錯，義與
“不復衆人之過”一致，此其三證也。

“能輔萬物之自然而不敢爲：”朱謙之云：“焦竑《考異》
曰：‘以恃萬物之自然而不敢爲’，‘恃’，舊作‘輔’，非。
今案作‘輔’是也。《韓非子·喻老篇》引‘恃萬物之自然而不
敢爲’劉師培謂‘恃，蓋待字之訛，義輔字爲長’。《廣雅·釋
詁》：‘輔，助也’，《易象傳》‘輔相天地之宜’，《論衡·
自然篇》曰：‘然雖自然，一須有爲輔助之也。’此卽老子‘以
輔萬物之自然’之旨。”其說是。此“輔”當訓爲“助”字。

“不敢爲”，“敢”，借爲“諏”，“不諏爲”，猶“不妄爲”也（參見第三章校注）。

本段意爲：所以聖人之欲就是無欲，他們不看重難得的貨物；聖人之學就是不學，他們不重複衆人所犯的過錯。因而，他們能輔助萬物順着自然法則而不妄爲。

# 簡　　析

本章除繼續闡明量變引起質變的辯證法思想外，還着重闡明了“無爲”的思想。

“無爲”，是貫串老子全書的一個基本思想，高亨云:“《老子》極言聖人無爲，二章曰：‘聖人處無爲之事’，三十八章曰：‘上德無爲而無不爲’，四十三章曰‘無爲之益，天下希極之’，四十七章曰‘聖人不爲而成’，四十八章曰‘爲學日益，爲道日損，損之又損，以致於無爲，無爲而無不爲’，五十七章曰‘聖人云：我無爲而民自化’，本章亦曰‘聖人無爲故無敗’，其無爲之義頗令人眩惑，而本章乃明揭而出之曰：‘以輔萬物之自然而不敢爲。’始知《老子》所謂聖人無爲者，只是輔萬物之自然而已。輔萬物之自然則萬物自生自成、皆生皆成，故能無不爲也。”高氏的這段文字，是深得老旨的。

“無爲”，過去常被人看作是“無所作爲”，讀了上章和本章之後，可知這個看法是片面的。

(1) 老子講“無爲”，絕不是提倡什麼也不作爲。上章說“天下之難事必作於易，天下之大事必作於細”，這裏兩次強調

" 必作 " ，說明老子並未否認 " 作 " 的必要性 ；本章說 " 爲之於未有，治之於未亂 " ，這裏強調 " 爲之於未有 " ，說明老子並未否定 " 爲 " 的必要性。可見老子既肯定了必要的 " 作 " ，也肯定了必要的 " 爲 " ，一句話，老子所講的 " 無爲 " ，不能簡單看作 " 不作不爲 " 。

　　(2)　老子所講的 " 無爲 " ，是 " 能輔萬物之自然而不敢爲 " ，即輔助萬物順着自然規律而不妄爲。細讀本章文字，這個思想是很明確的。他說：其安也，易持也 ；其未兆也，易謀也 ；其脆也，易判也 ；其微也，易散也。" 講了這段話之後，便得出結論曰： " 爲之於未有，治之於未亂。" 顯然老子這裏說的 " 爲 " 與 " 治 " ，都不是隨意而 " 爲 " ，隨意而 " 治 " ，而是要順着 " 其未兆易謀 " 的規律去 " 爲 " 去 " 治 " 。老子講了 " 合抱之木，生於毫末 ；九層之臺，作於累土 ；千里之行，始於足下 " 這段話後，馬上接上 " 爲者敗之，執者失之。是以聖人無爲也，故無敗也 ；無執也，故無失也。" 其寓意也是極爲深刻的，它告訴我們：事物的發展都有一個由量向質的轉化，我們必須順着這一規律辦事，如果違背這一規律，而去幹一些類似 " 揠苗助長 " 的蠢事，那就必然遭到失敗。可見，老子所反對的 " 有爲 " ，是指違背規律辦事，即 " 妄爲 " 。這種 " 妄爲 " ，也就是《淮南・脩務訓》所說的 " 以火熯井，以淮灌山 " 等 " 用己而背自然 " 之類的胡作妄爲。反對這種妄爲，恰恰表現了老子尊重規律的唯物主義態度。

# 第六十五章

古之善爲道者，非以明民也，將以愚之也㈠。民之難治
也，以其智也。故以智治邦，邦之賊也；以不智治邦，
邦之德也㈡。恒知此兩者，亦稽式也。恒知稽式，是謂玄
德㈢。玄德深矣遠矣，與物反矣，乃至大順㈣。

## 校　　注

㈠　"古之善為道者，非以明民也，將以愚之也。"

帛書甲本"古之善爲道者"作"故曰爲道者"，餘同校文。
乙本無"善"字，"明"下脫損五字，據甲本補。河、王、傅本
此段無二"也"字，餘同校文。景龍碑本"民"作"人"。

朱謙之按："'愚'字《武內》、《敦》本作'娛'，《說
文》'娛，樂也'，《詩·出其東門》'耶可與娛'，　張景陽
《詠史詩》'朝野多歡娛'，娛字義長。"按：此說非是。此文
"愚"與"智"對言，如作"娛"則下文"民之難治也，以其智
也"即失其依矣。

本段意爲：古時善於行道的人，不是要使人聰明，而是要使
人愚樸。

㈡　"民之難治也，以其智也。故以智治邦，邦之賊也；
以不智治邦，邦之德也。"

帛書甲本"智"寫作"知"，"治邦"作"知邦"，"知"、
"治"音近而誤。"民之難治"之"治"字脫損，"邦之德也"，
"邦之"二字亦脫損。乙本"智"亦作"知"；"治邦"，寫作
"知國"，餘同校文。河本此段作"民之難治，以其智多，以智
治國，國之賊，不以智治國，國之福。"王本"以智治國"上
有"故"字，餘同河本。傳本"以其智也"作"以其多智也"
"賊"、"福"下各有一"也"字，餘同王本。

"德"，諸今本多作"福"，龍興碑本、文子《原道篇》引
文亦作"德"。易順鼎謂"賊"與"福"為韻，朱謙之從其說，
云："此宜作福"。此說恐不確，查韻書，"德"與"賊"二字
正好同韻。當依帛書作"德"。

本段意為：老百姓之所以難於治理，原因在於治國者好用巧
智。所以，用巧智來治理國家，將給國家帶來害處；不用巧智來
治理國家，將給國家帶來好處。

㈢　"恒知此兩者，亦稽式也。恒知稽式是謂玄德。"

帛書甲乙本並同此，唯"是"，甲本作"此"，"謂"，兩
本並寫為"胃"。河本無前"恒"字，後"恒"作"常"字，亦
無"也"字，"稽式"作"楷式"。王本"稽式"同帛書，餘同
河本。傳本前"恒"作"常"，後"恒"作"能"，餘同帛書。

　　"兩者"，指上述"以智治邦邦之賊也，以不智治邦邦之德"。

　　"稽式"，河上公等作"楷式"，蔣錫昌曰："'稽'爲'楷'之借字，'稽'、'楷'一聲之轉，《廣雅‧釋詁一》'楷，法也'，是'稽式'即法式。"從之。

　　本段意爲：經常懂得上述兩個方面，也就掌握了治國的法式。經常掌握這個法式，就可稱爲上善之德。

　　(四)　"玄德深矣遠矣，與物反矣，乃至大順。"

　　帛書甲本脫損"反"字及末尾"至大順"三字，乙本脫損一"與"字，"反矣"作"反也"，餘同校文。河本"乃至"下有一"於"字，王本"乃至"前有"然後"二字。傅本末句作"乃復至於大順。"

　　"反"，通作"返"。

　　"大順"，大道也。

　　本段意爲：上善之德無比深遠，它同萬物都要返囘本根，直至歸於大道。

## 簡　　析

　　本章着重講治國之道。

　　以什麼方法來治國呢？老子從"古之善爲道者，非以明民，將以愚之"的作法中得到啓示，反對"以智治國"，主張"以不智治國"。認爲"以智治國"是"國之賊"，"以不智治國"是

“國之德”。此所謂“以不智治國”即“以愚治國”是也。以愚治國，就是要求君主在治國中不要玩弄巧詐，而要行無爲而治。第十八章所謂“其政閔閔，其民屯屯；其政察察，其民缺缺”與本章含意一致。“以愚治國”，必然是“其政閔閔，其民屯屯”；“以智治國”，必然是“其政察察，其民缺缺。”

老子反對以智治國，這在一定程度上抨擊了統治階級運用巧詐欺騙愚弄老百姓的醜惡行徑，對於揭露當時社會的黑暗面有一定的積極作用。但是，老子在反對“以智治國”的同時，却又主張“非以明民，將以愚之”。誠然，老子所說的“愚”，有愚樸之意，但是，此“愚”亦可釋爲“愚昧”，易於導致愚民之弊。吳澄曰：“老子生於衰世，見上古無爲而治，其民純樸而無知。後世有爲而治，其民澆僞而有知。善爲道者，化民爲淳樸。非欲使之明，但欲使之愚而已。此憤世矯枉之論，其流之弊，則爲秦之燔經書以愚黔首。”這個評述切中要害。

# 第六十六章

江海所以能爲百谷王者，以其善下之，是以能爲百谷王
㈠。是以聖人之欲上民也，必以其言下之；其欲先民也，
必以其身後之㈡。故居上而民弗重也，居前而民弗害也。
天下皆樂推而弗厭也㈢。非以其無爭歟？故天下莫能與
爭㈣。

## 校　　注

㈠　“江海所以能爲百谷王者，以其善下之，是以能爲
百谷王。”

帛書甲本脫損句首“江”字，“谷”寫爲“浴”，餘同校文。
乙本脫損前“百谷”下三字及“善”字，“谷”亦寫爲“浴”，
“之”下有“也”字。河本無“其”字，“是以”作“故”。王
本“是以”亦作“故”，傅本近王本，惟“之”下有“也”字。
此依帛書。
　　吳澄曰：“百川之水同歸江海，如天下之人同歸一王也。江
海之位，在水下流，能下衆水，故能兼受百谷之水爲之王也。王
之所以能兼有天下之人者亦若是。”
　　本段意爲：江海之所以能成爲衆河之王，原因在於它們善於

處下，所以能成爲衆河之王。

(二)　"是以聖人之欲上民也，必以其言下之；其欲先民也，必以其身後之。"

帛書甲乙本並同校文，惟甲本第三句脫"民也"二字。河本作"是以聖人欲上民，必以言下之；欲先民，必以身後之。"王本無"聖人"二字，餘同河本。傅本無"也"字，"欲先民"前無"其"字，餘同校文。"民"，景龍碑本作"人"，因避唐帝李世民諱而改"民"爲"人"，此依帛書。

本段意爲：所以聖人想要居於老百姓之上，必須通過言語表現出謙下；想要居於老百姓之前，必須暫時把自身置於後面。

(三)　"故居上而民弗重也，居前而民弗害也，天下皆樂推而弗厭也。"

帛書乙本大致同此，惟"害"下無"也"字，"推"誤作"誰"。"厭"寫作"猒"。（按："猒"通"厭"，《集韻》："厭，或省作'猒'"。甲本"居前"句在"居上"句前，"推"誤作"隼"，"厭"亦作"猒"，"民"，景龍碑等本仍作"人"。按：查考諸今本，"居上"句均在"居前"句前，與乙本同，今從乙本。

本段意爲：所以居於老百姓之上，老百姓不感到有壓力；居於老百姓之前，而老百姓不感到有損害。所以天下的老百姓都樂於推舉他而不厭倦。

(四)　"非以其無爭歟？故天下莫能與爭。"

帛書甲本"故"下脫損五字，"爭"寫作"諍"，餘同校文。乙本"非"作"不"，"以"字脫損，餘同校文。河、王本並作"以其不爭，故天下莫能與之爭"，傳本"非"作"不"，餘同校文。

本段意爲：不是由於他不爭嗎？所以天下人誰也不能與他抗爭。

# 簡　析

本章同第七章相關聯，講的都是以屈求伸的策略思想。

老子一貫強調處柔守弱，然而"柔"與"弱"並非他的目的，他的目的是要通過"柔"變成"剛"，通過"弱"變成"強"，即"以屈求伸"是也。這一點在本章表現得尤爲明顯。他以江海爲喻，認爲江海之所以能成爲"百谷"之"王"，原因在於它善於謙下。他由此而悟出一個訣竅：謙下可以達到稱"王"的政治目的。因而他得出結論說："其欲上民也，必以其言下之；其欲先民也，必以其身後之。"其目的清楚明白："以言下之"，是爲了實現"欲上民"的野心；"以身後之"，是爲了達到"欲先民"的企圖。這同第七章所謂"退其身而身先"，"外其身而身存"的思想是一致的。

　　過去，人們常把老子看作一個政治上無所作為、消極退隱的處士，認為老子"與世無爭"。這個看法顯然是不確切的。誠然，老子是講"無爭"，然而他的"無爭"，並非目的，而是手段，他希望通過"無爭"而達到"天下莫能與爭"的目的，這叫做以柔克剛，以弱勝強。正如許抗生所說："老子處處表現出自己是一位弱者，表示自己願意甘居於人後，居於謙下之處（'知其雄，守其雌，為天下溪；知其白，守其辱，為天下谷'）。然而他的願意居於人後，不過是想以此作為手段，為的是達到其居於民上的目的。"（《帛書〈老子〉注譯與研究》第141頁）這個評述是很中肯的。

　　老子雖然強調居民之"上"，居民之"前"，但是，他却又主張"居上而民弗重"，"居前而民弗害"，明確要求統治者不給人民施加壓力，不給人民帶來災害。這對抨擊統治者的高壓政策，為人民爭取生存的權利，有一定的積極作用。

# 第六十七章

天下皆謂我大，大而不宵，夫唯不宵，故能大。若宵，久矣其細也夫㈠。我恒有三寶，市而保之：一曰慈，二曰儉，三曰不敢爲天下先㈡。夫慈，故能勇；儉，故能廣；不敢爲天下先，故能爲成器長㈢。今捨其慈且勇，捨其儉且廣，捨其後且先，則死矣㈣。夫慈以戰則勝，以守則固。天將救之，以慈衞之㈤。（此章帛書甲乙本均排在八十一章下）

## 校　　注

㈠　“天下皆謂我大，大而不宵，夫唯不宵，故能大；若宵，久矣其細也夫。”

　　帛書乙本同此，惟“皆”字脫損，“謂”寫爲“胃”。甲本脫去前八字，後存字句爲“夫爲□故不宵，若宵細久矣”河本此段爲：“天下皆謂我大，似不肖。夫唯大，故似不肖，若肖久矣其細夫。”（一本“夫”字屬下讀）。王本“我”下有一“道”字，“夫”上有一“也”字，餘同河本。傅本“我”作“吾”，“夫”上亦有“也”字，餘同河本。

　　釗按：“宵”，今本多作“肖”，唐人寫本殘卷辛本、龍興碑本及成玄英疏本"宵"俱作"笑"。此從帛書作"宵","宵"古與"肖"通，《漢書・刑法志》："夫人宵天地之貌"師古注"'宵'義與'肖'同。""肖"，猶今言"像似"也。本文"肖"爲本字，"宵"爲假字。

本段意爲：天下人都說"我"大，大而却不像大。正因爲大而不像大，所以能成就大。假如像大，早就變成細小的了。

(二) "我恒有三寶，市而保之：一曰慈，二曰儉，三曰不敢爲天下先。"

帛書乙本"寶"寫作"琛"（《說文》無此字，疑"琛"爲"葆"之異體字"葆"通"寶"）；"保"，亦作"琛"當是"保"之形誤，"慈"寫爲"茲"，"儉"作"檢"（形近而誤，或音近而訛，今從河、王諸本作"儉"）。甲本"二曰儉"以下全脫損，"恒有三寶，市而保之"作"恒有三葆之"，其文當有挽漏。"慈"亦寫爲"茲"。河本前二句作"我有三寶，持而寶之"，餘同帛書。王本無"恒"字，第二句"保"同校文，餘同河本；傅本"我"作"吾"，餘同河本。

釗按："市而保之，"有作"保而持之"或"寶而持之"。"市"，乙本同，甲本脫掩，諸今本概作"持"，細審文義，似以"市"字爲優。《風俗通》："市，恃也，養贍老小，恃以不匱也"是"市"猶"恃"，"市而保之"，即"恃而保之"，意爲依恃他們而自保也，今本作"持"，當爲"恃"之借字。

又"保"，王本同，甲本作"葆"，乙本作"琛"，河本、傅本等作“寶”。勞健曰：“‘寶’、‘保’二字，古文近同，互通。”今從王本作“保”。

吳澄曰：“慈，柔弱哀閔而不剛強；儉，寡小節約而不侈肆；不敢先，謙讓退卻而不銳進。”

本段意爲：我有三件法寶，依持它們以自保：第一件叫做慈柔，第二件叫做儉約，第三件叫做不敢占天下人之先。

㈢　“夫慈，故能勇；儉，故能廣；不敢爲天下先，故能爲成器長。”

帛書乙本“儉”作“檢”，“故能廣”之“故”作“敢”。乃涉下文“敢”字而誤。甲本“故能廣”以上全脫損，“成器長”作“成事長”。河本、王本無“夫”字及“成”前之“爲”字，餘同校文。傅本“成”前無“爲”字，餘同校文。

“爲器長”，乙本同，甲本作“爲成事長”。河、王諸本無“爲”字。俞樾曰：“《韓非子·解老篇》作‘不敢爲天下先，故能爲成事長’。‘事’、‘器’異文，或相傳之本異，或彼涉上文‘事無（不）事’句而誤，皆不可知，至‘故能’下有‘爲’字則當從之。蓋‘成器’二字相連爲文，襄十四年《左傳》‘成國不過半，天子之軍’，杜注曰：‘成國。大國’，昭五年《傳》‘皆成縣也’，‘成縣’亦謂大縣。然則，‘成器’者，大器也。二十九章‘天下神器，不可爲也’《爾雅·釋詁》‘神，重也’，‘神器‘，爲重器，‘成器’，爲大器，二者並以天下言。質言之，則止是不敢爲天下先，故能爲天下長耳。”此說是，“不敢爲天下先，故能爲天下長 ”，正與上章 “ 欲先民，必以身後之 ”
及第七章 “ 後其身而身先 ” 旨意相合。

本段意爲：慈柔，所以能勇敢；儉約，所以能寬廣；不敢占
天下之先，所以能成爲天下之長。

㈣ “ 今捨其慈且勇，捨其儉且廣，捨其後且先，則死
矣。 ”

帛書乙本 “ 今 ” 字脫損， “ 慈 ” 作 “ 茲 ”， “ 儉 ” 作 “ 檢 ”，
“ 捨 ” 作 “ 舍 ”（ 二字互通 ）。甲本無 “ 捨其儉且廣 ” 句（ 當是
抄寫致漏，此據乙本 ）， “ 慈 ” 亦作 “ 茲 ”， “ 捨 ” 亦作 “ 舍 ”。
河本、王本無三 “ 其 ” 字，傅本 “ 則死矣 ” 作 “ 是謂入死門。 ”
今從帛書。

釗按： “ 且勇 ”、 “ 且廣 ”、 “ 且先 ” 之 “ 且 ” 字，疑爲
“ 取 ” 之誤。此文 “ 捨 ”、 “ 取 ” 對言，作 “ 且 ” 字則對仗不工。
或曰 “ 且 ”，取也。然 “ 且 ” 訓 “ 取 ”，古無此訓。當是訛誤所
致。究其原因，或曰 “ 且 ”、 “ 取 ” 音近而誤；或 “ 取 ” 缺壞只
存左邊 “ 耳 ”，而誤爲 “ 且 ”。帛書第十二章 “ 去彼取此 ” 之
“ 取 ”，正作 “ 耳 ”，可證。

本段意爲：若捨棄慈柔，追求勇敢；捨棄儉約，追求寬廣；
捨棄甘爲天下人之後，追求居天下人之先，必然是死路一條。

㈤ “ 夫慈以戰則勝，以守則固，天將救之，以慈衛之。 ”

河、王本並同校文。帛書甲本"以戰"二字脫損，"救"作
"建"，"慈"寫爲"茲"，"衞"作"垣"，末句"以"上有
一"女"（通"如"）字。乙本"慈"亦作"茲"，"戰"簡作
"單"，"救"亦作"建"，"勝"作"朕"、"衞"作"垣"，
末句"以"前有一"如"字。傅本"以戰則勝"作"以陳則正"，
餘同校文。

按："救"，諸今本槪同，帛書甲乙本並作"建"，"救"、
"建"一聲之轉，疑爲音近而誤，今從諸今本作"救"。許抗生
從帛書作"建"，譯"天將建之"爲"天要把一個東西建樹起來"，
亦通。然"救"與後"衞"字聯繫緊密，"衞"，護也。"救護"
正好相聯，似以作"救"字爲優。

又"如"，諸今本槪無。此句有"如"或無"如"，其義無
異。從句式看，似以無"如"字爲佳。此段"以戰則勝"、"以
守則固"，"天將救之"，"以慈衞之"均是四字一句，增一
"如"字，則後句爲五字，與上各句不相稱耳。今從衆本刪去
"如"字。

"衞"，諸今本槪同，帛書甲乙本並作"垣"，許抗生注：
"垣，卽衞也。《釋名・釋宮室》：'垣，援也，人可依阻以爲
援也'。"是"垣"有"衞"義，此從衆本作"衞"。

本段意爲：慈柔，用於指導戰爭，必然贏得戰爭勝利；用於
指導防守，必然使防守牢固；天要拯救某物，總是用慈柔來保護它。

# 簡　析

本章講的是貴柔守弱的人生哲學。

貴柔守弱是老子人生哲學的主幹，本章這一點表現得尤為明顯。老子把“慈”、“儉”、“不敢為天下先”作為治國、修身的三件法寶，正是他貴柔守弱的集中體現。“慈”、“儉”、“不敢先”，用字雖殊，精神實質則完全一致，意在以柔克剛，以弱勝強。

“慈”，即慈柔或慈愛。老子取“慈”重“慈”，意在以弱勝強。蔣錫昌曰：“老子談戰，談用兵，其目的與方法不外‘慈’之一字。人君用兵之目的，在於愛民，在於維護和平，在於防禦他國之侵略。其方法在以此愛民之心感化士兵，務使人人互有慈愛之心，入則守望相助，出則疾病相扶，戰則危難相惜。夫能如此，則此兵不戰則已，戰則無有不勝者矣。”“儉”，即儉約。老子取“儉”守“儉”，旨在由“儉”而“廣”。蘇轍曰：“世以廣大蓄物，而以儉約為陋，不知廣大之易窮，而儉約之易足，其終必至於廣也。”“不敢為天下先”，即在與人相處時，自覺地退後謙下。老子在“後”與“先”的矛盾對立中，取後而不敢先，意在以屈求伸。趙秉文云：“世以進銳為能，而以不敢先為恥。不知進銳之多惡於人，而不敢先之樂推於世，其終卒為器長也。”

老子提倡以柔克剛、以弱勝強是有他的哲學基礎的。他相信“反者道之動”的自然法則，相信事物會向對立面轉化，處柔守弱，就能由柔弱變為剛強。他把“慈”、“儉”、“不敢先”看作三件法寶，正說明他通達事物轉化之法則。吳澄曰：“慈者似怯而不勇，乃所以為勇；儉者似狹而不廣，乃所以能廣；……不

敢先者，居人後而不爲長，然自後者人先之，乃所以首出庶物之
上，而爲器之長也。捨而不用慈、儉、退後之寶，而剛強以爲勇，
侈肆以爲廣，銳進以求爲先，則將不能保其生，皆死之徒也。”
因此，從“慈”中求“勇”，從“儉”中求“廣”，從“後”中
求“先”，乃是老子思想的眞諦。老子反對丟掉“慈”而求“勇”，
丟掉“儉”而求“廣”，丟掉“後”而求“先”，認爲這樣只能
是沒有出路。這說明老子在一定程度上認識到，事物是在矛盾雙
方相互制約，相互作用的過程中前進的，是相輔相成的，丟掉矛
盾一方而求另一方，是不可能取得成功的。

# 第六十八章

善爲士者不武，善戰者不怒，善勝敵者不與，善用人者
爲之下㈠。是謂不爭之德，是謂用人之力，是謂配天，
古之極也㈡。

## 校　　注

㈠　"善爲士者不武，善戰者不怒，善勝敵者不與，善
用人者爲之下。"

帛書甲本"不與"之"不"作"弗"，"與"字脫損，餘同
校文。乙本首句前有一"故"字，"戰"寫作"單"，"勝"寫
作"朕"，"不與"亦作"弗與"，餘同校文。"弗與"，河、
王本並作"不與"。且帛書上二句爲"不武"、"不怒"，爲使
句式一律，此從河王本作"不與"。王本同校文，河本"敵"作
"戰"。按：河上注曰："善以道勝敵者……不與敵爭而敵自服
也。"從注文看，似原文作"敵"，寫爲"戰"乃涉上句"善戰
者"之"戰"而誤，今帛書同王本作"敵"，當從之。傳本"善
爲士者不武"作"古之善爲士者不武也"；"不與"作"不爭"，
此從王本。

按："不與"，景龍碑本，開元御注本、唐本殘卷辛本及六朝殘卷庚本等四十多種本子概作"不爭"，但河上、王弼本作"不與"，與帛書同，姑從帛書。河上公注曰："不與敵爭"。王弼注曰："不與爭也"則"不與"即"不爭"是也。朱謙之云："古謂對敵爲與。《左傳》襄公二十五年：'一與一'誰能懼我。是'與'即'爭'也。勞健，高亨引證所見亦同。'與'與'武'，'怒'、'下'爲韻，作'爭'則無韻。"

"士"，注家解說殊異，王弼注："士，卒之帥也。武，尙先陵人也。"吳澄謂"古者車戰爲士，甲士三人在車上，左執弓，右持矛，中御車掌旗鼓，皆欲其強武。"蔣錫昌謂"士·君也"。此從王弼之說作"將帥"。"善爲士者不武"與第二十七章"善行者無徹迹"等句語意相一致。"善爲士者不武"，意爲善於作將帥的人不先用武力。

"不怒"之"怒"，注家多訓爲"忿怒"之"怒"，恐不確。愚意以爲此"怒"當訓爲"威怒"，蓋指軍威。《禮記·曲禮》："急繕其怒"，注："怒，堅勁軍之威怒也。"則此"怒"指強軍勁旅之威嚴，與"慈"正相反對。"不怒"，是以慈柔指導戰爭的表現，故曰"善戰者不怒"，此意與上章"慈以戰則勝，以守則固"，含意一致。

本段意爲：善於作將帥的人不先使用武力，善於作戰的人不臨陣施軍威，善於克敵的人不與敵交鋒，善於用人的人常謙下於人。

㈡　"是謂不爭之德，是謂用人之力，是謂配天，古之極也。"

帛書甲本首句"是"字脱損，"爭"作"諍"，二句無"之力"二字，三句無"配"字，"謂"寫爲"胃"。乙本"德"前"之"字脱損，二句亦無"之力"二字，"配"誤作"肥"，"謂"亦寫爲"胃"。河本、王本無末尾"也"字，傅本全同校文。按：句尾有"也"字爲優。華鐘彦曰："第六十八章王弼本'是謂配天古之極'很難理解。傅奕本'極'下有'也'字，稍給讀者以啓示，今觀甲、乙本都有'也'字，得此有力的證據，便可重新斷爲'是謂配天，古之極也'，成爲二句，詞意盡通。"

張舜徽曰："各本作'是謂用人之力，是謂配天古之極。'帛書甲乙本無'之力'二字，但作'是謂用人，是謂配天，古之極也'，詳審文義，甲乙本與通行本均重出'是謂'二字，今徑刪去，寫定爲'是謂用人配天，古之極也'，用人配天，獨云以人配天。……此以人道配天道，乃自古君道之極則也。"此說雖亦可通，然刪去"是謂"二字證據不足，難免有以意改經之嫌，爲注家所忌，不可取也。此宜從通行諸本作"是謂用人之力，是謂配天"，不宜刪去"是謂"二字。

本段意爲：這叫做"不爭"的德行，叫做利用人們的力量，叫做符合天道，是古聖人的最高原則。

## 簡　析

本章着重講"不爭之德"。

　　"善爲士者不武，善戰者不怒，善勝敵者不與，善用人者爲
之下。"此文中"不武"、"不怒"、"不與"，"爲之下"用
字雖殊，其義一致，蓋"不爭"是也。唯其不爭，故能勝彼之爭。
所以，"不武"乃"善爲士"；"不怒"，乃"善戰"，"不與"，
乃"善勝敵"；"爲之下"，乃"善用人"。這正是"夫唯不爭，
故天下莫能與之爭"之謂也。老子所講的"不爭之德"，實即
"無爲之道"。他認爲這種"無爲之道"，可以"配天古之極"，
足見其在老子哲學中的地位。

# 第六十九章

**用兵有言曰：吾不敢爲主而爲客，不敢進寸而退尺㈠。
是謂行無行，攘無臂，執無兵，乃無敵矣㈡。禍莫大於
輕敵，輕敵近亡吾寶矣㈢。故抗兵相若，則哀者勝矣㈣。**

## 校　　注

㈠　“用兵有言曰：吾不敢為主而為客，不敢進寸而退
尺。”

帛書乙本同此，甲本“不敢進”作“吾不進”，“退”寫作
“芮”，此依乙本。傳本同校文，河、王本無“曰”字。範應元
本“兵”下有“者”字。唐人寫本殘卷壬本“敢”作“能”，龍
興碑本二“敢”下並有“求”字。此依帛書。

吳澄曰：“‘爲主’，肇兵端以伐人也；‘爲客’，不得已
而應敵也。”

本段意爲：用兵有這樣的名言：我不敢先挑戰，而寧願最後
應戰；不敢前進一寸，而寧願後退一尺。

㈡　“是謂行無行，攘然臂，執無兵，乃無敵矣。”

　　帛書甲本"謂"作"胃"，"攘"寫爲"襄"，餘同校文。
乙本"謂"亦作"胃"。河本"乃"作"仍"，無"矣"字，其
"仍無敵"在"執無兵"句上。王本"乃"作"扔"，餘同河本。
傅本"乃"作"仍"，無"矣"字，餘同校文。

　　"行無行"，此有二"行"字，第一"行"字當作"行動"
之行解；第二個"行"字似應訓爲迹。《廣雅·釋詁》曰："行，
迹也。"則"行無行"即"行無迹"也。

　　"攘"，《廣韻》："揎袂出臂曰攘。"

　　陶紹學曰："'執無兵'句應在'扔無敵'句上，弼注曰：
'猶行無行，攘無臂，執無兵，扔無敵也。'是王同此。"劍按：
陶說是。今帛書甲乙本"執無兵"句並在"乃無敵"句上，又其
證也。"乃"，今本作"仍"或"扔"，似以帛書作"乃"爲優。
"乃無敵矣"即"於是無敵矣"，是對上三句"行無行，攘無臂。
執無兵"的概括總結。"矣"字見於帛書甲本，爲他本所無，尤
爲珍貴。有此"矣"字，更能說明"乃無敵矣"句爲結束語。是
"乃"當從帛書。今本作"仍"蓋因"仍"古與"乃"可通假，
《爾雅義疏》："乃"又通作'仍'。"作"扔"者，當是"仍"
之音假，或涉第三十八章"攘臂而扔之"之"扔"而誤。

　　本段意爲：這叫做已經行動，却示人以沒有行動的痕迹；奮
臂而準備拼搏，却示人以無臂可搏；緊握兵器，却示人以沒有兵
器，於是無敵於天下。


（三）　"禍莫大於輕敵，輕敵近亡吾寶矣。"

帛書甲本“禍”寫作“毣”（疑爲古“毼”之異體字）；
“大於”誤爲“於於”，“輕敵”作“無適”（借爲“敵”），
“近亡”作“斤亡”，“吾寶”作“吾吾葆”（衍一“吾”字）；
乙本“輕敵”作“無敵”，“寶”作“琛”。河本、王本“近亡”
作“幾喪”，傅本“輕敵”同帛書作“無敵”，第二個“無敵”下
有“則”字，“近亡”作“幾亡”。

按：“輕敵”河、王本並同，帛書甲乙本及傅本均作“無敵”。
此句似以“輕敵”爲優。如作“無敵”，則與上句“乃無敵矣”
語意相悖。上句“無敵”含有褒義，此句“輕敵”乃貶義，作
“無敵”於義難安。疑“無敵”乃涉上句“無敵”而誤，當從河、
王諸本作“輕敵”。輕敵者“驕”也，驕兵必敗，故老子曰：
“輕敵近亡吾寶矣。”

又“近亡”，帛書乙本同，甲本作“斤亡”，疑“斤”爲
“近”之損壞。河、王本作“幾喪”，與“近亡”義同，傅本作
“幾亡”亦通，此從帛書作“近亡”。

本段意爲：災禍最大的莫過於輕敵，輕敵近於喪失我的法寶。

（四）“故抗兵相若，則哀者勝矣。”

帛書甲本“抗兵”作“稱兵”，餘同校文。乙本“哀”作
“依”，“勝”作“胅”，“矣”字脫損。傅本全同校文。

按：“相若”，帛書及傅本並同，河、王本作“相加”。張
舜徽曰：“蓋原文作‘若’，聲轉爲‘如’，傳寫者又由‘如’
譌作‘加’耳。”此說是。當從帛書作“相若”。

　　"抗兵"，帛書乙本及諸今本概同，甲本作"稱兵"。張舜徽曰："稱與抗皆可訓舉，義相通也。"此從乙本及諸今本作"抗兵"。

　　本段意爲：所以，舉兵力量相當，哀痛的一方必勝。

# 簡　　析

　　本章着重講兵法。

　　一般說來，老子是不贊成戰爭的，但是，老子並不反對一切戰爭。他認爲，當敵人把戰爭強加於自己的時候，那就不得不戰，用他的話說叫做"不得已"。正是從這一基本思想出發，他提出了一套以弱勝強的戰略戰術。這種戰略戰術由本章可以覽其大概：

　　(1) 是所謂"不敢爲主而爲客，不敢進寸而退尺"。這裏所說的"主"，指的是率先挑戰，主動進犯，相當於我們今天所說的"先法制人"；所說的"客"，指的是安於退守，不得已而應戰，相當於我們今天所說的"後法制人"。在老子看來，不爲主而爲客，不進寸而退尺，就可以無敵於天下。理由何在？呂吉甫曰："主逆而客順，主勞而客逸，進驕而退卑，進躁而退靜。以順待逆，以逸待勞，以卑待驕，以靜待躁，皆非所敵也。"這是講得很中肯的。以順待逆，以逸待勞，以卑待驕，以靜待躁，蓋屬於"後法制人"的戰爭策略，是老子柔弱勝剛強思想在戰爭中的具體運用。

　　(2) 是所謂"行無行，攘無臂，執無兵，乃無敵"。這一段話，過去不少注家多從消極方面來解說，認爲老子所說的"行"，就是" 不行 " ；所說的" 攘 " ，就是" 不攘 " ；所說的" 執 " ，就是" 不執 " 。顯然，未得眞諦。老子在這裏談的，乃是一種策略，意在以" 有 "示人以" 無 " ，以" 實 "示人以" 虛 " ，原文當譯作：已經行動，却示人以沒有行動的痕迹；已經捲袖準備臂搏却示人以無臂可搏；已經緊握兵器，却示人以沒有兵器。這表現了老子：" 以奇用兵 "的戰爭策略。《 孫子兵法 》曰：" 微乎微乎，至於無形；神乎神乎，至於無聲，故能爲敵之司命。 "認爲在戰爭中，做到" 無形 " 、" 無聲 "就可以大顯神通，乃至牽着敵人的鼻子走。孫子的這段話，正可以同老子的話相互發明，其本意都在強調軍事行動要作到隱蔽，以麻痺敵人，迷惑敵人，打亂敵人的部署，以實現" 後法制人 " 。

(3) 是所謂" 禍莫大於輕敵， 輕敵近亡吾寶 " 。老子雖持" 三寶 "以守柔處弱，但他對敵人的侵犯還是保持着高度警惕的。因此，他反對" 輕敵 " ，認爲輕敵將會丟掉治國修身的法寶。上文所講的" 行 " 、" 攘 " 、" 執 "都是不輕敵的具體表現。他所說的" 寶 " ，卽前面六十七章所講的" 一曰慈，二曰儉，三曰不敢爲天下先 "是也。一方面強調" 慈 " 、" 儉 " 、" 不敢先 " ，另一方面又要求保持高度警惕、反對麻痺輕敵，這是很耐人尋味的。說明老子的柔中有剛。

(4) 是所謂" 抗兵相若，則哀者勝矣。 "老子認爲，兩軍對陣，常是哀痛的一方取勝。 這也包含着很深的哲理 。 蘇轍曰：" 兩敵相加，而吾出於不得已，則有哀心，哀心見而天人助之，雖欲不勝，不可得也。 "

# 第七十章

吾言甚易知也，甚易行也；而人莫之能知也，莫之能行
也㈠。夫言有宗，事有君。其唯無知也，是以不我知㈡。
知我者希，則我貴矣。是以聖人被褐而懷玉㈢。

## 校　　注

㈠　"吾言甚易知也，甚易行也；而人莫之能知也，莫
之能行也。"

帛書甲本大致同此，惟後句"莫"前有"而"字，但乙本無
"而"字，此據乙本刪去後"而"字。乙本二"易"前無"甚"
字，"人"作"天下"，此從甲本。河本、王本此段並作"吾言
甚易知，甚易行；天下莫能知，莫能行。"傅本無"也"字，餘
同校文。

王弼曰："可不出戶、窺牖而知，故曰'甚易知'也；'無
爲而成'，故曰'甚易行'也。惑於躁欲，故曰'莫之能知'也；
迷於榮利，故曰'莫之能行'也。"

吳澄曰："老子教人，柔弱謙下而已，其言甚易知，其事甚
易行也。世降俗末，天下之人莫能知其言之可貴，莫能行謙下柔
弱之事者。"

以上二說皆可參考。

本段意爲：我講的道理容易掌握，也容易實行。但世俗之人誰也不懂得我講的道理，誰也不能實行它。


㈡　"夫言有宗，事有君，其唯無知也，是以不我知"。


帛書乙本大致同此，惟"有"用假字"又"，"其"作"夫"。甲本"夫言有宗，事有君"作"言有君，事有宗"無"夫"字，"宗"、"君"二字位置恰好顚倒。末句"我知"二字脫損。河、王本句首無"夫"字。第三句"其"並作"夫"。傅本"君"作"主""不我知"作"不吾知也"，第三句"其"亦作"夫"。校文以乙本爲底本，並據甲本和諸今本補正。

按："其唯無知也"帛書甲本同此，其他各本"其"作"夫"。似以作"其"字爲優。"其唯無知"乃倒句，順爲"唯其無知"故下文曰"是以不我知也"。當從甲本作"其"。作"夫"者，乃涉上"夫"字而誤。

本段意爲：說話有根據，辦事有準則。正因爲世人不知道這些，所以也不知道我的爲人。


㈢　"知我者希，則我貴矣。是以聖人被褐而懷玉。"


帛書甲本首句"知我者希"及第二句"則"字全脫損，"懷"作"裏"，餘同校文。按：《同源字典》"懷、裏、裹實同一詞。"則"裏"通"懷"。此從今本作"懷"。乙本"知"下無"我"

字，"懷"亦作"裹"，餘同校文。河本、王本"則我貴矣"並作"則我者貴"，後句無"而"字。傅本"希"作"稀"，餘同校文。景福本"則"作"明"。此依帛書。

"則我貴矣"，傅本及帛書乙本並同（甲本脫"則"字），河、王本作"則我者貴"，語不可通。蔣錫昌曰："《道德眞經集注》引王弼注：'故曰，知我者希，則我貴也。'是王本作'則我貴矣'，當據改正。今本經、注'貴'上並衍'者'字，誼不可說。《蜀志·秦宓傳》與《漢書·楊雄傳》顏注均作'知我者希，則我貴矣'。"今帛書亦如此，當從之。

《說文》："褐，一曰粗衣。"

本段意爲：知道我的人稀少，我就更顯得尊貴。所以，聖人穿粗衣而懷美玉。

## 簡　　析

本章乃老子發泄其"道"之不爲人知，不爲人行的苦衷。

老子曰："吾言甚易知也，甚易行也；而人莫之能知也，莫之能行也。"既然其言易知、易行，爲什麼卻又"莫能知"、"莫能行"呢？這個問題是頗令人深思的。王弼解釋說："惑於躁欲，故曰'莫之能知'也。迷於榮利，故曰'莫之能行'也。"呂吉甫曰："而天下不能知，不能行，何耶？以言有宗，事有君，而天下不知其宗與君，是以不吾知也。何謂宗？無爲而自然者，言之宗也。自其宗而推之，則言雖不同，皆苗裔而已矣，其有不知者乎？何謂君？無爲而自然者事之君也，得其君而治之，則事

雖不同，皆臣妾而已矣，其有不行者乎？"這些說法，雖亦不無
道理，然仍未接觸問題的實質。根本的問題在於老子的那一套理
論，不符合當時統治階級的口味。春秋戰國之際，統治階級都忙
於稱雄爭霸，沉淪於"有爲而治"，誰願意接受老子的"無爲而
治"呢？於是老子只有自我安慰："知我者希，則我貴矣"。似
乎有點阿Q精神。不過，"正言若反"，提倡不爲人知，正符合
老子的無爲之道。

# 第七十一章

**知，不知，尚矣；不知，知，病矣㈠。聖人之不病也，
以其病病也。夫唯病病，是以不病㈡。**

## 校　　注

㈠　"知，不知，尚矣；不知，知，病矣"。

　　帛書乙本同此，甲本第二句作"不知，不知，病矣"衍一
"不"字，此依乙本。河本、王本"尚"作"上"，無"矣"字。
傅本全同校文。

　　釗按：本段文意歷來有不同解釋，河上公注曰："知道言不
知，是乃德之上；不知道言知，是德之病。"宋人陳旉《農書》
曰："能知其所不知者，上也；不能知其所不知者，病矣"，陳
鼓應綜合上說，譯作："知道自己有所不知道，最好；不知道却
自以爲知道，這是缺點。"仔細思索，以上解說似都未得眞諦。
蓋此段文意直接承上章"知我者希，則我貴矣。是以聖人被褐而
懷玉"之旨而發的，因此，順上文之意，本段當譯爲：

　　"有知識而不爲人知道，最好；沒有知識，人却知其名，是
弊病。"（這樣譯，正符合上文"知我者希，則我貴矣"的旨義。）

㈡　"聖人之不病也，以其病病也。夫惟病病，是以不病。"

此段甲本作"是以聖人之不病以其□□□□□"，乙本作
"是以聖人之不□也，以其病病也，是以不病"。河、王本作
"夫唯病病，是以不病，聖人不病，以其病病，是以不病。"傅
本近河、王本，惟"聖人"下多一"之"字"不病"作"不吾病"。

按：河、王、傅本兩次出現"是以不病"句，疑文有誤衍。
蔣錫昌曰："《御覽・疾病部》引作'聖人不病，以其病病，夫
惟病病，是以不病'，較諸本爲長，當據改正。蓋'夫惟'之句
當承上句之意而重言之，此老子特有文例也。今試以全書證之。
二章'功成而弗居，夫唯弗居，是以不去。''夫惟弗居'二句
係承上句'弗居'之意而重言之，例一；八章'水善利萬物而不
爭……夫惟不爭，故無尤'，'夫惟不爭'二句係承上句'不爭'
之意而重言之，例二；十五章'保此道者不欲盈，夫惟不盈，故
能蔽不新成'，'夫惟不盈'二句係承上句'不欲盈'之句而重
言之，例三；七十二章'無厭其所生，夫惟不厭，是以不厭'，
'夫惟不厭'二句係承上句'無厭'之意而重言之，例四。此文
'夫惟病病，是以不病'二句，誤倒在'聖人不病，以其病病'
二句上，又衍末句'是以不病'四字，致失古本之眞也。"此說
有理，當據《御覽・疾病部》之引文正誤。

本段意爲：聖人之所以沒有弊病，是因爲他把弊病看作弊病。
正因爲他把弊病看作弊病，所以他沒有弊病。

## 簡　析

本章繼續闡發上章"被褐懷玉"的旨意。

上章說："知我者希，則我貴矣。是以聖人被褐而懷玉。"聖人外表雖然粗樸，而內裏却懷有大道。正是從這一思想出發，老子反對表現自己，認爲"知，不知，上；不知，知，病"。有知識而不爲人知道，最好；沒有知識而人却知其名，實爲弊病。前者樸實而無華，故老子曰"尙"；後者華而不實，故老子曰"病"。

有人曾把老子提倡的"知，不知，上；不知，知，病"，同孔子提倡的"知之爲知之，不知爲不知，是知也"相提並論，認爲兩者立意大體相同。其實，這是不正確的。孔子探討的是求知的態度問題，認爲在求知過程中，應當實事求是，知道就知道，不知道就不知道，不要強不知以爲知。老子探討的則是做人之道，他提倡一個人有了知識，應當被褐懷玉，安於虛靜無爲；反對胸無點墨而却虛名在外的漂浮作風。《史記・老子韓非列傳》記老子教訓孔子之言曰："吾聞之，良賈深藏若虛，君子盛德，容貌若愚，去子之驕氣與多欲，態色與淫志，是皆無益於子之身。"這段告誡，同老子的基本思想是一致的，本章所謂，"知，不知，尙；不知，知，病"，正體現了"良賈深藏若虛，君子盛德，容貌若愚"的思想，是老子的爲人之道。這同孔子所講的求知的態度問題，是兩個不同的問題，不能混爲一談。如果硬要把孔子所論同老子本章的旨意相比，那麼《論語・學而篇》倒有一句話與

老子本章旨意相近，即：" 人不知，而不慍，不亦君子乎？"意
爲人家不知道我，我並不因此而不高興。這纔算得上 "正人君子"。
講的也是爲人之道。不過，這不是孔子的主導思想，孔子自己也
並不這樣作。他之求學，乃是爲用之於世，故多次出游，以待賈
而沽，曾 " 喟然嘆曰：' 莫知我夫！' "（《 史記・孔子世家 》）

# 第七十二章

民之不畏威，則大威將至矣㈠。毋狎其所居，毋厭其所生。夫唯弗厭，是以不厭㈡。是以聖人自知而不自見也，自愛而不自貴也。故去彼取此㈢。

## 校　　注

㈠　“民之不畏威，則大威將至矣。”

帛書甲本此段脫損嚴重，僅存“畏畏則”及末尾一“矣”字。乙本二“威”字並作“畏”，餘同校文。河本無“之”、“則”、“將”三字，王本近河本，惟末尾無“矣”字。傅本無“之”、“將”二字，餘同校文。

按：“威”字河、王、傅諸本概同，帛書甲乙本及六朝寫本殘卷庚本並作“畏”，焦竑曰：“‘威’、‘畏’古通用。”此從諸今本作“威”。

“民”，唐玄宗御注本、龍興碑本等作“人”。馬叙倫曰：“此‘民’字當作‘人’，唐人避諱，於‘民’字均改作‘人’；後世復之，轉於‘人’字誤改爲‘民’，此其一也。”蔣錫昌曰：“‘民’，當改‘人’，乃指人君言也。”釗按：馬、蔣之說並

非。馬氏謂此"民"字乃唐以後之人誤改，今帛書作"民"，則
馬說失其依矣。蔣氏謂"民"爲"人"，並以"人"指人君，亦
非是。須知此段正由於有此"民"字，才蘊含着告誡君主之意。
它是說，老百姓一旦不害怕統治者的權威，則統治者就要大禍臨
頭。二"威"字用意不同，前威指權威而言，後"威"指禍害而
言，河上公曰："威，害也。"

　本段意爲：老百姓一旦不害怕權威，則國君將要大禍臨頭。


　㈡　"毋狎其所居，毋厭其所生。夫惟弗厭，是以不厭。"


　帛書甲本"狎"作"聞"，厭作"猒"，後三字脫損。乙本
"狎"作"伊"，"厭"亦作"猒"，餘同校文。河本"毋"作
"無"，"狎"作"狹"。王本"毋"亦作"無"，餘同校文。
傅本"厭"亦作"猒"，後二句作"夫唯無猒，是以無猒"。

　按："狎"，王本、傅本並同，帛書甲本作"聞"，乙本作
"伊"，"聞"或"伊"當爲"狎"之音假。河本作"狹"，《說
文》無"狹"字，奚侗曰："狹卽《說文》之'陜'字，隘也。
'隘'有迫誼。'厭'，《說文》：'筓也'。此言治天下者無
狹迫人民之居處，使不得安舒；無厭筓人民之生活，使不得順適。"
此說有理，從之。"狹"、"狎"互通（參見《玉篇》）。"厭"、
"猒"互通（參見六十六章校注）。後二"厭"字，許抗生謂"前
一句的'厭'指壓迫言，後一句的'厭'，指厭惡而言。"非是，
此二"厭"字，並作"壓迫"解，意爲人君不壓迫老百姓，老百
姓也不會對人君施加壓力。

本段意爲：不要迫使老百姓不能安居，也不要迫使老百姓不能生存。只有國君不壓迫老百姓，老百姓才不會對國君施加反抗的壓力。

　㈢　"是以聖人自知而不自見也，自愛而不自貴也。故
　　去彼取此。"

帛書乙本同校文，唯"聖"寫作"耴"，"彼"寫作"罷"。甲本首句全脫損，二句脫"自愛"二字，末句無"而"字。河本、王本無"而"、"也"諸字，傅本無"也"字及後句"而"字，餘同校文。

蔣錫昌曰："'自知'與'自愛'詞異誼同，'自見'與'自貴'詞異誼同。'自愛'卽清靜寡欲，'自貴'卽有爲多欲。此言聖人清靜寡欲，不有爲多欲，故去後者而取前者也。"

高延弟曰："不自見謂不自暴其所長，不自貴謂不矜誇於衆人。至人無己，聖人無名，正被褐懷玉之事也。"

以上二家之說均可參考。

本段意爲：所以聖人有自知之明而不自我表現，有自愛之道而不自顯高貴。因而要去掉自我表現和自顯高貴，保留自知之明，自愛之道。


## 簡　　析

本章是老子對統治者的告誡。

　　老子說：“民之不畏威，則大威將至矣。”意思是說，統治者對人民使用權威不要太過分，過分了人民就會有朝一日不害怕權威了，那時統治者的大難就要臨頭。這同第七十四章所說的“民不畏死，奈何以死懼之”的旨意是一致的。因此，老子告誡統治者對人民要給予生路，要“毋狎其所居，毋厭其所生”，讓人民安居樂業。這樣，統治者不壓迫人民，人民就不會反抗統治者。否則，難免有“大威將至矣”的結局。因此，統治者不能爲所欲爲而置人民的死活於不顧。賈誼《新書》曰：“故夫民者，至賤而不可簡也，至愚而不可欺也。故自古至於今，與民爲仇者，有遲有速，而民必勝之！”又曰：“故夫民者，大族也，民不可不畏也。故夫民者，多力而不可適（敵）也。嗚呼！戒之哉！與民爲敵者，民必勝之。”賈誼的這些論述，是對秦政權廢亡的經驗總結，其基本思想同老子“民之不畏威，則大威將至矣”之意相通，都是民本思想的體現。

# 第七十三章

勇於敢者則殺，勇於不敢者則活㈠。此兩者，或利或害。天之所惡，孰知其故㈡？天之道不爭而善勝，不言而善應，不召而自來，繟然而善謀㈢。天網恢恢，疏而不失㈣。

## 校　　注

㈠　“勇於敢者則殺，勇於不敢者則活。”

帛書乙本無“者”字，“活”寫作“栝”，形近而誤，甲本脫損首句“則殺”二字及第二句“勇”字，“活”亦誤作“栝”，餘同校文。河本、王本、傅本等均無“者”字。按：“者”，甲本有，諸今本無，似以有“者”字義勝，今從甲本。

高延第曰：“敢謂強梁，不敢謂柔弱。強梁者死之徒，故殺；柔弱者生之徒，故活。”從之。

本段意爲：勇而稱強的人必遭凶殺；勇而守柔的人，則可活身。

㈡　“此兩者，或利或害。天之所惡，孰知其故？”

此段帛書甲本全脫損，乙本脫“此”字，“惡”寫作“亞”，餘同校文。河本、王本、傅本並同校文。

河上公注："'此兩者'，謂敢與不敢也。'或利或害'，活身爲利，殺身爲害。'天之所惡'，惡有爲也；'孰知其故'，誰能知天意之故而不犯。"

薛惠曰："天道好善惡不善，勇於敢者，迺天之所惡，故有害而無利。而民之迷無有知其故者。"

蔣錫昌曰："'此兩者或利或害'，言勇於柔弱則利，勇於堅強則害，其勇雖同，然所得結果異也。'天之所惡，孰知其故?'言堅強何以必爲天之所惡，世之人君有誰知其故而肯決然捨棄之邪？"

本段意爲："稱強"與"守柔"這兩樣東西，"守柔"能得利，"稱強"必遭害。稱強爲天道所厭惡，誰又能知道其中的緣故？

㈢　"天之道，不爭而善勝，不言而善應，不召而自來，繟然而善謀。"

帛書甲本此段"不言"以前脫損，"繟"誤作"彈"，無"然"字。乙本"爭"作"單"，"勝"寫作"朕"，"不召"作"弗召"，"繟"作"單"亦無"然"字。河本、王本同校文，傳本"繟然"作"默然"，宋徽宗、明太祖、呂惠卿諸家本"繟然"作"坦然"。

劍按：本段之前，河、王、傳諸本均有"聖人猶難之"一句。今帛書甲本脫損嚴重，乙本無此句（從甲本脫字之數與乙本相較，測知其亦無此句）。奚侗、馬叙倫、高亨、張舜徽等均謂此句爲衍文，高亨曰：" ' 是以聖人猶難之 ' 句，嚴遵本，六朝寫本殘卷，景龍碑、龍興觀碑並無之。此句乃後人引六十三章以注此文者，宜據刪。"張舜徽曰："帛書乙本並無此句，知爲傳寫者竄入無疑，今據刪。老子言'夫輕諾必寡信，多易必多難，是以聖人猶難之，故終於無難。'已見上文。傳寫者援彼文句附注於此，後又誤入正文耳。"其說是，從之。

" 不爭 "，通行諸今本並同。帛書甲本脫，乙本作"不單"。"單"，帛書乙本《釋文》正爲"戰"。"戰"、"爭"誼近，今從衆本作"不爭"。

"繟然"帛書甲乙本並無"然"字，"繟"，甲本作"彈"，乙本作"單"，疑爲"繟"之形誤或音假。陸德明：" '繟'音'闡'；'坦'，吐但反。梁·王尚、鍾會、孫登、張嗣成本有此。'坦'平大貌。河上作'墠'。'墠'，寬也。"是陸所見河本"繟"作"墠"。"墠"、"繟"並有"寬"義，互通。奚侗曰：" '繟'，《說文》：'帶緩也。'引伸有寬緩誼，與下'恢恢'相應。或作'默'或作'坦'，皆非"。蔣錫昌謂作"坦"是，曰：《釋文》既出'繟'字，又出'坦'字。作'繟'不應出'坦'。蓋陸本只出'坦'字，'繟'乃'坦'下注語，而誤出於'坦'字上也。"釗按：此文"繟"、"墠"、"坦"均有"寬"義，三字用於本章，並通。今從王本作"繟"。

本段意爲：天道不爭強，却善於取勝；不言語，却善於回應；不召喚，而能自己到來；寬坦無私却善於謀劃。

(四)　"天網恢恢，疏而不失。"

帛書甲本此段脫損，乙本"恢恢"作"裡裡"。河本、王本、傅本概同校文，惟河本"疏"寫作"疎"。

按："恢恢"，諸今本概同，帛書乙本作"裡裡"，許抗生曰："《說文》無'裡'字而有'㷌'字，云：'㷌，大也'與'恢'義同，故'裡'應讀爲'㷌'。"此說有理，《說文》段注："'㷌'與'恢'音義皆同。"則"恢"、"㷌"古可通假。今從衆本作"恢恢"，河上注："恢恢　甚大。"

本段意爲：天道之網甚爲廣大，雖然稀疏而不會漏失。

# 簡　析

本章着重講"天道"問題。

老子在這裏所講的"天道"，實即自然規律。自然規律是不以人們意志爲轉移的。老子說："天之道……不召而自來，繟然而善謀。天網恢恢，疏而不失。"自然規律，用不着你召喚，却能自己到來，多天去了是春天，春天去了是夏天，無不是自己如此，自然而然。天道寬坦無私，却能把萬事萬物安排得井井有條，這不是什麽神的作用，而是自然規律的表現。呂吉甫曰："天何言哉？四時行焉，百物生焉，其行其生未嘗差也。"因此，在自然規律面前，萬事萬物都要聽其主宰，該死的死，該生的生，"物或行或隨，或歔或吹，或强或羸，或載或隳。"（第二十九章）都爲自然規律所支配，"天網恢恢，疏而不失"。

# 第七十四章

民恒不畏死，奈何以殺懼之也㈠！若民恒畏死，則而爲奇者，吾將得而殺之，夫孰敢矣㈡？恒有司殺者，夫代司殺者殺，是代大匠斲也。夫代大匠斲者，則希不傷其手矣㈢。

## 校　　注

㈠　"民恒不畏死，奈何以殺懼之也。"

此段帛書甲本首句脫損，第二句同校文。"惟"懼"作"思"（按：《集韻》："'懼'古作'思'"）。乙本"民恒不畏死"作"若民恒且不畏死"，"奈何"作"若何"，"懼"寫作"曜"。河本、王本此段並作"民不畏死，奈何以死懼之"，傅本作"民常不畏死，如之何其以死懼之。"

按：校文"民恒不畏死，"依傅本"民常不畏死"整理而成，"恒"、"常"互通，今本作"常"者，帛書均作"恒"，據改。帛書甲本此句作"若民恒且不畏死"疑涉下文"若民恒且"等字而誤。此句不應有"若"字，加"若"字則首句變爲假設句，在"假設"的條件下，提出"奈何以殺懼之也"的反向，於理不當，此從傅本、王本等刪去"若"字。"且"字在文中無義，亦宜據傳本刪去。

"奈何"，帛書甲本及河、王諸本同，乙本作"若何"，傳本作"如之何"，義並同，此從帛書甲本。

"以殺懼之也"帛書甲乙本並同，河、王、傅本等作"以死懼之"，此依帛書。

本段意爲：老百姓常不怕死，爲什麼要用殺來嚇唬他們呢？

㈡　"若民恒畏死，則而爲奇者，吾將得而殺之，夫孰
敢矣？"

帛書甲本大致同此，惟"畏"寫作"是"，形近而訛；"爲"下無"奇"字，但乙本及今本並有"奇"字，當據補。乙本"若民恒畏死"作"使民恒且畏死"，第二句無"則"字，"奇"寫作"畸"。第三句"吾"字脫損，無"將"字。此從甲本。河本、王本此段並作"若使民常畏死而爲奇者，吾得執而殺之，孰敢？"傅本與河、王本相近，惟無"孰"字。

吳澄曰："奇，不正也。""不正"，即走邪道，指幹壞事。

本段意爲：如果老百姓常怕死，我把那些搞亂者抓來殺了，誰還敢作亂？［但無濟於事啊！］

㈢　"恒有司殺者，夫代司殺者殺，是代大匠斲也。夫
代大匠斲者，則希不傷其手矣。"

帛書甲乙本大致同此，甲本"代"字誤爲"伐"字，"希"

字脫損。乙本“有”寫爲“又”，無“矣”字，餘同校文。河本
首句“恒”作“常”；二句無後“殺”字；三句“是”下有一
“謂”字，語尾無“也”字；末句作“希有不傷手者矣。”王本
近河本，惟一、二句尾各有一“殺”字，末句“手者”作“其手”。
傅本第二句“夫代”作“而代”，三句作“是代大匠斲”，末句
作“稀不自傷其手矣”，餘同王本，今依帛書。

　　按：此段之前，帛書甲乙本並有“若民恒且必畏死”（甲本
“恒且”二字脫損）句，考河、王、傅及其他諸今本，均無此句。
疑傳抄致誤，當從今本，刪去此句，同時刪去首句“恒”前一
“則”字。

　　河上公曰：“司殺者天，居高臨下，司察人過，天網恢恢，
疏而不失也。天道至明，司殺者常，猶春生夏長，秋收冬藏，斗
杓運移，以節度行之。人君欲代殺之，是猶拙夫代大匠斲木，勞
而無功也。人君行刑罰猶拙人代大匠斲，則方圓不得其理還自傷。
代天殺者失紀綱，不得其紀綱，還受其殃也。”

　　本段意爲：經常有主管刑殺者（“天”），代替主管刑殺者
來施行刑殺，那如同代替木匠砍木料；凡代替木匠砍木料的人，
很少有不砍傷手指的。

# 簡　析

　　本章是《老子》對統治者任意殺人的罪惡行爲的強烈控訴。

　　老子生活於春秋末年，其書成於戰國前期（爲後人整理而成）。
春秋戰國之際統治階級對勞動者的殺害仍然十分殘酷，據記載，

當時"天子殺殉，衆者數百，寡者數十；將軍大夫殺殉，衆者數十，寡者數人"（《墨子·節葬下》）。老子在本章反對殺人，正是針對統治階級亂殺無辜而發的，正如林希逸所云："此章因當時嗜殺，故有此言。"

全文分三個層次申明旨意：

首先，開門見山地向統治者提出質問："民恒不畏死，奈何以殺懼之？"老百姓經常不怕死，爲什麼還要用殺來嚇唬他們呢？言下之意，是說面對着不怕死的老百姓，用"殺"是不能解決問題的。

接着，老子用假設語說明"殺"不能使天下太平，"若民恒畏死，則而爲奇者吾將得而殺之，夫孰敢矣?"如果老百姓經常怕死，則我把那些搗亂者抓來殺了，誰還敢繼續搗亂？但實際上並沒有達到目的。如李息齋所云："使民果畏死，有爲奇者執而殺之，則殺一人足以爲治矣，然愈殺而愈不可禁，則刑之不足恃也。"明朝開國皇帝朱元璋讀此經文後曾感慨地說："朕自即位以來，罔知前代哲王之道，問道諸人，人皆我見。一日試覽群書，有《道德經》一冊，見其文淺而意奧，久之見本經云'民不畏死，奈何以死懼之。'當是時，天下初定，民頑吏弊，雖朝有十人棄市，暮有百人仍爲之。如此者豈不應經之所云？朕乃罷極刑而囚役之，不逾年而朕心減恐。朕知斯經乃萬物之至根，王者之上師，臣民之極寶，非金丹之術也。"（轉引自薛惠《老子集解》）明太祖的這段自述說明把搗亂者抓來殺掉，並不能平息禍亂，"雖朝有十人棄市，暮有百人仍爲之"，越"殺"越出亂子。

最後，老子用比喻的方法說明殺人有害，曰："恒有司殺者，夫代司殺者殺，是代大將斲也。夫代大將斲，希有不傷其手矣。"
生殺應當任其自然，如果國君司刑殺，那就如同不做木匠的人代
替木匠砍木料，很少有不砍傷手指的。警告統治者不要專司殺之
權。薛惠曰："上言殺人之無益，此言殺人之有禍"，故人君不
可不戒。

　　對於本章的內容，有的論者過去作了曲解，他們根據"若民
恒畏死，則而爲奇者吾將得而殺之，夫孰敢矣"等語句，說老子主
張對人民實行"血腥鎮壓"，認爲只要實行屠殺，人民就不會造
反了。這種望文生義的解釋，實在缺乏依據。我們評價《老子》
書，必須依據老子的基本思想。眾所同知，老子是主張無爲而治
的，如果老子眞的主張靠殺人治理天下，那他的"無爲而治"的
主張，豈不全落空？我們還知道，老子是主張處柔守弱的，他曾
痛罵"強梁者不得其死"。而"殺人"正是"強梁"的表現，如
果老子眞的主張血腥鎮壓勞動者，那他豈不是鼓吹作"強梁"？
可見，說老子主張殺人，同老子的基本思想相悖，不能成立。

# 第七十五章

民之饑也，以其上取食稅之多也，是以饑㈠；民之不治
也，以其上之有以爲也，是以不治㈡；民之輕死也，以
其上求生之厚也，是以輕死㈢。夫唯無以生爲貴者，是
賢於貴生也㈣。

## 校　　注

㈠　“民之饑也，以其上取食稅之多也，是以饑。”

帛書甲乙本“民”並作“人”，無“上”字，“稅”，甲本
寫爲“逆”，乙本寫爲“䬳”。河本、王本此段並作“民之饑，
以其上食稅之多，是以饑”。傅本前“也”作“者”，無“取”
字，餘同校文。

按：“民”，河本、王本、傅本及景福、慶陽、樓正、顧歡、
趙志堅諸家本概同，帛書甲乙本及唐玄宗御注本，唐人寫本殘卷
辛本、嚴遵本、龍興碑本等均作“人”。“人”、“民”古通，
此段以作“民”爲優，作“人”者，亦當訓爲“民”。此從河、
王、傅諸家本作“民”。

“以其上”帛書甲乙本並無“上”字，考諸今本均有“上”
字，有“上”字義勝。蓋取食稅者，非一般人，乃居上位之統治

階級。此據今本增補一"上"字。

吳澄曰："食，謂君所食於民者；稅，則民之所出以供上之食者也。上多取於民，則民饑且貧矣。"

本段意爲：老百姓之所以饑餓，由於君上奪取食稅過多，所以饑餓。

(二)　"民之不治也，以其上之有以爲也，是以不治。"

帛書甲乙本"民"並作"百姓"，甲本第二句無"之"字，脫損"也"字；乙本"是"字脫損，餘並同校文。河、王本作"民之難治，以其上之有爲，是以難治"傅本近河、王本，惟首句"治"下有一"者"字，第二句"爲"下有一"也"字。

按："民"，河、王、傅諸家本並同，開元御注本、龍興碑本等作"人"，帛書甲乙本及唐人寫本殘卷辛本，趙志堅本，嚴遵本等作"百姓"按："百姓"、"民"、"人"在此章含義相同，今從河、王諸本作"民"，以與上文一致。

"不治"，帛書及嚴遵本同，河、王、傅諸今本概作"難治"，此"不治"與"難治"文異誼同。"不治"，猶不易治，卽難治是也，此依帛書。

"有以爲"，今本概作"有爲"，此依帛書。"以"，所也。"有以爲"，卽有所爲也。

本段意爲：老百姓之所以不好治，是由於君上有所作爲，所以不好治。

㈢　"民之輕死也，以其上求生之厚也，是以輕死。"

帛書乙本無"上"字，餘同校文。甲本亦無"上"字，"輕"作"巠"，首句無"也"字，餘同校文。河、王本無"也"字，餘同校文。傅本前"也"作"者"，"其"下有"上"字，"生"作"生生"。

"輕死"，把死看得很清淡，猶言不怕死是也。

"以其上"，傅本同，帛書及河、王諸本均無"上"字，此句有"上"字義勝，今從傅本。

"求生之厚"，帛書及河、王諸本並同，景龍碑本、唐人寫本殘卷辛本、明太祖注本等作"生生之厚"，傅本作"求生生之厚"，此依帛書。"求生之厚"，猶言貪求生活享樂的財貨過於豐厚。

本段意爲：老百姓之所以把死看得很淡，是由於君上貪求享樂過於豐厚，所以把死看得很淡。


㈣　"夫惟無以生爲貴者，是賢於貴生也。"

傅本同此，帛書甲乙本前句無"貴"字，後句無"於"、"也"二字。河、王本前句亦無"貴"字，後句亦無"也"字，但有"於"字，今從傅本。

"無以生爲貴"，傅本同，河、王本作"無以生爲"，唐人寫本殘卷辛本作"無以生爲生"。"無以生爲貴"與下文"是賢於貴生"相呼應，其義爲優，當從之。

吳澄曰：“賢，猶勝也；貴生，貴重其生，即生生之厚。求生之心重，養太過，將欲不死，而適以易死。至人非不愛生，順其自然，無所容心，若無以生爲者。然外其身而身存，賢於重用其心，以貴生而反易死也。”

本段意爲：不以生爲重的人，勝過那些太看重生的人。

# 簡　析

本章集中揭露了當時社會的黑暗面。

全章通過對“民之饑”，“民之不治”，“民之輕死”等社會現象進行追根求源的分析，矛頭所向，直指當權者——“上”。“民”爲什麼“饑”呢？“以其上取食稅之多”，這就一針見血地揭露了統治階級對勞動者敲骨吸髓的剝削罪行。由於他們的剝削（“取食稅”），造成了民不聊生的社會問題。“民”爲什麼不“治”呢？“以其上之有以爲也”。由於統治階級的倒行逆施，“苛政猛如虎”，人民無法生存下去了。不得不起來造反，這是造成“民之不治”的又一社會問題；“民”爲什麼“輕死”呢？“以其上求生之厚也。”由於統治階級追求“生之厚”，貪得無厭地吸食民脂民膏，弄得人民饑不得食，寒不得衣，勞不得息，因此老百姓普遍對生感到厭倦，乃至“輕死”而不好“治”了。這些不正是統治者的罪過嗎？

通過三方面的揭露，老子得出了一個結論：“夫惟無以生爲貴者，是賢於貴生也。”不看重生超過看重生，因此統治者應當少私寡欲，清靜無爲。

# 第七十六章

人之生也柔弱，其死也堅強㈠；萬物草木之生也柔脆，其死也枯槁㈡。故曰：堅強者死之徒也，柔弱者生之徒也㈢。是以兵強則不勝，木強則折㈣。故強大居下，柔弱居上㈤。

## 校　　注

㈠ "人之生也柔弱，其死也堅強。"

帛書甲本末句作"其死也菫仞賢強"，乙本末句作"其死也䯏信堅強"。許抗生曰："甲本'賢強'應作'堅強'。""菫仞"、"䯏信"，諸今本概無。帛書甲本釋文注云：'菫'，當即《說文》之楻(gen)，《廣雅·釋詁》：'挺、楻、終、殯(cui)，竟也。'，乙本之'信'即'伸'。此句言人死後屍體挺直堅強。"乙本釋文注云："'䯏信'二字通行本無，甲本作'菫仞'。'䯏'從骨恒聲，字書不見，疑其義與骾(gèng)近。䯏信指身體挺伸。"其說雖亦有理，然以"䯏"代"菫"，以"骾"代"䯏"無字書可據，似不宜妄改。今姑存疑，校文據諸今本刪去"菫用"或"䯏信"。

本段意爲：人活着時肢體柔軟，死了後軀體殭硬。

㈡　"萬物草木之生也柔脆，其死也枯槁。"

"枯槁"，帛書甲本作"榑蒿"，乙本作"榑槁"。"脆"，乙本作"椊"。河本、王本同校文，景龍碑本無"也"字，"之生"作"生之"，傅本無"萬物"二字，餘同校文。

本段意爲：萬物草木活着時柔軟脆弱，死了後就乾硬枯槁。

㈢　"故曰堅強者死之徒也，柔弱者生之徒也。"

帛書乙本無二"者"字，餘同校文。甲本前句有"者"字，後句無"者"字，"柔弱"下多"微細"二字。傅本無"曰"字，餘同校文。河、王本近傅本，惟無"也"字，按：校文以乙本爲基礎，並據甲本及河、王、傅諸本增二"者"字。

蔣錫昌曰："《淮南·原道訓》作'柔弱者生之榦也，而堅強者死之徒也'，《文子·道原篇》作'柔弱者生之榦，堅強者死之徒'，《說苑·敬愼篇》作'柔弱者生之徒也，剛強者死之徒也'，《列子·黃帝篇》作'柔弱者生之徒，堅強者死之徒'，《御覽·木部》作'柔弱生之徒，剛強死之徒'，皆'堅強'句在'柔弱'句下，疑《老子》古本如此。蓋上文先言'柔弱'，後言'堅強'，此文正從上文而言也。"蔣氏之說似亦有理，然此二句孰前孰後於義無妨。今帛書甲乙本均"堅強"句在前，"柔弱"句在後，與河、王、傅諸今本同，不必改動。

薛惠曰："脆"，輭也；徒，類也。人生則柔弱可以屈伸，和氣之使然也。死則強直，和氣去之矣，草木之生死亦然。以此見堅強者乃死之類，柔弱者乃生之類也。

　　本段意爲：所以說，堅強的東西屬於死亡一類，柔弱的東西屬於生存一類。

　　㈣　"是以兵強則不勝，木強則折。"

　　帛書甲本此段作"兵強則不勝，木強則恒"，乙本作"□以兵強則不朕（勝），木強則兢。"河本、傅本作"是以兵強則不勝，木強則共"，王本前句同河本，後句作"木強則兵"。"折"，龍興碑本作"拱"，李道純本作"梂"。

　　按："木強則折"《列子》引文、《文子·原道篇》、《淮南·原道訓》並同（《文子》"則"作"卽"，二字互通。），當從之。黃茂材曰："《列子》載老聃之言曰：'兵強則滅，木強則折。'《列子》之書，大抵祖述《老子》之意，且其世相去不遠。'木強則折'其文爲順。今作'共'，又讀如'拱'，其說不通，當從《列子》之書爲正。"俞樾曰："'木強則兵'於義難通，河上公本作'木強則共'更無義矣。《老子》原文當作'木強則折'因'折'字缺壞，止存右旁之"斤"，又涉上句'兵強則不勝'而誤爲'兵'耳。'共'字則又'兵'字之誤也。《列子·黃帝篇》引老聃曰'兵強則滅，木強則折'，卽此章之文，可據以訂正。"俞說有理。今帛書乙本作"木強則兢"，甲本作"木強則恒"，疑"兢"與"折"字，"右"旁"斤"音近而誤；"恒"涉前文"恒"字或與"斤"音近而誤，當據改。

　　本段意爲：所以，兵強反會失敗，木強反會折斷。

㈤　"故强大居下，柔弱居上。"

帛書乙本同此，甲本作"强大居下，柔弱微細居上"。河本、王本作"强大處下，柔弱處上"，傅本"强大"作"堅强"，餘同河、王本。嚴遵本"柔弱"作"小弱"。此依帛書乙本。

本段意爲：因此强大的事物必居下位，弱小的事物必居上位。

# 簡　　析

本章集中體現了柔弱勝剛强的思想。

"柔弱勝剛强"是老子的一個基本思想。

在中國哲學史上老子第一個提出柔弱勝剛强的命題，這是一個很大的貢獻。從事物發展的長過程來看，後來居上是事物新陳代謝的普遍規律，新生事物總是要戰勝沒落事物，暫時弱小的有前途的事物，總是要戰勝貌似强大的剛强事物，這是不以人們意志爲轉移的客觀規律，"柔弱勝剛强"從一個側面揭示了這一規律，有其眞理的顆粒。它同那些只看到剛能克柔、强能勝弱、大能制小的思想認識比起來，更加深刻。從某種意義來說，它給了正在升起的新生事物以信心和力量。

但是，"柔弱勝剛强"的命題也有片面性。如方克所指出的："誠然，唯物辯證法在理論上和實踐上也非常重視以小勝大，以弱勝强，後來居上這一類生動的辯證規律；但是在唯物辯證法看來，只有新生的力量，只有正在前進中的事物才能實現這種轉化，

一切沒落的、垂死的事物是根本談不上這種轉化的，而《老子》
把'柔弱勝剛強'這一命題絕對化了，似乎世上一切柔者，弱者、
小者、後者、下者都可以自然地勝過剛者、強者、大者、前者、
上者，甚至還說'守柔曰強'（第五十二章），這就完全抹煞了
客觀事物的質的規定性，取消了事物相轉化的'度'，爲相對主
義開闢了道路。戰國時期的莊周正是利用了《老子》辯證法中的
這一弱點，從而走向相對主義的。"（《中國辯證法思想史》）
這個批評是很中肯的。

# 第七十七章

天之道，猶張弓也：高者抑之，下者舉之，有餘者損之，不足者補之㈠。故天之道損有餘而益不足㈡。人之道則不然，損不足而奉有餘㈢。夫孰能有餘而有以取奉於天下者乎？唯有道者㈣。是以聖人爲而弗有，成功而弗居也。若此，其不欲見賢也㈤。

## 校　　注

㈠　“天之道，猶張弓也：高者抑之，下者舉之，有餘者損之，不足者補之。”

　　帛書甲本“天之道，猶張了也”脫損嚴重，殘爲“天下□□□□□者也”；“抑”誤爲“印”，“損”寫作“敗”。乙本大致同校文，唯“猶”訛爲“酉”，“抑”誤作“印”，“損”作“云”，“補之”二字脫損。河本“也”作“乎”，“猶”前多一“其”字，“補之”作“與之”。王本“猶”前亦多一“其”字，“也”作“與”，餘同校文。傅本“猶”前亦有“其”字，“也”作“者歟”，餘同校文。嚴遵本“抑”作“案”，李道純本“下”作“低”，景福本後二句無“者”字，景龍碑本等“補之”作“與之”。今依帛書，並據河、王諸本糾正誤字。

嚴君平云："夫弓之爲用也，必在調和，弦高急者，寬而緩之；弦弛下者，攝而上之；其餘者，剗而損之；其有不足者，補而益之。弦質相任，調和爲常，故弓可用而矢可行。"嚴氏之說恐不確，老氏在此所講的張弓之道，當是指"矢"與"的"之間的關係，並非單言弦之調和。張弓時，如"矢"射出而高於所射之"的"，則應將弓弦之位壓下，卽"高者抑之"；如"矢"射出而低於所射之"的"，則應將弓弦之位抬高，卽"下者舉之"；如"矢"射出超過了所射之"的"，則應把射力減小卽"有餘者損之"；如"矢"射出達不到所射之"的"，則應把射力加大，卽"不足者補之"。這樣，才能做到不高、不低、不遠、不近，恰到好處地射中目的。老氏用此張弓之道，來比喩天之道，意在說明天道均平，常處中和。

本段意爲：天之道如同張弓射箭：射高了就將弓弦壓下，射低了就將弓弦抬起，射過頭了就減少射力，達不到目的就增加射力。

(二) "故天之道損有餘而益不足。"

帛書甲、乙本此句並有脫損，甲本爲"故天之道敗□□□□。"乙本作"□□□□云有餘而益不足。"校文由二本整理而成，並據今本改正誤字。河本、王本、傅本並無"故"字，"益"作"補"。開元御注本、景福本等無"而"字，"益"亦作"補"，此依帛書。

本句意爲：所以，天之道總是減少有餘者而增加不足者。

㈢ "人之道則不然，損不足而奉有餘。"

帛書甲本此段有損脫，殘爲"□□□□不然，敗□□□奉有餘"，乙本無"則不然"三字，"有"寫爲"又"。按：從甲本殘文看，當有"則不然"（"則"字脫損）三字，今以乙本爲基礎，並據甲本增"則不然"三字。河本、王本、傅本接近校文，唯"而"字作"以"字，"以"、"而"古通，今從帛書。

本句意爲：人之道却不是這樣，它總是減少不足者而供奉有餘者。

㈣ "夫孰能有餘而有以取奉於天下者乎？唯有道者。"

帛書甲本大致同此，惟無"夫"字，"唯有道者"四字脫損。乙本作"夫孰能又餘而□□奉於天者，唯又道者乎"，今以甲本爲基礎，據乙本補一"夫"字及"唯有道者"四字。河本、王本並作"孰能有餘以奉天下，唯有道者"，傅本作"孰能損有餘而奉不足於天下者，其惟道者乎。"今依帛書。

"以"，所也。"有以取"，猶言"有所取"也。

本段意爲：誰能以有餘之財物而奉獻給天下不足之人呢？惟有得道的聖人。

㈤ "是以聖人爲而弗有，成功而弗居也。若此，其不欲見賢也。"

帛書乙本同此，唯“有”用假字“又”。甲本僅存“見賢”二字，餘皆損脫。河本、王本此段並作“是以聖人爲而不恃，功成而不處，其不欲見賢。”傅本近河本，惟“處”作“居”，末尾有一“邪”字。“見”，顧歡本作“示”；“其不欲見賢”唐人寫本殘卷辛本作“其欲退賢”，龍興碑本作“斯欲貴賢”，此依帛書乙本。

吳澄曰：“聖人之功能蓋天下，此有餘者也；不恃其所爲之能而若無能；不居其所成之功而若無功；不欲顯示其功能之賢於人皆損巳之有餘也。”薛惠曰：“見，賢遍反。……聖人爲而不恃，若無能者；功成而不居，若無功者，正不欲自見其賢也。此非聖人以私意而過爲謙，天道當如是爾。”以上二家之說可參考。

本段意爲：所以聖人有所施爲而不求佔有，取得成功而不居功自傲。這樣作，是因爲他們不願顯露自己的賢德。

# 簡　析

本章表達了老子原始的平均主義思想。

“天之道損有餘而益不足，人之道則不然，損不足以奉有餘”，一方面讚美天之道，另一方面批判人之道，表明老子向往“損有餘而益不足”的社會經濟生活。

“損有餘而益不足，”既要求“損有餘”，又要求“益不足”，這正是“均貧富”思想的原始形態，對後來平均主義思想的形成和發展有一定的影響。商鞅所謂“治國之舉，貴令貧者富、富者貧”，《晏子春秋•內篇問上》所謂“權有無，均貧富”等，都

同《老子》本章的思想有着血緣關係。歷代農民起義領袖更把
"均貧富"作爲重要的政治綱領。北宋王小波云："吾疾貧富不
均，今爲爾輩均之。"南宋鍾相、楊么提出："等貴賤，均貧富"。
太平天國洪秀全在《天朝田畝制度》中更提出"有田同耕，有飯
同食，有衣同穿，有錢同使，無處不均勻，無人不飽暖"的政綱，
把平均主義思想推到了最高度。探其思想淵源，亦當與《老子》
"損有餘而益不足"的思想有關。

　　要求平均，是對當時社會極不平均的黑暗現實的抨擊。春秋
戰國之際，階級矛盾日益尖銳，統治者和被統治者之間的差距越
來越大。"疱有肥肉，廐有肥馬，民有饑色，野有餓莩。"（《孟
子・梁惠王上》）面對這種極不平等的社會現實，老子發出"損
有餘而益不足"的吶喊，反對"損不足以奉有餘"，這在一定的
意義上，反映了勞動者的要求，無疑有一定的進步性。高延弟曰：
"王者衣租食稅……以天下奉一人猶以爲不足，違天道矣。"可
見老子的吶喊，是對統治階級的有力鞭撻。

# 第七十八章

天下莫柔弱於水，而攻堅者莫之能勝，以其無以易之也
㈠。柔之勝剛也，弱之勝強也。天下莫弗知也，而莫之
能行也㈡。故聖人之言云：受邦之詬，是謂社稷之主；
受邦之不祥，是謂天下之王，正言若反㈢。

## 校　　注

㈠　"天下莫柔弱於水，而攻堅強者莫之能勝，以其無
以易之也。"

此段帛書甲、乙本均有脫損，甲本爲"天下莫柔□□□□□
堅強者莫之能□也，以其無□易□。"乙本首句、末句同校文，
第二句全脫損。河本此段爲"天下柔弱莫過於水，而攻堅強者莫
之能勝。其無以易之。"王本近校文，唯末句無前"以"字，及
後"也"字。傅本"勝"作"先"，餘同校文。

按"勝"，帛書甲、乙本均脫壞，河本、王本並作"勝"，
景龍碑本、唐人寫本殘卷辛本等作"先"，檢上下文，似以作
"勝"爲優。作"勝"與下文"柔之勝剛"、"弱之勝強"相關
照，今從河、王諸本作"勝"。

"以其無以易之"，"易"，輕易，引申爲輕視。

本段意爲：天下最柔弱莫過於水，而攻下堅強的東西沒有何物能勝過它。因而不能輕視水的這種特性。

㈡　"柔之勝剛也，弱之勝強也，天下莫弗知也，而莫之能行也。"

帛書甲本脫損嚴重，斷續殘存"勝強"、"天"、"行也"五字，乙本"柔"作"水"（疑涉上文"水"字而誤，今據傅本及其他諸本改作"柔"），"勝"寫作"朕"，"莫之能行"四字脫損（據傅本補）。傅本近校文，惟"弗"作"不"，無四"也"字。河本、王本首句和二句次序顛倒，作"弱之勝強，柔之勝剛，天下莫不知，莫能行。"按：似以帛書及傅本文序爲優，先言"柔"後言"弱"，先言"剛"，後言"強"，與我們習慣所說的"柔弱勝剛強"，語序一致。劉師培曰："《淮南・道應訓》引《老子》曰：'柔之勝剛也，弱之勝強也，天下莫不知，而莫之能行'當爲古本。"劉說是，今帛書與其近同，當從之。

河上公曰："水能滅火，陰能消陽；舌柔齒剛，齒先舌亡。知柔弱者長久，剛強者折傷也。"

吳澄曰："水爲至柔弱之物，而能攻至堅強之金石。此柔弱能勝剛強。天下之人莫不知之，而莫有能行柔弱之事者，蓋嘆之也。"

本段意爲：柔的能勝過剛的，弱的能勝過強的，天下人沒有誰不知道這一道理，而却沒有誰去實行。

㈢　"故聖人之言云：受邦之詬是謂社稷之主，受邦之
不祥，是謂天下之王。正言若反。"

帛書甲本"云"下有"曰"字，"詬"作"詢"，"謂"作
"胃"，"正言"二字損脫。乙本"云"下亦有"曰"字，"詬"
作"詢"，"謂"亦作"胃"，"邦"作"國"，餘同校文。河
本此段爲："故聖人云，受國之詬是謂社稷主，受國之不祥是謂
天下王。正言若反。"王本近河本、惟末句無"之"字。傅本此
段爲："故聖人之言云：受國之詬是謂社稷之主；受國之不祥，
是謂天下之王。正言若反也。"

按："故聖人之言云"，傅本同，帛書甲乙本"云"下並有
"曰"字，疑衍。"曰"、"云"義同，增一"曰"字，則文意
重複，此據傅本刪去"曰"字。

"詬"，河、王、傅諸今本作"垢"，帛書甲本作"詢"，
乙本亦作"詢"。"詢"，即"詬"也。《說文》："詬"，"從
言，后聲。"又曰："垢或從句"段注："后、句同部。"此文
以作"詬"（或"詢"）爲優。《說文》："詬，謑詬也。"又
曰："謑，詬恥。《玉篇》："詬，恥辱也。"又"垢"，《說
文》：濁也，從土，后聲。"此"受邦之詬"即受邦之辱。《左
傳·宣十五年》："國君含詬。"杜注："忍垢辱"，是"垢"
指"辱"，當從"詬"。作"垢"者，當爲"詬"之假字。帛書
甲乙本作"詢"，"詢"乃"詬"之異體字。張舜徽曰："帛書
甲本作'受國之詬'由與'垢'形近而誤；乙本作'受國之詢，
則又由'詬'而誤爲'詢'耳。"其說不確。

　　本段意爲：所以，聖人有這樣的名言："忍受國家的詬辱，可以成爲國家的君主；承受國家的禍殃，可以成爲天下的諸侯王。"這是正面的話，却如同反面的話。

# 簡　　析

　　本章承八章、六十六章之旨，繼續以水爲譬，說明柔弱勝剛強的道理。在老子看來，天下最柔弱的東西莫過於水了，但攻克堅強的事物，誰也比不過它。這話說得並不過分。如河上公所指出的："水能懷山襄陵，磨鐵消銅，莫能勝水而成功也。"吳澄曰："金石至堅強，然磨金石皆須用水，是水爲攻堅強之第一，物莫有能先之者；雖欲以他物易之，而無可易之者也。"呂吉甫曰："天下之物，唯水爲能因物之曲直方圓而從之，則是柔弱莫過於水者也。而流大物，轉大石，穿突陵谷，浮載天地，唯水爲能，則是攻堅強者無以先之也。"可見，老子抓住"水"這個爲人們所熟知的事物，生動地說明了柔弱勝剛強的哲理。

　　老子之所以要反覆說明上述哲理，其本意是要人們接受他的"知雄守雌"的無爲之道。他說："受邦之詬，是謂社稷主；受邦之不祥，是謂天下王。"認爲"社稷主"必須蒙受天下最大的詬辱，必須承受國家最大的不幸。這在君權至上的古代確實叫人難以理解，因而難免被人看作反話。如李贄所云："此蓋若反於正言，其實天下之正言也，不可不察也。"魏源曰："國君含垢……此言若反乎俗情，而實合乎正道"。"君王"在古代社會一向被看作是最高貴者，而老子却要求他"受邦之詬"，"受邦之

不祥"，一句話，忍辱負重是也。誠能如此，則其無爲之道不言
自明矣！

# 第七十九章

和大怨，必有餘怨。［報怨以德］，焉可以爲善㈠。是
以聖人執左契而不以責於人；故有德司契，無德司徹㈡。
天道無親，恒與善人㈢。（帛書此章是《德經》最後一段）

## 校　　注

㈠　"和大怨，必有餘怨，［報怨以德］，焉可以爲善。"

　　帛書甲本無"報怨以德"句，餘皆同此，乙本脫損嚴重，僅
存語首"禾大"及語尾"爲善"四字。河本、王本、傅本亦無
"報怨以德"句，"焉"作"安"。

　　按："報怨以德"見於第六十三章，該章說："大小多少，
報怨以德"。陳鼓應據嚴靈峰之說將'報怨以德'句移之於此。
嚴靈峰說："報怨以德"四字，係六十三章之文，與上下文誼均
不相應。陳柱曰：'六十三章報怨以德句，當在和大怨必有餘怨
句上。'陳說是，但此四字，應在'安可以爲善'句上，並在
'必有餘怨'句下；文作'和大怨，必有餘怨，報怨以德，安可
以爲善。'"陳鼓應按："嚴說可從，'報怨以德'原在六十三
章，但和上下文毫不關聯，無疑是本章的錯簡，移囘這裏、文義
相通。"從之。但陳氏將后二句譯爲"用德來報答怨恨，這怎能

算是妥善的辦法呢？”恐非是。老子對“以德報怨”是肯定而不是否定。本段的意思是說，調和大的怨恨，必然還有餘怨存在。怎樣才能消除餘怨呢？那就是“以德報怨”，即以恩德來報答怨者，這樣才可以“爲善”，即妥善地解決問題。下文“執左契而不責於人”，正是“以德報怨”的具體作法。陳氏之所以作了上述誤譯，蓋由於他把“焉”誤譯爲“怎樣”。按：“焉”，今本多作“安”，“安”、“焉”古通，乃也，於是也。王念孫注十七章“焉有不信”句言：“‘焉’，於是也。”《詞詮》：”安，承接連詞，乃也。””安”，亦作“案”，《詞詮》：“案，承接連詞，乃也，於是也。”

本段意爲：調和大的怨恨，必然還有餘怨存在。只有用恩德來報答怨恨，方可以得到完善的結局。


㈡ “是以聖人執左契而不以責於人，故有德司契，無

德司徹。”


帛書甲本作“是以聖右介而不責於人故有德司介□德司𥲤。”疑文有掩誤。乙本“契”作“芥”，“有”作“又”，“徹”亦作“𥲤”。河本、王本首句無後“以”字，中句無“故”字，餘同校文。傅本首句無後“以”字，餘同校文。

“左契”，河、王、傅諸今本概同，乙本作“左芥”，甲本作“右介”。按：“芥”通“介”，二字並可讀爲“記”，“記“、“契”音近而誤，今據衆本改作“契”。甲本“右介”疑“右”字誤。高亨曰：“《說文》：‘契，大約也，券契也。’古者契

券以右爲尊。《禮記・曲禮》：'獻粟者執右契。'鄭注：'契，券要也，右爲尊。'《商子・定分篇》：'以左券予吏之問法令者，主法令之吏，謹藏其右券木柙以室藏之。'《戰國策・韓策》：'操右契而爲公責德於秦魏之王'，並其證也。聖人所執之契，必是尊者，何以此文云執左契？今論三十一章曰：'吉事尚左，凶事尚右'，用契券者，自屬吉事，可證老子必以'左契'爲尊。蓋左契、右契孰尊孰卑，因時因地而異，不盡同也。"其說有理，此文當以執左契爲是，今從乙本作"左"。

"不以責於人"，帛書甲、乙本並同，河、王、傅諸今本均作"不責於人"無"以"字。"不以責於人"，猶言不以左契責於人也。今從帛書。高亨曰："《說文》：'責，求也'。凡貸人者執左契，貸於人者執右契。貸人者可執左契以責帑於人者，令其償還。聖人執左契而不責於人，卽施而不求報也。

"無德司徹"帛書及諸今本概同，惟"徹"，帛書甲乙本並作"勶"。許抗生曰："'勶'卽'徹'也。""司徹"，蔣錫昌曰："《廣雅・釋詁三》：'司，主也。'《釋詁》二：'徹，稅也。'《論語・顏淵篇》：'盍徹乎。'鄭注'周法什一而稅謂之徹'，《孟子・滕文公篇》："夏後氏五十而貢，殷人七十而助，周人百畝而徹，其實皆什一也。'是'徹'乃周之稅法。"

劉毓璜曰："這裏提到的'徹'，是出現於奴隸制解體時期的，'履畝而取什一'的舊法，便於直接榨取；所謂'契'，是創行於封建社會開端時，以上下合符爲特點的新法，……從'司徹'到'司契'將近兩個世紀的交替過程，標誌着新舊時代的過渡。"（《論老子其人和老子其書》，載《歷史學》1979 年第三期）。此說可供參考。

　　本段意爲：所以聖人收藏"左契"而不以左契求之於人。因此，有德之人主張契制，無德之人主張徹法。

　　㈢　"天道無親，恒與善人。"

　　帛書甲本語首有一"夫"字，餘同校文。乙本全脫，從所脫的字數推測，其無"夫"字，當據刪。"恒"，諸今本作"常"，此依帛書。

　　劍按：此"恒與善人"疑字序有誤，似應作"恒善與人"。在老子看來，天道不親誰，也不疏誰，它總是善於施與給人的。第七十七章說："天之道，猶張弓也。高者抑之，下者舉之，有餘者損之，不足者補之，故天之道損有餘而益不足"，此所謂"損有餘而益不足"正是天之"善與"的表現。第八章說"與善天"，言水像天那樣，善於給予，施而不求報；第八十一章說"天之道利而不害"，此"利而不害"，亦是天之"善與"的表現。如作"恒與善人"，則與全書之旨不相符合。七十七章所謂"天之道損有餘而補不足"是自然規律的作用，自然法則不講什麼"善人"或"惡人"，只要有"餘"就"損"，"不足"就"補"，即"天道虧盈而益謙"是也。第五章"天地不仁以萬物爲芻狗"，既然"以萬物爲芻狗"，那還有什麼"恒與善人"呢？第四十九章曰"善者，吾善之；不善者，吾亦善之"，可見老子並不偏心於"善人"，作"恒與善人"，實際上把"天道"看作有意志的神，與老子哲學的無神論思想亦相悖。"恒善與人"變

爲“恒與善人”，當是信奉天命之俗人所爲，此誤當在漢代以前，
惜無版本可證，記述如此，以待未來有識之士正之。釋文姑將
“恒與善人”譯作永遠給予善於行道之人。

本段意爲：天地無有親疏之別，但却經常施與給善於行道之
人。

## 簡　析

本章重點表現老子主張契法的思想。

“契”和“徹”分別代表兩種不同的剝削制度，“徹”法較
“契”法爲早。據劉毓璜所云：“徹”出現於奴隸制解體時期，
契創行於封建社會開端之時，後者較前者進步。魏宗禹說：“在
《老子》一書中，對於新出現的封建制的生產關係，表現出積極
支持和熱情關注的態度；對於沒落奴隸制的經濟制度，却表現出
強烈反對和極憎惡的態度。在關於‘契’和‘徹’的問題上表明
了這種政治傾向：‘是以聖人執左契而不以責於人，故有德司契，
無德司徹，……老子把‘執左契’者即新興地主階級，稱爲‘聖
人’，稱爲‘有德’；對奴隸主貴族，則斥之爲‘無德’，即缺
德的人，並且公然宣告‘契’的正當性和‘徹’的非法性，這是
他擁護封建統治者，反對奴隸制及奴隸主貴族的一個具體表現。”
（《試論老子哲學的階級屬性》，載《中國哲學史論》山西人民
出版社，1981年版）這個評述是有一定道理的。

# 第八十章

**小邦寡民，使十百人之器毋用㈠，使民重死而不遠徙㈡，有舟車無所乘之，有甲兵無所陳之，使民復結繩而用之㈢。甘其食，美其服，樂其俗，安其居㈣，鄰邦相望，雞犬之聲相聞，民至老死不相往來㈤。**（此章帛書排在六十六章下）

## 校　　注

㈠　"小邦寡民，使十百人之器毋用。"

帛書甲本同此，乙本"邦"作"國"，"使"下有"有"字，"器"上無"之"字。"毋用"作"而勿用"。河本作"小國寡民，使有什百人之器而不用"王本無"人"字，餘同河本。傅本"使"下有"民"字，末尾有"也"字，餘同王本。此依帛書甲本。

按："邦"，帛書甲本同，乙本及諸今本作"國"，當以"邦"字爲是。

"十百人之器"，河本作"什佰人之器"。按："什"，古者十人爲"什"；"佰"，古者百人爲"佰"。故"什佰"猶"十人百人"之謂也。帛書甲、乙本簡作"十百人"，"十百人之器”即“什佰之器”（王本同此），此文，或作‘什佰之器’，或作‘十百人之器’皆通，惟有作“什佰人之器”不通。疑河本“什佰人之器”之“人”字爲衍，蓋“什佰”即“十百之人”，“什佰”下再加“人”字，則文意重疊。“十百人之器”。即十人、百人合用之器。俞樾謂“‘什佰之器’乃兵器也。”其實此“十百人之器”，不一定指兵器，“十百人之器”言其“器”之大也，需十人百人合用。十人、百人蓋約數，言其人之多也。“十百人之器”，很可能指古代手工業作坊裏之大型器物，如煉鐵爐，鼓風機之類是也。據傳，春秋末年吳國干將及其妻莫邪在鑄造寶劍時，僅參加“鼓橐裝炭”者就有“童男童女三百人”，此“橐”即可稱之爲十百人之器。此章前言“小邦寡民”，後言“使十百人之器毋用”，正相呼應。“寡民”者，言其民之少也；“十百人之器”者，言用此器需人多也。人少不能用人多之器，故曰“使十百人之器毋用”也。

　　本段意爲：小的國家，少的人民，使衆多之人合用之器而無所用。


　　㈡　“使民重死而不遠徙。”


　　河、王、傅諸本均同。帛書甲、乙本並無“不”字，甲本“遠徙”作“遠送”。許抗生曰：“‘不’字疑後人增。‘重’與‘遠’爲對文，皆爲動詞。遠徙，即把遷徙看成很遠，當作不應做的事”照許氏之說，此“遠”有疏遠之意，《論語·雍也篇》“敬鬼神而遠之”之“遠”當與此同。此解亦通。然“遠徙”還可以被理解爲“遠遠地遷徙”，這樣，文意完全相反。因此，如無“不”字，則文意容易產生歧義，不如有“不”字義明，今從衆本作“不遠徙”。

“重死”與“輕死”相對，輕死，謂不怕死；重死，把死看得很重，言其怕死，卽貴生是也。

本段意爲：使人民貴生而不向遠方遷徙。

㈢ “有舟車無所乘之，有甲兵無所陳之，使民復結繩而用之。”

帛書乙本同此，惟“有”寫爲“又”，“舟”，誤爲“周”。甲本“舟車”誤爲“車周”，“陳之”之“之”字及末句前七字脫損。河、王、傅本兩“有”字上並有“雖”字，“車”作“輿”，今據帛書乙本，並依河王諸本改“周”爲“舟”。

本段意爲：有車船，而不必使用；有盔甲兵器，而不必擺布，讓老百姓囘復到結繩而用的境況。

㈣ “甘其食，美其服，樂其俗，安其居。”

帛書甲、乙本並同此，河、王本“安其居”在“樂其俗”句上，傅本作“至治之極，民各甘其食，美其服，安其俗，樂其業。”《莊子·胠篋篇》引文及《文選·魏都賦注》以及嚴遵本並同帛書，當是古本如此，從之。

“其”，指民。

本段意爲：使老百姓飲食甘甜，衣服美觀，習俗歡樂，住所安適。

㈤　"鄰邦相望，鷄犬之聲相聞，民至老死不相往來。"

帛書乙本大致同此，惟"鄰"寫作"㷠"，"邦"作"國"，"聞"前脫"聲、相"二字。甲本"鄰"寫作"㺊"，"望"作"墅"、"犬"作"狗"，末句嚴重脫損，僅存一"民"字。河本"邦"作"國"，"犬"作"狗"，王本"邦"亦作"國"，餘同校文。傅文"邦"亦作"國"，末句"民"上有一"使"字。校文據帛書甲、乙本並參閱河、王諸本而定。

本段意爲：鄰國相互望得見，鷄鳴犬吠之聲相互聽得到，但老百姓却從老到死而互不交往。


# 簡　析

本章集中體現了老子"小國寡民"的政治理想。

老子關於"小國寡民"的政治理想，約而言之，就是所謂"四無"和"甘、美、安、樂"的生活圖景。"四無"，一是無機械操作，"使十百人之器毋用"；二是無交通和外交聯繫，"有舟車無所乘之"，"鄰國相望，鷄犬之聲相聞，民至老死不相往來"；三是無戰爭侵奪，"有甲兵無所陳之"；四是無文化教育，"使民復絕繩而用之"。"甘美安樂"，即"甘其食，美其服，樂其俗，安其居"。

　　以上的理想，不過是一種桃花源式的烏托邦，是永遠無法實現的。因爲一個無文化教育，無交通和外交聯繫，無機械操作的社會，只能是一種愚昧無知的社會，這樣的社會，生產力極端低下，人們只能過着“茅茨不翦，采椽不斲，糲粢之食，梨藿之羹，冬日麑裘（獸皮），夏日葛衣”。《韓非·五蠹》）的艱苦生活，哪有什麼“甘食”、“美服”、“樂俗”、“安居”可言呢？老子還向往一種“無戰爭”的生活，從抽象來看，似乎是對的。但是，戰爭並不全是壞的，其中也有進步戰爭。例如自衞戰，當着外敵侵入時，不能通過戰爭進行自衞，則“甘食”、“美服”、“安居”、“樂俗”的平靜生活，亦無保障。

　　老子“小國寡民”的政治理想，是他的“無爲而治”思想的必然歸宿。

　　首先，要實現“無爲而治”，必須“以不智治國”。 他說“以智治國，國之賊也，以不智治國，國之德也”。“以不智治國”，即以愚治國，這就不能不“絕聖棄智”，“絕仁棄義”，“絕巧棄利”。從這些原則出發，必然要“使民復結繩而用之”，“使十百人之器毋用”， 從而把人們引導到“愚而樸”的路上去。

　　其次，要實現“無爲而治”，就必須“不貴難得之貨”。“難得之貨”，多是從外地進口的稀有之物。爲堵塞“難得之貨”的輸入，必然要斷絕交通、外交，做到“有舟船，無所乘之”，“民至老死不相往來。”

　　最後，“無爲而治”同戰爭是不相容的。老子認爲，戰爭就是災難，“師之所處，荊棘生焉”，“天下有道，却走馬以糞；

天下無道，戎馬生於郊”，因此，他提倡“以無事取天下”，從這一原則出發，必然主張取消戰爭，故“有甲兵無所陳之。”

“無爲而治”要求通過“無爲”，“好靜”，“無事”，“無欲”的道路，實現老百姓“自化”、“自正”、“自富”、“自樸”（卽“我無爲而民自化，我好靜而民自正，我無事而民自富，我無欲而民自樸”），而“甘食”、“美服”、“安居”、“樂俗”正是“自化”、“自正”、“自富”、“自樸”原則的具體化。

老子“小國寡民”的政治理想，除了同他的“無爲而治”思想有必然聯繫外，還與當時的社會現實有關，是當時社會現實折射的反映。例如，他的“小國寡民”是針對當時“廣土衆民”的政策而發的（參閱胡寄窗《中國經濟思想史》）；他的“有甲兵無所陳之”的思想，是針對戰國時期戰爭頻繁，人心思安的情況而發的；他的“有舟車無所陳之”的思想，是針對當時商業大地主階級“貴難得之貨”而發的；他的“使十百人之器毋用”，是針對當時手工業作坊不斷擴大，同農業爭奪勞動力的情況而發的；他的“使民復結繩而用之”的思想，是針對當時養士成風，不同階級的知識分子參與政治活動，造成“百家異說”、“諸侯異政”的分裂局面而發的。因此，老子“小國寡民”的政治理想，是當時社會存在折射的反映。如胡寄窗所批評的，“小國寡民的理想與當時的歷史任務是背道而馳的，不可能解決歷史所提出的問題。其次，他們反對大國兼並的戰爭，反對工藝技術，否定文化知識發展的作用，這些就是他們所理解的時代問題的主要內容。他們解決所謂時代問題的方法，是囘到早已崩潰的農村公社成穩定的小天地生活。這些所謂時代問題及他們所能提出的解決方案湊合起來，即幻化爲小國寡民的政治理想＂這個評述是有一定的道理的，不過，說老子希望回到早已崩潰的農村公社則未必確切。

# 第八十一章

信言不美，美言不信㈠；知者不博，博者不知㈡；善者不多，多者不善㈢。聖人無積，旣以爲人己愈有，旣以予人己愈多㈣。故天之道利而不害，聖人之道爲而弗爭㈤。（本章帛書排在第六十七章之上）

## 校　　注

㈠　“信言不美，美言不信。”

帛書甲本此二句嚴重脫損，僅存後一“不”字，乙本及河、王、傅諸今本均同校文。

河上公曰：“信者如其實；不美者，樸且質也。滋美之言者，孳孳華詞；不信者，飾僞多空虛也。”

王弼曰：“‘信言不美’，實在質也；‘美言不信’，本在樸也。”

按：“信言”、“美言”俞樾謂“言”當作“者”，蔣錫昌非其說，謂“信言”、“美言”爲是，今檢帛書，蔣說相合，當從之。

本段意爲：樸實的言語不華美，華美的言語不樸實。

(二) "知者不博，博者不知。"

帛書乙本同此，甲本有脫損，作"□者不博，□者不知。"
河本、王本、傅本此二句在"善者"二句下，今從帛書。

薛惠曰："知者不博，知其要者不務多識也。"

本段意爲：知識專深的人，所知不廣博；知識廣博的人，所
知不專深。

(三) "善者不多，多者不善。"

帛書乙本同此，甲本有脫損，前句僅存一"善"字，後句脫
損"多"字。河本、王本"多"作"辯"，傅本"善者"作"善
言"，"多"亦作"辯"，且何、王、傅諸本此二句在"知者"
二句上，此依帛書。

按："善者不多，多者不善"較"善者不辯，辯者不善"或
"善言不辯，辯言不善"爲優。"不多"，優不多積也，"多者"，
猶多積也。"善者不多，多者不善"，與"聖人無積"之旨相一
致，且帛書此二句恰好在"聖人無積"句上，前後貫通，不可分
割，當是原本如此。今本作"善者（或作'言'）不辯，辯者
（或作'言'）不善"，與首二句"信言不美，美言不信"語意
相近，疑爲後人所改，應從帛書。

本段意爲：有德之人不多積，多積的人少有德。

(四) "聖人無積，旣以爲人己愈有，旣以予人己愈多。"

　　帛書乙本大致同此，惟“愈”作“俞”，後“人”字下多一
“矣”字，疑衍，據今本刪去。甲本脫損嚴重，僅斷續殘存“聖
人無”、“以爲”五字，餘皆損壞。河本、王本、傅本“無積”
作“不積”，“予”作“與”，餘同校文。

　　蔣錫昌曰：“四十四章‘多藏必厚亡’此言聖人無藏。《莊
子・天下篇》：‘以有積爲不足，……無藏也，故有餘’也。”
　　“旣”，盡也。（據《廣雅釋詁》）

　　本段意爲：聖人沒有積藏。他們全力爲人，自己反而更富有；
他們盡量施與人，自己反而更增多。


　㈤　“故天之道，利而不害；聖人之道，為而弗爭。”


　　帛書乙本無“聖”字，餘同校文。甲本此段全損脫。河本、
王本、傅本均無“故”字，“人之道”並作“聖人之道”，“弗
爭”皆作“不爭”。釗按：帛書“人之道”，當依今本作“聖人
之道”。蓋老子“人之道”與“聖人之道”在用法上有區別，第
七十七章“天之道損有餘而益不足，人之道則不然，損不足而奉
有餘”，此“人之道”與“天之道”相背；第四章“天地不仁，
以萬物爲芻狗；聖人不仁，以百姓爲芻狗。”此“聖人之道”與
“天地之道”相合；本章“天之道利而不害，聖人之道爲而弗爭”，
此“聖人之道”與“天之道”亦相合，當依今本作“聖人之道”。

　　薛惠曰：“天道育萬物有利而無害，聖人之道濟天下功成而
不居……此固老子爲書之大旨，是以二篇之中屢伸之至，於卒章
而復以是終焉，烏呼，深哉！”

“爲”，高亨云：“爲，亦施也。”

本段意爲：天的法則是利萬物而不傷害他們，聖人的原則是施與而不爭利。

## 簡　　析

本章着重闡明“聖人無積”的思想。

“無積”是老子哲學的一個重要範疇，它與“無私”、“無欲”、“無爭”含義一致，是其無爲之道的重要組成部分。照老子哲學的邏輯，“無私”中有“私”，“無欲”中有“欲”，“無爭”中有“爭”，一句話，“無”中有“有”。這同本章“旣以爲人己愈有，旣以與人己愈多”的旨意完全相合。其精神實質都是從“不爭”中求“有爭”，所以他概括說：“故天之道利而不害，聖人之道爲而弗爭。”老子把“不爭”作爲全書的結束語，寓意尤深。

朱伯昆曰：“在老子所推崇的美德中，以不爭爲最重要，前三者（指“貴柔”、“知足”、“不敢爲天下先——引者注）都可以歸結爲‘不爭’。所謂‘不爭’，包括不爭功名，不爭地位，不爭利益以及不同敵人爭戰。……老子推崇的這些品德，也可以說是其道德原則的具體化，是以無爲無欲爲主導思想，從當時的生活經驗和政治鬥爭的教訓中概括出來的。他對這些品德的論述，由於滲透着辯證思維，顯得十分深刻。這些品德加以批判地改造，對提高人民的思想境界也是有益的。就不爭這一點來說，如果處於敵強我弱的情況下，對敵人一昧地好勝逞強，就要遭到損害；

或者處於勝利的條件下，驕傲自滿，就會引向失敗，即所謂'驕
兵必敗'。就處理人與人之間的關係說，不爭個人名利，不居功
自伐，也是一種謙虛的美德。但是，老子提出的這些德目，就其
精神實質說，是講守柔而不要剛強，講知足而不要進取，講不敢
爲先却甘居落後，講不爭却反對任何鬥爭，這就違反辯證法了，
其結果這些德目便成了維護個人利益的工具。〞這個評述是有道
理的。不過，說老子〝講不爭却反對任何鬥爭〞，恐怕言過其實。
第三十六章云：〝將欲歙之必故張之；將欲弱之，必故強之；將
欲去之，必故舉之；將欲奪之，必故與之〞，這裏鬥爭鋒芒畢露，
怎能說老子反對任何鬥爭呢？

# 附錄一

## 帛書《老子》甲本、乙本文字對照

### (一)　《德經篇》

**【老子甲本】**

□□□□□□□□□□□□□
□□□德上德無□□無以爲也
上仁爲之□□以爲也上義爲之
而有以爲也上禮□□□□□□
□□攘臂而乃之故失二道二矣
而後德失德而後仁失仁而後義
□義而□□□□□□□□□□
而亂之首也□□□道之華也而
愚之首也是以大丈夫居元厚而
不居元泊居元實不居元華故去
皮取此

**【老子乙本】**

上德不德是以有德下德不失德
是以無德上德無爲而無以爲也
上仁爲之而無以爲也上德爲之
而有以爲也上禮爲之而莫之應
也則攘臂而乃之故失道而後德
失德而句仁失仁而句義失義而
句禮夫禮者忠信之薄也而亂之
首也前識者道之華也而愚之首
也是以大丈夫居□□□居元泊
居元實而不居元華故去罷而取
此

（以上通行本爲第三十八章）

昔之得一者天得一以淸地得□
以寧神得一以靁浴得一以盈侯
□□□而以爲正元至之也胃天

昔得一者天得一以淸地得一以
寧神得一以靁浴得一以盈侯王
得一以爲天下正元至也胃天毋

毋已清將恐□胃地毋□□將恐
□胃神毋已霝□恐歇胃浴毋已
盈將將恐渴胃侯王毋已貴□□
□□□故必貴而以賤爲本必高
矣而以下爲乒夫是以侯王自胃
□孤寡不橐此亓賤□□與非□
故致數與無與是故不欲□□若
玉硌□□□

已清將恐蓮地毋已寧將恐發神
毋□□□恐歇谷毋已□將渴侯
王毋已貴以高將恐欮故必貴以
賤爲本必高矣而以下爲坽夫是
以侯王自胃孤寡不橐此亓賤之
本與非也故至數輿無輿是故不
欲祿二若玉硌二若石

（以上通行本爲第三十九章）

□□□□□□□□□□□
□□□□□□□□□□□
□□□□□□□□□□□
□□□□□□□□□□□
□□□□□□□□□□□
□□□□□□□□□□□
□道善□□□□

上□□道堇能行之中士聞道若
存若亡下士聞道大笑之弗笑□
□以爲道是以建言有之曰明道
如費進道如退夷道如類上德如
浴大白如辱廣德如不足建德如
□質□□□大方無禺大器免成
大音希聲天象無刑道襃無名夫
唯道善始且善成

（以上通行本爲第四十一章）

□□□道之動也弱也者道之用
也天□□□□□□□□□□

反也者道之動也□□者道之用
也天下之物生於有二□於無

（以上通行本爲第四十章）

□□□□□□□□□□□□□□□　道生一二生二二生三二生□□
□□□□□□□□中氣以爲和天　□□□□□□□□□□□以爲和
下之所惡唯孤寡不橐而王公以　人之所亞□□寡不橐而王公以
自名也勿或敭之□□□之而敭　自□□□□□□□云二之而益
故人□□□夕議而教人故強良　□□□□□□□□□□□□□□
者不得死我□以爲學父　　　　□□□吾將以□□父

（以上通行本爲第四十二章）

天下之至柔□雩於天下之致堅　天下之至□馳騁乎天下□□□
無有入於無間五是以知無爲□　□□□□□□無間吾是以□□
□益也不□□教無爲之益□下　□□□□□也不□□□□□□□
希能及之矣　　　　　　　　　□□□□□□矣

（以上通行本爲第四十三章）

名與身孰親身與貨孰多得與亡　名與□□□□□□□□□□□□
孰病甚□□□□□□□□亡故　□□□□□□□□□□□□□□
知足不辱知止不殆可以長久　　□□□□□□□□□□□□□□

（以上通行本爲第四十四章）

大成若缺元用不幣大盈若湓元　□□□□□□□□盈如冲元
用不竆大直如詘大巧如拙大贏　□□□□□□□巧如拙□□
如炳趮勝寒靚勝炅請靚可以爲　□□□□□拙趮朕寒□□□□
天下正　　　　　　　　　　　□□□□□□□

（以上通行本爲第四十五章）

·天下有道□走馬以糞天下無
道戎馬生於郊·罪莫大於可欲
禍莫大於不知足咎莫憯於欲得
□□□□恒足矣

□□□道却走馬□糞無道戎馬
生於郊罪莫大可欲禍□□□□
□□□□□□□□□□
□足矣

（以上通行本為第四十六章）

不出於戶以知天下不規於牖以
知天道亓出也彌遠亓□□□□
□□□□□□□□□□□為
而□

不出於戶以知天下不親於□□
知天道亓出簟遠者亓知簟□□
□□□□□□□□□而名弗為
而成

（以上通行本為第四十七章）

為□□□□□□□□□□□□
□□□□□□□□□□□□
□取天下也恒□□□□□□
□□□□□□□

為學者日益聞道者日云二之有
云以至於無□□□□□□□
□□取天下恒無事及亓有事也
□□足以取天□□

（以上通行本為第四十八章）

□□□□□□以百□之心為□
善者善之不善者亦善□□□□
□□□□□□□□□信也
□□之在天下翕二焉為天下渾
心百姓皆屬耳目焉聖人皆□□

□人恒無心以百省之心為心善
□□□□□□□□□□善也信
者信之不信者亦信之德信也耵
人之在天下也欲二焉□□□□
□□生智注亓□□□□□□

（以上通行本為第四十九章）

□生□□□□□有□□□徒
十有三而民生=勤皆之死地之
十有三夫何故也以亓生=也蓋
□□執生者陵行不□矢虎入軍
不被甲兵矢無所樶亓角虎無所
昔亓蚤兵無所容□□□何故也
以亓無死地焉

□生入死生之□□□□□之徒
十又三而民生=僅皆之死地之
十有三□何故也以亓生=蓋聞
善執生者陵行不辟骁虎入軍不
被兵革骁無□□□□□□□
亓蚤兵□□□□□□□也以
亓無□□□

（以上通行本為第五十章）

·道生之而德畜之物刑之而器
成之是以萬物尊道而貴□□之
尊德之貴也夫莫之時而恒自然
也·道生之畜之長之遂之亭之
□之□□□□□□弗有也爲而
弗寺也長而勿宰也此之謂玄德

道生之德畜之物刑之而器成之
是以萬物尊道而貴德道之尊也
德之貴也夫莫之爵也而恒自然
也道生之畜□□□□之亭之毒
之養之復□□□□□□□□
□□弗宰是胃玄德

（以上通行本為第五十一章）

天下有始以爲天下母懸得亓母
以知亓□復守亓母沒身不殆·
塞亓閔閉亓門終身不堇啓亓悶
濟亓事終身□□□小曰□守柔
曰強用亓光復歸亓明毋道身央
是胃襲常

天下有始以爲天下母既得亓母
以知亓子既○知亓子復守亓母
沒身不伆塞亓垸閉亓門多身不
堇啓亓垸齊亓□□□不棘見小
曰明守□□強用□□□□□
□遺身央是胃□常

（以上通行本為第五十二章）

・使我㩴有知也□□大道唯□
□□□□甚夷民甚好解朝甚除
田甚蕪倉甚虛服文采帶利□□
食貨□□□□□□□□□□□
□

使我介有知行於大道唯他是畏
大道甚夷民甚好懈朝甚除田甚
蕪倉甚虛服文采帶利劍猒食而
齎財□□□□盜□□□非□也

（以上通行本為第五十三章）

善建□□拔□□□□□子孫以
祭祀□□□□□□□□□□□
□□□□□餘修之□□□□□
□□□□□□□□□□□□□
□以身□身以家觀家以鄉觀鄉
以邦觀邦以天□觀□□□□□
□□□□□□□

善建者□□□□□□子孫以
祭祀不絕脩之身示德乃眞脩之
家示德有餘脩之鄉示德乃長脩
之國示德乃夅脩之天下示德乃
博以身觀身以家觀□□□□國
以天下觀天下吾何□知天下之
然茲以｜

（以上通行本為第五十四章）

□□之厚□此於赤子逢㾭螫地
弗螫攫鳥猛獸弗搏骨弱筋柔而
握固未知牝□□□□□□精□
至也終日號而不㷉和之至也和
曰常知和曰明益生曰祥心使氣
曰強□□即老胃之不二道□□
□

含德之厚者比於赤子螽癘蟲蛇
弗赫據鳥猛獸弗捕骨筋弱柔而
握固未知牝牡之會而朘怒精之
至也多日號而不嚘和□□□□
□□常知常曰明益生□祥心使
氣曰強物□則老胃之不二道二
蚤巳

（以上通行本為第五十五章）

□□弗言二者弗知塞亓悶閉亓
□□其光同亓壑坐亓閞解亓紛
是胃玄同故不可得而親亦不可
得而疏不可得而利亦不可得而
害不可□而貴亦不可得而淺故
爲天下貴

知者弗言二者弗知塞亓堄閉亓
門和亓光同亓壐銼亓兌而解亓
紛是胃玄同故不可得而親也亦
□□得而□□□得而○利□□
□得而害不可得而貴亦不可得
而賤故爲天下貴

（以上通行本爲第五十六章）

・以正之邦以畸用兵以無事取
天下吾□□□□□也戈夫天下
□□諱而民彌貧民多利器而邦
家茲昏人多知而何物茲□□□
□□□盜賊□□□□□□□□
□我無爲也而民自化我好靜而
民自正我無事民□□□□□□
□□□□

以正之國以畸用兵以無事取天
下吾何以知亓然也才夫天下多
忌諱而民彌貧民多利器□□□
□昏□□□□□□□□□□物
茲章而盜賊□□是以□人之言
曰我無爲而民自化我好靜而民
自正我無事而民自富我欲不欲
而民自樸

（以上通行本爲第五十七章）

□□□□□□□其正察二其
邦夬二懸福之所倚福禍之所伏
□□□□□□□□□□□□□
□□□□□□□□□□□□□
□□□□□□□□□□□□□
□□□□

亓正閡二亓民屯二亓正察二亓
□□□福□之所伏孰知亓極□
無正也正□□□善復爲□□之
悉也亓日固久矣是以方而不割
㾖而不剌直而不紲光而不眺

（以上通行本為第五十八章）

□□□□□□□□□□□□□□
□□□□□□□□□□□□□
□□□□□□□□□□□□□
□可以有□國□之母可以長久
是胃深檻固氐長□□□□道也

治人事天莫若嗇夫唯嗇是以蚤
□服□是胃重□積□□□□□
□□□□□莫□知□亓□□
□□有□國□之母可□□久
是胃□根固氐長生久視之道也

（以上通行本為第五十九章）

□□□□□□□□□□天下亓
鬼不神非亓鬼不神也亓神不傷
人也非亓申不傷人也聖人亦弗
傷□□□不相□□德交歸焉

治大國若亨小鮮以道立天下亓
鬼不神非亓鬼不神也亓神不傷
人也非亓神不傷人也□□□弗
傷也夫兩□相傷故德交歸焉

（以上通行本為第六十章）

大邦者下流也天下之牝天下之
郊也牝恒以靚勝牡爲亓靚□□
宜爲下大邦□下小□則取小□
邦□以下大邦則取於大邦故或
下以取或下而取□大邦者不過
欲兼畜人小邦者不過欲入事人
夫皆得亓欲□□□□□爲下

大國□□□□□□牝也天下
之交也牝恒以靜胜牡爲亓靜也
故宜爲下也故大國以下□國則
取小□國□以下大國則取於大
國故或下□□□下而取故大國
者不□欲並畜人小國不□欲入
事人夫□□其欲則大者宜爲下

（以上通行本為第六十一章）

□者萬物之注也善人之葆也不
善人之所葆也美言可以市尊行
可以賀人二之不善也何棄也□
有故立天子置三卿雖有共之璧
以先四馬不善坐而進此古之所
以貴此者何也不胃求□得有罪
以免與故爲天下貴

道者萬物之注也善人之葆也不
善人之所保也美言可以市尊行
可以賀人二之不善何□□□□
立天子置三鄉雖有□□璧以先
四馬不若坐而進此古□□□□
□□□□□不胃求以得有罪以
免與故爲天下貴

（以上通行本爲第六十二章）

・爲無爲事無事味無未大小多
少報怨以德圖難乎□□□□□
□□□□天下之難作於易天下
之大作於細是以聖人多不爲大
故能□□□□□□□□□□□
□必多難是□□人猷難之故多
於無難

爲無爲□□□□□□□□□□
□□□□□□□□□□□□乎
其細也天下之□□□易天下之
大□□□□□□□□□□□□
□□□夫輕若□□信多易必多
難是以耵人□□之故□□□□

（以上通行本爲第六十三章）

・亓安也易持也□□□□易謀
□□□□□□□□□□□□□
□□□□□□□□□□□□□
□□□□□□毫末九成之台作
於羸土百仁之高台於足□□□
□□□□□□□□□□□□也

□□□□□□□□□□□□□
□□□□□□□□□□□□□
□□□□□□□□□□□□□
□□木作於毫末九成之台作
於纂土百千之高始於足下爲之
者敗之執者失之是以耵人無爲

□無敗□無執也故無失也民之
從事也恒於元成事而敗之故愼
終若始則□□□□□□欲不
欲而不貴難得之臌學不學而復
眾人之所過能輔萬物之自□□
弗敢爲

□□□□□□□□□□□□民
之從事也恒於元成而敗之故曰
愼多若始則無敗事矣是以耴人
欲不欲而不貴難得之貨學不學
復眾人之所過能輔萬物之自然
而弗敢爲

（以上通行本爲第六十四章）

故曰爲道者非以明民也將以愚
之也民之難□也以元知也故以
知二邦二之賊也以不知二邦□
□德也恒知此兩者亦稽式也恒
知稽式此胃玄二德二深矣遠矣
與物□矣乃□□□

古之爲道者非以明□□□□□
之也夫民之難治也以元知也故
以知二國二之賊也以不知二國
二之德也恒知此兩者亦稽式也
恒知稽式是胃玄二德二深矣遠
矣□物反也乃至大順

（以上通行本爲第六十五章）

□海之所以能爲百浴王者以元
善下之是以能爲百浴王是以聖
人之欲上民也必以元言下之元
欲先□□必以元身後之故居前
而民弗害也居上而民弗重也天
下樂隼而弗厭也非以元無諍與
故□□□□□諍

江海所以能爲百浴□□□元□
下之也是以能爲百浴王是以耴
人之欲上民也必以元言下之元
欲先民也必以元身後之故居上
而民弗重也居前而民弗害天下
皆樂誰而弗厭也不□元無爭與
故天下莫能與爭

（以上通行本爲第六十六章）

·小邦寡民使十百人之器毋用
使民重死而遠送有車周無所乘
之有甲兵無所陳□□□□□□
□用之甘元食美元服樂元俗安
元居鄰邦相堅鷄狗之聲相聞民
□□□□□□□

小國寡民使有十百人器而勿用
使民重死而遠徙又周車無所乘
之有甲兵無所陳之使民復結繩
而用之甘元食美元服樂元俗安
元居奴國相望鷄犬之□□聞民
至老死不相往來

（以上通行本為第八十章）

□□□□□□□不□□者不博□
者不知善□□□者不善·聖
人無□□以爲□□□□□□□
□□□□□□□□□□□□□
□□□□□□

信言不美二言不信知者不博二
者不知善者不多二者不善耵人
無積既以爲人己俞有既以予人
矣己俞多故天之道利而不害人
之道爲而弗爭

（以上通行本為第八十一章）

□□□□□□□□夫唯□故不
宵若宵細久矣我恒有三葆之一
曰茲二曰檢□□□□□□□□
□□□□□□故能廣不敢爲天
下先故能爲成事長今舍元茲且
勇舍元後且先則必死矣夫茲□
□則勝以守則固天將建之女以
茲垣之

天下□胃我大二而不宵夫唯不
宵故能大若宵久矣元細也夫我
恒有三珠市而珠之一曰茲二曰
檢三曰不敢爲天下先夫慈故能
勇檢敢能廣不敢爲天下先故能
爲成器長□舍元茲且勇舍元檢
且廣舍元後且先則死矣夫茲以
單則胅以守則固天將建之如以
茲垣之

（以上通行本為第六十七章）

善爲士者不武善戰者不怒善勝
敵者弗□善用人者爲之下□胃
不諍之德是胃用人是胃天古之
極也

故善爲士者不武善單者不怒善
朕敵者弗與善用人者爲之下是
胃不爭□德是胃用人是胃肥天
古之極也

（以上通行本為第六十八章）

·用兵有言曰吾不敢爲主而爲
客吾不進寸而芮尺是胃行無行
襄無臂執無兵乃無敵矣飂莫於
於無二適二斤亡吾吾葆矣故稱
兵相若則哀者勝矣

用兵又言曰吾不敢爲主而爲客
不敢進寸而退尺是胃行無行攘
無臂執無兵乃無敵禍莫大於無
二敵二近〇亡吾琜矣故抗兵相
若而依者朕□

（以上通行本為第六十九章）

吾言甚易知也甚易行也而人莫
之能知也而莫之能行也言有君
事有宗亓唯無知也是以不□□
□□□□□我貴矣是以聖人被
褐而裹玉

吾言易知也易行也而天下莫之
能知也莫之能行也夫言又宗事
又君夫唯無知也是以不我知二
者希則我貴矣是以耵人被褐而
裹玉

（以上通行本為第七十章）

知不知尚矣不二知二病矣是以
聖人之不病以亓□□□□□□

知不知尚矣不知二病矣是以耵
人之不□也以亓病二也是以不

病

（以上通行本為第七十一章）

<table>
<tr><td>□□□畏二則□□□□矣‧毌<br>閘示所居毌猒示所生夫唯弗猒<br>是□□□□□□□□□□□<br>□□□□而不自貴也故去被取<br>此</td><td>民之不畏二則大畏將至矣毌伿<br>示所居毌猒示所生夫唯弗猒是<br>以不猒是以耵人自知而不自見<br>也自愛而不自貴也故去罷而取<br>此</td></tr>
</table>

（以上通行本為第七十二章）

<table>
<tr><td>‧勇於敢者□□□於不敢者則<br>栝□□□□□□□□□□□□<br>□□□□□□□□□□□□不<br>言而善應不召而自來彈而善謀<br>□□□□□□□</td><td>勇於敢則殺勇於不敢則栝□兩<br>者或利或害天之所亞孰知示故<br>天之道不單而善朕不言而善應<br>弗召而自來單而善謀天網經二<br>疏而不失</td></tr>
</table>

（以上通行本為第七十三章）

<table>
<tr><td>□□□□□□□奈何以殺愄之<br>也若民恒是死則而爲者吾將得<br>而殺之夫孰敢矣若民□□必畏<br>死則恒有司殺者夫伐司殺者殺<br>是伐大匠斵也夫伐大匠斵者則<br>□不傷示手矣</td><td>若民恒且○不畏死若何以殺瞿<br>之也使民恒且畏死而爲畸者□<br>得而殺之夫孰敢矣若民恒且必<br>畏死則恒又司殺者夫代司殺者<br>殺是代大匠斵夫代大匠斵則希<br>不傷示手</td></tr>
</table>

（以上通行本為第七十四章）

· 人之饑也以元取食逆之多也
是以饑百姓之不治也以元上有
以爲□是以不治 · 民之㾏死以
元求生之厚也是以㾏死夫唯無
以生爲者是賢貴生

人之饑也以元取食跂之多是以
饑百生之不治也以元上之有以
爲也□以不治民之輕死也以元
求生之厚也是以輕死夫唯無以
生爲者是賢貴生

（以上通行本爲第七十五章）

· 人之生也柔弱其死也菫仞賢
強萬物草木之生也柔脆元死也
枯槁故曰堅強者死之徒也柔弱
微細生之徒也兵強則不勝木強
則恒強大居下柔弱微細居上

人之生也柔弱元死也餹信堅強
萬□□木之生也柔梓元死也榟
槁故曰堅強死之徒也柔弱生之
徒也□以兵強則不朕木強則兢
故強大居下柔弱居上

（以上通行本爲第七十六章）

天下□□□□□者也高者印之
下者舉之有餘者敗之不足者補
之故天之道敗有□□□□□
□□□不然敗□□□奉有餘埶
能有餘而有以取奉於天者乎□
□□□□□□□□□□□□□
□□□□□□□□□□見賢也

天之道酉張弓也高者印之下者
舉之有餘者云之不足者□□□
□□□云有餘而益不足人之道
云不足而奉又餘夫埶能又餘而
□□奉於天者唯又道者乎是以
耺人爲而弗又成功而弗居也若
此元不欲見賢也

（以上通行本爲第七十七章）

天下莫柔□□□□□堅強者莫

天下莫柔弱於水□□□□□□

· 450 ·

之能□也以亓無□易□□□□ 　　□□□以亓無以易之也水之朕
□□□勝強天□□□□□ 　　　剛也弱之朕強也天下莫弗知也
行也故聖人之言云曰受邦之詾 　而□□□□也是故取人之言云
是胃社稷之主受邦之不祥是胃 　曰受國之詾是胃社稷之主受國
天下之王□□若反 　　　　　之不祥是胃天下之王正言若反

（以上通行本為第七十八章）

和大怨必有餘怨焉可以為善是 　禾大□□□□□□□為善是
以聖右介而不以責於人故有德 　以取人執左芥而不以責於人故
司介□德司彻夫天道無親恒與 　又德司芥無德司彻□□□□□
善人 　　　　　　　　　　　□□□（德三千卅一）

（以上通行本為第七十九章）

（二）　《道經篇》

## 【老子甲本】

•道可道也非恒道也名可名也
非恒名也無名萬物之始也有名
萬物之母也□恒無欲也以觀其
眇恒有欲也以觀其所噭兩者同
出異名同胃玄之有玄眾眇之□

## 【老子乙本】

道可道也□□□□□□□□□
恒名也無名萬物之始也有名萬
物之母也故恒無欲也□□□□
恒又欲也以觀亓所噭兩者同出
異名同胃玄之又玄眾眇之門

（以上通行本為第一章）

天下皆知美爲美惡已皆知善訾
不善矣有無之相生也難易之相
成也長短之相刑也高下之相盈
也意聲之相和也先後之相隋恒
也是以聲人居無爲之事行□□
□□□□□□□也爲而弗志
也成功而弗居也夫唯居是以弗
去

天下皆知美之爲美亞已皆知善
斯不善矣□□□□生也難易之
相成也長短之相刑也高下之相
盈也音聲之相和也先後之相隋
恒也是以耵人居無爲之事行不
言之教萬物昔而弗始爲而弗侍
也成功而弗居也夫唯弗居是以
弗去

（以上通行本爲第二章）

不上賢□□□□□□□□□
□民不爲□不□□□□民不凡
是以聲人之□□□□□□□□
□□□強其骨恒使民無知無欲
也使□□□□□□□□□□
□□

不上賢使民不爭不貴難得之貨
使民不爲盜不見可欲使民不亂
是以耵人之治也虛亓心實亓腹
弱亓志強亓骨恒使民無知無欲
也使夫知不敢弗爲而已則無不
治矣

（以上通行本爲第三章）

□□□□□□□盈也瀟呵始萬
物之宗鉜亓解其紛和其光同□
□□□□或存吾不知□子也象
帝之先

道沖而用之有弗盈也淵呵佁萬
物之宗鉜亓兌解亓芬和亓光同
亓墼湛呵佁或存吾不知亓誰之
子也象帝之先

（以上通行本爲第四章）

天地不仁以萬物爲芻狗聲人不　　　天地不仁以萬物爲芻狗耵人不
仁以百省□□狗天地□間□猶　　　仁□百姓爲芻狗天地之間亓猷
橐籥輿虛而不淈蹱而愈出多聞　　　橐籥輿虛而不淈勭而愈出多聞
數窮不若守於中　　　　　　　　　數窮不若守於中

（以上通行本爲第五章）

浴神□死是胃玄二牝二之門是　　　浴神不死是胃玄二牝二之門是
胃□地之根緜二呵若存用之不　　　胃天地之根緜二呵亓若存用之
菫　　　　　　　　　　　　　　　不菫

（以上通行本爲第六章）

天長地久天地之所以能□且久　　　天長地久天地之所以能長且久
者以其不自生也故能長生是以　　　者以亓不自生也故能長生是以
聲人芮其身而身先外其身而身　　　耵人退亓身而身先外亓身而身
存不以其無□輿故能成其□　　　　先外亓身而身存不以亓無私輿
　　　　　　　　　　　　　　　　故能成其私

（以上通行本爲第七章）

上善治水二善利萬物而有靜居　　　上善如水二善利萬物而有爭居
衆之所惡故幾於道矣居善地心　　　衆人之所亞故幾於道矣居善地
善瀟予善信正善治事善能蹱善　　　心善淵予善天言善信正善治事
時夫唯不靜故無尤　　　　　　　　善能勭善時夫唯不爭故無尤

（以上通行本爲第八章）

植而盈之不□□□□□□之□
之□可長葆之金玉盈室莫之守
也貴富而驕自遺咎也功述身芮
天□□□

殖而盈之不若元已挩而允之不
可長葆也金玉□室莫之能守也
貴富而驕自遺咎也功遂身退天
之道也

（以上通行本爲第九章）

□□□□□□□□□□□□□
能嬰兒乎脩除玄藍能毋疵乎愛
□□□□□□□□□□□□□
□□□□□□□□□□□□生
之畜之生而弗□□□□□□
□德

戴營袙抱一能毋離乎槫氣至柔
能嬰兒乎脩除玄監能毋有疵乎
愛民栝國能毋以知乎天門啓闔
能爲雌乎明白四達能毋以知乎
生之畜之生而弗有長而弗宰也
是胃玄德

（以上通行本爲第十章）

卅□□□□□其無□□之用□
然埴爲器當其無有埴器□□□
□□□當其無有□之用也故有
之以爲利無之以爲用

卅楅同一轂當元無有車之用也
燃埴而爲器當元無有埴器之用
也鑿戶牖當元無有室之用也故
有之以爲利無之以爲用

（以上通行本爲第十一章）

五色使人目明馳騁田臘使人□
□□難得之價使人之行方五味
使人之口啣五音使人之耳聾是
以聲人之治也爲腹不□□故去

五色使人目盲馳騁田臘使人心
發狂難得之貨〇使人之行仿五
味使人之口爽五音使人之耳□
是以耴人之治也爲腹而不爲目

罷耳此　　　　　　　　故去彼而取此

（以上通行本為第十二章）

龍辱若驚貴大梡若身苛胃龍辱
若驚龍之為下得之若驚失□若
驚是胃龍辱若驚何胃貴大梡若
身吾所以有大梡者為吾有身也
及吾無身有何梡故貴為身於為
天下若可以逅天下矣愛以身為
天下女可以寄天下

弄辱若驚貴大患若身何胃弄辱
若驚弄之為下也得之若驚失之
若驚是胃弄辱若驚何胃貴大患
若身吾所以有大患者為吾有身
也及吾無身有何患故貴為身於
為天下若可以橐天下□愛以身
為天下女可以寄天下矣

（以上通行本為第十三章）

視之而弗見名之曰瞂聽之而弗
聞名之曰希揗之而弗得名之曰
夷三者不可至計故囷□□□一
者其上不做其下不物尋二呵不
可名也復歸於無物是胃無狀之
狀無物之□□□□□□□□□
□□□而不見其首執今之道以
御今之有以知古始是胃□□

視之而弗見□之曰微聽之而弗
聞命之曰希○揗之而弗得命之
曰夷三者不可至計故緄而為一
二者亓上不謬亓下不物尋二呵
不可命也復歸於無物是胃無狀
之狀無物之象是胃沕望隋而不
見亓後迎而不見亓首執今之道
以御今之有以知古始是胃道紀

（以上通行本為第十四章）

□□□□□□□□□□深不可
志夫唯不可志故強為之容曰與

古之□為道者微眇玄達深不可
志夫唯不可志故強為之容曰與

呵其若多□□□□□畏四□
□呵其若客渙呵其若凌澤□呵
其若楃湷□□□□□□若浴
濁而情之餘清女以重之餘生葆
此道不欲盈夫唯不欲□□以能
□□□成

呵亓若多涉水猷呵亓若畏四哭
嚴呵亓若客渙呵亓若凌澤沌呵
亓若樸湷呵亓若濁莊呵亓若浴
濁而靜之徐清女以重之徐生葆
此道□□欲盈是以能斃而不成

（以上通行本為第十五章）

至虛極也守情表也萬物旁作吾
以觀其復也天物云云各復歸於
其□□□二是胃復二命二常也
知常明也不知常市二作凶知常
容二乃公二乃王二乃天二乃道
□□□勿身不怠

至虛極也守靜督也萬物旁作吾
以觀亓復也天物耘二各復歸於
亓根曰靜二是胃復二命二常也
知常明也不知常芒二作兇知常
容二乃公二乃王□□天二乃道
二乃沒身不殆

（以上通行本為第十六章）

大上下知有之其次親譽之其次
畏之其下母之信不足案有不信
□□其貴言也成功遂事而百省
胃我自然

大上下知又□亓□親譽之亓次
畏之亓下母之信不足安有不信
猷呵亓貴言也成功遂事而百姓
胃我自然

（以上通行本為第十七章）

故大道廢案有仁義知快出案有
大偽六親不和案有畜茲邦家閔

故大道廢安有仁義知慧出安有
□□六親不和安又孝茲國家閔

乳案有貞臣　　　　　　　　㲄安有貞臣

（以上通行本為第十八章）

絕聲棄知民利百負絕仁棄義民　　絕耵棄知而民利百倍絕仁棄義
復畜茲絕巧棄利盜賊無有此三　　而民復孝茲絕巧棄利盜賊無有
言也以為文未足故令之有所屬　　此三言也以為文未足故令之有
見素抱□□□□□　　　　　　　所屬見素抱樸少□而寡欲

（以上通行本為第十九章）

□□□□唯與訶其相去幾何美　　絕學無憂唯與呵亓相去幾何美
與惡其相去何若人之□□亦不　　與亞亓相去何若人之所畏亦不
□□□□□□□□□□□衆人巸　　可以不畏人望呵亓未央才衆人
二若鄉於大牢而春登台我泊焉　　巸二若鄉於大牢而春登台我博
未佻若□□□□纍呵如□□□　　焉未姚若嬰兒未咳纍呵佁無所
□□皆有餘我獨遺我禺人之心　　歸衆人皆又餘我愚人之心也湷
也惷二呵鬻□□□□□□□胃呵　　二呵鬻人昭二我獨若悶呵鬻人
鬻人蔡二我獨閩二呵忽呵其若　　察二我獨闊二呵沕呵亓若海望
□墅呵亓若無所止□□□□□　　呵若無所止衆人皆有以我獨門
□□□以悝吾欲獨異於人而貴　　元以鄙吾欲獨異於人而貴食母
食母

（以上通行本為第二十章）

孔德之容唯道是從道之物唯墅　　孔德之容唯道是從道之物唯望
唯忽□□□呵中有象呵墅呵忽　　唯沕二呵望呵中又象呵望呵沕

呵中有物呵灣呵鳴呵中有請吔
其請甚眞其中□□自今及古其
名不去以順衆伇吾何以知衆父
之然以此

呵中有物呵幼呵冥呵亓中有請
呵亓請甚眞亓中有信自今及古
亓名不去以順衆父吾何以知衆
父之然也以此

（以上通行本爲第二十一章）

炊者不立自視不章□見者不明
自伐者無功自矜者不長其在道
曰粽食贅行物或惡之故有欲者
□居

炊者不立自視者不章自見者不
明自伐者無功自矜者不長亓在
道也曰粽食贅行物或亞之故有
欲者弗居

（以上通行本爲第二十四章）

曲則金枉則定洼則盈敝則新少
則得多則惑是以聲人執一以爲
天下牧不□視故明不自見故章
不自伐故有功弗矜故能長夫唯
不爭故莫能與之爭古□□□□
□□□語才誠金歸之

曲則全汪則正洼則盈繁則新少
則得多則惑是以耴人執一以爲
天下牧不自視故章不自見也故
明不自伐故有功弗矜故能長夫
唯不爭故莫能與之爭古之所冐
曲全者幾語才誠全歸之

（以上通行本爲第二十二章）

希言自然飄風不多朝暴雨不多
日孰爲此天地□□□□□□於
人乎故從事而道者同於道德者
同於德者者同於失同於德□道

希言自然劂風不多朝暴雨不多
日孰爲此天地而弗能久有兄於
人乎故從事而道者同於道德者
同於德失者同於失同於德者道

• **458** •

亦德之同於□者道亦失之　　　　亦德之同於失者道亦失之

（以上通行本為第二十三章）

有物昆成先天地生繡呵繆呵獨　　有物昆成先天地生蕭呵謬呵獨
立□□□可以為天地母吾未知　　立而不玹可以為天地母吾未知
其名字之曰道吾強為之名曰大　　亓名也字之曰道吾強為之名曰
□曰筮二曰遠□□□□□□天　　大二曰筮二曰遠二曰反道大天
大地大王亦大國中有四大而王　　大地大王亦大國中有四大而王
居一焉人法地□法□二法□□　　居一焉人法地二法天二法道道
法□□　　　　　　　　　　　　法自然

（以上通行本為第二十五章）

□為巠根清為趮君是以君子衆　　重為輕根靜為趮君是以君子冬
日行不離其甾重唯有環官燕處　　日行不遠亓甾重雖有環官燕處
□□若二何萬乘之王而以身巠　　則昭若二何萬乘之王而以身輕
於天下巠則失本趮則失君　　　　於天下輕則失本趮則失君

（以上通行本為第二十五章）

善行者無徹迹□言者無瑕適善　　善行者無達迹善言者無瑕適善
數者不以檮筭善閉者無闌籥而　　數者不用檮筭善○閉者無關籥
不可啓也善結者□□約而不可　　而不可啓也善結者無纆約而不
解也是以聲人恒善㤫人而無棄　　可解也是以耵人恒善㤫人而無
人物無棄財是胃神明故善□□　　棄人物無棄財是胃曳明故善二
□之師不善人善人之齎也不貴　　人二之師不善人善人之資也不

其師不愛其齎唯知乎大眯是胃 　　貴亓師不愛亓資雖知乎大迷是
眇要 　　　　　　　　　　　　　胃眇要

（以上通行本爲第二十七章）

知其雄守其雌爲二天二下二溪 　　知亓雄守亓雌爲二天二下二鷄
二恒二德二不二鷄二復歸嬰兒 　　二恒二德二不二離二復□□□
知其白守其辱爲二天二下二浴 　　□□亓白守亓辱爲二天二下二
恒德二乃二□□□□□□知其 　　○浴二恒二德二乃二足二復歸
守其黑爲二天二下二式二恒德 　　於樸知其白守亓黑爲二天二下
二不二貸二復歸於無極樸散□ 　　二式二恒二德二不二貸二復歸
□□□人用則爲官長夫大制無 　　於無極樸散則爲器耵人用則爲
割 　　　　　　　　　　　　　官長夫大制無割

（以上通行本爲第二十八章）

將欲取天下而爲之吾見其弗□ 　　將欲取□□□□□□□□得
□□□□器也非可爲者也爲者 　　已夫天下神器也非可爲者也爲
敗之執者失之物或行或隨或炅 　　之者敗之執之者失之○物或行
或□□□□□或壞或撱是以聲 　　或隋或熱或挫或陪或墮是以聖
人去甚去大去楮 　　　　　　　人去甚去大去諸

（以上通行本爲第二十九章）

以道佐人主不以兵強□天下□ 　　以道佐人主不以兵強於天下亓
□□□□□所居楚朸生之善者 　　□□□□□□□棘生之善者
果而已矣毋以取強焉果而毋驕 　　果而已矣毋以取強焉果而毋驕

果而勿矜果而□□果而毋得已
居是胃□而不強物壯而老是胃
之不二道二蚤已

果而勿矜果□□伐果而毋得已
居是胃果而強物壯而老胃之不
二道二蚤已

（以上通行本為第三十章）

夫兵者不祥之器□物或惡之故
有欲者弗居君子居則貴左用兵
則貴右故兵者非君子之器也□
□不祥之器也不得已而用之銛
襲為上勿美也若美之是樂殺人
也夫樂殺人不可以得志於天下
矣是以吉事上左喪事上右是以
便將軍居左上將軍居右言以喪
禮居之也殺人衆以悲依立之戰
勝以喪禮處之

夫兵者不祥之器也物或亞□□
□□□□□子居則貴左用兵
則貴右故兵者非君子之器兵者
不祥□器也不得已而用之銛憷
為上勿美也若美之是樂殺人也
夫樂殺人不可以得志於天下矣
是以吉事□□□□□是以偏
將軍居左而上將軍居右言以喪
禮居之也殺□□□□立□□
朕而以喪禮處之

（以上通行本為第三十一章）

道恒無名楃唯□□□□□□□
□王若能守之萬物將自賓天地
相谷以俞甘洛民莫之□□□□
焉始制有□□□□有夫□□□
□□□所以不□俾道之在□□
□□□浴之與江海也

道恒無名樸唯小而天下弗敢臣
侯王若能守之萬物將自賓天地
相合以俞甘洛□□□令而自均
焉始制有名二亦既有夫亦將知
二止二所以不殆卑□□在天下
也猷小浴之與江海也

（以上通行本為第三十二章）

知人者知也自知□□□□□者
有力也自勝者□□□□□□也
強行者有志也不失其所者久也
死不忘者壽也

知人者知也自知明也朕人者有
力也自朕者強也知足者富也強
行者有志也不失亓所者久也死
而不忘者壽也

（以上通行本為第三十三章）

道□□□□□□□□□邃事而
弗名有也萬物歸焉而弗爲主則
恒無欲也可名於小萬物歸焉□
□爲主可名於大是□聲人之能
成大也以其不爲大也故能成大

道渢呵亓可左右也成功邃□□
弗名有也萬物歸焉而弗爲主則
恒無欲也可名於小萬物歸焉而
弗爲主可命於大是以耵人之能
成大也以亓不爲大也故能成大

（以上通行本為第三十四章）

執大象□□往二而不害安平大
樂與餌過格止故道之出言也曰
談呵其無味也□□不足見也聽
之不足聞也用之不可既也

執大象天下往二而不害安平大
樂與□過格止故道之出言也曰
淡呵亓無味也視之不足見也聽
之不足聞也用之不可既也

（以上通行本為第三十五章）

將欲拾之必古張之將欲弱之□
□強之將欲去之必古與之將欲
奪之必古予之是胃微明𡚁弱勝
強魚不脫於瀟邦利器不可以視
人

將欲擒之必古張之將欲弱之必
古〇強之將欲去之必古與之將
欲奪之必古予□是胃微明柔弱
朕強魚不可說於淵國利器不可
以示人

（以上通行本為第三十六章）

道恒無名侯王若守之萬物將自　　道恒無名侯王若能守之萬物將
愳二而欲□□□□□□之以　　自化二而欲作吾將闐二之二以
無二名二之二楃二夫將不二辱　　二無二名二之二樸二夫將不二
二以情天地將自正　　　　　　辱二以靜天地將自正

　　　　　　　　　　　　　　　　　（道二千四百廿六）

（以上通行本為第三十七章）

# 附錄二

# 帛書《老子》校正文與意譯文對照

## (一) 《道經篇》

| 校正文 | 意譯文 |
|---|---|
| 道可道也， | 一般的"道"是可以用言語表達的， |
| 非恒道也； | 但它不是"恒道"； |
| 名可名也， | 一般事物之"名"是可以稱呼的， |
| 非恒名也。 | 但它不是"恒名"。 |
| 無名，萬物之始也； | "無名"是萬物的始祖； |
| 有名，萬物之母也。 | "有名"是萬物的母親。 |
| 故恒無欲也， | 經常保持無欲的精神狀態， |
| 以觀其妙； | 就可以靜觀無名之道的微妙； |
| 恒有欲也， | 經常為欲念所糾纏， |
| 以觀其所徼。 | 則只能粗察有名之物的顯露之處。 |
| 此兩者， | "無名"和"有名"這兩種東西， |
| 同出而異名， | 同自道出而名稱各異， |
| 同謂之玄。 | 它們同屬於原始之氣。 |
| 玄之又玄， | 那原始而又原始之氣， |
| 衆妙之門。 | 才是產生一切變化的總門。 |

(以上通行本為第一章)

天下皆知美之爲美，　　　　天下人都懂得什麼叫做 " 美 " ，

斯惡已，　　　　　　　　便分別出 " 醜 " 來了 ；

皆知善之爲善，　　　　　　天下人都懂得什麼叫做 " 善 " ，

斯不善已。　　　　　　　　便分別出 " 惡 " 來了。

有無之相生也，　　　　　　有與無相互生成，

難易之相成也，　　　　　　難與易相互成就，

長短之相刑也。　　　　　　長與短相互襯托，

高下之相盈也，　　　　　　高與下相互盈滿，

音聲之相和也，　　　　　　音與聲相互調和，

先後之相隨……　　　　　　先與後相互跟隨，

恒也。　　　　　　　　　　這是永恒不變的自然法則。

是以聖人居無爲之事，　　　所以聖人按 " 無爲 " 的指導思想辦
　　　　　　　　　　　　　　　事，

行不言之敎，　　　　　　　實行不言而因任自然的敎育方法。

萬物作而弗始也，　　　　　萬物興作而不管理它們，

生而弗有也，　　　　　　　萬物生出而不占有它們，

爲而弗恃也，　　　　　　　對萬物有所施爲而不恃望其報，

成功而弗居也。　　　　　　取得成功而不居功自傲，

夫唯弗居，　　　　　　　　正因爲不居功自傲，

是以弗去。　　　　　　　　所以天道永存不朽。

（以上通行本爲第二章）


不上賢，　　　　　　　　　不崇尙賢才，

使民不爭 ；　　　　　　　使老百姓不競爭 ；

| | |
|---|---|
| 不貴難得之貨， | 不看重難得的財貨， |
| 使民不爲盜； | 使老百姓不流爲盜賊； |
| 不見可欲， | 不表現出多欲； |
| 使民心不亂。 | 使老百姓的思想不被擾亂。 |
| 是以聖人之治也， | 所以聖人治理百姓， |
| 虛其心， | 注意消除他們的欲念， |
| 實其腹， | 填飽他們饑餓的肚皮， |
| 弱其志， | 削弱他們的志氣， |
| 強其骨， | 增強他們勞動的筋骨， |
| 恒使民無知無欲也。 | 讓老百姓經常保持無知無欲的狀態。 |
| 使夫知者不敢爲也， | 使那些行巧智的人，也不去妄爲。 |
| 爲無爲， | 堅持無爲的原則， |
| 則無不治矣。 | 就什麼都可以治理好。 |

（以上通行本爲第三章）

| | |
|---|---|
| 道冲， | 道虛而無形， |
| 而用之有弗盈也。 | 其作用不可窮盡。 |
| 淵呵，似萬物之宗。 | 深呵，好似萬物的宗祖。 |
| （挫其銳， | （挫折那顯露的鋒銳， |
| 解其紛， | 消解那是非之爭， |
| 和其光 | 調和那光的亮度， |
| 同其塵） | 混同那清濁的區分。） |
| 湛呵似或存。 | 它無形啊，又好似存在着。 |
| 吾不知其誰之子也， | 我不知"道"是誰的兒子， |

| | |
|---|---|
| 象帝之先。 | 好像它存在於天帝之前。 |

（以上通行本爲第四章）

| | |
|---|---|
| 天地不仁， | 天地不施仁恩， |
| 以萬物爲芻狗； | 把萬物看作祭神用過的草狗； |
| 聖人不仁， | 聖人不施仁恩， |
| 以百姓爲芻狗。 | 把百姓看作祭神用過的草狗。 |
| 天地之間其猶橐籥與， | 天地之間好似一個鼓風箱， |
| 虛而不淈， | 空虛而不可窮盡， |
| 動而愈出。 | 運動就越出越多。 |
| 多聞數窮， | 聞見太多就會屢遭困窮， |
| 不若守於中。 | 不如守住虛靜之道。 |

（以上通行本爲第五章）

| | |
|---|---|
| 谷神不死， | 生養之神永存， |
| 是謂玄牝， | 可稱它爲原始的母體。 |
| 玄牝之門， | 原始的母體之門， |
| 是謂天地之根。 | 就是產生天地萬物的本根。 |
| 緜緜呵其若存， | 連綿不絕啊，它確有存， |
| 用之不勤 | 用之不可窮盡。 |

（以上通行本爲第六章）

| | |
|---|---|
| 天長地久。 | 天地長生久壽， |
| 天地之所以能長且久者， | 天地之所以能夠長生久壽， |

| | |
|---|---|
| 以其不自生也， | 是因爲他不自我貪生， |
| 故能長生。 | 所以能長生久壽。 |
| 是以聖人後其身， | 所以聖人退自身於後， |
| 而身先， | 自身反能佔先， |
| 外其身， | 置自身於外， |
| 而身存。 | 自身反能保存。 |
| 不以其無私與？ | 不是因爲他沒有私嗎？ |
| 故能成其私。 | 所以能成全他的私利。 |

（以上通行本爲第七章）

| | |
|---|---|
| 上善如水， | 上善之人好比水一樣， |
| 水善利萬物而不爭。 | 水的德性善於利澤萬物而不爭。 |
| 居衆人之所惡， | 它居於衆人厭惡的卑下之處， |
| 故幾於道矣。 | 所以接近於道。 |
| 居善地， | 居處善於安居低位， |
| 心善淵， | 用心善於深藏若淵， |
| 予善天， | 給予善於仿效天道， |
| 言善信， | 說話善於寡言有信， |
| 正善治， | 爲政善於無爲而治， |
| 事善能， | 作事善於以刼取勝， |
| 動善時， | 行動善於順應時令。 |
| 夫惟不爭， | 正因爲水不爭， |
| 故無憂。 | 所以它沒有怨咎。 |

（以上通行本爲第八章）

| | |
|---|---|
| 揰而盈之， | 將盈滿之物緊緊地把持着， |
| 不若其已； | 不如將它放下； |
| 揣而銳之， | 捶打得很尖銳， |
| 不可長葆也； | 不可長久地保存； |
| 金玉盈室， | 金玉財寶堆滿庫室， |
| 莫之能守也； | 不能保守住； |
| 貴富而驕， | 富貴而又驕傲， |
| 自遺咎也； | 必然給自己留下災禍。 |
| 功遂身退， | 功業成就即隱身告退， |
| 天之道也哉。 | 這符合天的法則。 |

（以上通行本爲第九章）

| | |
|---|---|
| 營魄抱一， | 保藏精氣於形體， |
| 能無離乎？ | 能做到不散失嗎？ |
| 摶氣致柔， | 結聚精氣使骨弱筋柔， |
| 能如嬰兒乎？ | 能像嬰兒那樣嗎？ |
| 滌除玄鑑， | 洗刷心鏡， |
| 能毋有疵乎？ | 能不留一點斑疵嗎？ |
| 愛民治國， | 愛護人民，治理國家， |
| 能毋以知乎？ | 能做到不用巧智嗎？ |
| 天門啓闔， | 口鼻呼吸、開合， |
| 能爲雌乎？ | 能做到爲雌守靜嗎？ |
| 明白四達， | 明白大道，通達情理， |
| 能毋以爲乎？ | 能做到不行巧僞嗎？ |

生之，　　　　　　　　　　道生萬物，

畜之。　　　　　　　　　　德養萬物。

生而弗有，　　　　　　　　但生之而不佔有，

為而弗恃，　　　　　　　　施爲而不恃望其報。

長而弗宰也，　　　　　　　長之而不去宰割，

是謂玄德。　　　　　　　　這就是上善之德。

（以上通行本爲第十章）


卅輻同一轂，　　　　　　　三十根條輻，同在一個車轂上，

當其無，　　　　　　　　　當它留有空虛之處，

有車之用也；　　　　　　　才有車的作用；

撚埴以為器，　　　　　　　揉和黏土以作器皿，

當其無，　　　　　　　　　當它留有空虛之處，

有器之用也。　　　　　　　才有器皿的作用；

鑿戶牖以為室，　　　　　　開鑿門窗以作房屋，

當其無，　　　　　　　　　當它留有空虛之處，

有室之用也。　　　　　　　才有房屋的作用。

故有之以為利，　　　　　　所以，一物的實有部分對人有利，

無之以為用。　　　　　　　一物的空虛部分也對人有用。

（以上通行本爲第十一章）


五色使人目盲，　　　　　　多種色彩使人眼花繚亂，

五音使人耳聾，　　　　　　多種音樂使人耳朵發麻，

五味使人口爽，　　　　　　多種美味使人味口敗壞，

馳騁田獵使人之心發狂，　　　騎馬打獵使人之心過度放蕩。

難得之貨使人之行妨。　　　　難得的財貨使人行路不便。

是以聖人之治也，　　　　　　所以聖人養治身體，

為腹而不為目，　　　　　　　只求飽肚皮，不求飽眼福。

故去彼而取此。　　　　　　　因此要去掉後者，採取前者。

（以上通行本為第十二章）


寵辱若驚，　　　　　　　　　寵與辱都能使人驚恐，

貴大患若身。　　　　　　　　重視禍患在於有身。

何謂寵辱若驚？　　　　　　　為何說寵與辱都會使人驚恐？

寵為上，　　　　　　　　　　寵為上貴，

辱為下。　　　　　　　　　　辱為下賤。

得之若驚，　　　　　　　　　得到"辱"會驚恐，

失之若驚，　　　　　　　　　失去"寵"亦會驚恐，

是謂寵辱若驚。　　　　　　　此為寵與辱都會使人驚恐。

何謂貴大患若身？　　　　　　為何說重視禍患在於有身？

吾所以有大患者，　　　　　　我之所以有大患，

為吾有身也，　　　　　　　　是因為我有身；

及吾無身，　　　　　　　　　如我無身，

有何患？　　　　　　　　　　那還有什麼禍患呢？

故貴以身為天下者，　　　　　重視以身服務於天下的人，

若可以寄天下矣；　　　　　　則可以把天下托付於他；

愛以身為天下者，　　　　　　喜好以身服務於天下的人，

若可以托天下矣。　　　　　　則可以把天下托付於他。

（以上通行本為第十三章）

| | |
|---|---|
| 視之而弗見， | 看它不見， |
| 名之曰幾； | 叫做幾； |
| 聽之而弗聞， | 聽它不見， |
| 名之曰希； | 叫做"希" |
| 搐之而弗得， | 摸它不着， |
| 名之曰微。 | 叫做"微" |
| 此三者， | 幾、希、微這三種特性， |
| 不可致詰。 | 不可詰問。 |
| 故混而為一。 | 它們本來就合而為"一"。 |
| 一者， | "一"這個東西， |
| 其上不皦， | 它的上面沒有光照； |
| 其下不昧， | 它的下面沒有暗影。 |
| 繩繩呵不可名也。 | 它變化無窮啊，不可命名。 |
| 復歸於無物。 | 又復歸為無名之物。 |
| 是謂無狀之狀， | 這叫做沒有形狀的形狀， |
| 無象之象， | 沒有形象的形象， |
| 是謂惚恍。 | 這就是所謂"惚恍"。 |
| 隨而不見其後， | 跟着它看不見它的背後， |
| 迎而不見其首。 | 迎着它，看不見它的頭面。 |
| 執古之道， | 掌握古道， |
| 以御今之有。 | 用來治理今日之天下國家。 |
| 以知古始， | 能通曉古代治術， |
| 是謂道紀。 | 可稱得上"道"的綱紀。 |

（以上通行本為第十四章）

| | |
|---|---|
| 古之善為道者， | 古代善於實行道的人， |
| 微妙玄達， | 通達玄妙深奧之理， |
| 深不可識， | 其德行深沈而不可識知。 |
| 夫唯不可識， | 正因為不可識知， |
| 故強為之容。 | 所以只能勉強描述他的狀貌。 |
| 曰：豫呵， | 叫做：猶豫呵， |
| 其若冬涉水； | 他好像冬天涉過流水； |
| 猶呵， | 遲疑呵， |
| 其若畏四鄰； | 他好像〔做了見不得人的事〕而害怕四鄰； |
| 儼呵， | 矜持莊重啊， |
| 其若客； | 他好像作客； |
| 渙呵， | 融和而不凝滯啊， |
| 其若凌釋； | 他好像積冰在融釋； |
| 敦呵， | 敦厚啊， |
| 其若樸； | 他好像未加工的樸素之材； |
| 曠呵， | 空曠啊， |
| 其若谷； | 他的胸懷好像深谷； |
| 渾呵， | 渾渾然啊， |
| 其若濁。 | 他好像一潭濁水。 |
| 濁而靜之， | 混濁之物使其靜， |
| 徐清； | 就會慢慢沉清； |
| 安以動之， | 靜止之物使其動， |
| 徐生。 | 就會慢慢復生。 |

| | |
|---|---|
| 葆此道者不欲盈， | 保持這個道而不自滿， |
| 夫唯不盈， | 正由於不自滿， |
| 是以能敝而新成。 | 所以能去舊更新。 |

（以上通行本爲第十五章）

| | |
|---|---|
| 至虛極也， | 把心靈之虛清推到極度， |
| 守靜篤也。 | 使心情之靜寂保持牢固。 |
| 萬物並作， | 當萬物同時興作之時， |
| 吾以觀其復也。 | 我以虛靜來觀察它們循環往復。 |
| 夫物芸芸， | 萬物紛紛芸芸， |
| 各復歸於其根。 | 各自都要歸囬到本根。 |
| 歸根曰靜。 | 所歸的本根叫做“精”。 |
| 靜，是謂復命。 | 達到“精”，就是囬復生命。 |
| 復命，常也； | 囬復生命，符合常道； |
| 知常，明也。 | 懂得常道，叫做明智。 |
| 不知常，妄； | 不懂得常道，叫做妄爲； |
| 妄作凶。 | 妄爲則必然遭到凶禍。 |
| 知常容， | 懂得常道就能包容一切， |
| 容乃公， | 能包容一切就能公正無私， |
| 公乃王， | 能公正無私就能爲天下王， |
| 王乃天， | 能爲天下王就能與天通， |
| 天乃道， | 能與天通就能合乎道， |
| 道乃久， | 能合乎道就能長治久安， |
| 沒身不殆。 | 這樣，就終身沒有危殆。 |

（以上通行本爲第十六章）

太上，　　　　　　　　　太古時候的君主，

下知有之，　　　　　　　下面的老百姓只知道有他，

其次親譽之，　　　　　　其次是老百姓親近、贊譽他，

其次畏之，　　　　　　　再次等的是老百姓害怕他，

其下侮之。　　　　　　　最下等的是老百姓辱罵他。

信不足，　　　　　　　　君主的信德不充滿，

安有不信。　　　　　　　乃有老百姓不信君主的事情發生。

猶呵，　　　　　　　　　猶豫遲疑啊，

其貴言也。　　　　　　　有德的君主說話很少。

成功遂事，　　　　　　　他取得成功，完成事業，

而百姓謂我自然。　　　　百姓都說是自己如此，自然而然。

（以上通行本爲第十七章）

故大道廢，　　　　　　　大道被廢棄以後，

安有仁義；　　　　　　　於是產生了仁義；

智慧出，　　　　　　　　智慧出現以後，

安有大僞；　　　　　　　於是有了虛僞巧詐；

六親不和，　　　　　　　六親不和睦，

安有孝慈；　　　　　　　於是有了孝慈那一套說教；

國家昏亂，　　　　　　　國家昏暗動亂，

安有貞臣。　　　　　　　於是出現了正直的能臣。

（以上通行本爲第十八章）

絕聖棄智，　　　　　　　斷絕並且拋棄聖者之巧智，

| | |
|---|---|
| 民利百倍； | 將給老百姓帶來百倍的好處； |
| 絕仁棄義， | 斷絕並且拋棄仁義的說教， |
| 民復孝慈； | 將會使老百姓恢復慈孝的美德； |
| 絕巧棄利， | 斷絕並且拋棄巧詐私利， |
| 盜賊無有。 | 社會上就不會有盜賊作亂。 |
| 此三言也， | 以上三個方面， |
| 以為文未足， | 作為原則還不夠， |
| 故令有所屬： | 所以還要令其有所歸屬： |
| 見素抱樸， | 外表單純、內心質樸， |
| 少私寡欲， | 減少私利、克制貪欲， |
| 絕學無憂。 | 絕去政教禮樂之學，就沒有憂愁。 |

（以上通行本為第十九章）

| | |
|---|---|
| 唯與訶， | 應諾與責怒， |
| 其相去幾何？ | 相差能有多少？ |
| 美與惡， | 美麗與醜惡， |
| 其相去何若？ | 相差又有多少？ |
| 人之所畏， | 眾人所害怕的， |
| 亦不可以不畏。 | 我也不能不害怕。 |
| 荒呵，其未央哉。 | 但是，〔我與世俗相違之處〕廣闊得沒有盡頭啊。 |
| 眾人熙熙， | 眾人皆大歡喜， |
| 若饗於大牢， | 好像享受豐盛的筵宴， |
| 若春登台。 | 也好像春天登台賞景。 |

| | |
|---|---|
| 我泊焉未兆， | 我淡泊無爲而沒有情欲的形兆， |
| 若嬰兒未咳。 | 好像嬰兒還不知笑時那樣質樸， |
| 累呵似無所歸。 | 好像疲倦的人不知歸宿。 |
| 衆人皆有餘， | 衆人都情欲有餘， |
| 我獨遺。 | 我恰恰遺棄了情欲。 |
| 我愚人之心也， | 我算是"愚人"的頭腦， |
| 惷惷啊！ | 渾然無知啊！ |
| 俗人昭昭， | 衆人明白四達， |
| 我獨昏昏呵； | 我獨暗昧無知啊； |
| 俗人察察， | 衆人清審明晰， |
| 我獨閔閔呵。 | 我獨糊裏糊塗啊。 |
| 惚呵，其若晦； | 昏暗不明，就好像月光將盡； |
| 恍呵，若無所止。 | 昏暗不明，好像沒有邊際呀。 |
| 衆人皆有以， | 衆人都有作爲， |
| 我獨頑且鄙。 | 唯獨我愚頑而又無能。 |
| 吾欲獨異於人， | 我不同於世俗之人， |
| 而貴食母。 | 而重視用"道"。 |

（以上通行本爲第二十章）


| | |
|---|---|
| 孔德之容， | 大德的形容， |
| 惟道是從。 | 都是從道所出。 |
| 道之爲物， | 道在生化萬物時， |
| 惟恍惟惚。 | 呈現恍恍惚惚的狀態。 |
| 惚呵恍呵， | 惚惚恍恍啊， |

| | |
|---|---|
| 中有象呵； | 其中寓有形象； |
| 恍呵惚呵， | 恍恍惚惚啊， |
| 中有物呵。 | 其中含有實物。 |
| 窈呵冥呵。 | 窈窈冥冥啊， |
| 中有精呵。 | 其中藏有精氣。 |
| 其精甚真， | 那個精氣極爲純眞呀， |
| 其中有信。 | 其中蘊含着"神"氣。 |
| 自今及古， | 從當今推及遠古， |
| 其名不去。 | "德"的名字不會喪失。 |
| 以順衆父。 | 有了它，可以承受"道"。 |
| 吾何以知衆父之然也？ | 我怎麼明白"道"的情狀呢？ |
| 以此。 | 根據"德"。 |

（以上通行本爲第二十一章）

| | |
|---|---|
| 曲則全， | 委曲而能保全， |
| 枉則正。 | 屈枉而能直伸。 |
| 窪則盈， | 低窪而能滿盈， |
| 敝則新。 | 敝舊而能更新。 |
| 少則得， | 少取而能多得， |
| 多則惑。 | 多得反而喪失。 |
| 是以聖人抱一以爲天下牧。 | 所以聖人守虛處弱而爲天下人所效法。 |
| 不自是， | 不自以爲是， |
| 故彰； | 所以彰明； |

| | |
|---|---|
| 不自見， | 不自我表現， |
| 故明； | 所以明智； |
| 不自伐， | 不自我誇耀， |
| 故有功； | 所以有功績； |
| 不自矜， | 不自我矜持， |
| 故長。 | 所以能長久。 |
| 夫唯不爭 | 正因爲不爭強， |
| 故莫能與之爭。 | 所以誰也爭不贏他。 |
| 古之所謂曲則全者， | 古人所說的"委曲而能保全"的道理， |
| 豈虛哉？ | 難道還有假嗎？ |
| 誠全歸之。 | 眞要保全就要照着辦。 |

（以上通行本爲第二十二章）

| | |
|---|---|
| 希言，自然。 | 少說話，聽任自然。 |
| 飄風不終朝， | 疾風吹不了一早晨， |
| 暴雨不終日。 | 暴雨下不了一整天。 |
| 孰爲此？ | 誰操縱這一切呢？〔自然如此。〕 |
| 天地而弗能久， | 天地尚且不能長久， |
| 又況於人乎？ | 何況人呢？ |
| 故從事於道者， | 所以，辦事像有道之人那樣， |
| 同於道， | 則與"道"同體； |
| 從事於德者， | 辦事像有德之人那樣， |
| 同於德； | 則與"德"同體； |

| | |
|---|---|
| 從事於失者， | 辦事像失道失德之人那樣， |
| 同於失。 | 則與"失"同體。 |
| 同於德者， | 與德同體的人， |
| 道亦德之； | "道"也得到了他； |
| 同於失者， | 與失同體的人， |
| 道亦失之。 | 道也失去了他。 |

（以上通行本爲第二十三章）

| | |
|---|---|
| 跂者不立， | 用腳尖立地不能久立， |
| 跨者不行。 | 大步跨行不能遠行。 |
| 自是者不彰， | 自以爲是的人，不能彰明； |
| 自見者不明， | 自我表現的人，不會明智； |
| 自伐者無功， | 自我誇耀的人，沒有功勞； |
| 自矜者不長。 | 自我矜持的人，不能長久。 |
| 其在道也， | 它們對於有道的人說來， |
| 曰餘食贅行， | 叫做殘湯剩飯，身上的肉瘤， |
| 物或惡之， | 使人討厭， |
| 故有道者弗居。 | 所以，有道的人不取。 |

（以上通行本爲第二十四章）

| | |
|---|---|
| 有物混成， | 有個東西混沌不分， |
| 先天地生。 | 它先於天地而生成。 |
| 寂呵寥呵， | 它既靜且動啊， |
| 獨立而不改， | 獨立存在而不失其固有的本性， |

周行而不殆，　　　　　循環往復地運動而不倦怠，

可以為天地母。　　　　可以稱它爲化生天地萬物的母體。

吾未知其名也，　　　　我未知道它的名字，

字之曰道，　　　　　　給它一個字叫做"道"，

吾強為之名曰大。　　　勉強給它一個名叫做"大"。

大曰逝，　　　　　　　大於是流逝，

逝曰遠，　　　　　　　流逝於是遠離，

遠曰反。　　　　　　　遠離於是返回。

道大，天大，　　　　　道爲大，天爲大，

地大，人亦大。　　　　地爲大，人也爲大。

域中有四大，　　　　　宇宙內有四大，

而人居一焉　　　　　　而人是其中之一。

人法地，　　　　　　　人效法地，

地法天，　　　　　　　地效法天，

天法道　　　　　　　　天效法道，

道法自然。　　　　　　道順乎自然。

（以上通行本爲第二十五章）

重為輕根，　　　　　　厚重爲輕浮的根本，

靜為趮君。　　　　　　安靜爲躁動的主宰。

是以君子終日行，　　　所以有德之人日常的言行舉止，

不離其輜重。　　　　　總是不離開靜與重。

雖有榮觀，　　　　　　他雖有榮華之境可供觀賞，

燕處超然。　　　　　　却安居閑處，超然物外。

| | |
|---|---|
| 若何萬乘之王， | 爲什麼擁有萬乘兵車的侯王， |
| 而以身輕於天下， | 却要在天下人面前表現輕浮呢？ |
| 輕則失本， | 輕浮則將喪失根本， |
| 趡則失君。 | 躁動則喪失主見。 |

（以上通行本爲第二十六章）

| | |
|---|---|
| 善行者無徹迹， | 善於行走之人，無車轍馬迹； |
| 善言者無瑕適， | 善於說話之人，無語病可挑； |
| 善數者不用檮筭； | 善於計數之人，不用計算工具； |
| 善閉者無關籥而不可啓也， | 善於關閉之人不用關鍵，却使人不可開啓； |
| 善結者無纆約而不可解也。 | 善於捆綁之人，不用繩子捆綁却使人難以鬆解。 |
| 是以聖人恒善救人， | 所以聖人常善於救人， |
| 而無棄人； | 而不遺棄人； |
| 恒善救物， | 常善於救物， |
| 而無棄物。 | 而不遺棄物。 |
| 是謂襲明。 | 這就叫做因順常道。 |
| 故善人不善人之師； | 所以，善人可作不善人的老師； |
| 不善人，善人之資也。 | 不善之人，可作善人的借鑑。 |
| 不貴其師， | 不看重那個"師"， |
| 不愛其資， | 不愛惜那個"資"， |
| 雖知大迷， | 雖然有智慧，却裝做糊塗， |
| 是謂妙要。 | 這就是妙道之要。 |

（以上通行本爲第二十七章）

| | |
|---|---|
| 知其雄， | 知道彼剛強， |
| 守其雌， | 却安守此柔弱， |
| 為天下溪。 | 甘爲天下最卑下者。 |
| 為天下溪， | 甘爲天下最卑下者， |
| 恒德不離， | 常德永遠不離失。 |
| 復歸於嬰兒。 | 重新回復到嬰兒的純樸。 |
| 知其白， | 知道彼光明， |
| 守其黑， | 却安守此暗昧， |
| 為天下式。 | 作爲天下人的法式。 |
| 為天下式， | 作爲天下人的法式， |
| 恒德不貸， | 常德永不差忒， |
| 復歸於無極。 | 重新回歸於道。 |
| 知其榮， | 知道彼榮耀， |
| 守其辱， | 却安守此汚辱， |
| 為天下谷。 | 甘爲天下最卑下者。 |
| 為天下谷， | 甘爲天下最卑下者， |
| 恒德乃足， | 常德就會充盈， |
| 復歸於樸。 | 重新恢復樸實無華的本色。 |
| 樸散則為器， | 萬物的樸眞離散，就成爲具體的器物。 |
| 聖人用則為官長， | 聖人運用它就能成爲君人之長。 |
| 夫大制無割。 | 所以，用大道制御天下而沒有損傷。 |

（以上通行本爲第二十八章）

| | |
|---|---|
| 將欲取天下而為之， | 想要治理天下而行有爲之政， |
| 吾見其弗得已。 | 我看他不可得逞。 |
| 夫天下神器也， | 天下是神妙的器物， |
| 非可為者也， | 不可以強力而爲， |
| 〔非可執者也。〕 | 〔不可以緊抓不放。〕 |
| 為者敗之， | 強力而爲就會失敗， |
| 執者失之。 | 緊抓不放就會喪失。 |
| 物或行或隨， | 事物有的前行，有的後隨； |
| 或歔或吹， | 有的輕噓，有的急吹； |
| 或強或羸， | 有的強大，有的瘦弱； |
| 或載或隳。 | 有的安全，有的危險。 |
| 是以聖人去甚、去泰、去奢。 | 所以聖人辦事不過分，不過極，不誇張。 |

（以上通行本爲第二十九章）

| | |
|---|---|
| 以道佐， | 人主以道自我輔佐， |
| 人主不以兵強於天下， | 不應當依靠兵力稱霸於天下。 |
| 其事好還。 | 用兵必將得到還報。 |
| 師之所居， | 用兵打仗之地， |
| 荆棘生之。 | 雜草叢生。 |
| 善者果而已矣， | 善於用兵的人濟困救危罷了， |
| 毋以取強焉。 | 而不借用兵逞強於天下。 |
| 果而勿驕； | 濟困救危而不驕傲， |
| 果而勿矜， | 濟困救危而不矜持， |

| | |
|---|---|
| 果而勿伐， | 濟困救危而不誇耀， |
| 果而毋得已， | 濟困救危出於不得已， |
| 是謂果而不強。 | 這就叫做濟困救危而不稱強於天下。 |
| 物壯則老， | 事物壯大了則過早走向衰老， |
| 是謂不道， | 這叫做不合於道， |
| 不道早已。 | 不合於道必然提前消亡。 |

（以上通行本爲第三十章）

| | |
|---|---|
| 夫兵者不祥之器也， | 兵器是不吉利的東西， |
| 物或惡之， | 人們都討厭它， |
| 故有道者弗居。 | 所以有道之人不以此安身立命。 |
| 君子居則貴左， | 君子平時居家則以左方爲貴， |
| 用兵則貴右。 | 戰時用兵則以右方爲貴。 |
| 故兵者非君子之器也， | 所以，兵器非君子所用， |
| 兵者不祥之器也， | 它是不吉利的東西， |
| 不得已而用之。 | 只是不得已才用它。 |
| 銛襲爲上， | 兵器以鋒利而能刺入爲優， |
| 勿美也。 | 不必裝飾它。 |
| 若美之， | 若把殺人的兵器裝飾得很美， |
| 是樂殺人也。 | 那是樂於殺人的表現。 |
| 夫樂殺人， | 而樂於殺人的人， |
| 不可以得志於天下矣。 | 是不可能使自己的志願在天下得到實現的。 |
| 是以吉事上左， | 所以吉祥之事以左方爲貴， |

| | |
|---|---|
| 喪事上右； | 凶喪之事以右方為貴。 |
| 是以偏將軍居左， | 所以偏將軍居於左方， |
| 上將軍居右。 | 上將軍居於右方。 |
| 言以喪禮居之也。 | 這是說用行喪禮的儀式來對待用兵打仗。 |
| 殺人衆， | 殺人衆多， |
| 以悲哀泣之， | 以悲哀的感情為之哭泣； |
| 戰勝以喪禮處之。 | 打了勝仗，用行喪禮的儀式來處理後事。 |

（以上通行本為第三十一章）

| | |
|---|---|
| 道恒、 | 道，永遠存在， |
| 無名、 | 它沒有名字， |
| 樸、唯、小， | 是原始素材，獨立無匹，其體微小， |
| 而天下弗敢臣。 | 而天下人誰也不能臣服它。 |
| 侯王若能守之， | 侯王若能守道， |
| 萬物將自賓。 | 萬物將自動賓服。 |
| 天地相合， | 天地陰陽之氣相結合， |
| 以降甘露， | 而普降下甘露， |
| 民莫之令而自均焉。 | 雖無人命令，而人民却能平均地享受。 |
| 始制有名， | 產生了法度就有了名分， |
| 名亦旣有， | 名分有了之後， |
| 夫亦將知止。 | 則當適可而止。 |

知止所以不殆。　　　　　　　知道適可而止，就沒有危險。

譬道之在天下，　　　　　　　大道之於天下萬物，

猶川谷之與江海也。　　　　　譬猶大海之與江河。

（以上通行本爲第三十二章）

知人者智也，　　　　　　　　知道別人的人只是空有巧智，

自知者明也，　　　　　　　　知道自己的長處與短處才稱清明；

勝人者有力也，　　　　　　　能戰勝別人算是有力量，

自勝者強也；　　　　　　　　能克制自己而守柔處弱才是眞正的
　　　　　　　　　　　　　　　　　剛強；

知足者富也，　　　　　　　　知道自我滿足的人永遠富有，

強行者有志也；　　　　　　　勉強行道的人抱有大志；

不失其所者久也，　　　　　　順道而行的人才能長久，

死而不忘者壽也。　　　　　　身死而道常存才算長壽。

（以上通行本爲第三十三章）

道汎呵，　　　　　　　　　　大道像浮動的流水，

其可左右也。　　　　　　　　它或左或右無所不在。

萬物恃之以生而不辭。　　　　萬物賴它而生，但它不作萬物的主
　　　　　　　　　　　　　　　　　宰。

成功遂事而弗民有也，　　　　取得了成功，完成了事業，而不自
　　　　　　　　　　　　　　　　　有其名，

萬物歸焉而弗爲主。　　　　　萬物歸順而不爲它們作主。

恒無欲也，　　　　　　　　　經常保持無欲的狀態，

| | |
|---|---|
| 可名於小； | 可以稱之爲“小”； |
| 萬物歸焉而弗為主， | 萬物歸順而不爲它們作主， |
| 可名於大矣。 | 可以稱之爲“大”。 |
| 是以聖人之能成大也， | 所以，聖人之能成就大業， |
| 以其不為大也， | 就因爲他不自以爲大， |
| 故能成大。 | 因而能成就大業。 |

（以上通行本爲第三十四章）

| | |
|---|---|
| 執大象， | 掌握了大道， |
| 天下往。 | 天下人都將歸往。 |
| 往而不害， | 歸往而不相害， |
| 安平泰。 | 則國泰民安。 |
| 樂與餌， | 悅耳的音樂與好吃的美食， |
| 過客止。 | 待過客人以後就很快消失。 |
| 道之出， | 大道所出， |
| 言淡呵其無味也， | 乃淡而無味， |
| 視之不足見也， | 視而不見， |
| 聽之不足聞也， | 聽而不聞， |
| 用之不足既也。 | 用而不可窮盡。 |

（以上通行本爲第三十五章）

| | |
|---|---|
| 將欲擒之， | 將要牽制它， |
| 必故張之； | 必先放開它； |
| 將欲弱之， | 將要削弱它， |

| | |
|---|---|
| 必故强之， | 必先增強它； |
| 將欲去之， | 將要廢去它， |
| 必故舉之； | 必先推舉它； |
| 將欲奪之， | 將要奪取它， |
| 必故予之。 | 必先給予它。 |
| 是謂微明。 | 這中間的道理可謂微妙而彰明。 |
| 柔弱勝剛强， | 柔弱可以戰勝剛強， |
| 魚不可脫於淵， | 魚兒不可以脫離深淵， |
| 國之利器不可以示人。 | 國君的 " 權術 " 不可以昭示於人。 |

（ 以上通行本爲第三十六章 ）

| | |
|---|---|
| 道恒無為， | 道永遠無爲， |
| 而無不為。 | 而沒有什麼事不可爲。 |
| 侯王若能守之， | 侯王若能堅守無爲之道， |
| 萬物將自化。 | 萬物就可以自己變化而成。 |
| 化而欲作， | 變化而欲念興作， |
| 吾將鎮之以無名之樸。 | 我將用"無名"和"樸"來克制它。 |
| 鎮之以無名之樸， | 用 " 無名 " 和 " 樸 " 來克制它， |
| 夫將不欲。 | 就能達到 " 無欲 " 的境界。 |
| 不欲以靜， | " 無欲 " 就能導致安靜， |
| 天下將自正。 | 從而使天下太平無事。 |

（ 以上通行本爲第三十七章 ）

# (二) 《德經篇》

| 校正文 | 意譯文 |
|---|---|
| 上德不德， | 上德之人不以得爲事， |
| 是以有德。 | 所以有所得； |
| 下德不失德， | 下德之人持得不失， |
| 是以無德。 | 所以無所得。 |
| 上德無爲而無不爲也； | 上德之人無爲而沒有什麼不可爲； |
| 上仁爲之，而無以爲也； | 上仁之人推行仁，而其實無所爲； |
| 上義爲之， | 上義之人推行義， |
| 而有以爲也； | 而不得不有所爲； |
| 上禮爲之， | 上禮之人推行禮， |
| 而莫之應也。 | 若無人響應， |
| 則攘臂而扔之。 | 就揎衣出臂，強行人家服從其禮。 |
| 故失道而後德， | 所以，喪失了“道”而後才有“德”， |
| 失德而後仁， | 喪失了德而後才有“仁”， |
| 失仁而後義， | 喪失了“仁”而後才有“義”， |
| 失義而後禮。 | 喪失了“義”而後才有“禮”。 |
| 夫禮者， | 至於那個“禮”， |
| 忠信之薄， | 乃是忠信的衰薄， |
| 而亂之首也。 | 與禍亂的開端。 |
| 前識者， | 所謂“先知”， |

道之華而愚之首也。　　　　　那是道的虛華與邪僞的開端。

是以大丈夫居其厚，　　　　　所以，大丈夫處身於淳厚，

而不居其薄；　　　　　　　　而不處身於淺薄；

居其實，　　　　　　　　　　處身於樸實，

而不居其華。　　　　　　　　而不處身於虛華。

故去彼而取此。　　　　　　　因而，要去掉淺薄與虛華，採納淳厚與樸實。

（以上通行本爲第三十八章）


昔之得一者，　　　　　　　　已經得到"一"的事物，〔各有所成〕：

天得一以清，　　　　　　　　天得到"一"而清明，

地得一以寧，　　　　　　　　地得到"一"而安寧，

神得一以靈，　　　　　　　　神得到"一"而英靈，

谷得一以盈，　　　　　　　　低谷得到"一"而充盈，

侯王得一以爲天下正。　　　　侯王得到"一"而成爲天下的統領。

其致之一也，　　　　　　　　如果拋棄這個"一"，

謂天毋以清將恐裂，　　　　　則天不得清明恐會崩裂，

地無以寧將恐發，　　　　　　地不得安寧恐會傾墮，

神無以靈將恐歇，　　　　　　神不得英靈恐會止息，

谷毋以盈將恐竭，　　　　　　低谷不得充盈恐會枯揭，

侯王毋以貴高將恐蹶。　　　　侯王不得貴高恐會廢黜。

故貴必以賤爲本，　　　　　　所以榮貴必以低賤爲根本，

高必以下爲基。　　　　　　　高尚必以賤下爲基礎。

是以侯王自謂孤、寡、不穀。　　所以，侯王稱呼自己爲“孤”、爲
　　　　　　　　　　　　　　　　　“寡”，爲不“穀”。

此其以賤之爲本與！　　　　　　這就是它們以低賤作爲根本！

非也？　　　　　　　　　　　　不是嗎？

故致數與無與。　　　　　　　　所以，使之多譽反而無譽。

是故不欲祿祿若玉，　　　　　　因此，不要像美玉那樣閃閃發光，

硌硌若石。　　　　　　　　　　也不要像石頭那樣落落堅硬。

（以上通行本爲第三十九章）


反也者道之動也，　　　　　　　向相反的方面轉化是道的運動，

弱也者道之用也。　　　　　　　處柔守弱是道的運用。

天下之物生於有，　　　　　　　天下之物生於有名，

有生於無。　　　　　　　　　　有名生於無名。

（以上通行本爲第四十章）


上士聞道，　　　　　　　　　　上士聞聽到道，

勤能行之；　　　　　　　　　　勤苦地施行；

中士聞道，　　　　　　　　　　中士聞聽到道，

若存若亡；　　　　　　　　　　有的保存，有的喪失；

下士聞道，　　　　　　　　　　下士聞聽到道，

大笑之，　　　　　　　　　　　無知地嘲笑。

弗笑，　　　　　　　　　　　　如果他們不嘲笑，

弗足以爲道。　　　　　　　　　那又怎麼能稱之爲道呢！

是以建言有之曰：　　　　　　　所以，古格言有這樣說的：

| 明道如費， | 明白之道，包含有不明； |
|---|---|
| 進道如退， | 前進之道，包含有倒退； |
| 夷道如類， | 平坦之道，包含有不平； |
| 上德如谷， | 高尚之德，包含有鄙陋； |
| 大白如辱， | 最大的清白，包含有黑垢； |
| 廣德如不足， | 廣博之德，包含有不足； |
| 建德如偷， | 強健之德，包含有羸弱； |
| 質（真）〔德〕如渝， | 信任之德包含有不信。 |
| 大方無隅， | 最方的東西無角， |
| 大器晚成， | 最大的器物後成， |
| 大音希聲， | 最響的聲音希微， |
| 大象無形。 | 最大的形象沒有形象， |
| 道褒無名。 | 盛大的道沒有名字。 |
| 夫惟道，善貸且善成。 | 唯有道，善於借貸又善於完成。 |

（以通行本爲第四十一章）

| 道生一 | "道"化生混沌之氣， |
|---|---|
| 一生二 | 混沌之氣剖判爲陰陽二氣， |
| 二生三， | 陰陽二氣發生參和， |
| 三生萬物 | 參和產生萬物。 |
| 萬物員陰而抱陽， | 萬物都包含着陰陽兩個對立面， |
| 沖氣以爲和。 | 陰陽雙方相互作用而成爲和氣。 |
| 人之所惡， | 人們所厭惡的， |
| 惟孤寡不穀， | 唯有"孤"、"寡"、"不穀"等字眼， |

| | |
|---|---|
| 而王公以自名也。 | 而王侯却以它們作爲自己的稱呼。 |
| 故物或損之而益， | 所以，事物有時減少了反而增加， |
| 或益之而損。 | 有時增加了反而減少。 |
| 人之所敎， | 古聖人所敎給我的， |
| 亦議而敎人。 | 我也以其義旨而敎給別人。 |
| 强梁者不得其死， | 强橫之人不得好死， |
| 吾將以爲學父。 | 我將以它作爲敎人醒悟的開端。 |

（以上通行本爲第四十二章）

| | |
|---|---|
| 天下之至柔， | 天下最柔弱的東西， |
| 馳騁於天下之至堅， | 能攻擊穿透天下最堅硬的東西。 |
| 出於無有， | 它從“無有”中生出， |
| 入於無閒， | 又能穿入沒有縫隙的東西。 |
| 吾是以知無爲之有益也。 | 我因此知道“無爲”之道是有益的。 |
| 不言之敎， | 不言的敎誨， |
| 無爲之益， | 無爲的益處， |
| 天下希能及之矣。 | 天下人很少能達到。 |

（以上通行本爲第四十三章）

| | |
|---|---|
| 名與身孰親？ | 名譽與自身兩者誰更值得珍愛？ |
| 身與貨孰多？ | 自身與財貨兩者誰更貴重？ |
| 得與亡孰病？ | 得與失兩者，誰的弊病更多？ |
| 甚愛必大費， | 過分的珍愛，必然引起更大的耗費； |
| 多藏必厚亡。 | 過多的收藏，必然帶來更大的損失。 |

故知足不辱，　　　　　　　所以，知道滿足，就不會遭到垢辱；

知止不殆。　　　　　　　　知道適可而止，就沒有危險。

可以長久。　　　　　　　　可以長生久壽。

（以上通行本爲第四十四章）


大成若缺，　　　　　　　　最完美中包含有缺陷，

其用不弊；　　　　　　　　其作用不會盡竭；

大盈若盅，　　　　　　　　最充盈包含有空虛，

其用不窮；　　　　　　　　它的作用不會窮盡；

大直若詘，　　　　　　　　最剛直難免有委曲，

大巧若拙，　　　　　　　　最靈巧難免有笨拙，

大辯若吶。　　　　　　　　最善辯難免有言語遲鈍。

趮勝寒，　　　　　　　　　運動可以戰勝寒冷，

靜勝炅，　　　　　　　　　安靜可以戰勝暑熱，

清靜可以爲天下正。　　　　清靜無爲可以作爲平治天下的準則。

（以上通行本爲第四十五章）


天下有道，　　　　　　　　天下人主擁有大道，

卻走馬以糞；　　　　　　　那就退還善走之馬用於送糞；

天下無道，　　　　　　　　天下人主無有大道，

戎馬生於郊。　　　　　　　那就戰馬生小駒於郊外。

罪莫大於可欲，　　　　　　罪過莫大於多欲，

禍莫大於不知足，　　　　　禍患莫大於不知滿足，

咎莫潛於欲得，　　　　　　咎災莫甚於欲求所得。

| | |
|---|---|
| 故知足之足， | 所以，知道滿足而滿足， |
| 恒足矣。 | 那就能永遠滿足。 |

（以上通行本爲第四十六章）

| | |
|---|---|
| 不出於戶， | 不出家門， |
| 以知天下； | 能通曉天下事理； |
| 不窺於牖， | 不看窗外， |
| 以知天道。 | 能掌握天象的自然規律。 |
| 其出也彌遠， | 他走出越遠， |
| 其知也彌少。 | 他所知的事理就越少。 |
| 是以聖人弗行而知， | 所以聖人不遠行而能知， |
| 弗見而名， | 不見外物而能明白事理， |
| 弗爲而成。 | 不親手作爲而能取得成功。 |

（以上通行本爲第四十七章）

| | |
|---|---|
| 爲學者日益， | 從事學習的人，智慧日益增加； |
| 聞道者日損， | 聞聽道的人，智慧日益減少。 |
| 損之又損， | 減少而又減少， |
| 以至於無爲。 | 乃至達到“無爲”的境界。 |
| 無爲而無不爲。 | 堅持“無爲”，而沒有什麼事不可爲。 |
| 將欲取天下也， | 想要治理天下， |
| 恒無事； | 那就要永遠保持無事的狀態； |
| 及其有事也， | 如果有所事事， |

又不足以取天下矣。　　　　　那就難於治好天下。

（以上通行本爲第四十八章）

聖人恒無心　　　　　　　　聖人永遠沒有自己的心願，

以百姓之心爲心。　　　　　他們以順從百姓的心願爲心願。

善者善之，　　　　　　　　百姓中善的人，聖人以善待他；

不善者亦善之，　　　　　　不善的人，聖人也以善待他，

德善也；　　　　　　　　　從而得到了善的結果。

信者信之，　　　　　　　　百姓中守信的人，聖人以信待他；

不信者亦信之，　　　　　　不守信的人，聖人也以信待他，

德信也。　　　　　　　　　從而得到了信的結果。

聖人之在天下，　　　　　　聖人以天下爲己任，

歙歙焉，　　　　　　　　　常恐懼不安，

爲天下渾心。　　　　　　　欲使天下人心歸於渾樸。

百姓皆注耳目焉，　　　　　百姓都充分發揮耳目的功用，

聖人皆孩之。　　　　　　　聖人把他們都看作嬰孩。

（以上通行本爲第四十九章）

出生入死，　　　　　　　　在生死之地出入，

生之徒十有三，　　　　　　屬於生存一類十分中有三分；

死之徒十有三。　　　　　　屬於死亡一類，十分中有三分；

而民之生生而動，　　　　　而老百姓爲求生而作爲，

動皆之死地之十有三。　　　這種作爲走向死地的也是十分中有

　　　　　　　　　　　　　　　三分。

| | |
|---|---|
| 夫何故也？ | 這是什麼原因呢？ |
| 以其生生也。 | 因為他們太貪生啊！ |
| 蓋聞善執生者， | 聽說善於保生的人， |
| 陵行不避兕虎， | 在山中行走，不用迴避兕與老虎； |
| 入軍不被兵革。 | 進入戰鬥的行例，不用披戴護身的兵甲。 |
| 兕無所投其角， | 兕無法用角傷害他， |
| 虎無所措其爪， | 老虎無法用爪傷害他， |
| 兵無所容其刃， | 兵器無法用刃傷害他， |
| 夫何故也？ | 這是什麼原因呢？ |
| 以其無死地焉。 | 因為他心裏沒有死的地盤啊！ |

（以上通行本為第五十章）

| | |
|---|---|
| 道生之而德畜之， | 道生出萬物而德畜養萬物， |
| 物刑之而器成之， | 物種形范萬物器具成全萬物。 |
| 是以萬物尊道而貴德。 | 所以萬物尊崇道而重視德。 |
| 道之尊也， | 道之所以受到尊崇， |
| 德之貴也， | 德之所以受到重視， |
| 夫莫之爵而恒自然也。 | 並沒有誰給他們爵位，而只是恒久因任自然罷了。 |
| 道生之， | 道生出萬物， |
| 德畜之， | 德畜養萬物， |
| 長之遂之， | 使萬物滋長成熟， |
| 亭之毒之， | 安穩定形， |

| 養之復之。 | 得到保養直至反本復命。 |
| 生而弗有也， | 生出萬物而不占有它們， |
| 爲而弗侍也， | 對萬物有所施爲而不恃望其報， |
| 長而弗宰也， | 助長萬物而不去宰割它們， |
| 是謂玄德。 | 這就是上善之德。 |

（以上通行本爲第五十一章）

| 天下有始， | 天下有一個始祖（道）， |
| 以爲天下母。 | 可以作爲天下萬物的母親。 |
| 旣得其母， | 旣然得知這一母親， |
| 以知其子； | 那就可以知道它的兒子； |
| 旣知其子， | 旣然知道他的兒子， |
| 復守其母， | 那就要返回來守住這個母親， |
| 沒身不殆。 | 這樣就終身沒有危殆。 |
| 塞其兌， | 堵塞那喜悅之情， |
| 閉其門， | 關閉那憂悶之門， |
| 終身不菫； | 終身不會患病； |
| 啓其兌， | 放縱那喜悅之情， |
| 濟其事， | 憂傷那世間之事， |
| 終身不救， | 終身不可救治。 |
| 見小曰明， | 予見到微妙之處，可稱之爲明智； |
| 守柔曰強。 | 堅守柔弱，可稱之爲剛強。 |
| 用其光， | 運用那微妙的智慧之光， |
| 復歸其明， | 復歸到玄通之明。 |

| | |
|---|---|
| 無遺身殃， | 不留下危及自身的禍殃， |
| 是謂襲常。 | 這就叫做因襲常道。 |

（以上通行本爲第五十二章）

| | |
|---|---|
| 使我介然有知， | 假使我正邪劃分得很明白， |
| 行於大道， | 那麼行走在正道上， |
| 唯施是畏。 | 唯獨害怕走上邪道。 |
| 大道甚夷， | 大道很平坦， |
| 民甚好解。 | 而貴族們却好脫離大道而走邪道。 |
| 朝甚除， | 朝政甚爲腐敗， |
| 田甚蕪， | 田園甚爲荒蕪， |
| 倉甚虛， | 倉庫甚爲空虛， |
| 服文采， | 身着錦繡之衣， |
| 帶利劍， | 帶上鋒利之劍， |
| 厭飲食， | 飽餐美味的飲食， |
| 資財有餘， | 有着用不完的資財， |
| 是謂盜竽。 | 這種人可稱爲強盜頭子。 |
| 盜竽，非道也哉。 | 做強盜頭子，不合於道啊！ |

（以上通行本爲第五十三章）

| | |
|---|---|
| 善建者不拔， | 善於建立的不可移易， |
| 善抱者不脫， | 善於抱執的不會脫下， |
| 子孫以祭祀不絕。 | 子子孫孫祭祀不會斷絕。 |
| 修之身， | 以道治其身， |

| | |
|---|---|
| 其德乃眞； | 他的德就純眞； |
| 修之家， | 以道治其家， |
| 其德乃餘； | 他的德就富餘； |
| 修之鄉， | 以道治其鄉， |
| 其德乃長； | 他的德就高大； |
| 修之邦， | 以道治其邦， |
| 其德乃豐； | 他的德就豐厚； |
| 修之天下， | 以道治其天下， |
| 其德乃普。 | 他的德就廣博。 |
| 以身觀身， | 以我之治身，來觀察認識別人治身； |
| 以家觀家， | 以我之治家，來觀察認識別人治家； |
| 以鄉觀鄉， | 以我之治鄉，來觀察認識別人治鄉； |
| 以邦觀邦， | 以我之治邦，來觀察認識別人治邦； |
| 以天下觀天下。 | 以我之治天下，來觀察認識別人治天下。 |
| 吾何以知天下之然哉？ | 我怎樣知道天下之是非呢？ |
| 以此。 | 用這個方法。 |

（以上通行本爲第五十四章）

| | |
|---|---|
| 含德之厚者， | 積有豐富精氣的人， |
| 比於亦子。 | 可用嬰兒來比譬。 |
| 蜂蠆蟲蛇弗螫， | 蜂蝎蟲蛇不刺傷他， |
| 攫鳥猛獸弗搏， | 雄鷹猛獸不搏擊他， |
| 骨弱筋柔而握固， | 筋骨柔弱而小拳頭却握得緊緊的。 |

| | |
|---|---|
| 未知牝牡之合而朘怒， | 他們不知男女結合之事而陰莖却常常翹動， |
| 精之至也。 | 這是精氣極充滿的表現啊。 |
| 終日號而不嚘， | 他們終日啼哭而不因氣逆而瘂， |
| 和之至也。 | 這是"和"達到了完美的程度啊。 |
| 知和曰常， | 知道"和"則合乎常道， |
| 知常曰明， | 知道常道，則心明眼亮。 |
| 益生曰祥， | 貪求豐盛的物質生活則必遭殃； |
| 心使氣曰強。 | 用心機而鼓銳氣則爲強梁。 |
| 物壯則老， | 事物壯大了，則必過早衰老。 |
| 謂之不道， | 這叫做不合於道。 |
| 不道早已。 | 不合於道，必然過早消亡。 |

（以上通行本爲第五十五章）

| | |
|---|---|
| 知者弗言， | 達道之人，不實行言敎； |
| 言者弗知， | 實行言敎之人，未達道。 |
| 塞其兌， | 堵塞那喜悅之情， |
| 閉其門； | 關閉那憂悶之門。 |
| 挫其銳， | 挫折那顯露之銳， |
| 解其紛； | 消解那是非之爭。 |
| 和其光， | 調和那光的亮度， |
| 同其塵。 | 混同那清濁的區分。 |
| 是謂玄同。 | 這就叫做"玄同"。 |
| 故不可得而親， | 所以，不可能得其"親"， |

| | |
|---|---|
| 亦不可得而疏； | 也不可能得其“疏”； |
| 不可得而利， | 不可能得其“利”， |
| 亦不可得而害； | 也不可能得其“害”； |
| 不可得而貴， | 不可能得其“貴”， |
| 亦不可得而賤。 | 也不可能得其“賤”。 |
| 故為天下貴。 | 所以，“玄同”爲天下人所珍貴。 |

（以上通行本爲第五十六章）

| | |
|---|---|
| 以正之邦， | 以正身之人治理國家， |
| 以奇用兵， | 以奇巧之術用兵打仗， |
| 以無事取天下。 | 以無爲之道平治天下。 |
| 吾何以知其然也哉？ | 我怎麽知道這樣作是對的呢？ |
| 夫天下多忌諱，而民彌貧， | 政府限制過多，老百姓就會更加貧困； |
| 民多利器， | 民衆擁有很多武器， |
| 而邦家滋昏； | 國家就會動蕩不安； |
| 人多智慧， | 人們巧智過多， |
| 而奇物滋起； | 奇異之物就會泛濫起來； |
| 法物滋彰， | 著有法律條文的實物加多， |
| 而盜賊多有。 | 盜賊就將日益猖獗。 |
| 是以聖人之言曰： | 所以，聖人有這樣的名言： |
| 我無為而民自化， | 我堅持無爲，則老百姓就會自己開化； |
| 我好靜而民自正， | 我喜好清靜，則老百姓就會自己端 |

正；

我無事而民自富， 我無所事事，則老百姓就會自己富

裕；

我無欲而民自樸。 我沒有欲望，則老百姓就會自己純

樸。

（以上通行本爲第五十七章）

其政閔閔， 他在政治上昏昏不明，

其民屯屯； 他的百姓就歸於淳樸；

其政察察， 他在政治上明察不苟，

其民缺缺。 他的百姓就道德欠缺。

禍，福之所倚； 禍啊，福依凭着它；

福，禍之所伏。 福啊，禍藏伏在其中。

孰知其極？ 誰知道它們轉化的終極點呢？

其無正也。 這個終極點是沒有定準的。

正復爲奇， 正常復返爲奇異，

善復爲妖。 吉祥復返爲妖孽。

人之迷也， 人們對這種轉化迷惑不解，

其日固久矣。 時日已經很久了。

是以聖人方而不割， 所以，聖人方正而不割傷人，

廉而不刺， 清廉而不刺傷人，

直而不肆， 正直而不剔傷人，

光而不眺。 光明而不眩傷人。

（以上通行本爲第五十八章）

治人事天莫若嗇。　　　　治國治身最重要的是注意嗇省。

夫唯嗇，　　　　　　　　惟其能注意嗇省，

是以早服。　　　　　　　所以才能早有所治。

早服謂之重積德，　　　　早有所治，可稱爲"多積德"。

重積德則無不克，　　　　"多積德"則無往而不勝。

無不克則莫知其極，　　　無往而不勝，就不知其生存的終極；

莫知其極可以有國。　　　不知其生存的終極，就可以保有社
　　　　　　　　　　　　　稷。

有國之母可以長久。　　　有道的社稷，可以長治久安。

是謂深根固蔕，　　　　　這叫做"深根固蔕，

長生久視之道也。　　　　長生久視"的方術。

（以上通行本爲第五十九章）

治大國若烹小鮮。　　　　治理大國如同烹煮小魚。

以道蒞天下，　　　　　　用道來蒞臨天下，

其鬼不神。　　　　　　　那些"鬼"也顯不了神靈。

非其鬼不神也，　　　　　不是那些"鬼"不能顯神靈，

其神不傷人也；　　　　　而是它的神靈不能傷害於人；

非其神不傷人也；　　　　不是那些神靈不能傷害於人，

聖人亦不傷人也。　　　　而是聖人不傷害於人。

夫兩不相傷，　　　　　　聖人和鬼神都不傷人，

故德交歸焉。　　　　　　所以他們的德應歸交於道。

（以上通行本爲第六十章）

| | |
|---|---|
| 大邦者下流也， | 大國好比居住下流， |
| 天下之交也， | 是天下衆水交滙之處。 |
| 天下之牝， | 天下的畜類， |
| 牝恒以靜勝牡。 | 雌的常常以安靜勝過雄的。 |
| 爲其靜也， | 正因爲它安靜， |
| 故宜爲下也。 | 所以甘願謙下。 |
| 故大邦以下小邦， | 大國而對小國謙下， |
| 則取小邦， | 則能取得小國。 |
| 小邦以下大邦， | 小國而對大國謙下， |
| 則取於大邦。 | 則有取於大國。 |
| 故或下以取， | 所以，或者以謙下而取得小國， |
| 或下而取。 | 或者以謙下而有取於大國。 |
| 故大邦者不過欲兼畜人， | 大國不過想兼併管理小國； |
| 小邦者不過欲入事人， | 小國不過想作大國的屬國而求得保護。 |
| 夫皆得其欲， | 大國和小國都達到了目的， |
| 則大者宜爲下。 | 所以大國應當謙下。 |

（以上通行本爲第六十一章）

| | |
|---|---|
| 道者萬物之注也， | 道是萬物所積藏的對象， |
| 善人之寶也， | 善人把它看作寶貝， |
| 不善人之所保也， | 不善的人也要用它來自保。 |
| 美言可以市， | 華麗的言辭可以作交易， |
| 尊行可以加人， | 高尚的行爲則有益於人。 |

| | |
|---|---|
| 人之不善也， | 人若有了不善的德行， |
| 何棄之有也？ | 何必把他拋棄呢？ |
| 故立天子， | 所以，設立君王， |
| 置三卿， | 安置大臣， |
| 雖有共璧， | 雖有珠璧之貴， |
| 以先四馬， | 車馬之良， |
| 不若坐而進此道。 | 不如坐下來向人們進獻修身之道。 |
| 古之所以貴此道者，何也？ | 古人重視這個"道"是爲什麼呢？ |
| 不謂求以得， | 不正是爲了求其所得， |
| 有罪以免與？ | 並求有罪而得免除嗎？ |
| 故爲天下貴。 | 所以，"道"爲天下人所重視。 |

（以上通行本爲第六十二章）

| | |
|---|---|
| 爲無爲， | 有爲生於無爲， |
| 事無事， | 有事起於無事， |
| 味無味， | 有味源於無味， |
| 大小，多少。 | 大生於小，多起於少。 |
| 圖難乎於其易， | 解決困難的問題要從容易的問題着手， |
| 爲大乎於其細， | 成就大業要從一點一滴做起。 |
| 天下之難事必作於易， | 天下困難的事情，必然通過做容易的事來解決； |
| 天下之大事必作於細。 | 天下的大事必然通過作細小之事來完成。 |

| | |
|---|---|
| 是以聖人終不為大， | 所以，聖人安於平凡細小之事， |
| 故能成其大。 | 却能成就其大業。 |
| 夫輕諾必寡信， | 凡是輕率許諾，必將帶來不信任， |
| 多易必多難。 | 經常輕易從事，必將造成更多困難。 |
| 是以聖人猶難之， | 聖人總是不迴避困難， |
| 故終於無難， | 所以，最終沒有困難。 |

（以上通行本為第六十三章）

| | |
|---|---|
| 其安也，易持也， | 事物處於安穩時容易保持， |
| 其未兆也，易謀也； | 事變尚未發作時容易謀劃， |
| 其脆也，易判也； | 事物比較脆弱時容易分裂， |
| 其微也，易散也。 | 事物體積微小時容易消散。 |
| 為之於未有， | 防患工作要做在事故未有發生之時， |
| 治之於未亂。 | 治亂工作要做在禍亂未有發生之日。 |
| 合抱之木， | 合抱的大樹， |
| 生於毫末， | 是從幼小的樹苗生長起來的； |
| 九成之台， | 九層的高台， |
| 作於累土； | 是從一筐筐泥土堆建起來的； |
| 千里之行， | 千里的遠行， |
| 始於足下。 | 是用雙腳一步步走到的。 |
| 為之者敗之， | 強行作為必然失敗， |
| 執之者失之。 | 強行抱住必然喪失。 |
| 是以聖人無為也故無敗也； | 所以聖人不強行作為，也就無所謂失敗； |

| | |
|---|---|
| 無執也故無失也。 | 聖人不強行抱住，也就無所謂喪失。 |
| 民之從事也， | 人們做事情， |
| 恒於幾成而敗之。 | 常常在快要成功的時候而失敗了。 |
| 故曰慎終若始， | 所以說結尾時同開頭一樣謹慎， |
| 則無敗事矣。 | 就不會有失敗的結局。 |
| 是以聖人欲不欲， | 所以，聖人之欲就是無欲， |
| 而不貴難得之貨， | 他們不看重難得的貨物； |
| 學不學， | 聖人之學就是不學， |
| （而）〔不〕復衆人之所過。 | 他們不重複衆人所犯的過錯。 |
| 能輔萬物之自然而弗敢爲。 | 因而他們輔助萬物順着自然法則， |
| | 而不妄爲。 |

（以上通行本爲第六十四章）

| | |
|---|---|
| 古之善爲道者， | 古時善於行道的人， |
| 非以明民也， | 不是要使人聰明， |
| 將以愚之也。 | 而是要使人愚樸。 |
| 民之難治也， | 老百姓之所以難於治理， |
| 以其智也。 | 原因在於治國者好用巧智。 |
| 故以智治邦， | 所以，用巧智治理國家， |
| 邦之賊也。 | 將給國家帶來害處； |
| 以不智治邦， | 不用巧智來治理國家， |
| 邦之德也。 | 將給國家帶來好處。 |
| 恒知此兩者， | 經常懂得上述兩個方面， |
| 亦稽式也。 | 也就掌握了治國的法式。 |

| | |
|---|---|
| 恒知稽式， | 經常掌握這個法式， |
| 是謂玄德。 | 就可稱爲上善之德。 |
| 玄德深矣遠矣， | 上善之德無比深遠， |
| 與物反矣， | 它同萬物都要返回本根， |
| 乃至大順。 | 直至歸於大道。 |

（以上通行本爲第六十五章）

| | |
|---|---|
| 江海所以能為百谷王者， | 江海之所以能成爲衆河之王， |
| 以其善下之， | 原因在於它們善於處下， |
| 是以能為百谷王 | 所以能成爲衆河之王。 |
| 是以聖人之欲上民也， | 所以聖人想要居於老百姓之上， |
| 必以其言下之； | 必須通過言語表現出謙下； |
| 其欲先民也， | 想要居於老百姓之前， |
| 必以其身後之。 | 必須暫時把自身置於後面。 |
| 故居上而民弗重也， | 因而居於老百姓之上，老百姓不感到有壓力； |
| 居前而民弗害也， | 居於老百姓之前，而老百姓不感到有損害。 |
| 天下皆樂推而弗厭也。 | 所以天下的老百姓都樂於推舉他而不厭惡。 |
| 非以其無爭與？ | 不是由於他不爭嗎？ |
| 故天下莫能與爭。 | 所以天下之人誰也不能與他抗爭。 |

（以上通行本爲第六十六章）

| | |
|---|---|
| 天下皆謂我大， | 天下人都說我大， |
| 大而不宵， | 大而却不像大。 |
| 夫唯不宵， | 正因爲大而不像大， |
| 故能大。 | 所以能成就大。 |
| 若宵， | 假如像大， |
| 久矣其細也夫。 | 早就變成細小的了。 |
| 我恒有三寶， | 我經常有三件法寶， |
| 市而保之： | 依恃它們以自保： |
| 一曰慈， | 第一件叫做慈柔， |
| 二曰儉， | 第二件叫做儉約， |
| 三曰不敢爲天下先。 | 第三件叫做不敢占天下人之先。 |
| 夫慈，故能勇， | 慈柔，所以能勇敢； |
| 儉，故能廣， | 儉約，所以能寬廣； |
| 不敢爲天下先， | 不敢占天下人之先， |
| 故能爲成器長。 | 所以能成爲天下人之長。 |
| 今捨其慈且勇， | 若捨棄慈柔，追求勇敢； |
| 捨其儉且廣， | 捨棄儉約，追求寬廣； |
| 捨其後且先， | 捨棄甘爲天下人之後，追求居天下人之先， |
| 則死矣。 | 必然是死路一條。 |
| 夫慈以戰則勝， | 慈柔，用於指導戰爭，必然贏得戰爭勝利； |
| 以守則固。 | 用於指導防守，必然使防守牢固； |
| 天將救之， | 天要拯救某物， |

| | |
|---|---|
| 以慈衛之。 | 總是用慈柔來保護它。 |

（以上通行本爲第六十七章）

| | |
|---|---|
| 善爲士者不武， | 善於作將帥的人，不先使用武力； |
| 善戰者不怒， | 善於作戰的人，不臨陣施軍威； |
| 善勝敵者不與， | 善於克敵的人，不與敵交鋒； |
| 善用人者爲之下。 | 善於利用別人的人，常謙下於人。 |
| 是謂不爭之德， | 這叫做“不爭”的德行， |
| 是謂用人之力， | 叫做利用人們的力量， |
| 是謂配天， | 叫做符合天道， |
| 古之極也。 | 是古聖人的最高原則。 |

（以上通行本爲第六十八章）

| | |
|---|---|
| 用兵有言曰： | 用兵有這樣的名言： |
| 吾不敢爲主而爲客， | 我不敢先挑戰，而寧願最後應戰； |
| 不敢進寸而退尺。 | 不敢前進一寸，而寧願後退一尺。 |
| 是謂行無行， | 這叫做：已經行動，却示人以沒有<br>行動的痕迹； |
| 攘無臂， | 奮臂而準備拼搏，却示人以無臂可<br>搏； |
| 執無兵， | 緊握兵器，却示人以沒有兵器。 |
| 乃無敵矣。 | 於是無敵於天下。 |
| 禍莫大於輕敵， | 災禍最大的莫過於輕敵， |
| 輕敵近亡吾寶矣。 | 輕敵近於喪失我的法寶。 |

故抗兵相若，　　　　　　　　所以舉兵力量相當，

則哀者勝矣。　　　　　　　　哀痛的一方必勝。

（以上通行本爲第六十九章）

吾言甚易知也，　　　　　　　我講的道理容易掌握，

甚易行也；　　　　　　　　　也容易實行。

而人莫之能知也，　　　　　　但世俗之人誰也不懂得我講的道理，

莫之能行也。　　　　　　　　誰也不能實行它。

夫言有宗，　　　　　　　　　說話有根據，

事有君。　　　　　　　　　　辦事有準則，

其唯無知也，　　　　　　　　正因爲世人不知道這些，

是以不我知。　　　　　　　　所以也不知道我的爲人。

知我者希，　　　　　　　　　知道我的人稀少，

則我貴矣。　　　　　　　　　我就更顯得尊貴。

是以聖人被褐而懷玉。　　　　所以，聖人穿粗衣而懷美玉。

（以上通行本爲第七十章）

知，不知，尚矣；　　　　　　有知識而不爲人知道，最好；

不知，知，病矣。　　　　　　沒有知識，人却知其名，是弊病。

聖人之不病也，　　　　　　　聖人之所以沒有弊病，

以其病病也。　　　　　　　　是因爲他把弊病看作弊病。

夫唯病病，　　　　　　　　　正因爲他把弊病看作弊病，

是以不病。　　　　　　　　　所以他沒有弊病。

（以上通行本爲第七十一章）

| | |
|---|---|
| 民之不畏威， | 老百姓一旦不害怕權威， |
| 則大威將至矣。 | 則國君將要大禍臨頭。 |
| 毋狎其所居， | 不要迫使老百姓不能安居， |
| 毋厭其所生。 | 也不要迫使老百姓不能生存。 |
| 夫唯弗厭， | 只有國君不壓迫老百姓， |
| 是以不厭。 | 老百姓才不會對國君施加反抗的壓力。 |
| 是以聖人自知而不自見也， | 所以，聖人有自知之明而不自我表現； |
| 自愛而不自貴也。 | 有自愛之道而不自顯高貴。 |
| 故去彼， | 因而要去掉自我表現和自顯高貴， |
| 取此。 | 保留自知之明，自愛之道。 |

（以上通行本為第七十二章）

| | |
|---|---|
| 勇於敢者則殺， | 勇而稱強的人必遭凶殺， |
| 勇於不敢者則活。 | 勇而守柔的人則可活身。 |
| 此兩者， | 稱強與守柔這兩樣東西， |
| 或利或害。 | 或者得利，或者遭害。 |
| 天之所惡， | 天道所厭惡的， |
| 孰知其故？ | 誰又能知道其中的緣故？ |
| 天之道不爭而善勝， | 天道不爭，卻善於取勝； |
| 不言而善應， | 不言語，卻善於回應； |
| 不召而自來， | 不召喚，卻能自己到來； |
| 繟然而善謀。 | 寬坦而無私，卻善於謀劃。 |

| | |
|---|---|
| 天網恢恢， | 天道之網甚爲廣大， |
| 疏而不失。 | 雖然稀疏，却不會漏失。 |

（以上通行本爲第七十三章）

| | |
|---|---|
| 民恒不畏死， | 老百姓常不怕死， |
| 奈何以殺懼之也！ | 爲什麼要用殺來嚇唬他們呢？ |
| 若民恒畏死， | 如果老百姓常怕死， |
| 則而爲奇者，吾將得而殺之， | 我把那些搗亂者抓來殺了， |
| 夫孰敢矣？ | 誰還敢作亂？〔但無濟於事啊！〕 |
| 恒有司殺者， | 經常有主管刑殺者（"天"）， |
| 夫代司殺者殺， | 代替主管刑殺者來施行刑殺， |
| 是代大匠斲也。 | 那如同代替木匠砍木料。 |
| 夫代大匠斲者， | 凡代替木匠砍木料的人， |
| 則希不傷其乎矣。 | 很少有不砍傷手指的。 |

（以上通行本爲第七十四章）

| | |
|---|---|
| 民之饑也， | 老百姓之所以饑餓， |
| 以其上取食稅之多也， | 由於君上奪取食稅過多， |
| 是以饑； | 所以饑餓； |
| 民之不治也， | 老百姓之所以不好治， |
| 以其上之有以爲也， | 是由於君上有所作爲， |
| 是以不治； | 所以不好治； |
| 民之輕死也， | 老百姓之所以把死看得很淡， |
| 以其上求生之厚也， | 是由於君上貪求享樂過於豐厚。 |

| | |
|---|---|
| 是以輕死。 | 所以把死看得很淡, |
| 夫唯無以生為貴者, | 只有不以生為重的人, |
| 是賢於貴生也。 | 才勝過那些太看重生的人。 |

（以上通行本為第七十五章）

| | |
|---|---|
| 人之生也柔弱, | 人活着時肢體柔弱, |
| 其死也堅強; | 他們死了後軀體僵硬。 |
| 萬物草木之生也柔脆, | 萬物草木活着時柔軟脆弱, |
| 其死也枯槁。 | 它們死了後就乾硬枯槁。 |
| 故曰堅強者死之徒也, | 所以說堅強的東西屬於死亡一類, |
| 柔弱者生之徒也。 | 柔弱的東西屬於生存一類。 |
| 是以兵強則不勝, | 所以兵強反會失敗, |
| 木強則折, | 木強反會折斷。 |
| 故強大居下, | 因此,強大的事物必居下位, |
| 柔弱居上。 | 弱小的事物必居上位。 |

（以上通行本為第七十六章）

| | |
|---|---|
| 天之道,猶張弓也: | 天之道如同張弓射箭, |
| 高者抑之, | 射高了就將弓弦壓下, |
| 下者舉之, | 射低了就將弓弦擡起, |
| 有餘者損之, | 射過了頭就減少射力, |
| 不足者補之。 | 達不到目的就增加射力, |
| 故天之道,損有餘而益不足。 | 所以天道總是減少有餘者而增加不足者。 |

| | |
|---|---|
| 人之道則不然， | 人道却不是這樣， |
| 損不足而奉有餘。 | 它總是減少不足者而供奉有餘者。 |
| 夫孰能有餘而有以取奉於<br>　天下者乎？ | 誰能以有餘之財物奉獻給天下不足<br>　之人呢？ |
| 唯有道者。 | 惟有得道的聖人。 |
| 是以聖人爲而弗有， | 所以聖人有所施爲而不求占有， |
| 成功而弗居也。 | 取得成功而不居功自傲。 |
| 若此， | 這樣作， |
| 其不欲見賢也。 | 是因爲他們不願顯露自己的賢德。 |

（以上通行本爲第七十七章）

| | |
|---|---|
| 天下莫柔弱於水， | 天下最柔弱莫過於水， |
| 而攻堅强者莫之能勝， | 而攻下堅强的東西沒有何物能勝過<br>　它， |
| 以其無以易之也。 | 因而不能輕視水的這種特性。 |
| 柔之勝剛也， | 柔的能勝過剛的， |
| 弱之勝强也。 | 弱的能勝過强的， |
| 天下莫弗知也， | 天下人沒有誰不知道這一道理， |
| 而莫之能行也。 | 而却沒有誰去實行。 |
| 故聖人之言云： | 所以聖人有這樣的名言： |
| "受邦之詬， | "忍受國家的詬辱， |
| 是謂社稷之主， | 可成爲國家的君主； |
| 受邦之不祥， | 承受國家的禍殃， |
| 是謂天下之王。 | 可成爲天下的諸侯王。" |

| | |
|---|---|
| 正言若反。 | 這是正面的話，却如同反面的話。 |

（以上通行本爲第七十八章）

| | |
|---|---|
| 和大怨， | 調和大的怨恨， |
| 必有餘怨， | 必然還有餘怨存在。 |
| 〔報怨以德〕 | 〔只有用恩德來報答怨恨〕， |
| 焉可以爲善。 | 方可以得到完善的結局。 |
| 是以聖人執左契， | 所以聖人收藏“左契”， |
| 而不以責於人， | 而不以“左契”求之於人。 |
| 故有德司契， | 因此，有德之人主張契制， |
| 無德司徹。 | 無德之人主張徹法。 |
| 天道無親， | 天道無有親疏之別， |
| 恒與善人。 | 却經常施與給善於行道之人。 |

（以上通行本爲第七十九章）

| | |
|---|---|
| 小邦寡民， | 小的國家，少的人民。 |
| 使十百人之器無用。 | 使衆多之人合用之器而無所用。 |
| 使民重死而不遠徙。 | 使人民貴生而不向遠方遷徙。 |
| 有舟車，無所乘之； | 有車船，而不必使用； |
| 有甲兵，無所陳之； | 有盔甲兵器，而不必擺布； |
| 使民復結繩而用之。 | 讓老百姓恢復到結繩而用的境況。 |
| 甘其食， | 使其飲食甘甜， |
| 美其服， | 衣服美觀， |
| 樂其俗， | 習俗歡樂， |

安其居。　　　　　　　　住所安適。

鄰邦相望，　　　　　　　鄰國相互望得見，

鷄犬之聲相聞，　　　　　鷄鳴犬吠之聲相互聽得到，

民至老死不相往來。　　　但老百姓却從老到死而不交往。

（以上通行本爲第八十章）


信言不美，　　　　　　　樸實的言語不華美，

美言不信；　　　　　　　華美的言語不樸實。

知者不博，　　　　　　　知識專深的人所知不廣博，

博者不知；　　　　　　　知識廣博的人所知不專深。

善者不多，　　　　　　　有德之人不多積，

多者不善。　　　　　　　多積的人少有德。

聖人無積，　　　　　　　聖人沒有積藏，

旣以爲人己愈有；　　　　他們全力爲人，自己反而更富有；

旣以予人己愈多。　　　　他們盡量施與人，自己反而更加多。

故天之道，利而不害；　　天的法則是利萬物而不傷害它，

聖人之道，爲而弗爭。　　聖人的原則是施與而不爭利。

（以上通行本爲第八十一章）

# 引用與參閱書目

(一)　《莊子》（據郭慶藩《莊子集釋》本）

(二)　韓非《解老》、《喻老》（據梁啓雄《韓子淺解》本）

(三)　《呂氏春秋》（據陳奇猷《呂氏春秋校釋》本）

(四)　《馬王堆漢墓帛書＜老子＞》（文物出版社 1976 年版）

(五)　《＜老子＞甲本及卷後古佚書》（文物出版社 1974 年版）

(六)　《＜老子＞乙本及卷前古佚書》（文物出版社 1974 年版）

(七)　《淮南子》（據浙江人民出版社影印《百子全書》本）

(八)　《＜老子＞河上公章句》（據明嘉靖世德堂刊《六子全書》本）

(九)　河上公《道德眞經注》（據《道藏》本）

(十)　劉向《說苑・敬愼篇》（據浙江人民出版社影印《百子全書》本）。

(十一)　嚴遵：《道德旨歸論》（據商務印書館《叢書集成初編》本）

(十二)　王弼：《老子道德經注》（據樓宇烈《王弼集校釋》本）

(十三)　郭象：《莊子注》（據郭慶藩《莊子集釋》本）

(十四)　葛洪《抱樸子》（據浙江人民出版社影印《百子全書》本）

(十五)　《列子》（據楊伯峻《列子集釋》本）

(十六)　《老子想爾注》（據饒宗頤《＜老子想爾注＞校牋》）

(十七)　唐人寫本殘卷與六朝寫本殘卷（下列第七項）

　　　　⑴　首章至第五章之首，簡稱甲本；

　　　　⑵　九章之末至十四章之首，簡稱乙本；

　　　　⑶　十章至十五章之首，簡稱丙本；

　　　　⑷　二十七章後半至三十六章首行，簡稱丁本；

　　　　⑸　三十九章至四十一章，簡稱戊本；

　　　　⑹　四十一章末至五十五章，簡稱己本；

　　　　⑺　六朝本殘卷五十七章至八十一章，簡稱庚本；

　　　　⑻　六十章至八十一章，簡稱辛本；

　　　　⑼　六十三章末至七十三章，簡稱壬本；

　　　　⑽　十章至三十七章，今藏倫敦英倫圖書館，簡稱英本。

　　　　⑾　二十章之下至二十七章之上半，舊存北京圖書館，
　　　　　　簡稱館本。

　　　　（以上六朝寫本一，唐人寫本十，均見羅振玉《道德經
　　　　　考異》及《老子考異補遺》，各本之簡稱係採蔣錫昌
　　　　　《老子校詁》及朱謙之《老子校釋》）

(十八)　陸德明：《經典釋文》（據中華書局影印本）

(十九)　成玄英：《老子義疏》（蒙文通據強本成疏輯本，四川
　　　　省立圖書館刊）

(二十)　李約：《道德真經新注》（據《道藏》本）

(二十一)唐玄宗御注《道德真經疏》（據《道藏》本）

(二十二)開元《易州龍興觀御注道德經幢》（唐開元二十六年造，
　　　　八面刻（全），蘇靈芝書，今存河北易縣）

（二十三） 《易州龍興觀道德經碑》（唐·景福二年造，一碑刻
　　　　　　兩面，有缺損，今存河北易縣）

（二十四） 《易州龍興觀道德經碑》（唐景龍二年造，一碑兩面
　　　　　　刻，有全文，今存河北易縣）

（二十五） 《泰州道德經幢》（唐廣明元年造，八面刻，殘缺，
　　　　　　今存江蘇鎮江焦山）

（二十六） 唐·陸希聲《道德眞經傳》（據《道藏》本）

（二十七） 唐·李榮：《老子道德經注》（據《道藏》本）

（二十八） 唐·杜光庭：《道德眞經廣聖義疏》（據《道藏》本）

（二十九） 唐·強思齊：《道德眞經玄德纂疏》（據《道藏》本）

（三十）　　唐·王眞：《道德眞經論兵要義述》（據《道藏》本）

（三十一） 顧歡《道德經注疏》（是書舊題顧歡撰，據蔣錫昌考
　　　　　　乃後人“雜綴而成”。見《道藏》本）

（三十二） 古樓觀《道德經碑》（此碑無年月，《金石萃編補略》
　　　　　　定爲唐時造，兩碑各一畫刻，末題“終南山古樓觀立
　　　　　　石於道祖說經之台”今在陝西盩厔縣）

（三十三） 宋徽宗：《御制道德眞經》（據《道藏》本）

（三十四） 宋·陳象古：《道德眞經解》（據《道藏》本）

（三十五） 宋·呂惠卿：《道德眞經傳》（據《道藏》本）

（三十六） 宋·邵若愚：《道德眞經直解》（據《道藏》本）

（三十七） 宋·司馬光：《道德眞經論》（據《道藏》本）

（三十八） 宋·蘇轍：《老子解》（據商務印書館《叢書集成初
　　　　　　編》本）

（三十九） 宋·林希逸：《道德眞經口義》（據《道藏》本）

（四十）　　宋・董思靖：《道德眞經集解》（據商務印書館《叢書集成初編》本）

（四十一）　宋・彭耜：《道德眞經集注》（據《道藏》本）

（四十二）　宋・陳景元：《道德眞經藏室纂微篇》（據《道藏》本）

（四十三）　宋・李霖：《道德眞經取善集》（據《道藏》本）

（四十四）　宋・趙志堅：《道德眞經疏義》（據《道藏》本，該書原缺卷一之三。）

（四十五）　宋・李榮《道德眞經義解》（據《道藏》本）

（四十六）　宋・葉夢得：《老子解》（宣統辛亥三年葉德輝輯家刻本）

（四十七）　宋・黃茂材：《老子解》（彭耜《道德眞經集注》引）

（四十八）　宋・范應元：《老子道德古本集注》（《續古逸叢書》影印傅氏雙鑑樓藏宋刊本）

（四十九）　宋・呂知常：《道德經講義》（張煦《老子考異稿本》引文）

（五十）　　宋・王安石：《老子注》（據容肇祖：《王安石老子注輯本》）

（五十一）　宋・白玉蟾：《蟾仙解老》（據商務印書館《叢書集成初編》本）

（五十二）　金・寇才質：《道德眞經四子古道集解》（據《道藏》本）

（五十三）　《太平御覽》（據歙鮑崇城重校本）

（五十四）　金・趙秉文：《道德眞經集解》（據商務印書館《叢

書集成初編》本）

（五十五）　元·張嗣成：《道德真經章句訓頌》（據《道藏》本）

（五十六）　元·李道純：《道德會元》（據《道藏》本）

（五十七）　元·杜道堅：《道德玄經原旨》（據《道藏》本）

（五十八）　元·吳澄：《道德真經注》（浙江人民出版社影印
　　　　　　《百子全書》本）

（五十九）　元·林志堅：《道德真經注》（據《道藏》本）

（六十）　　元·劉惟永：《道德真經集義》（據《道藏》本）

（六十一）　明太祖：《御注道德真經》（據《道藏》本）

（六十二）　明·危大有《道德真經集義》（據《道藏》本）

（六十三）　明·焦竑《老子翼》、《老子考異》（據商務印書館
　　　　　　《叢書集成初編》本）

（六十四）　明·釋德清《老子道德經解》（光緒十二年金陵刻印
　　　　　　處刊本）

（六十五）　明·李贄《老子解》（據《李氏叢書》本）

（六十六）　明·沈一貫《老子通》（明萬曆丁亥年刊本，北京圖
　　　　　　書館藏）

（六十七）　明·薛蕙：《老子考異》、《老子集解》（三元李錫
　　　　　　齡，孟熙校刊本）

（六十八）　明·歸有光《道德經評注》（清嘉慶九年姑蘇集文堂
　　　　　　重刊《十子全書》本）

（六十九）　王夫之：《老子衍》（據中華書局《老子衍莊子通》
　　　　　　本）。

（七〇）　　畢沅：《老子道德經考異》（據商務印書館《叢書集

　　　　　　　成初編》本）

（七十一）　姚鼐：《老子章義》（同治庚午多桐城吳氏刊本）

（七十二）　俞樾：《老子評議》（據中華書局《諸子評議》本）

（七十三）　高延弟：《老子證義》（光緒十二年刊本）

（七十四）　魏源：《老子本義》（據商務印書館《叢書集成初編》
　　　　　　　本）

（七十五）　王念孫：《讀書雜志》（據北京市中國書店版本）

（七十六）　陶鴻慶：《讀諸子雜記·老子》（中華書局本）

（七十七）　孫詒讓：《老子札記》（扎迻本卷四第 15～17 頁）

（七十八）　劉師培：《老子斠補》（《劉申叔先生遺書》第二十
　　　　　　　六冊）

（七十九）　《崇寧五注本》（王安石、王雱、陸佃、劉槩、劉涇
　　　　　　　五家《老子注》，據彭耜、《道德眞經集注》引）

（八〇）　　陶紹學：《校老子》（順德黃氏藏手稿木）

（八十一）　楊樹達：《老子古義》（中華書局仿宋聚珍印本。）

（八十二）　羅振玉：《老子道德經考異附補遺》（永豐鄉人雜著
　　　　　　　續編之一）

（八十三）　馬叙倫：《老子校詁》（中華書局十六開大字本）

（八十四）　奚侗：《老子集解》（一九二五年序刊本）

（八十五）　羅運賢：《老子餘義》（一九二八年成都石印本）

（八十六）　曹聚仁：《老子集注》上海群學社《國故學叢書》本）

（八十七）　高亨：《老子正詁》（古籍出版社 1956 年版）

（八十八）　蔣錫昌：《老子校詁》（商務印書局一九三九年版）

（八十九）　《老子讀本》（世界書局 1926 年《十子全書》本）

（九〇）　　紀元溥：《道德眞經紀氏實驗輯要》（宏道堂印）

（九十一）　勞健：《老子古本考》（辛巳影印手寫本）

（九十二）　王重民：《老子考》（一九二七年中華圖書館協會叢
書第一種）

（九十三）　于省吾：《老子新證》（《燕京學報》第二十期）

（九十四）　朱謙之：《老子校釋》（中華書局《新編諸子集成》
第一輯）

（九十五）　任繼愈：《老子今譯》（古籍出版社1955年版）

（九十六）　任繼愈：《老子新譯》（上海古籍出版社1985年版）

（九十七）　車載：《論老子》（上海人民出版社1959年版）

（九十八）　《老子哲學討論集》（中華書局1959年版，哲學研
究編輯部編）

（九十九）　張岱年：《老子哲學辯微》（載《中國哲學發微》一
書，山西人民出版社）

（一〇〇）　張松如：《老子校讀》（吉林人民出版社1981年5
月版）

（一〇一）　許抗生：《帛書＜老子＞注譯與研究》浙江人民出版
社1982年2月版）

（一〇二）　詹劍峰：《老子其人其書及其道論》（湖北人民出版
社1982年9月版）

（一〇三）　童書業：《老子思想研究》（收《先秦七子思想研究》
齊魯書社1982年版）

（一〇四）　張舜徽：《老子疏證》（載《周秦道論發微》中華書
局1982年11月版）

（一〇五）陳鼓應：《老子注譯及評介》（中華書局1984年5
　　　　　月版）

（一〇六）肖箑父、李錦全：《老子的唯心天道觀和辯證發展觀》
　　　　　（載《中國哲學史》上卷）

（一〇七）蘇聯楊興順：《中國古代哲學家老子及其學說》（楊
　　　　　超譯，科學出版社1957年版。）

（一〇八）《群書治要》（日本天明本）

　　（說明：本書引用與參閱書籍除上述有關《老子》及《老子》
考、注本外，還有歷代重要典籍與古今思想家的重要論著以及有
關字書、詞書等等，因限於篇幅，茲不一一列出。）

# 後　記

　　本書的問世，還得從籌備全國《老子》學術思想討論會說起。那是一九八四年春天，湖南省"中國哲學史學會"全體會員在長沙召開年會。會上，大家就籌備召開全國《老子》學術討論會交換了意見，並分配了研究課題。當時鄧潭洲先生考慮到帛書《老子》出於湖南長沙，認爲應由湖南學人寫一本研究帛書《老子》的專著。當他得知我對帛書《老子》有所涉獵，便建議要我承擔這一任務。這恰好與我的願望不謀而合，我欣然接受了。會後卽着手籌備撰書事宜，書名定爲《帛書＜老子＞校注析》。說起來容易作起來難。上馬以後，我深深地感到這份擔子的沉重。雖然近年來，我在研讀《老子》方面費了些心力，也發表了一些有關《老子》思想研究的拙作，算是有了那麼一點基礎。但是，要眞正把自己的心得滙成一本注老之書，這中間還有一段艱辛的路程。人所共知，注解《老子》從來就被看作是一件極困難的事。這一是由於《老子》書文約義豐，旨意玄奧，不易識其眞諦；二是由於《老子》版本雜出，語多殊異，不易辨其眞僞；三是由於歷代注老之書繁多，異說紛紜，仁智並見，孰是孰非，不易評說。而我自己在從事哲學史研究方面，又尙處於探索階段。以我之淺薄學力，要負起這一重任，實有力不從心之感。但既然已在會上作爲計劃定了下來，又不敢知難而退，便只好鼓起勇氣堅持下去。

　　我的第一步計劃是認眞讀書，主要是閱讀古今有關注老解老之書。這方面的書籍，湘潭大學圖書館極爲有限，我不得不往來於長沙、武漢乃至北京有關圖書館，力求把古往今來有關注老名著瀏覽一遍。爲此，我幾乎花去了七、八個月的時間。"問渠何得淸如許，謂有源頭活水來。"這一段時間的讀書，使我受益匪淺。它不僅使我對歷代注解《老子》的學者及其思想概貌有所了解，而且幫助我把握了各種《老子》版本的特點、字句的殊異、人們解說的分歧之點等等。這就爲我動筆寫《帛書＜老子＞校注析》奠定了一個基礎。

動筆之後，面臨的第一個問題，是如何處理創新與繼承的關係問題。我給自己提出了這樣一個要求：既要充分利用和繼承前人的研究成果，擇善而從；又不囿於舊說，落入俗套。就是說，要以前人已經達到的高度爲起點，繼續攀登，力爭有所前進；力戒拾人餘唾，抱殘守缺。正是基於這一指導思想，我孜孜不倦地追求，探索。夏日汗浸稿紙，仍然目不斜視，筆不停揮；冬日寒襲筋骨，尚在伏案凝思，潛心稽考。力求將每條校、注、析建構在翔實可靠的基本上。有時爲了校正一句話或一個字，輾轉反側，翻閱了許多資料，耗去了許多寶貴時間，也在所不惜。常常頭天寫好的稿，翌日一讀，自己感到不滿意，便又推倒重寫。而一旦在探索中有一星半點之得，或找到了滿意的結論，不覺高興得"手之舞之，足之蹈之"，可謂"樂在其中"矣！就這樣，從春到夏，從秋到冬，終於在《老子》研討會召開的前夕——一九八五年十月完成了初稿。蒙湘大科研處的支持，隨卽打印成上、下兩册。

一九八五年十一月中旬，全國《老子》學術思想討論會在湖南湘潭拉開了帷幕。我的拙稿作為一份菲薄的獻禮，送到了大會。出乎我的意料，拙稿在會上受到重視。帶去的 150 套打印稿，迅即索要一空。不少前輩學者和同行師友在大小會發言中，紛紛給拙稿以許多贊語，也提出了一些供我後來修改的寶貴意見。有關報紙和電視臺在報道會議概況時，還特別提到拙稿 " 在會上受到好評 "。這一切都給了我很大的鼓勵和鞭策，為後來的修改增加了信心和力量。

　　拙著在寫作和修改過程中，得到王沐先生、蕭萐父先生、廖海廷先生、溫少峰先生、傅白蘆先生、鄧譚洲先生、朱繼武先生等的幫助和支持。廖海廷先生是已故的楊樹達先生的高足，他在文字訓詁以及思想史研究方面造詣很深。初稿打印好後，廖海廷先生和成都市委黨校研究員溫少峰先生分別為我通讀了全稿，提出了許多寶貴的意見。尤其值得一提的是，中國道教協會常務理事、道教研究室研究員王沐先生，以八十餘歲的高齡，熱心為拙著撰《序》；我的老師，武漢大學蕭萐父教授，在百忙中為拙著題辭。這一切都表達了前輩學者對我輩後學的無比關懷之情，令我感激不已。書稿能有今天這個面貌，與上述師友的幫助和指教分不開的。值此拙著出版之時，在此一並致以衷心的謝忱！由於水平所限，書中粗疏失誤之處難免，敬祈海內方家指正！


## 黃　釗

一九八九年五月於武漢大學珞珈山 " 勤補 " 書齋

國家圖書館出版品預行編目資料

帛書老子校注析

黃釗著.— 初版.— 臺北市：臺灣學生，1991[民80]

ISBN 957-15-0261-8(精裝)
ISBN 957-15-0262-6(平裝)

1. 老子 – 注釋

121.311                                        80002933

# 帛書老子校注析(全一冊)

著　作　者：黃　　　　　　　　　　　釗
出　版　者：臺　灣　學　生　書　局
發　行　人：孫　　　　善　　　　治
發　行　所：臺　灣　學　生　書　局
　　　　　　臺北市和平東路一段一九八號
　　　　　　郵政劃撥帳號００ 0 2 4 6 6 8號
　　　　　　電　話：( 0 2 ) 2 3 6 3 4 1 5 6
　　　　　　傳　真：( 0 2 ) 2 3 6 3 6 3 3 4

本書局登
記證字號　：行政院新聞局局版北市業字第玖捌壹號

印　刷　所：宏　輝　彩　色　印　刷　公　司
　　　　　　中和市永和路三六三巷四二號
　　　　　　電　話：( 0 2 ) 2 2 2 6 8 8 5 3

　　　　　精裝新臺幣五三○元
定價：平裝新臺幣四五○元

西　元　一　九　九　一　年　十　月　初　版
西　元　一　九　九　九　年　九　月　二　刷

臺灣**學生書局**出版

# 中國哲學叢刊

①孔子未王而王論　　　　　　　　　羅　夢　冊　著
②管子析論　　　　　　　　　　　　謝　雲　飛　著
③中國哲學論集　　　　　　　　　　王　邦　雄　著
④王陽明傳習錄詳註集評　　　　　　陳　榮　捷　著
⑤江門學記　　　　　　　　　　　　陳　郁　夫　著
⑥王陽明與禪　　　　　　　　　　　陳　榮　捷　著
⑦孔孟荀哲學　　　　　　　　　　　蔡　仁　厚　著
⑧生命情調的抉擇　　　　　　　　　劉　述　先　著
⑨儒道天論發微　　　　　　　　　　傅　佩　榮　著
⑩程明道思想研究　　　　　　　　　張　德　麟　著
⑪儒家倫理學析論　　　　　　　　　王　開　府　著
⑫呂氏春秋探微　　　　　　　　　　田　鳳　台　著
⑬莊學蠡測　　　　　　　　　　　　劉　光　義　著
⑭先秦道家與玄學佛學　　　　　　　方　穎　嫻　著
⑮韓非子難篇研究　　　　　　　　　張　素　貞　著
⑯商鞅及其學派　　　　　　　　　　鄭　良　樹　著
⑰陽明學漢學研究論集　　　　　　　戴　瑞　坤　著
⑱墨學之省察　　　　　　　　　　　陳　問　梅　著
⑲中國哲學史大綱　　　　　　　　　蔡　仁　厚　著
⑳儒家政治思想與民主自由人權　　　徐　復　觀　著

㉑道墨新詮　　　　　　　　　　　　　　　光　　晟　著
㉒中國心性論　　　　　　　　　　　　　　蒙　培　元　著
㉓管子思想研究　　　　　　　　　　　　　徐　漢　昌　著
㉔譚嗣同變法思想研究　　　　　　　　　　王　　樾　著
㉕明清之際儒家思想的變遷與發展　　　　　林　聰　舜　著
㉖張載哲學與關學學派　　　　　　　　　　陳　俊　民　著
㉗道教新論　　　　　　　　　　　　　　　龔　鵬　程　著
㉘儒釋道與中國文豪　　　　　　　　　　　王　　煜　著
㉙帛書老子校注析　　　　　　　　　　　　黃　　釗　著